高等学校水利学科专业规范核心课程教材

Shuiyun Gongcheng Xiangmu Guanli

水运工程项目管理

（港口航道与海岸工程专业）

主　编　张智洪　张玉强
主　审　周　直[重庆交通大学]

人民交通出版社

内容提要

本书为高等学校水利学科港口航道与海岸工程专业规范核心课程教材，以工程项目管理为核心，以施工企业项目管理为重点，全面介绍了工程项目管理的理论及方法，我国工程建设管理体制，施工项目管理组织、施工组织设计、施工准备工作计划，流水施工组织方法和工程网络计划技术；结合水运工程，深入介绍了水运工程施工组织设计的编制方法，水运工程施工项目管理与目标控制，水运工程项目收尾管理的内容和方法等。

本书体现了我国工程项目管理的新成果，着力与国际做法接轨；教材内容丰富、新颖，体系完整，实用性强，可作为水利类港口航道与海岸工程、水利水电工程及交通运输类航运管理等本科专业教材，也可作为土建类其他专业工程项目管理教材，还可作为工程技术人员和管理人员提高执业能力，学习工程项目管理知识的参考书籍。

图书在版编目(CIP)数据

水运工程项目管理/张智洪，张玉强主编. —北京：人民交通出版社，2011.6

ISBN 978-7-114-08997-8

Ⅰ.①水… Ⅱ.①张…②张… Ⅲ.①水路运输－工程项目管理 Ⅳ.①U69

中国版本图书馆 CIP 数据核字(2011)第 056455 号

高等学校水利学科专业规范核心课程教材

书　　名：**水运工程项目管理**
著 作 者：张智洪　张玉强
责任编辑：黄兴娜
出版发行：人民交通出版社
地　　址：(100011)北京市朝阳区安定门外外馆斜街 3 号
网　　址：http://www.chinasybook.com
销售电话：(010)64981400，59757915
总 经 销：北京交实文化发展有限公司
印　　刷：北京虎彩文化传播有限公司
开　　本：787×1092　1/16
印　　张：17.25
字　　数：401 千
版　　次：2011 年 6 月　第 1 版
印　　次：2020 年12月　第 4 次印刷
书　　号：ISBN 978-7-114-08997-8
定　　价：43.00 元
(如有印刷、装订质量问题的图书由本社负责调换)

高等学校水利学科专业规范核心课程教材
编审委员会名单

港口航道与海岸工程专业教材
编审分委员会名单

序

随着我国水利事业与高等教育事业的快速发展以及教育教学改革的不断深入，水利高等教育也得到很大的发展与提高。与20世纪末相比，水利学科专业的办学点增加了将近1倍，每年的招生人数增加了将近2倍。通过专业目录调整与面向新世纪的教育教学改革，在水利学科专业的适应面有很大拓宽的同时，水利学科专业的建设也面临着新形势与新任务。

在教育部高教司的领导与组织下，从2003年到2005年，各学科教学指导委员会开展了本学科专业发展战略研究与制订专业规范的工作。在水利部人教司的支持下，水利学科教学指导委员会也组织课题组于2005年底完成了相关的研究工作，制订了水文与水资源工程、水利水电工程、港口航道与海岸工程以及农业水利工程四个专业规范。这些专业规范较好地总结与体现了近些年来水利学科专业教育教学改革的成果，并能较好地适应不同地区、不同类型高校举办水利学科专业的共性需求与个性特色。为了便于各类港口航道与海岸工程专业学校参照专业规范组织教学，考虑到港口航道与海岸工程专业的特殊性和历史延续性，经水利学科教学指导委员会研究决定，由港口航道与海岸工程专业教学指导分委员会与人民交通出版社共同策划，组织编写出版港口航道与海岸工程专业“高等学校水利学科专业规范核心课程教材”。

核心课程是指该课程所包括的专业教育知识单元和知识点，是本专业的每个学生都必须学习、掌握的，或在一组课程中必须选择几门课程学习、掌握的，因而，核心课程教材质量对于保证水利学科各专业的教学质量具有重要的意义。为此，我们不仅提出了坚持“质量第一”的原则，还通过专业教学讨论、提出，专家咨询组审议、遴选，相关院、系认定等步骤，对核心课程教材选题及其主编、主审和教材编写大纲进行了严格把关。为了把本套教材组织好、编著好、出版好、使用好，我们还成立了高等学校水利学科专业规范核心课程教材编审委员会以及各专业教材编审分委员会，对教材编纂与使用的全过程进行组织、把关和监督，充分依靠各学科专家发挥咨询、评审、决策等作用。

本套教材第一批共规划港口航道与海岸工程专业11种，计划在2010年年底之前全部出齐。尽管已有许多人为本套教材作出了许多努力，付出了许多心血，但是，由于专业规范还在修订完善之中，参照专业规范组织教学还需要通过实践不断总结提高，加之，在新形势下如何组织好教材建设还缺乏经验，因此，这套教材一定会有各种不足与缺点，恳请使用这套教材的师生提出宝贵意见。本套教材还将出版配套的立体化教材，以利于教、便于学，更希望师生们对此提出建议。

高等学校水利学科教学指导委员会
港口航道与海岸工程教学指导专业分委员会
人民交通出版社
2008年7月

前　言

我国高等学校土木、建筑、水利等工程专业的本科毕业生,绝大多数是在建筑业企业就业,主要从事施工技术与管理工作,少数毕业生在建设单位或工程管理咨询企业就业,从事建设管理工作。

从20世纪90年代中期至21世纪初,在我国工程建设领域内,对专业人员逐步实行了执业资格制度。这对我国高等工程教育的人才培养模式、教学内容及课程体系产生了重要影响,特别是注册建造师、注册造价工程师、注册监理工程师等执业资格制度,要求建设工程技术人员具有专业技术、工程项目管理、工程经济、相关的工程法律法规四种知识和执业能力。当前,高等工程教育在卓越工程师人才培养模式和课程设置上,必须破除重专业轻管理,重技术轻经济,重知识轻执业能力的观念,改革人才培养模式,调整课程体系,整合教学内容。为适应执业资格制度的要求,并考虑教材的行业适用性要求,高等学校水利学科教学指导委员会组织编写和审定了本教材,并把它作为高等学校水利学科专业规范核心课程教材。

本教材共八章,有以下三个特色:

1. 把"大土木工程"项目管理与水运工程项目管理相结合

在本教材的第一章至第五章,即"工程项目管理概论"、"我国工程建设管理体制"、"施工项目管理概述"、"流水施工组织方法"和"工程网络计划技术"中,从"大土木工程"的理念,系统地介绍了工程项目管理的基本概念与分类,管理内容,管理模式,管理体制,管理方法,建设程序;我国工程建设的管理制度,具体运作的法规、程序和管理方法;施工项目管理的全过程,施工项目管理组织和施工项目管理规划,施工准备工作计划;流水施工组织方法和网络计划技术等内容,使学生具备"大土木工程"业主和施工承包方工程项目管理的基本知识和初步能力。在第六章中,介绍了工程项目施工组织设计的编制原则、程序、内容和方法;在第七章和第八章中,结合水运工程行业的规章制度和规范要求编写了"水运工程施工项目管理及目标控制"和"水运工程施工项目收尾管理"内容。从而使学生既掌握"大土木工程"业主和承包方工程项目管理的基本理论知识,又掌握本行业的施工项目管理技术和方法。这样有利于提高学生在"大土木工程"项目管理中的专业转换适应能力。

2. 把水运工程项目管理与教学内容和课程体系改革相结合

按我国建造师执业资格考试制度要求,我国工程建设的主要制度和法规一般在"建设工程法规及相关知识"课程中讲授。本教材把我国工程建设中推行的工程建设市场准入制、建设项目法人责任制、建设工程招标投标制、工程建设监理制、建设工程合同管理制、建设工程质量责任制和工程建设"代建制"七项主要制度及其法规结合起来,在第二章"我国工程建设管理制度"中进行了全面介绍,有利于学生学习和掌握我国工程建设的现行管理运行体制。这是本教材的一个重要特色。

另外,长期以来,工程项目流水施工方法、网络计划技术及施工组织设计,也是在单独课程

《施工组织设计与进度控制》中讲授。由于本教材的重点是施工项目管理，而施工项目管理的关键方法是施工组织设计，施工组织设计的科学原理是流水施工组织方法和网络计划技术。因此，在第四章、第五章分别讲述了"流水施工组织方法"和"工程网络计划技术"的基础上，再分别讲述第六章"水运工程项目施工组织设计的编制"、第七章"水运工程施工项目管理及目标控制"和第八章"水运工程施工项目收尾管理"。这样构成了培养学生具有从事水运工程项目管理的初步执业能力和有关其他工程实践能力的较完整学科知识体系。

所以，本教材纳入了我国工程建设管理制度、流水施工方法、网络计划技术及施工组织设计等内容，整合了教学内容和课程体系，体现了把水运工程项目管理与教学内容和课程体系改革相结合，使工程项目管理理论具有系统性、全面性与实用性。

3. 把现代项目管理知识体系与工程项目管理执业资格制度的要求相结合

本教材各章知识均体现了工程项目管理执业资格制度的要求，并纳入了现代项目管理的新模式、新标准、新知识体系。如工程项目管理模式中，不仅有新的工程项目承发包管理模式，而且还有新的工程项目融资模式。

2000 年以后我国的工程项目管理发展很快，相继出台了《建设工程监理规范》(GB 50319—2000)、《建设工程项目管理规范》(GB/T 50326—2006)、《工程网络计划技术规程》(JGJ/T 121—99)、《中国工程项目管理知识体系》、《质量管理——项目管理质量指南》(GB/T 19016—2000)等新标准。另外，人事部和建设部①于 2002 年底发布了《建造师执业资格制度暂行规定》，启动了我国建造师制度并完善了市场准入制的建设。国务院于 2004 年 7 月发布了《关于投资体制改革的决定》，对非经营性政府投资项目要加快推行"代建制"，这对构建新的工程项目管理模式起到了极大的推动作用。所有这些，要求我们必须将其与工程项目管理内容结合起来编写本教材，使教材内容更新和更充实，有利于提高水运工程行业本科生的执业能力。

本教材由重庆交通大学张智洪和张玉强主编，由重庆交通大学周直主审。全书共八章，第一章至第三章由张智洪编写，第四章、第五章由张玉强编写，第六章由重庆交通大学王学军编写，第七章、第八章由东南大学张贤明编写；全书由张智洪统稿。

本教材在编写过程中得到了东南大学交通学院、中交二航局二公司、中交三航局宁波分公司和浙江舟山甬舟集装箱码头有限公司的大力支持和帮助，对此表示衷心的感谢。

近年来，国际国内工程项目管理的新理论、新方法不断涌现，由于我们掌握的资料不够全面，加上作者理论水平和实践经验有限，书中的缺点和疏漏在所难免，希望同行专家和使用本教材的单位和个人及时提出宝贵意见，以利我们适时修订。

编　者

2011 年 4 月

① 人事部 2008 年改为人力资源和社会保障部，建设部 2008 年改为住房和城乡建设部。

目 录

第一章　工程项目管理概论

第一节　工程项目的基本概念

一、项目及其特征与分类

1. 项目的定义

根据《质量管理——项目管理质量指南(ISO—10006)》,"项目是由一组有起止时间的、相互协调的受控活动所组成的特定过程,该过程要达到符合规定要求的目标,包括时间、成本和资源的约束条件。"该定义包含了三层含义:

第一,项目是一个有待完成的过程,有特定的环境与要求。这就明确了项目本身的动态概念,即项目是指一个特定过程,而不是指该特定过程终结后所形成的成果。如:新图书馆的建设过程称为一个项目,而新图书馆本身不能称为一个项目。

第二,项目是由若干相互协调的受控活动系统组成,并在规定的时间内完成的过程。如:科研项目包括调研、选题、确定技术路线、编制进度计划、立项、实验、研究、编制成果报告、成果鉴定、提交总报告等活动。其中每项活动都是相互协调、相互制约的。任何一项科研项目都必须在批准的规定时间内完成。

第三,项目这一特定过程必须要达到符合规定要求的目标。即项目这一特定过程要满足一定的性能、质量、数量、技术、安全、进度、费用等指标要求。

2. 项目的特征

项目具有以下五项共同的特征:

(1)项目的特定性。项目的特定性也可称为单件性或一次性,是项目最主要的特征。每个项目都有自己的特定过程,都有自己的目标和内容,都有开始时间和完成时间,因此,也只能对它进行单件处置或生产,不能批量生产,不具重复性。只有认识到项目的特定性,才能有针对性地根据项目的特点和要求进行科学的管理,以保证项目一次成功。

(2)项目具有明确的目标和一定的约束条件。项目的目标有成果性目标和约束性目标。成果性目标指项目应达到的功能性要求,如兴建一所学校可容纳的学生人数、医院的床位数、宾馆的房间数等;约束性目标是指项目的约束条件,凡是项目都有自己的约束条件,包括时间、成本和资源。项目只有满足约束条件才能成功,因而约束条件是项目成果性目标实现的前提。

(3)项目具有特定的生命期。项目过程的一次性决定了每个项目都具有自己的生命期,任何项目都有其产生时间、发展时间和结束时间,在不同的阶段都有特定的任务、程序和工作内容。如建设项目的生命期包括:项目建议书、可行性研究、设计工作、建设准备、建设实施、竣工验收与交付使用；施工项目的生命期包括：投标与签订合同、施工准备、施工、交工验收、用后服务。概括地说，项目的生命期包括：决策阶段、规划设计阶段、实施阶段和结束阶段。

(4)项目作为管理对象的整体性。一个项目，是一个整体管理对象，在按其需要配置生产要素时，必须以总体效益的提高为标准，做到数量、质量、结构的整体优化。由于内外环境是变化的，所以管理和生产要素的配置是动态的。项目中的一切活动都是相关的，并构成一个整体。

(5)项目的不可逆性。项目按照一定的程序进行，其过程不可逆转，必须一次成功，失败了便不可挽回，因而项目的风险很大，与批量生产过程(重复的过程)有本质的区别。

3. 项目的分类

为了有针对性地进行管理，以提高完成任务的效果和水平，项目应以最终成果或专业特征为标志进行分类，包括：投资项目、科研项目、开发项目、工程项目、航天项目、咨询项目和IT项目等。

二、工程项目及其分类

1. 工程项目的定义

工程项目是项目中数量最大的一类，凡最终成果是“工程”的项目，均可称为工程项目，一般又称为土木工程项目或建筑工程项目。工程项目在符合项目的定义和特征的条件下，按其自身的特点又可定义为：以建筑物或构筑物为目标产出物的，有开工时间和竣工时间的相互关联的活动所组成的特定过程，该过程要达到的最终目标应符合预定的使用要求，并满足标准(或业主)要求的质量、工期、造价和资源约束条件。

2. 工程项目的分类

目前，工程项目的分类有按工程项目的建设性质、专业、管理者、等级、用途、投资主体、行政隶属关系、工作阶段、建设规模分类这九种方法。本节重点介绍按工程项目的建设性质、专业、管理者、用途分类的方法。

(1)按建设性质可分为：基本建设项目和更新改造项目。基本建设项目包括新建、扩建工程项目；更新改造项目包括改建、恢复和迁建项目，如挖潜工程项目、节能工程项目、安全工程项目和环境工程项目等。

(2)按专业可分为：房屋建筑工程、公路工程、铁路工程、民航机场工程、港口航道工程、水利水电工程、电力工程、矿山工程、冶炼工程、石油化工工程、市政公用工程、通信与广电工程、机电安装工程、装饰装修工程共十四种专业工程项目。

(3)按管理者可分为：建设项目、工程设计项目、工程施工项目、工程监理项目、开发工程项目等。

(4)按用途可分为：生产性工程项目和非生产性工程项目。生产性工程项目包括工业工程项目(如重工业和轻工业工程项目)和非工业工程项目(如农业、交通运输、IT产业、能源等工程项目)；非生产性工程项目包括房地产、公共、文化、服务、基础设施等工程项目。

3. 工程项目系统

任何工程项目都是一个系统，具有鲜明的系统特征，项目管理者必须树立系统观念。系统观念强调全局和整体管理,强调系统目标管理,强调相关性。

工程项目系统包括:工程系统、目标系统、结构系统、关联系统等。这里主要讲工程系统和目标系统。

(1)工程系统。建设项目的工程系统由单项工程、单位工程、分部工程和分项工程组成。

单项工程是建设项目的组成部分,具有独立的设计文件,可以独立施工,建成后能独立发挥生产能力和效益的工程。

单位工程是单项工程的组成部分,具有独立的设计文件,也可以独立施工,但建成后不能独立发挥生产能力和效益的工程。

分部工程是单位工程的组成部分,对土建工程而言,通常按主要部位划分,也可按施工工艺来划分,如划分为土方工程、砌石工程、钢筋混凝土工程等;对设备安装工程是按设备种类和型号、专业来划分的,如划分为采暖、煤气、电器安装、通风与空调、电梯等安装工程。

分项工程是分部工程的组成部分,是建设项目的基本组成单元,也是工程造价最基本的计算单元,它是按主要工序划分的。

我国港口工程质量检验评定标准规定:港口工程和修造船水工工程的分项工程按建筑施工的主要工序来划分,分部工程按建筑物的主要部位来划分,单位工程按工程的使用功能、结构型式、施工和竣工验收的独立性来划分。对港口工程和修造船水工工程划分单位工程的具体规定如下:

①码头工程按泊位划分为单位工程。

②防波堤工程按结构型式和施工及验收的分期划分单位工程;工程量大、工期长的同一结构型式的防波堤工程,可按 1000m 左右划分为一个单位工程。

③船台和滑道工程,各作为一个单位工程。

④栈桥、引堤、独立护岸和防汛墙工程,各作为一个单位工程;工程量大、工期长的同一结构型式的护岸工程,可按 1000m 左右划分为一个单位工程。

⑤港区内道路工程组成一个单位工程。

⑥港区内堆场工程按结构型式和施工及验收的分期划分单位工程。

⑦工程量较小的附属引堤、引桥、护岸及码头过渡段等,各作为一个独立分部工程,参加所在单位工程评定。

(2)目标系统。工程项目的目标是个系统,工程项目总目标可以分解为系统目标,任何系统目标都可以分解为若干个子目标,各子目标又可分解为可执行目标。所以,工程项目目标系统是由项目的总目标及逐层分解的系统目标、子目标和可执行目标组成。

工程项目的总目标是指在项目整个生命期内,上层组织要求达到的目标。如:经决策确定的投资或成本、工期、质量目标。

工程项目的系统目标由项目上层系统决定,包括:功能、技术、经济、社会、生态五大目标。功能目标是指项目建成后所达到的总体功能,如港口装卸功能、靠泊功能及储运功能等。技术目标是指对工程项目总体的技术标准要求或限定,如港口工程应符合中国港口工程建设标准。经济目标是指总投资、投资结构、投资回收期、收益现值、内部收益率、经营年限等。社会目标是指对国家、地区产业和社会经济发展的影响。生态目标是指对环境的改善及对污染治理程度等目标。

工程项目的子目标是指对系统目标的支持或补充。

工程项目的可执行目标是指由各子目标再分解的可操作、可执行的目标,如应达到的技术标准、技术要求等。

4. 建设项目

建设项目是指需要一定的投资,经过决策和实施的一系列程序,在一定的约束条件下,以形成固定资产为明确目标的特定过程。所以,一个建设项目就是一个固定资产投资项目,包括基本建设项目和更新改造项目。

建设项目有以下特征:

(1)建设项目在一个总体设计或初步设计范围内,由一个或若干个相互有内在联系的单项工程组成,并在建设中实行统一核算、统一管理。

(2)建设项目在一定的约束条件下,以形成固定资产为特定目标。约束条件有三个,并形成三个相应的特定目标:一是时间约束,形成建设项目的建设工期目标;二是资源约束,形成建设项目的投资总量目标;三是质量约束,形成建设项目的预期生产能力、技术水平或使用效益目标。

(3)建设项目需要遵循必要的建设程序和经过特定的建设过程。即一个建设项目从提出建设的设想、建议、方案拟订、可行性研究、评估、决策、勘察、设计、施工,一直到竣工验收、试运行和交付使用,是一个有序的全过程。

(4)建设项目按照特定的任务,具有一次性特点的组织方式。表现为建设过程的一次性实施,资金的一次性投入,建设地点的一次性固定,设计的单一和施工的单件性。

(5)建设项目具有投资限额标准。只有达到一定限额投资的才作为建设项目,不满限额标准的称为零星固定资产购置。

5. 工程施工项目

工程施工项目(简称施工项目)是施工企业在自施工承包投标开始到保修期满为止的全过程中完成的项目。工程施工项目具有下述特征:

(1)它是建设项目或其中的单项工程或单位工程的施工任务。

(2)它是以施工企业为管理主体的。

(3)它的任务范围是由工程施工合同界定的。

(4)工程施工项目产品具有多样性、固定性、体积庞大的特点。

从上述特征来看,只有单位工程、单项工程和建设项目的施工任务,才称得上工程施工项目,因为它们才是施工企业的最终产品。由于分部工程、分项工程的结果不是施工企业的最终产品,故不能称作工程施工项目,而是工程施工项目的组成部分。

三、工程项目相关者

1. 工程项目相关者的概念

工程项目相关者,是指工程项目的关系人,或工程项目的利益相关者,或工程项目的受益者。他们是在项目的整个生命周期中与工程项目有某种利害关系的人或组织,包括:顾客、所有者、合作伙伴、资金提供者、分(承)包方、社会广大公众、内部人员等。

我们要充分认识工程项目相关者在工程项目上产生的影响,对工程项目的成功具有重要

意义。首先,我们必须充分认识,工程项目的成功是项目参与各方协调一致、共同努力、团结合作的结果。如项目的相关者参与项目,为工程项目提供承包、或资金、材料和设备、劳务和咨询等服务。他们对项目的产生、实施和运行都有相应的作用,作出了应有的贡献。因此,工程项目是他们团结合作的结果。其次,我们必须认识,工程项目相关者参与项目都有自己的目标和期望。所以,工程项目的总目标应该包容项目相关者各方面的目标和利益,体现各方利益的平衡,使各相关者满意。这样有利于确保工程项目的整体利益,有利于团结协作,能够营造平等、信任、合作的气氛,使项目更容易取得成功。

过去人们过于强调工程项目的投资者或业主的利益,而忽视工程项目其他相关者的利益。实践证明,在这种情况下,没有各方面的满意,会出现对抗情绪和行为,不可能有成功的项目。近年来,现代国际工程项目越来越显示出以下趋势:

(1)人们强调工程项目相关者之间的诚信合作和利益的一致性,而不是利益的冲突、斗争、利己。业主与承包商或供应商之间应是伙伴关系,必须强调和实现"多赢"。

(2)工程项目相关者各方面的权利和责任的平衡,公平地对待各方,公平合理地分配风险和解决项目中的冲突。

(3)在工程项目实施中重视合同管理,强调组织协调和团队精神,在项目相关者之间形成共有的价值观念、团结协作的行为准则及项目精神和道德。

2. 工程项目相关者各方

工程项目相关者的范围非常广泛,超出了传统的工程项目组织的范围。从总体上,主要包括以下几个方面(图 1-1)。

(1)工程项目产品的用户,即直接购买或使用项目的最终产品的人或单位。项目最终产品通常是指在投入运营后所提供的产品或服务。

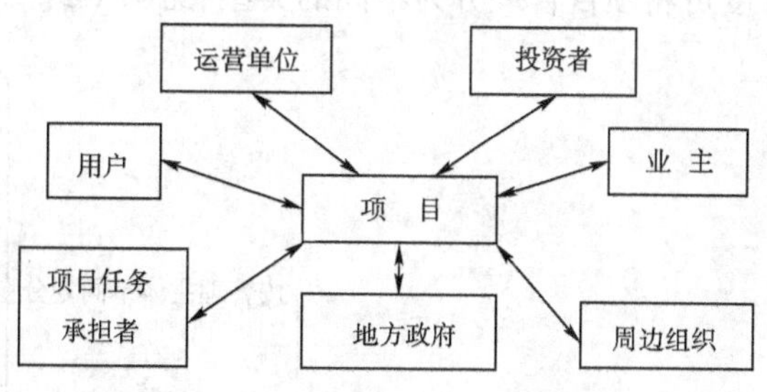

图 1-1 工程项目主要相关者

(2)项目的所有者,是指项目的投资者和业主(或以业主身份进行项目决策和控制的单位)。一般在小型工程项目中,项目的投资者和业主的身份是一致的;但在大型工程项目中,他们的身份常常是不一致的,工程项目的所有者和建设管理者是相互分离的,这有利于工程项目的成功。

(3)项目任务的承担者,是指接受业主的委托,完成项目或项目管理任务的单位,如:承(分)包商、材料和设备的供应商、勘察和设计单位、工程项目咨询单位、技术检测服务单位等。

(4)工程项目运营单位,是指在工程项目建成后,接受工程的运营任务,直接使用工程项目生产的产品或提供服务的单位。如城市轻轨建设项目,城市轻轨运营公司就是工程项目的运营单位。

(5)工程项目所在地的政府,是指为工程项目立项、规划、审批、监督、管理等提供服务的政府部门和具有政府职能的服务单位(如地方质检站等)。

(6)项目所在地的周边组织,是指项目所在地的居民及其周边的社区组织、居民等。

四、项目管理与工程项目管理

1. 项目管理

项目管理是为使项目取得成功(实现所要求的质量、所规定的时限、所批准的费用预算)所进行的全方位、全过程的规划、组织、协调和控制等专业化活动。因此,项目管理是以项目为对象的系统管理方法。项目管理的职能与所有管理的职能均是相同的。需要特别指出的是,项目的一次性要求项目管理具有程序性、全面性和科学性,主要是用系统工程的观念、理论和方法进行管理。

2. 工程项目管理

工程项目管理是项目管理的一大类,其管理对象是工程项目。工程项目管理可定义为:工程建设者为实现工程项目的目标,运用系统工程的观点、理论和方法,对工程项目的建设全过程进行全面的规划、组织、协调和控制等专业化活动。实现生产要素在项目上的优化配置和动态管理,为用户提供优质产品。

3. 工程项目管理分类

由于每个工程项目的建设都有其特定的建设意图和使用功能要求,它有自身的产生、形成和发展过程。而且每个建设项目都处在社会经济系统中,它和外部环境发生着各种各样的联系,项目的建设过程渗透着社会经济、政治、技术、文化、道德和伦理观念的影响和作用,是在一定的经济体制下运行的,国家对项目建设的活动有一系列的法规、政策、方针。因此,从不同角度可将项目管理分为不同的类型,见图 1-2。

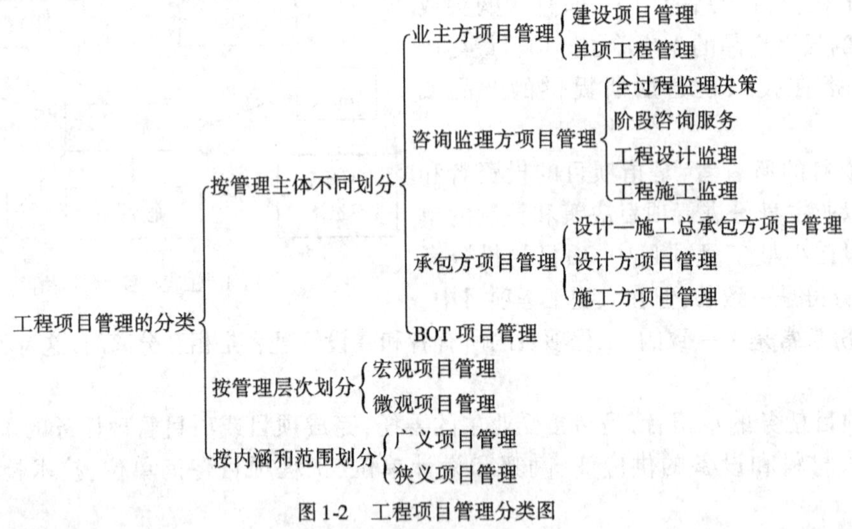

图 1-2　工程项目管理分类图

1)按管理层次划分

(1)宏观项目管理,指政府(中央政府和地方政府)作为主体对工程项目活动进行的管理。一般是以某一类或某一地区的工程项目为对象;其目标不是项目的微观效益,而是国家或地区的整体综合效益。项目宏观管理的手段是行政、法律、经济手段并存,主要包括:项目相关产业法规政策的制定、项目相关的财、税、金融法规政策、项目资源要素市场的调控、项目程序及规范的制定与实施、项目过程的监督检查等。

(2)微观项目管理,指项目业主或其他参与主体对项目活动的管理,包括:业主、项目任务的承接主体、项目物资供应主体。项目参与者为了各自的利益而以某一具体工程项目为对象进行的管理,其手段主要是运用各种微观的经济法律机制和项目管理技术。一般意义上的工程项目管理,即指微观项目管理。

2)按管理范围和内涵不同划分

(1)广义项目管理,包括从项目投资意向,项目建议书、可行性研究、建设准备、设计、施工、竣工验收、项目后评估全过程的管理。

(2)狭义项目管理,指从项目正式立项开始,即从项目可行性研究报告批准后到项目竣工验收、项目后评估全过程的管理。

3)按管理主体不同划分

工程项目的建设将涉及不同的管理主体,如项目业主、项目使用者、设计单位、科研单位、施工单位、材料设备生产厂商、监理单位等。由于工程项目各实施单位在各阶段的任务、目的、内容不同,也就构成了工程项目管理的不同类型,概括起来大致有以下几种项目管理。

(1)业主方项目管理,即建设单位的项目管理,习惯简称建设项目管理。

建设项目管理是指业主站在项目法人(建设单位)的立场,对工程项目建设全过程进行的监督和管理。这里的建设项目,既包括统计意义上的建设项目(即在一个主体设计范围内,经济上独立核算、行政上具有独立组织形式的建设单位),也包括原有建设单位新建的单项工程。建设工程项目管理企业可以接受建设单位的委托进行建设项目管理。

建设项目管理是通过一定的组织形式,采取各种措施和方法,对建设项目的所有工作的系统实施过程进行计划、协调、监督、控制和总结评价,以达到保证建设项目质量、工期和提高投资效益的目的。广义的建设项目管理包括投资决策的有关管理工作,狭义的建设项目管理只包括项目立项以后至交付使用的全过程的管理。

(2)承包方的项目管理:

①工程总承包方的项目管理。如前所述,在设计施工总承包的情况下,业主在项目决策之后,通过招标择优选定总承包单位全面负责工程项目的实施过程,直到最终交付使用功能和质量标准符合合同文件规定的工程标的物。因此,总承包方的项目管理是贯穿于项目实施全过程的全面管理,既包括设计阶段也包括施工安装阶段。其性质和目的是全面履行工程总承包合同,以实现其企业承建工程的经济方针和目标,取得预期经济效益为动力而进行的工程项目自主管理。显然他必须在合同条件的约束下,依靠自身的技术和管理优势或实力,通过优化设计及施工方案,在规定的时间内,按质按量地全面完成工程项目的承建任务。从交易的角度,项目业主是买方,总承包单位是卖方,因此两者的地位和利益追求是不同的。

②工程设计方项目管理。工程设计单位受业主委托承担工程项目的设计任务,以工程设计合同所界定的工作目标及其责任义务作为该工程项目设计管理的对象、内容和条件,通常简称工程设计项目管理。

工程设计项目管理是由设计单位自身对参与的建设项目设计阶段的工作进行自我管理。设计单位通过设计项目管理,同样进行质量、进度和投资管理,对拟建工程的实施在技术和经济上进行全面而详尽地安排,引进先进技术和科研成果,形成设计图纸和说明书提供实施,并在实施的过程中进行监督和验收。所以工程设计项目管理包括以下阶段:设计投标、签订设计合同、设计条件准备、设计计划、设计实施阶段的目标控制、设计文件验收与归档、设计工作总结、建设实施中的设计控制与监督、竣工验收。由此可见,工程设计项目管理不仅仅局限于设计阶段,而是延伸到了施工阶段和竣工验收阶段。

③施工方项目管理。又称为工程施工项目管理,它具有以下特征:

A. 工程施工项目的管理主体是工程施工企业。建设单位和设计单位都不进行工程施工项目管理。由建设单位或监理单位进行的工程项目管理中涉及的施工阶段管理仍属建设项目管理,不能算作工程施工项目管理。

B. 工程施工项目管理的对象是工程施工项目。工程施工项目管理的周期也就是工程施工项目的生命期,包括工程投标、签订工程项目施工合同、施工准备、施工、交工验收及用后服务等。工程施工项目管理的任务包括进度管理、质量管理、成本管理、安全管理、环境管理、合同管理、资源管理、信息管理、沟通管理、风险管理、组织协调等。工程施工项目的特点,给工程施工项目管理带来了特殊性,主要是生产活动与市场交易活动同时进行;先有交易活动,后有"产成品"(竣工项目);买卖双方都投入生产管理,生产活动和交易活动分开。所以工程施工项目管理是对特殊的生产活动、在特殊的市场上进行的特殊的交易活动的管理,其复杂性和艰难性都是一般生产管理难以比拟的。

C. 工程施工项目管理要求强化组织协调工作。工程施工项目的生产活动的单件性,对产生的问题难以补救或虽可补救但后果严重;参与施工人员不断在流动,需要采取特殊的流水方式,组织工作量很大;施工在露天进行,工期长,需要的资金多;施工活动涉及复杂的经济关系、技术关系、法律关系、行政关系和人际关系等。以上原因使工程施工项目管理中的组织协调工作艰难、复杂、多变,必须通过强化组织协调的办法才能保证施工顺利进行。主要强化方法是优选项目经理,建立调度机构,配备称职的调度人员,努力使调度工作科学化、信息化,建立起动态的控制体系。

工程施工项目管理与建设项目管理在管理主体、管理任务、管理内容和管理范围方面都是不同的。第一,建设项目的管理主体是建设单位或受其委托的建设工程项目管理企业;工程施工项目管理的主体是施工企业。第二,建设项目管理的结果是取得符合要求的、能发挥应有效益的固定资产;工程施工项目管理的结果是把项目施工搞好并取得利润。第三,建设项目管理的内容是涉及投资周转和建设的全过程的管理;而工程施工项目管理的内容涉及从投标开始到回访保修为止的全部生产组织管理。第四,建设项目管理的范围是一个建设项目,是由可行性研究报告确定的所有工程;而工程施工项目管理的范围是由工程施工合同约定的承包范围,是建设项目或单项工程或单位工程施工过程的管理。

(3)工程咨询(监理)项目管理。工程咨询项目是由咨询单位进行中介服务的工程项目。咨询单位是中介组织,它具有相应的专业服务知识与能力,可以接受建设单位的委托进行项目管理,也就是进行智力服务。通过咨询单位的智力服务,提高工程项目管理水平,并作为政府、市场和企业之间的联系纽带。在市场经济体制中,由咨询单位进行工程项目管理已经形成了一种国际惯例。

工程监理项目是由监理企业进行管理的项目。一般是监理企业受建设单位的委托,签订监理委托合同,为建设单位进行建设项目管理。监理企业也是中介组织,是依法成立的专业化的、高智能型的组织,它具有独立性、公正性、服务性与科学性,按照有关监理法规进行项目管理。监理企业是一种特殊的工程咨询机构,它受建设单位的委托,对项目建设全过程或阶段提供监理服务,如对设计和施工单位在承包活动中的行为和责权利进行必要的协调与约束,对建设项目进行投资管理、进度管理、质量管理、合同管理、信息管理与组织协调。实行建设监理制度,是我国为了发展生产力、提高工程建设质量和投资效益、建立市场经济、对外开放与加强国际合作的需要。

第二节　工程项目管理模式

工程项目管理模式是指对工程项目管理的组织方式和项目管理任务、责任的分配与委托方式。建设单位依据对项目实施的战略和工程项目的特殊性来确定工程项目管理所采用的模式。这里介绍工程项目的承发包模式和融资模式。

一、工程项目的承发包模式

1. 建设单位自行管理(业主全权管理)模式

这种模式的特点是在工程项目的全寿命周期内,一切管理工作都由建设单位临时组建的工程项目管理班子自行完成,包括:设置基建机构,负责支配建设资金,办理规划手续,准备场地,招标采购设计、施工、材料、设备,组织验收等全部工作。有的建设单位还自己组织设计、施工队伍,直接进行设计和施工。这是我国多年来常用的工程项目管理模式。

2. 工程总承包模式

我国建筑法规定:“建筑工程的发包单位可以将建筑工程的勘察、设计、施工、设备采购一并发包给一个工程总承包单位,也可以将建筑工程勘察、设计、施工、设备采购的一项或者多项发包给一个工程总承包单位;但是,不得将应当由一个承包单位完成的建筑工程肢解成若干部分发包给几个承包单位。”因此,工程总承包是指从事工程总承包的企业受业主委托,按照合同约定对工程项目的勘察、设计、采购、施工、试运行(竣工验收)等实行全过程或若干阶段的承包。工程总承包有以下主要方式。

(1)设计—采购—施工总承包(Engineering Procurement Construction,EPC)(图1-3),亦称交钥匙管理方式或全过程承包。建设单位仅提出工程项目的使用要求,将勘察设计、材料供应、设备选购、工程施工、竣工验收等全部工作都委托一家总承包企业去做。总承包企业按照合同约定,对承包工程的质量、安全、工期、造价全面负责,竣工后建设单位接过钥匙即可启用。承担这种任务的总承包企业有的是科研—设计—施工一体化公司,有的是设计、施工、物资供应和设备制造厂家以及工程咨询公司等组成的联合集团。设计—采购—施工总承包已在我国石油和石化等工业建设项目中得到成功的应用。

(2)设计—施工总承包(Design-Build)(图1-4),指工程总承包企业按照合同约定,承担工程项目的设计和施工任务,并对承包工程的质量、安全、工期、造价全面负责。这里的工程总承包企业是指设计单位,除设计任务由其完成外,可将施工和材料设备采购任务由工程总承包企业分别发包给施工承包商和材料设备供应承包商。因此,工程总承包企业与施工承包商和材料设备供应承包商有承发包合同关系，要参与施工过程中的组织、协调、检查和控制活动，并接受工程监理单位的监理，承担工程项目的风险。

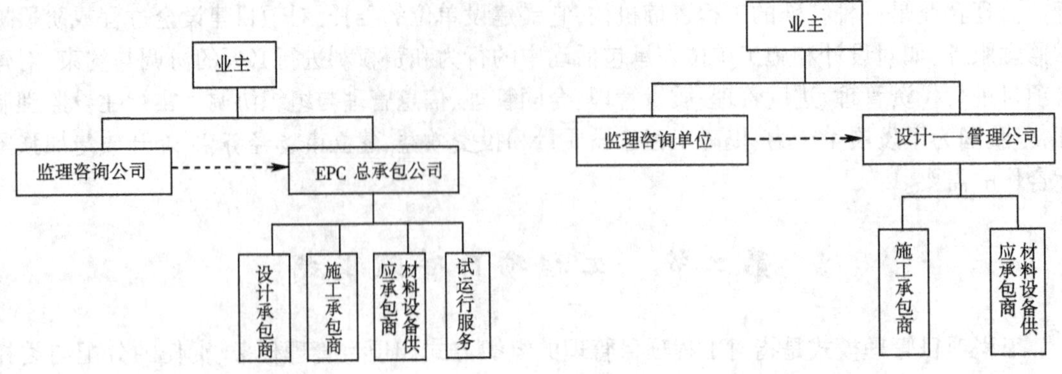

图 1-3　设计—采购—施工总承包方式

图 1-4　设计—施工总承包方式

(3)设计—管理总承包(Design-Management)(图 1-5)，指工程总承包企业按照合同约定，承担工程项目的设计和管理任务，并对承包工程的质量、安全、工期、造价全面负责。这里的工程总承包企业仍是指设计单位，除设计任务由其完成外，还要履行工程监理的职责，对业主发包的施工承包商和材料设备供应承包商实施监理。因此，只有业主与施工承包商和材料设备供应承包商有承发包合同关系，而工程总承包企业与施工承包商和材料设备供应承包商没有承发包合同关系，但要参与施工过程中的协调、监督、检查和控制活动。

(4)非代理型施工—管理总承包(图 1-6)，指工程总承包企业按照合同约定，承担工程项目的施工及其管理任务，并对承包工程的质量、安全、工期、造价全面负责。非代理型施工—管理总承包是我国工程建设中经常采用的一种模式。这里的工程总承包企业是指以承包人的身份参与工程项目施工的总承包企业。在投标中标后，可将总承包工程中的材料设备采购任务发包给材料设备供应商，将部分单位工程或专业工程发包给施工分包商，并对总承包单位负责。业主将委托工程监理咨询公司对施工总承包单位、施工分包商和物资供应商实施监理。

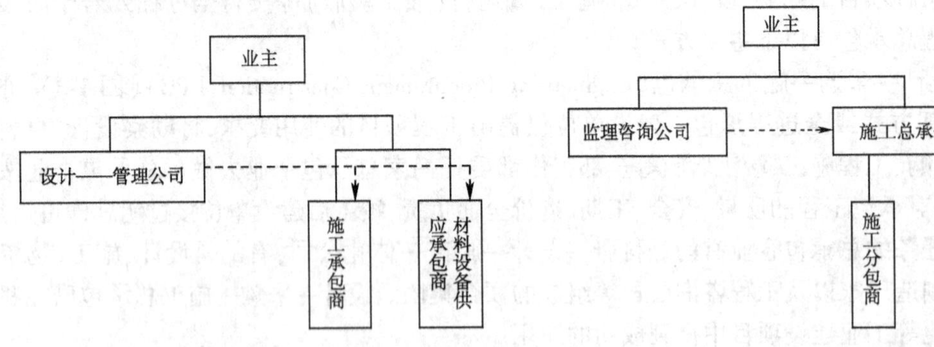

图 1-5　设计—管理总承包方式

图 1-6　非代理型施工—管理总承包方式

3. 工程托管模式

工程托管模式(Management Contracting，MC)是指建设单位将整个工程项目的全部工作，包括可行性研究、场地准备、规划、勘察设计、材料供应、设备选购、施工监理及工程验收等，全部任务都委托给工程项目管理公司，由工程项目管理公司进行招标，组织专业公司共同完成整个建设项目。

工程托管模式与工程总承包模式的区别在于：

（1）工程托管模式（MC）是管理承包模式。工程项目管理公司只有专业管理队伍，没有专业技术实施队伍，必须通过招标才能获得专业技术实施队伍；而工程总承包方式是建立在总承包企业具有所有专业技术队伍或部分专业技术队伍前提下的总承包。

（2）工程托管模式的工程项目管理公司承担的是业主委托的整个工程项目的全过程管理任务；而工程总承包方式中的总承包企业根据自身的技术和管理能力，可以总承包工程项目的全过程的所有任务，或若干阶段的承包任务。

工程总承包模式和工程托管模式是我国现行项目管理代建制所推行的管理模式。

4. 代理型承包模式

代理型承包模式（Construction Management，CM）是一种新型管理模式，指 CM 承包商接受业主的委托进行整个工程边设计边施工发包的管理，协调设计单位与施工承包商的关系，保证在工程设计和施工过程的衔接。业主、业主委托的 CM 经理、建筑师组成联合小组，共同负责组织和管理工程的规划、设计和施工；CM 经理对规划、设计和施工起协调作用，完成部分设计后立即进行施工发包，由业主与承包人签订合同，CM 经理在实施中负责监督和管理，CM 经理与业主是合同关系，与承包人是监督、管理与协调关系（图 1-7）。

5. 混合管理模式

混合管理模式是业主委派业主代表作为项目经理与监理工程师共同工作的模式。业主代表主要行使投资控制和合同管理权或双方共同承担；监理工程师主要行使对工程项目质量、进度和费用的控制权。这在我国工程建设监理中特别常见，多数工程都采用这种管理模式。一方面，我国许多业主有管理队伍，具有一定的项目管理能力，可以自己承担部分项目管理工作；另一方面，又可以保证业主对项目的有效控制（图 1-8）。

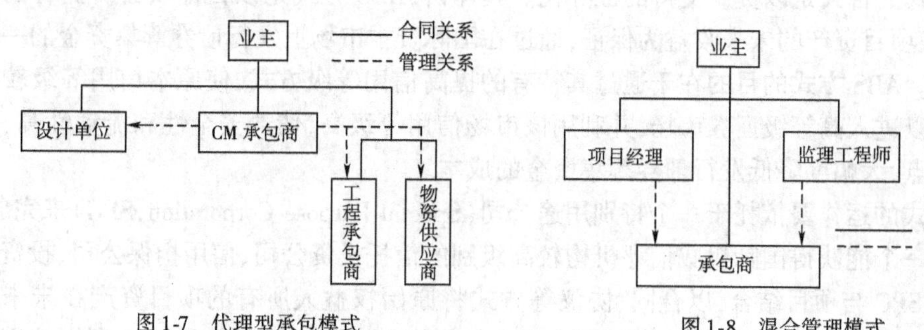

图 1-7　代理型承包模式　　图 1-8　混合管理模式

二、工程项目的融资模式

1. BOT 管理模式

BOT 管理模式又称为工程项目的投资方式，有时也被称为“公共工程特许权”方式。通常所说的 BOT 管理模式包括以下三种具体模式。

（1）标准 BOT（Build Operate Transfer），即建设—经营—转让。私人财团或国外财团愿意自己融资，建设某项基础设施，并在东道国政府授予的特许经营期内经营该公共设施，以经营收入抵偿建设贷款，并取得一定收益，经营期满后将此设施无条件移交给东道国政府。

(2)BOOT(Build Own Operate Trnsfer)，即建设—拥有—经营—转让。BOOT与BOT的区别在于：BOOT在特许期内既拥有经营权，也拥有所有权。此外，BOOT管理模式的特许期比BOT管理模式长一些。

(3)BOO(Build Own Operate)，即建设—拥有—经营。该方式特许承建商根据政府的特许权，建设并拥有某项公共基础设施，但不将该设施移交东道国政府。

上述三种方式可统称为BOT方式，也可称为广义的BOT方式，若只提标准BOT方式，则单指第一种。BOT方式是一种引入外资或私人资本弥补政府对公共基础设施投资不足的好方式，近年来在发展中国家得到了广泛应用，我国政府也对一些大型基础设施、需要大量资金建设的工程项目实施了BOT管理模式，取得了很好的社会经济效益。这种模式的优点是，既可解决政府资金的不足，又可强化全过程的项目管理，大大提高工程项目的整体效益。

2. TOT管理模式

TOT(Transfer Operate Transfer)，即移交—经营—移交，是项目融资的一种新型方式。它是通过出售现有投产项目在一定期限内的现金流量，从而获得资金来建设新项目的一种融资方式。具体说来，就是东道国把已经投产运行的项目在一定期限内移交给外资经营。以项目在该期限内的现金流量为标的，一次性地从外商那里融得一笔资金，用于新建的项目。外资经营期满后，再把原来项目移交回东道国。这种模式有利于引进先进的管理方式，使项目引资成功的可能性增加，可使建设项目的建设和营运时间提前，具有融资对象的广泛性和很强的可操作性。

3. ABS(Asset Backed Securitization)管理模式

ABS方式的含义是以资产支持的证券化。具体讲，ABS方式是以目标项目所拥有的资产为基础，以该项目资产的未来收益为保证，通过在国际资本市场上发行债券筹集资金的一种项目融资方式。ABS方式的目的在于通过其特有的提高信用等级方式，使原本信用等级较低的项目照样可以进入高等级证券市场，并利用该市场信用等级高、债券安全性和流动性高、债券利率低的特点，大幅度降低发行债券筹集资金的成本。

ABS方式的运作要依托于一个特别用途公司(Special Purpose Corporation，SPC)来完成，该公司可以是一个能获得国际权威信评机构较高级别的信托投资公司、信用担保公司、投资保险公司。通过SPC与项目结合，以合同、协议等方式将原始权益人所有的项目资产在未来现金收入的权利转让给SPC，其目的在于将原始权益人本身的风险割断。然后，SPC利用信用增级手段使该组资产获得预期的信用等级，由SPC直接在国际资本市场上发行债券，将募集的资金用于项目建设。同时，SPC能利用项目资产的现金流入量，来清偿它在国际高等级投资证券市场上所发行债券的本息。

ABS管理模式是一种以资产为支持发行债券的融资方式，目前资本市场的项目证券化融资迅速增长，ABS方式虽然只有几年的发展历史，但已被证明是一种十分有效的项目融资方式，并且越来越显示出极大的开发价值和广阔的应用前景。

第三节 工程项目管理的基本内容及方法

一、工程项目管理的基本内容

1. 工程项目范围管理

范围是边界之内的区域。工程项目范围是指工程项目各过程的活动总和,或指组织为了成功完成工程项目并实现工程项目各项目标所必须完成的各项活动。工程项目的范围既包括其产品的范围,又包括项目工作范围。产品范围是指确定工程产品或服务中应包含的功能和特征,如完成的单位工程、单项工程、建设项目,或它们的特征、功能及其测量评价结果的具体化;项目范围是指为了交付满足工程产品范围要求的产品和服务所必须完成的活动总和。可见,工程项目范围的定义要以组成它的所有产品或服务的范围定义为基础。因此,工程项目产品范围决定了工程项目的工作范围,包括各项设计活动、施工活动和管理活动的范围。工程产品范围要求的深度和广度,决定了工程项目范围的深度和广度。

工程项目范围管理就是从项目建议书开始到竣工验收交付使用为止的全过程中所涉及的活动范围进行界定和管理的过程。它主要包括五个过程:

(1)启动一个新的项目,或项目的一个新的阶段。

(2)编制范围计划(或规划),即工程项目可行性研究报告推荐的方案、各种项目、合同、设计、各种任务书、有关范围说明书等。

(3)界定项目范围,即工程项目范围定义。该过程把范围计划中确定的可交付成果分解成便于管理的组成单元。

(4)由投资人或建设单位等客户或利益相关者确定工程项目范围,也称为范围核实,即对工程项目范围给予正式认可或同意。

(5)控制项目范围的变更,即在工程项目实施的过程中控制工程变更,包括建设单位提出的变更、设计变更和计划变更等。

以上过程是相互联系和相互影响的,甚至发生一定程度的搭接。在工程项目启动后,以上工作会从大到小不断反复进行,形成大环套小环,小环、大环一起转的工程项目实施过程。在这个过程中,范围的控制是重要的,通过控制及时纠偏或及时确定(或调整)各项活动范围,直至工程项目交付使用。总之,项目范围管理计划也就是根据前一阶段的需求分析,对项目应该包括什么和不应该包括什么进行相应的定义和管理计划,包括用以保证项目能按要求的范围完成所涉及的所有过程。

2. 工程项目组织管理

“组织”有两种含义,即组织机构和组织行为。组织机构是按一定的领导体制、部门设置、层次划分、职责分工、规章制度和信息系统等构成的有机整体,是社会人的结合形式,可以完成一定的任务,并为此而处理人与人、人与事、人与物的关系。组织行为即组织活动,指通过一定的权力和影响力,为达到一定目标所进行的活动过程。组织职能是通过两种含义的有机结合而实现的。

工程项目组织管理,是指为实现工程项目组织职能而进行的组织系统的设计、建立、运行和调整。组织系统的设计与建立,是指经过筹划与设计,建成一个可以完成工程项目管理任务的组织机构,建立必要的规章制度,划分并明确岗位、层次、部门、责任和权力,并通过一定岗位和部门内人员的规范化的活动和信息流通,实现组织目标。高效率的组织体系的建立是工程项目管理取得成功的组织保证。组织运行就是按分担的责任完成各自的工作。组织运行有三个关键:一是人员配备,二是业务联系,三是信息反馈。组织调整是指根据工作的需要和环境的变化,分析原有的项目组织系统的缺陷、适应性和效率,对原有组织系统进行调整或重新组合,包括组织形式的变化,人员的变动,规章制度的修订和废止,责任系统的调整,以及信息流通系统的调整等。

工程项目管理组织机构的建立程序是:首先采用适当的方式选聘称职的项目经理;其次是根据工程项目组织原则和工程任务(目标),选用适当的组织形式,在企业的支持下组建工程项目管理机构,明确责任、权限和利益;再次,在遵守企业制度的前提下,制订工程项目管理制度。不同的工程项目管理,其组织机构是不相同的。

3. 工程项目管理规划与决策

规划是定出目标及安排如何完成这些目标的过程。通常规划应形成书面资料。

进行规划的目的是指出努力的方向和标准,减少环境变化对任务的完成造成的冲击,最大限度地减少浪费。规划可以导致较高的绩效。工程项目管理必须很好地利用规划的手段,编制科学、严密、有效的工程项目管理规划,通过实施该规划达到提高工程项目管理绩效的目的。在进行工程项目管理规划时,应按下列内容和程序进行工作:

(1)进行工程项目分解,形成由大到小的项目分解体系,以便由细部到整体地确定管理目标及阶段控制目标。

(2)建立工程项目组织体系,绘制工程项目组织体系图和信息流程图。

(3)编制工程项目管理规划文件,确定管理内容、方式、手段、目标和标准,明确管理点。

工程项目管理规划,既是对合同目标的贯彻,又是进行管理决策的依据。决策的工程项目管理目标,是工程项目管理控制的依据。工程项目目标控制的目的,就是确保决策的工程项目管理规划目标的实现。

4. 工程项目目标控制与组织协调

目标控制是工程项目管理的核心内容。控制的目标是工程项目管理规划决策的目标。

1)工程项目控制目标的内容

(1)施工项目管理控制目标包括:进度、质量、成本、安全和环境目标。

(2)建设项目管理与工程建设监理控制目标包括:投资、质量和工期目标。

2)工程项目目标控制的基本理论

(1)工程项目目标控制的概念。所谓目标控制,是指在实现计划目标的过程中,行为主体通过检查,收集实施状态的信息,将它与原计划(标准)比较,发现偏差,采取措施纠正这些偏差,从而保证计划的正常实施,达到预定目标。从这个定义可以看出,工程项目目标控制问题的要素包括:工程项目、控制目标、控制主体、实施计划与信息、偏差数据、纠偏措施、纠偏行为。工程项目控制的直接目的是实现规划目标或计划目标,其最终目的是实现合同目标。可以说,工程项目目标控制是排除干扰、实现目标的手段,是工程项目管理的核心,如果没有控制,便谈不上工程项目管理。

(2)工程项目控制原理。控制的需要产生于社会化的生产活动。法约尔把它作为管理的职能之一,其原意是指:注意是否一切都按制订的规章和下达的命令进行。1948 年,美国的诺伯特·维纳创立了控制论,并应用于蓬勃发展的自动化技术、信息论和计算机,使控制论发展成为一门应用广泛、效果显著的现代科学理论。控制的基本理论如下:

①控制者进行控制的过程:从反馈过程得到控制系统的信息后,便着手制订计划,采取措施,输入受控系统,在输入资源转化为产品的过程中,对受控系统进行检查、监督,并与计划或标准进行比较,发现偏差进行直接修正,或通过(报告等)信息反馈修正计划或标准,开始新一轮控制循环。这个循环就是我们通常所说的 PDCA 循环(图 1-9)。

②要实现最优控制,必须有两个先决条件:一是要有一个合格的控制主体;二是要有明确的系统目标。

③控制是按事先拟订的计划或标准进行的。控制活动就是要检查实际发生的情况与计划(或标准)是否存在偏差,偏差是否在允许范围之内,是否应采取控制措施及采取何种措施来纠正偏差。

④控制的方法是检查、监督、分析、指导和纠正。

⑤控制是针对被控制系统而言的。既要对被控制系统进行全过程的控制,又要对其所有要素进行全面控制。要素控制包括人力、物力、财力、信息、技术、组织、时间、信誉等。

⑥提倡主动控制,即在偏差发生之前,预先分析发生偏差的可能性,采取预防措施,防止发生偏差。

⑦控制是动态的,见图 1-10。这是因为,在控制过程中会不断受到各种干扰,各种风险因素有随时发生的可能,故应通过组织协调和风险管理进行动态控制。

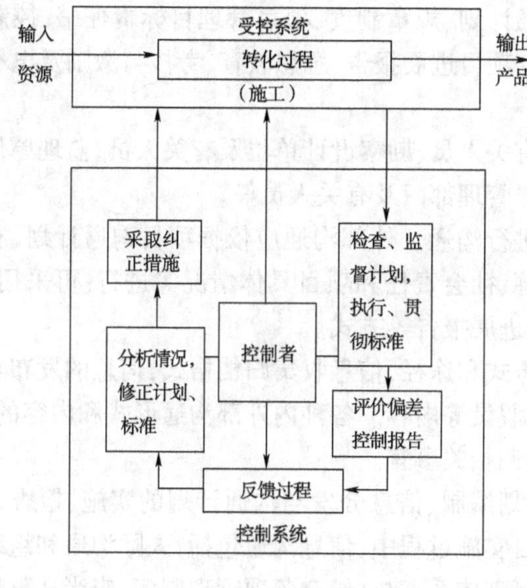

图 1-9　控制模式

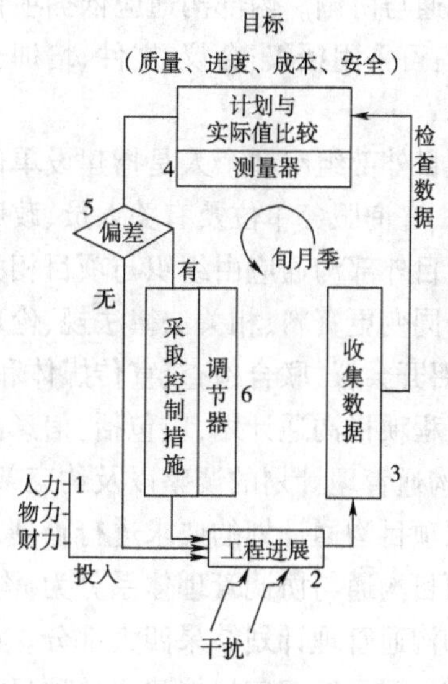

图 1-10　动态控制原理图

⑧控制是一个大系统。工程项目控制系统见图 1-11。该系统包括:组织、程序、手段、措施、目标和信息六个分系统。其中信息分系统贯穿于工程项目实施的全过程。

3)工程项目沟通管理与组织协调

(1)工程项目沟通管理,指为实现工程项目的目标,对工程项目内、外关系的协调及信息交流所进行的策划、组织和控制等活动。

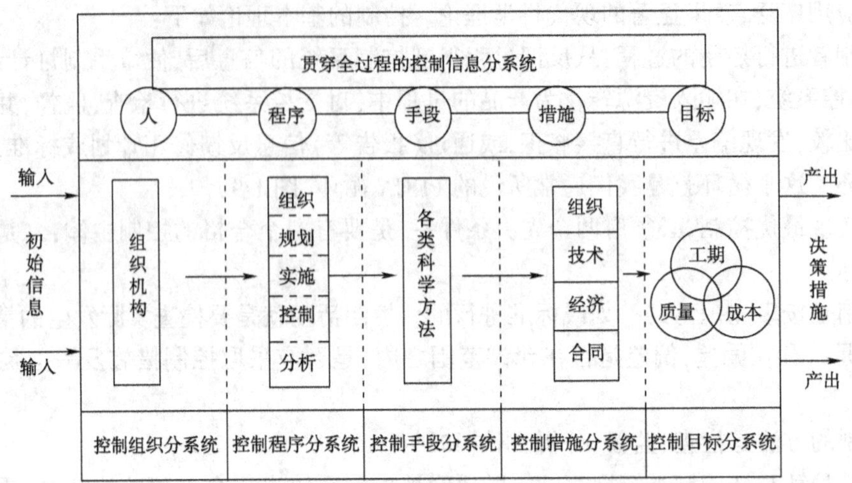

图1-11　工程项目控制系统模式

工程项目沟通与协调的对象,应是工程项目所涉及的内部和外部有关组织及个人。项目内部组织是指项目内部各部门、项目经理部、企业和班组。项目内部个人是指项目组织成员、企业管理人员、职能部门成员和班组人员。

项目内部沟通应包括项目经理部与组织管理层、项目经理部内部的各部门和相关成员之间的沟通与协调。内部沟通应依据项目沟通计划、规章制度、项目管理目标责任书、控制目标等进行;可采用授权、会议、文件、培训、检查、项目进展报告、思想教育、考核与激励及电子媒体等方式。

项目外部组织和个人是指建设单位及有关人员、勘察设计单位及有关人员、监理单位及有关人员、咨询服务单位及有关人员、政府监督管理部门及有关人员等。

项目外部沟通应由组织与项目相关方进行沟通。外部沟通应依据项目沟通计划、有关合同和合同变更资料、相关法律法规、伦理道德、社会责任和项目具体情况等进行;可采用电话、传真、召开会议、联合检查、宣传媒体和项目进展报告等方式。

工程项目沟通计划,应包括:信息沟通方式和途径,信息收集归档格式,信息的发布与使用权限,沟通管理计划的调整以及约束条件和假设等内容。各种内外部沟通形式和内容的变更,应按照项目沟通计划的要求进行管理,并协调相关事宜。

项目沟通与协调管理体系分为:沟通计划编制、信息分发与沟通计划的实施、检查评价与调整和沟通管理计划结果四大部分。在项目实施过程中,信息沟通包括:人际沟通和组织沟通与协调。项目组织应根据建立的项目沟通管理体系,建立健全各项管理制度,应当从整体利益出发,运用系统分析的思想和方法,全过程、全方位地进行有效管理。项目沟通与协调管理,应贯穿于建设工程项目实施的全过程。

(2)工程项目组织协调。组织协调是沟通的一种手段,是指正确处理各种关系,组织协调为目标控制服务。组织协调的内容包括:人际关系、组织关系、配合关系、供求关系及约束关系的协调。

工程项目管理的协调范围是根据与工程项目管理组织的关系的松散与紧密状况决定的,大致有三层:第一层是内部关系,是紧密的自身机体关系,应通过行政的、经济的、制度的、信息的、组织的和法律的等多种方式进行协调;第二层是近外层关系,指直接的和间接的合同关系,如施工项目经理部与建设单位、监理单位及设计单位等单位的关系,都属于近外层关系。因此,合同就成为近外层关系协调的主要工具;第三层关系是远外层关系,这是比较松散的关系,如项目经理部与政府部门、与现场环境相关单位的关系就是这一类。这些关系的处理没有定式,协调困难,应按有关法规、公共关系准则、经济联系规章等处理。如与政府部门的关系是请示、报告、汇报、接受领导的关系;与现场环境单位的关系则是遵守有关规定,争取给予支持等。

5. 资源、合同、信息和风险管理

1)工程项目资源管理

工程项目资源是工程项目得以实现的保证,主要包括:人力资源、材料,设备、资金和技术(即5M)。工程项目资源管理的内容包括以下三项。

(1)分析各项资源的特点。

(2)按照一定原则、方法,对工程项目资源进行优化配置,并对配置状况进行评价。

(3)对工程项目的各项资源进行动态管理,使资源与项目的需求始终保持平衡和相互适应。

2)工程项目合同管理

由于工程项目管理是在市场条件下进行的特殊交易活动的管理,且交易活动持续于工程项目管理的全过程。因此必须依法签订合同,进行履约经营。合同管理是一项执法、守法活动;市场有国内市场和国际市场。因此合同管理势必涉及国内及国际上有关法规和合同文本、合同条件,在合同管理中应予高度重视。为了取得经济效益,还必须搞好索赔,讲究索赔的方法和技巧,提供充分的索赔证据。

3)工程项目信息管理

现代化管理要依靠信息。工程项目管理是一项复杂的现代化管理活动,更要依靠大量信息及大量的信息管理活动,而信息管理又要依靠计算机进行辅助。

人类正在步入信息时代,我们必须注意和研究信息时代的经营管理的变化及其对工程项目管理的影响。信息时代的管理要有两项基础建设,一个是设备的信息化建设,一个是人和组织的知识化建设。一个硬件和一个软件,两者缺一不可。信息时代的管理要建立在两个基本变化之上,一个是企业战略和策略的变化,一个是企业价值观和文化的变化。一个外变和一个内变,两者缺一不可。所谓战略和策略的变化也有两个方面:一个是从单纯的技术驱动转变为市场、技术双重驱动;一个是从追求利润最大化转变为利润最大化及企业价值最大化同市场份额之间找平衡点。再一个是从单纯追求规模效益转变为在追求效益中处理好多快好省的关系,寻找新的效益突破口。信息时代的管理需要用重新构建公司的观念对衡量当代企业的基本范畴进行重新审视。这些范畴包括质量、服务、技术和效率等。

信息时代的企业,应具备以下基本特点:

①它将有一个以市场为中心的明确的目标和策略。信息化使企业可以直接从市场的每一

个顾客那里得到需求信息,以便明确地提高设计、生产、供给和服务水平。需求和供给之间明确而直接,规模无比巨大。它将是有史以来最节省的需求与供给的关系,也是最有效率和效益的关系。

②它将有一个以人为中心的价值观和企业文化。

③它将有一个以效率和效益为中心的不断变革的制度和程序,因为市场的变化不断地通过信息化通道促使企业不断变化。

总之,市场、人、效率和效益,这就是信息时代企业管理的核心。工程项目管理也应当围绕这个核心进行变革。

4)工程项目风险管理

项目风险是发生之后对于项目欲创造的成果产生不利后果的不确定性事件或者条件。风险管理是系统地识别和分析项目风险,并采取应对措施的过程。项目风险管理主要有:风险管理规划、风险识别、定性风险分析、定量风险分析、风险应对规划和风险监视与控制六个过程。这六个过程彼此之间相互影响,而且还与项目其他方面的管理过程,例如范围管理、进度管理、费用管理、质量管理、采购与合同管理、人力资源管理和沟通管理有关。风险管理的各个过程在实践中交叉重叠,互相影响。项目要想获得成功,公司和项目部必须在整个项目进程中投入力量进行风险管理。风险管理的宗旨是采取主动行动,创造条件,尽量扩大风险事件的有利结果,妥善地处理风险事故造成的不利后果,以最小的代价实现项目的目标。

6. 工程项目管理总结

从管理的循环原理来说,管理的总结阶段,既是对管理计划、执行、检查阶段的经验和问题的提炼,又是进行新的管理所需信息的来源,其经验可作为新的管理制度和标准的源泉,其问题有待于下一循环的管理予以解决。由于工程项目的一次性,其管理更应注意总结,依靠总结不断提高管理水平并发展工程项目管理学科。总结的内容如下:

(1)工程总结:工程项目的竣工检查、验收及资料整理与汇总。

(2)经济总结:工程项目的竣工结算或决算。

(3)工作总结:工程项目管理活动总结。

(4)效果总结:工程项目管理质量与效益的分析。

二、工程项目管理的方法

1. 工程项目管理方法的分类

(1)接管理目标划分,工程项目管理方法有进度管理方法、质量管理方法、成本管理方法、安全管理方法、现场管理方法等。

(2)按管理方法的量性分,工程项目管理方法有定性方法、定量方法和综合管理方法。其中定性方法是经验方法,综合管理方法是定性方法和定量方法兼容。

(3)按管理方法的专业性质分,工程项目管理方法有行政管理方法、经济管理方法、管理技术方法和法规管理方法。这是最常用的具体分类方法。

所谓行政管理方法,是指上级单位及上级领导人,包括项目经理和职能部门,利用其行政上的地位和权力,通过发布指令、进行指导、协调、检查、考核、激励、审批、监督、组织等手段进行管理的方法。它的优点是直接、迅速、有效,但应注意科学性,防止武断、主观、官僚主义和命令主义的瞎指挥。一般地说,用行政方法进行工程项目管理,指令要少些,指导要多些。项目经理应主要使用行政管理方法。

工程项目管理的经济方法是指用经济类手段进行管理,如实行经济责任制,编制项目资金收支计划,制订经济分配与激励办法以调动积极性,物资管理办法等。

工程项目的法规管理方法主要是通过贯彻有关工程法规、制度、标准等加强管理。合同是依法签订的明确双方权利、义务关系的协议,广泛用于工程项目管理进行履约经营,故亦属于法规方法。在市场经济中,合同管理是最重要的法规管理方法。

工程项目管理中可用的管理技术方法是大量的。最重要的适用方法有:经济评价方法、TQC方法、网络计划方法、价值工程方法、数理统计方法、信息管理方法、线性规划方法、ABC分类方法、目标管理方法和系统分析方法等。管理技术方法是管理中的硬方法,以定量方法居多,有少量定性方法,结合使用,其科学性更高,管理效果会更好。

2. 工程项目管理方法的应用原则和步骤

1)工程项目管理方法应用的原则

工程项目管理方法是工程项目管理的灵魂和动力,在应用时应贯彻以下四项原则:

(1)适用性原则,即首先要明确管理的目标,不同的管理目标分别选用不同的、有针对性的方法,并且要对管理环境调查分析,以判断管理方法应用的可行性,可能产生的干扰和效果。

(2)灵活性原则,即为了达到一定的管理目的,必须灵活运用各种有效的管理方法,必须根据变化了的内部和外部情况,灵活运用管理方法,防止盲目、教条和僵化。

(3)坚定性原则,在应用管理方法时,并非一帆风顺,会遇到各种干扰。如习惯性会产生对应用新方法的抵触;应用某种方法时可能受许多条件的限制,产生干扰或制约等。这时,项目管理人员就应该有坚定性,克服困难,以取得效果。

(4)开拓性原则,即进行工程项目管理方法创新,既要创造新方法,又应对成熟方法的应用方式进行创新,用出新水平,产生更大效果。

2)工程项目管理方法的应用步骤

某种管理方法,尤其是现代化管理方法,要应用成功,必须有以下合理的应用步骤。

第一步,研究管理任务,明确其专业要求和管理方法应用目的。

第二步,调查进行该项管理所处的环境,以便对选择管理方法提供决策依据。

第三步,选择适用、可行的管理方法,选择的方法应专业对路,条件允许,能实现任务目标。

第四步,对所选方法在应用中可能遇到的问题进行分析,找出关键,制订保证措施。

第五步,在实施该选用方法的过程中加强动态控制,解决矛盾,使之产生实效。

第六步,在应用过程结束之后,进行总结,以不断提高管理方法的应用水平。

第四节 建设项目管理

一、建设项目的建设程序

如前所述,建设项目管理是指站在项目法人(建设单位)的立场,对工程项目进行的综合性管理工作。但它必须按照一定的建设程序进行管理,否则,建设项目的目标不可能实现,这

已被建设项目管理的历史所证实。

建设项目的建设程序,习惯称之为基本建设程序。基本建设是一种以获得固定资产为目的的投资经济活动。基本建设经济活动包括:固定资产的建造,固定资产的购置,与基本建设相联系的其他基本建设工作,如土地征购、拆迁补偿、职工培训、勘察设计、科研实验工作等。

建设项目按照基本建设程序运行是社会经济规律的要求,是建设项目的技术经济规律的要求,也是建设项目的复杂性(环境复杂、涉及面广、相关环节多、多行业多部门配合)决定的。基本建设程序是指基本建设项目从决策、设计、施工到竣工验收交付使用的整个工作过程中的各个阶段及其先后次序,或者说基本建设的全过程必须遵循的先后顺序。

我国建设项目的基本建设程序一般分为以下四个阶段(图1-12)。

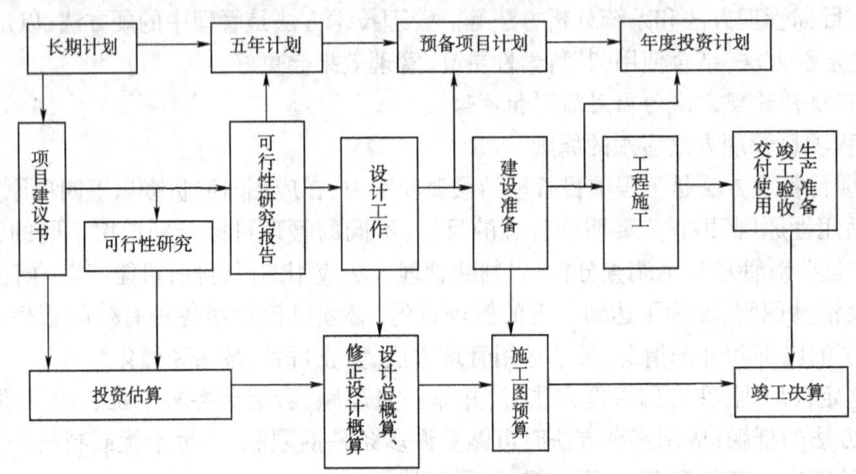

图1-12　建设程序图

第一,决策阶段:根据发展国民经济长远规划和市场的需求,对拟建项目进行可行性研究论证,编制设计任务书,选定建设地点。这一阶段是选择投资机会进行投资决策的阶段。

第二,勘测设计阶段:可行性研究经过批准后,进行勘测设计,初步设计经过批准,列入国家年度计划后,进行施工图设计。这一阶段是通过优化设计,节省投资的阶段。

第三,建设准备与施工阶段:通过建设准备,在施工图设计的基础上,经过招投标市场竞争,选择施工承包单位,按合同、施工图及有关规范和标准组织施工,实现合同目标,并在施工后期阶段做好生产准备。这一阶段是形成优质工程的阶段。

第四,竣工验收交付使用阶段:工程建成后,必须达到工程设计和工程验收标准要求,通过验收合格才能交付使用。交付使用中,通过建立保修和回访制度来确保工程质量,维护使用单位的合法权益。

下面结合港口航道工程建设项目,介绍其基本建设程序的主要步骤。

1. 决策阶段

1)预可行性研究

预可行性研究是根据国家经济和社会发展的需要,以全国运输系统的要求及港口总体布局规划为依据,具体论证建设项目的必要性、技术可行性、经济合理性和建设方案的建设规模,以及主体工程应达到方案设计阶段的深度。

2)项目建议书

预可行性研究经审批后,编制项目建议书,它是项目法人向国家提出的要求建设某一建设项目的建议文件,是对建设项目的轮廓设想,是建设项目正式开展前期工作的依据,其内容为:建设项目提出的必要性和根据;建设方案、拟建规模、建设地点的初步设想;建设条件协作关系;初步投资估算及资金筹措;项目进度设想;经济效益、环境效益的初步估计。

项目建议书经审查批准后,即可进行工程可行性研究。

3)工程可行性研究

工程可行性研究是以批准的项目建议书为依据,在项目建议书经批准后进行。工程可行性研究是对建设项目在技术和经济上(包括微观效益和宏观效益)是否可行进行的最后研究论证阶段。它是建设项目投资决策的主要依据,也是编制建设项目设计任务书和确定建设项目资金来源的依据。

工程可行性研究的主要任务是通过多方案比较,提出评价意见,推荐最佳方案。

港口航道工程项目的工程可行性研究内容包括:港口现状评价、发展预测、建设规模、建设条件、协作条件、装卸工艺及工程方案、施工条件、组织管理、人员编制、土地利用、环境保护、工程投资估算、经济评价等。

工程可行性研究报告经批准后,是初步设计的依据,不得随意修改和变更。如果在建设规模、项目方案、建设地区、主要协作关系等方面有变动以及突破投资控制数时,应经原批准机关同意。

按照现行规定,大中型和限额以上项目工程可行性研究报告经批准之后,项目可根据实际需要组成筹建机构,即组织项目法人。但一般改、扩建项目不单独设筹建机构,仍由原企业负责筹建。

4)编制设计任务书

编制设计任务书是在工程可行性研究批准后进行。设计任务书是工程建设的大纲,是确定建设项目和建设方案的基本文件,也是编制设计文件的主要依据。设计任务书的作用是对可行性研究推荐的最佳方案再进行深入的工作,进一步分析项目的利弊得失,落实各项建设条件和协作条件,审查各项技术指标的可靠性,比较和确定建设地点,审查建设资金来源,为项目的最终决策和初步设计提供依据。设计任务书正式批准后,建设项目才算成立,才能进入工程设计和其他准备工作。

新建大中型港口建设项目设计任务书的主要内容是:建设的目的和依据,建设规模、建设方案,装卸方法和工艺原则,货种货运量及船型,动力、供水、供电、供热、运输等协作配合条件,施工方法、施工条件,保护环境、治理“三废”的要求,建设地区、地点的抗震要求以及占用土地的估算,建设工期,投资总额,劳动定员控制数,要求达到的经济效益。

2. 勘测设计阶段

1)编制设计文件

设计任务书获得正式批准后,一般项目进行两阶段设计,即初步设计和施工图设计。技术上比较复杂而又缺乏设计经验的项目,在初步设计阶段后可增加技术设计阶段。

(1)初步设计。根据工程可行性研究报告的要求所做的多个具体可行的实施方案设计,通过对各方案比较,提出技术经济切实可行的推荐方案,它是工程可行性研究报告推荐方案的进一步深化。目的是为了阐明在指定的地点、时间和投资控制数额内,拟建项目在技术上的可能性和经济上的合理性,并通过对工程项目所作出的基本技术经济规定,编制项目总概算。

港航工程初步设计的深度,应达到"五定"的要求,即:定总体布置、定工艺及主要设备、定主要建(构)筑物的结构方案、定工期和投资、定各项经济指标。其内容包括:自然条件,货运量及船型,总平面布置,航道、锚地及导助航设施,装卸工艺,水工建筑物,陆域形成和道路、堆场、港口铁路,生产、生活辅助建筑物,供电照明,控制及计算机管理,通信,给排水、采暖、通风与供热,机修、供油、消防,环境保护,职业安全卫生,节能,施工条件,施工方法和进度,经济效益分析等。

初步设计不得随意改变被批准的可行性研究报告所确定的建设规模、产品方案、工程标准、建设地址和总投资等控制指标。如果初步设计提出的总概算超过可行性研究报告总投资的10%以上或其他主要指标需要变更时,应说明原因和计算依据,并报可行性研究报告原审批单位重新审批。

(2)技术设计。根据初步设计和更详细的调查研究资料编制,进一步解决初步设计中的重大技术问题,如工艺流程、建筑结构、设备选型及数量确定等,以使建设项目的设计更具体,更完善,技术经济指标更好。

(3)施工图设计。在初步设计或技术设计的基础上,将设计的工程项目具体化、详细化,通过结构计算绘制出正确、完整、详尽的建筑、结构、安装图纸,并编制施工图预算和施工组织设计为业主工程招投标和现场施工提供依据。

2)列入年度计划

建设项目必须有经过批准的初步设计和总概算,并进行综合平衡后,才能列入年度建设计划。批准的年度计划是基本建设拨款、贷款的依据,所有列入年度计划的项目都要达到"五定"的要求,即:定建设规模、定投资总额、定建设工期、定投资效益、定外部协作条件。

3.建设准备与施工阶段

1)建设准备

为保证施工的顺利进行,必须做好各项建设准备工作。当建设项目设计任务书批准后,建设准备工作就要摆在主要位置上。建设单位组建专门的机构负责建设准备工作,建设准备工作有以下主要内容:

(1)预备项目。初步设计已经批准的项目,可列为预备项目。国家投资的预备项目计划,是对列入部门、地方编报的年度建设预备项目计划中的大中型和限额以上项目,经过从建设总规模、生产力总布局、资源优化配置以及外部协作条件等方面进行综合平衡后安排和下达的。预备项目在进行建设准备过程中的投资活动,不计算建设工期,统计上单独反映。

(2)建设准备的内容。①征地、拆迁和场地平整;②完成施工用水、电、路等工程;③组织设备、特殊材料订货和地方建筑材料的供应;④准备必要的施工图纸;⑤组织施工招标投标,择优选定施工单位。

(3)报批开工报告。按规定进行了建设准备和具备了开工条件以后,便应组织开工。

建设单位申请大中型工程项目开工,要经国家发改委统一审核后,编制年度大中型建设项目开工计划,报国务院批准,再由国家发改委下达项目计划。部门和地方政府无权自行审批大中型建设项目的开工报告。按我国《建筑法》第七条规定,建筑工程开工前,建设单位应当按照国家有关规定向工程所在地县级以上人民政府建设行政主管部门申请领取施工许可证，但是国务院建设行政主管部门确定的小型工程除外。按照国务院规定的权限和程序批准开工报告的建筑工程，不再领取施工许可证。

2）组织工程施工

建设项目经批准新开工建设，项目便进入了工程施工阶段。这是项目决策的实施、建成投产发挥投资效益的关键环节。新开工建设的时间，是指建设项目设计文件中规定的任何一项永久性工程第一次破土开槽开始施工的日期。不需要开槽的，正式开始打桩日期就是开工日期。铁道、公路、水库等需要进行大量土石方工程的，以开始进行土石方工程日期作为正式开工日期。分期建设的项目，分别按各期工程开工的日期计算。

施工承包单位，应按设计、合同条款和施工程序和顺序，在施工前编制好施工组织设计，做好施工准备工作，要做到投资、工程内容、施工图纸、材料设备、施工力量五落实。在施工过程中要做好“四控三管一协调”，即：做好质量、安全、进度、成本等目标控制和合同管理、信息管理、施工现场管理及组织协调等工作，在保证质量、安全、工期、成本等目标的前提下进行施工，达到竣工标准。

3）生产准备

在工程施工阶段的后期还要进行生产准备。生产准备是项目投产前由建设单位进行的一项重要工作。它是衔接建设和生产的桥梁，是建设阶段转入生产经营的必要条件。建设单位应适时组成专门班子或机构做好生产准备工作。

生产准备工作的内容根据工程项目的不同而异，一般包括下列内容：

（1）组建管理机构，制定管理制度和有关办法。

（2）招收并培训生产人员，组织生产人员参加设备的安装、调试和工程验收。

（3）签订原料、材料、协作产品、燃料、水、电等供应及运输的协议。

（4）进行工具、器具、备品、备件等的制造或订货。

（5）其他必须的生产准备。

4. 竣工验收交付使用阶段

1）竣工验收

当建设项目按设计文件的规定内容全部施工完成以后，便可组织验收。它是建设全过程的最后一道程序，是投资成果转入生产或使用的标志，是全面考核基本建设工作，检验设计和施工质量的重要环节，是施工承包单位接受国家检验，向国家提供建筑精品的过程，也是建设单位、设计单位和监理单位、质检单位向国家汇报建设项目建成后的生产能力、质量、成本、效益等全面情况及交付新增固定资产并接受综合评价的过程。这一过程必须按设计文件和交通运输部颁发的《水运工程质量检验标准》（JTS 257—2008）以及国家颁发的有关标准进行认真的全面的验收。竣工验收应在施工单位对工程质量自检合格，监理工程师对工程质量评定合格，项目法人组织设计、施工、监理、工程质量监督等单位进行的交工验收合格，工程经过3个月以上试运行，各项设施运行情况符合设计要求，项目法人向港口行政管理部门提出的竣工验收申请获得批准后进行。竣工验收完成后，才能办理固定资产移交手续，并交付使用。

竣工验收，对促进建设项目及时投产、发挥投资效益及总结建设经验，都有重要作用。通过竣工验收，可以检查建设项目实际形成的生产能力或效益，也可避免项目建成后继续消耗建设费用。

2)交付使用

工程竣工投产交付使用之后,建设单位和施工单位应建立保修和回访制度,这是建设单位和施工单位对工程正常发挥工程项目功能负责的具体体现。通过保修和回访,可以听取和了解使用单位对工程施工质量的评价和改进意见,维护自己的信誉,提高企业的管理水平。《工程质量保修书》应按《建设工程质量管理条例》(国务院令第279号)及行业主管部门的有关规定,约定保修范围、保修时间、保修内容、保修做法,以确保使用单位的合法权益。

二、建设项目的目标控制

1. 建设项目投资控制

1)投资构成

"投资"有多种含义:

(1)为了将来获得收益或避免风险而进行的资金投放活动。

(2)用于投放的资金。

(3)固定资产投资。固定资产投资包括基建投资和更新改造投资两类。基建投资是指新建、改建和扩建各种生产性和非生产性固定资产所用的资金;更新改造投资是指用于旧企业更新或改造其固定资产的资金。两者均由于再生产的需要而进行投资。

投资按其投放的途径划分可分为直接投资和间接投资,或称实物投资和金融投资。直接投资(实物投资)一般不经过金融中介,主要包括:固定资产投资,实际经营投资,租赁、承包、收购企业等,一般不受通货膨胀的影响,风险较小,但需投资者亲自经营管理。间接投资指投资购买股票、债券及其他特权票据,所以也称金融投资或证券投资,即要通过金融中介把资金由供方传给需方,这种投资受通货膨胀影响,风险很大,但不需投资者亲自从事实物资产的经营管理,流动性较好。

建设项目投资属于固定资产投资,即用于基本建设项目和更新改造项目的投资,包括投资项目从酝酿、决策、建设实施到竣工投产的全过程活动和投资的筹集、运用及其相关的工作。投资工作量是以货币形式表现的"投资额"。

建设项目的投资构成见图1-13。

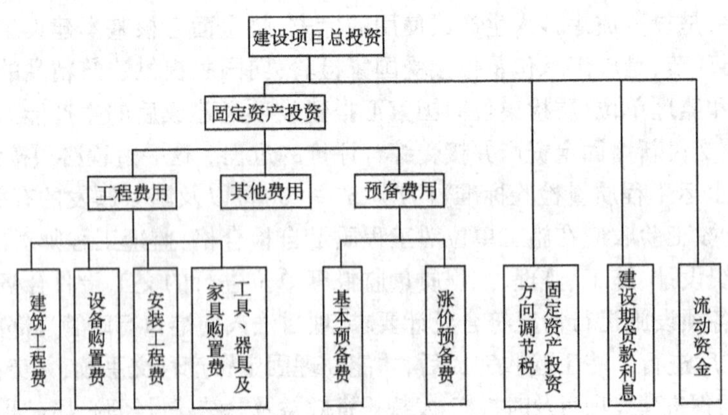

图1-13 建设项目总投资构成

总投资中包括固定资产投资、固定资产投资方向调节税、建设期借款利息及流动资金。其中固定资产投资是指用于拟建项目的建筑工程费，安装工程费，设备购置费，工具、器具、家具购置费，预备费用和工程建设其他费用。

工程建设其他费用的内容比较广泛，主要包括：土地使用费（土地出让金、土地补偿、青苗补偿和安置补偿费）；建设单位管理费；科研试验费；勘察设计费；监理、咨询费；可行性研究费；项目评估费；生产职工培训费；办公和生活家具购置费；负荷联合试车费；施工机构迁移费；样品样机购置费；矿山巷道维修费；引进技术和进口设备的其他费用；与建筑安装、设备购置无关但又必须支出的其他建设费用。

预备费用是指难以预料的工程费用，即不可预见费或用包干系数计算的费用及涨价预备费。这些费用用于以下方面：在批准的初步设计和概算范围内增加的工程和费用；设备、材料的差价；由于一般自然灾害所造成的损失和预防自然灾害所采取的措施费用；在上级主管部门组织竣工验收时，验收者为鉴定工程质量，必须开挖和修复隐蔽工程的费用等。

总投资中的固定资产投资方向调节税是指国家对单位和个人用于固定资产投资的各种资金征收的一种税。这是从1991年起开始征收的一个新税种，目的是加强固定资产投资管理，贯彻国家产业政策，控制投资规模，引导投资方向，调整投资结构，加强国家重点工程建设。投资方向调节税根据国家产业政策和项目经济规模实行差别比例税率，税率分为0%、5%、10%、15%、30%共5个档次，分别适用于基本建设项目投资和更新改造项目投资。这项费用自1997年已停止收取。

总投资中的流动资金，是指维持生产所占用的全部周转资金，它是流动资产与流动负债的差额（即流动资金＝流动资产－流动负债）。其中，流动资产＝应收账款＋存货＋现金；流动负债＝应付账款＝（年外购原材料、燃料、动力费）/周转次数。

2）建设项目投资的来源：

建设项目投资有以下几种来源：

（1）国家建设拨款。这些资金用于没有偿还能力的建设单位的项目。

（2）建设贷款。包括以下几种：①国家预算内基本建设投资贷款；②基本建设信用贷款，指银行利用长期存款发放的投资性贷款；③特种贷款，是银行为支持重点项目建设，缓解其资金不足发放的投资性贷款业务；④基本建设储备贷款，是指为企业进行储备而进行的贷款，如为支付下一年度储备材料及设备需要的款项；⑤临时周转贷款，是指列入国家基本建设计划的项目，在年度内资金尚未下达或进度加快资金临时不足的，可向银行申请临时周转贷款。

（3）自有资金。

（4）发行建设债券和股票融资。

（5）利用国外资金。利用国外资金有多种多样的形式，可以归纳为三大类。一是借用国外资金，例如向外国政府、国际金融机构、外国银行借入资金，在国际债券市场上发行债券，吸收外国银行、企业或私人的定期存款等。这一类形式的特点是发生债权、债务关系，必须还本付息。二是吸收国外投资，如与外商共同投资经营，合作开发，合作经营、吸引外商来华举办独资企业等，还可将本国企业的股票出售给外商。这类形式的特点是外商直接投资进行生产经营，并采取股利等形式获得利润。三是接受国外援助。这主要是接受国外的馈赠，不需还本付息。有时政府间贷款中馈赠成分占25%以上，也属于这一类。

3）建设项目投资控制的全过程

（1）项目建议书阶段的投资控制。在项目建议书阶段要进行投资估算和资金筹措设想。如果项目是打算利用外资的，应分析利用外资的可能性，初步测算偿还贷款的能力，还要对项目的经济效益和社会效益作初步估计。项目建议书编制时，伴随着进行机会研究和初步可行性研究。

（2）可行性研究阶段的投资控制。在可行性研究阶段，主要是在项目建议书获得批准后，对项目进行评估，为项目决策提供主要依据。其任务虽然涉及市场、工艺技术和经济等多方面，但投资控制却是最主要的。这个阶段要在完成市场需求预测、厂址选择、工艺技术方案选择等可行性研究的基础上，对拟建项目的各种经济因素进行调查、研究、预测、计算及论证，运用定量分析与定性分析、动态分析与静态分析相结合的方法，计算内部收益率、净现值率、投资利润率等指标，完成财务评价；大中型项目还利用影子价格、影子汇率、社会折现率等经济参数进行国民经济评价，从而考察投资行为的宏观经济合理性。可行性研究报告是进行投资决策的主要依据。

（3）编制设计文件阶段的投资控制。根据批准的可行性研究报告和有关设计基础资料，拟订工程建设实施的初步方案，从技术上、经济上作出合理安排，通过初步设计概算确定建设投资。技术设计是对复杂的工程的重大技术问题进一步深化设计，作为施工图设计的依据，编制修正概算，修正投资控制额。施工图设计则根据初步设计（或技术设计）进行编制。通过施工图预算，确定建设项目的造价。

因此，整个设计阶段是实施投资控制的关键阶段，建设项目具体投资多少，是在这个阶段确定的。在设计中，必须始终具有经济观念，不浪费投资，根据功能的要求进行设计，使资金用在实处。

（4）工程施工招标阶段的投资控制。在工程施工招标阶段，项目法人要通过编制招标文件、工程量清单和标底，发布招标文件，合理评标与决标进行投资控制。标底是评标与决标的依据，标价是签订合同时确定合同价的依据，合同价又是实施阶段投资控制的最高限价。

（5）施工阶段的投资控制。施工阶段是投资活动的物化过程，是真正的大量投资支出阶段。这个阶段投资控制的任务是，按设计要求实施，使实际支出控制在合同价之内，合同价控制在初步设计概算之内。因此，要减少设计变更，努力降低造价，搞好索赔和工程进度款结算，竣工后搞好结算和决算。

可以看出，建设项目的投资控制实质就是对项目的工程造价的控制。有效控制工程造价应体现以下三个原则：

（1）以决策和设计阶段为重点的工程建设全过程造价控制。工程造价控制的全过程应贯穿于建设项目建设的全过程或建设程序的所有步骤。每个阶段工程造价控制的重要性不一样。越是前期，工程造价控制越重要；越是后期，工程造价控制的影响作用越小。因此，建设项目工程造价控制的重点在于施工前的投资决策和设计阶段，而在项目作出投资决策后，工程造价控制的重点就在于设计。据分析，设计费一般只相当于建设工程全寿命费用的1%以下，但正是这少于1%的费用对工程造价的影响度占75%以上。由此可见，设计质量对整个工程建设的效益是至关重要的。另外，建设项目的投资控制与进度控制和质量控制正好相反，后两者的控制重点是实施期。

(2)采取主动控制,以取得令人满意的结果为准则。“控制”应立足于事先主动采取决策措施,尽可能减少甚至避免目标值与实际值的偏差,这被称为主动控制。因此,工程造价的控制,不仅要反映投资决策,反映设计、发包和施工,被动地控制工程造价;更要能动地影响投资决策,影响设计、发包和施工,主动地控制工程造价。例如:在可行性研究阶段,优选建设方案,考虑风险,打足投资,编制好投资估算。在初步设计阶段,按投资估算推行“量财设计”,采用新技术、新工艺、新材料,优化设计方案,编制好总概算。在施工图设计阶段,按设计概算推行“限额设计”,编制好施工图预算,为施工招标提供依据。

(3)技术与经济相结合是控制工程造价最有效的手段。要有效地控制工程造价,应从组织、技术、经济、合同与信息管理等多方面采取措施。但是,应该看到,技术与经济相结合是控制工程造价最有效的手段。在工程建设过程中把技术与经济有机结合,通过技术比较、经济分析和效果评价,正确处理技术先进与经济合理两者之间的对立统一关系,力求在技术先进条件下的经济合理,在经济合理的基础上的技术先进,把工程造价控制观念渗透到各项设计和施工技术措施之中。

2. 建设项目进度控制

建设项目进度控制是指对建设项目各个阶段的工作顺序和持续时间进行规划、实施、检查、协调及信息反馈等一系列活动的总称。建设项目进度控制的最终目的是确保项目动用的时间目标的实现。建设项目进度控制的总目标是建设工期。建设项目进度控制的意义在于:第一,保证建设项目按预定的时间交付使用,及时发挥投资效益;第二,维护国家良好的建设秩序和经济秩序;第三,提高建筑施工企业的经济效益。

1)建设项目进度控制的相关因素

建设项目进度控制是一个动态过程,影响因素多,风险大,应当进行认真的分析总结,以便采取措施,适应变化,使不平衡变为相对的平衡,在动态中实现进度控制目标。

进度控制的影响因素首先来自于建设单位,包括:建设单位提出的项目动用目标,资金、材料和设备的供应进度,各项准备工作的进度以及建设单位管理的有效性等。

其次,进度控制的影响因素来自于勘察设计单位,包括:勘察设计进度目标的确定,可投入的勘察设计力量及其工作效率,各设计专业的配合状况,设计的速度,审查设计文件的进展速度以及建设单位与设计单位的协作状况等。

再次,进度控制的影响因素来自于施工单位,包括:施工进度目标的确定,施工项目管理规划的编制,施工企业的生产能力和管理素质,投入的人力及装备规模以及分包施工单位的进度保证能力等。

还有环境因素和风险因素的影响,包括:上级领导部门的指令和指导意见,建筑市场和物资供应市场的状况,国家财政状况,政治的影响,气候的影响,使用要求及建设目标变更的可能性,改革的影响,偶发性不可抗力等。

以上诸多的影响因素,既是客观存在的,又多是人为的,但可以预测和控制。工程监理单位参与进度控制,既构成了影响进度的重要因素,又可以通过签订合同,接受建设单位的委托,采用有效的方法和手段,对各种进度控制的影响因素实施干预,确保进度控制目标的实现。

2)建设项目进度控制的全过程

工程项目的各个阶段,都与进度控制有密切联系。各阶段的工作进度固然需要控制,而前期工作阶段所进行的进度决策工作，又给实施阶段的进度控制以重大影响，如表1-1所列，就是建设全过程与进度控制全过程的关系。这里必须强调，进度控制的重点阶段是项目的建设准备和施工阶段。

进度控制的全过程　　表1-1

建设过程	项目建议书	可行性研究	项目设计	建设准备	建设施工	竣工验收交付使用
进度控制阶段	进度决策阶段					进度实施阶段
进度控制描述	进度建议	进度预测、建议、规划	设计进度控制施工进度预测	编制施工进度计划	实施进度控制实现工期目标	收尾进度控制及时交工动用

在项目建议书的内容中，按规定有"项目进度建议"，是对项目进度的轮廓设想，是上级对项目建议书进行审批的重要依据。

在可行性研究报告中，按规定有"实施进度建议"，是对项目建议书中项目进度建议的具体化，是对建设项目进行评估的时间依据，是对项目进度进行决策的依据。

在设计的过程中，必须实施设计进度控制，并对设计方案的施工进度作出预测，与可行性研究报告中的建设工期进行对比，从而对设计文件作出评价。

在建设准备阶段，编制施工进度计划，进行进度决策，为施工中的进度控制提供依据。

在建设施工阶段，严格按计划进度实施，是进度控制的"操作过程"，必须对造成计划偏离目标的各种干扰因素予以排除，保证进度目标的实现。

在竣工验收交付使用阶段，要加快收尾，尽量缩短验收进程，竣工后的工程要及早交付使用。

3）建设项目进度控制的计划系统

为了使工程建设符合国家宏观投资计划的要求，遵循建设程序，按合理工期建成投产，实现项目进度目标，使工程造价低、投资少、工期短、质量好，就需要编制各种计划，作为进度控制的基础。我国的项目建设计划分三级管理：国家发改委管理大中型项目的建设计划；省（自治区、直辖市）发改委和建委管理本地区的项目建设计划；建设单位管理本单位的建设项目计划。按照我国的计划体制，应当编制下列各种计划。

（1）工程项目前期工作计划。前期工作计划是指对可行性研究及初步设计的工作进行安排，通过这个计划，使建设前期各项工作相互衔接，时间得到控制。改建、扩建项目，前期工作计划，由原企（事）业单位编制；新建项目的前期工作计划，由主管单位编制。计划表格见表1-2。表中的"建设性质"指的是改建、扩建还是新建；"建设规模"指生产能力、使用规模或建筑面积等。前期工作计划表由建设单位在预测的基础上进行编制。

前期工作计划表　　表1-2

项目名称	建设性质	建设规模	可行性研究		可行性研究报告		初步设计	
			进度要求	负责单位负责人	进度要求	负责单位负责人	进度要求	负责单位负责人

(2)工程项目总进度计划。工程项目总进度计划,是指初步设计被批准后,编制上报年度计划以前,根据初步设计,对建设项目从开始建设(设计、施工准备)至竣工投产(动用)全过程的统一部署,以安排各单项工程和单位工程的建设进度,合理分配年度投资,组织各方面的协作,保证初步设计确定的各项建设任务的完成。它对于保证项目建设的连续性,增强建设工作的预见性,确保项目按期动用,具有重要作用,它是编制上报年度计划的依据。它由以下几个部分组成。

①文字部分。包括建设项目的概况和特点,安排建设总进度的原则和依据,投资的来源和年度安排情况,技术设计、施工图设计、设备交付和施工力量进场时间的安排,道路、供电、供水等方面的协作配合及进度的衔接,计划中存在的主要问题及采取的措施,需要上级及有关部门解决的重大问题。

②表格部分。包括:工程项目一览表;工程项目总进度计划表;投资计划年度分配表;工程建设项目进度平衡表。

(3)工程项目年度计划。工程项目年度计划依据工程项目总进度计划、国家年度计划和批准的设计文件,由建设单位进行编制。该计划既要满足工程项目总进度计划的要求,又要与当年可投入资金和融资获得的资金、设备、材料、施工力量相适应,根据分批配套投产或交付使用的要求,合理安排年度建设的工程项目。工程项目年度计划的内容包括以下:

①文字部分。说明编制年度计划的依据和原则;建设进度和各项主要技术经济指标;施工图、设备、材料、施工力量等建设条件的落实情况;动员内部资源情况;对外部协作配合项目建设的进度安排或要求;需要上级主管部门协助解决的问题;计划中存在的其他问题;为完成计划采取的各项措施。

②表格部分。包括:年度计划项目表;年度竣工投产交付使用计划表;年度项目计划综合平衡表(含资金平衡表和设备平衡表)。

(4)设计单位的计划系统。包括:设计准备工作计划;施工总进度计划;设计工作分专业进度计划。

(5)施工单位的进度控制计划系统。包括:施工准备工作计划;施工总进度控制计划;单位工程进度计划;分包工程进度计划;分部分项工程进度计划;施工项目年度(季度或月度)进度计划。

4)建设项目进度控制的实施系统

建设项目进度控制实施系统,可用图1-14表示。图中所反映的系统关系是:建设单位委托工程监理单位进行进度控制。监理单位根据工程监理合同分别对建设单位、设计单位、施工单位的进度控制实施监督。各单位都按本单位编制的各种计划实施,并接受监理单位的监督,实施进度控制,实现所承担的进度控制目标。各单位的进度控制实施相互衔接和联系,进行合理而协调的运行,从而保证进度控制总目标的实现。

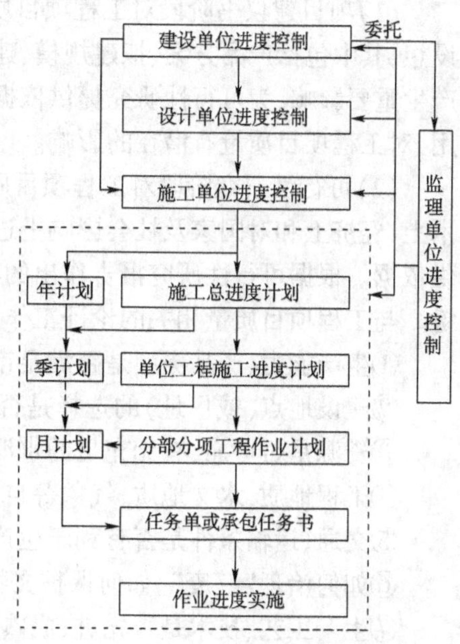

图1-14　建设项目进度控制实施系统

3. 建设项目质量控制

1)质量和质量控制的相关概念

(1)质量。按照《质量管理体系基础和术语》(GB/T 19000—2000)的定义,“质量”是“一组固有特性满足要求的程度”。其中“固有”就是指在某事或某物中本来就有的,尤其是那种永久的特性。“特性”就是可以区分的特征,既可以是固有的,也可以是赋予的;既可以是定性的,也可以是定量的。“质量特性”是指“产品、过程或体系与要求有关的固有特性”。“要求”是指“明示的、通常隐含的或必须履行的需求或期望”。“通常隐含”是指组织、顾客和其他相关方的惯例或一般做法,所考虑的需求或期望是不言而喻的。

(2)质量管理。指“在质量方面指挥和控制组织协调的活动”,通常包括质量目标和质量方针以及质量策划、质量控制、质量保证和质量改进。“质量策划”是质量管理的一部分,致力于制订质量目标并规定必要的运行过程和相关资源以实现质量目标。质量计划可以是质量策划的一部分。“质量控制”是质量管理的一部分,致力于满足质量要求;“质量保证”致力于提供质量要求会得到满足的信任;“质量改进”致力于增强满足质量要求的能力。

(3)质量管理体系。指在质量方面指挥和控制组织的管理体系(建立方针和目标并实现这些目标的体系)。“质量方针”是由组织的最高管理者正式发布的该组织总的质量宗旨和方向。“质量目标”是在质量方面所追求的目的。

(4)工程项目质量。指工程项目作为过程的一组固有特性满足要求的程度。这些要求主要是建设单位的要求,设计要求,标准或规范要求,社会要求,环境要求及组织自身的要求等。

2)工程项目质量形成的全过程

工程项目质量形成的全过程,就是建设程序的全过程。不同的建设阶段,对工程项目的质量有不同的影响,正如不同建设阶段对投资和进度有不同的影响一样。需要指出的是,质量与投资、进度三项目标是相互制约的,不能脱离投资和进度的制约,孤立地对待质量。

(1)项目建议书阶段对工程项目质量形成的影响。由于项目建议书对工程项目提出轮廓设想,其中包括产品方案、拟建规模、建设地点、投资估算等,故对工程项目的功能和建设决策产生重要影响,为可行性研究提供依据。所以这个阶段起着机会研究和初步可行性研究的作用,对工程项目质量有潜在的影响。

(2)可行性研究阶段对工程项目质量形成的影响。在可行性研究阶段。要对工程项目技术上、经济上和对国家及社会影响上进行论证,并作多方案比较,从而推荐最佳方案,为设计提供依据。根据可行性研究报告作出的项目决策,是对项目质量的决定性影响,是项目成败的关键。与工程项目质量相关的论证工作主要有以下几项:

①生产能力、产品类型是否满足市场需求。

②建设地点(或厂址)的选择是否符合城市、地区总体规划要求,有无发展余地。

③资源是否可靠,有无充足的水源、能源。

④工程地质、水文地质、气象等自然条件是否良好。

⑤交通、运输条件是否有利于生产,方便于生活。

⑥如何治理“三废”,如何保护文物、环境以减少公害。

⑦生产工艺、技术是否先进、成熟,设备是否配套。

⑧对设计和施工有哪些要求,如何获得较好的社会效益、经济效益和环境效益。

(3)设计阶段对工程项目质量的影响。可行性研究阶段提出的质量要求,要通过设计工作具体化。设计的质量决定着工程项目建成后的使用价值和功能。所以,设计阶段是影响工程项目质量的决定性环节。为此,应对设计质量进行严格的监督和管理。

(4)施工阶段对工程项目质量的影响。施工阶段根据设计图纸的要求实施,形成工程实体。施工阶段的质量要求与前几个阶段的质量要求是不相同的,如果说可行性研究阶段解决"能否做"和"做什么"的问题,设计阶段解决的是"如何做"的问题,而施工阶段要解决的是"做出来"的问题。前几个阶段都与决策有关,施工阶段则是生产实践,是生产与操作的质量问题。质量控制工作量最大的阶段就是施工阶段。所有与建设活动有关的单位都在此时参与质量形成的活动。所以施工阶段是质量控制的最重要阶段。

(5)项目竣工验收对工程项目质量的影响。在项目竣工验收阶段,要对施工阶段的质量效果进行试运转、检查、评定与考核,看是否达到了决策阶段和设计阶段的质量目标。这个阶段对工程投入使用后能否正常发挥作用(即使用质量)有重大影响。

3)工程项目质量控制的主体及其责任

工程项目质量控制体现了主体多元化的特点,建设单位、监理单位、质量监督单位、设计单位、建筑材料、构件及设备供应单位、施工单位等,均对工程项目的质量控制负有责任。工程项目质量控制好比是一个舞台,各相关单位好比剧目的角色,各个角色都要在舞台上进行表演(质量控制),而且各个角色又是相互联系和制约的,在质量控制上,既要独立地承担责任,又要相互支持,还要按规定接受应有的监督。

(1)建设单位的质量控制责任。建设单位是质量控制贯穿建设全过程的管理者和组织者,对质量负决策、监督、帮助、考核、验收责任。

(2)设计单位的质量控制责任。设计单位对工程项目质量负设计责任。设计单位亦应实行项目管理,设计总负责人实际上就是项目经理,组成项目管理班子,进行设计目标控制。为此,应建立设计质量管理体系,健全设计质量的校对、审核制度。所有设计图纸都要经审核人员签字,否则不得出图。设计文件必须符合国家和地区的有关法规、技术标准,必须符合当地建设主管部门确定的规划位置、标高、建筑密度、层数、建筑物与室外工程的衔接、与环境协调等要求。务必使功能满足可行性研究报告的要求,各种设计内容和质量符合设计合同的要求,保证结构安全、建筑防火、卫生和环境保护等方面的要求。在施工中,设计单位负有监督与参加验收的责任。

(3)施工单位的质量责任。施工单位对工程项目质量负有制造责任。要通过实行施工项目管理和建立施工项目质量保证体系确保每个分项、分部工程和单位工程质量达到标准和合同要求,按竣工标准要求交工。达不到合格标准的要进行返修,确保安全和使用功能。交工后实行回访和保修。在施工中还要接受建设单位、设计单位、监理单位按规定进行的监督和检查。

(4)建筑构配件生产单位的质量责任。建筑构配件生产单位应建立有效的质量体系,对外、对内进行质量保证。车间、科室、班组,都要有明确的产品质量责任。建立质量检查、测试机构进行质量把关。要做到出厂的产品达到国家标准规定的合格标准,具有产品标准编号等文字说明。在构配件上标明出厂的合格标志、厂名、产品型号、出厂日期、检查编号等。

(5)建筑材料、设备供应单位的质量责任。建筑材料、设备供应单位对所供应的产品质量负责。供应的产品必须符合下列要求:达到国家有关法规、技术标准和购销合同规定的质量要求;有产品检验合格证、说明书及有关技术资料;实行生产许可证制度的产品,要有许可证主管部门颁发的许可证编号、批准日期和有效期限;产品包装符合国家有关规定和标准;使用商标或分级分等的产品,在产品包装上有标记。建筑设备除符合上述要求外,还应有产品详细的使用说明书,电气产品应附有线路图。厂家负责售后服务。供应单位售出的产品发生质量问题时,供应单位对使用单位负保修、保换、保退、赔偿经济损失责任。

(6)质量监督部门的质量责任。质量监督部门代表政府对工程项目的质量负监督和评定等级责任。在监督中要做到:未经持证设计单位设计或设计不合格的工程,一律不准施工;无出厂合格证明和没有按规定复试的原材料,一律不准使用;不合格的建筑构件,一律不准出厂和使用;所有工程都必须按照国家规范、标准施工和验收,一律不准降低标准;质量不合格的工程及构件,一律不准报竣工面积和产量,也不计算产值;没有持证单位进行认真勘探,不准进行设计。这就是有名的"六不准"。

(7)监理单位的质量责任。监理单位受建设单位的委托对工程项目的实施(设计和施工)进行监理。为了履行监理合同,监理单位应进行质量目标控制,按质量标准、设计承包合同、施工合同和设计要求实现质量目标。

第二章　我国工程建设管理体制

按照国家有关规定,在工程建设中应该严格执行工程建设市场准入制、项目法人责任制、招标投标制、合同管理制、建设监理制、建设工程质量责任制以及非经营性政府投资项目“代建制”等主要制度。这些制度相互关联、互相支持,共同构成了建设工程管理制度体系。

第一节　工程建设市场准入制

一、工程建设市场准入制的概念

工程建设市场准入制度是指国家和政府准许公民和法人进入工程建设市场,从事工程建设生产经营活动主体资格的实体条件和取得主体资格的程序条件的法律、法规、政策规定的总称。包括:《中华人民共和国建筑法》(中华人民共和国主席令第91号)(以下简称《建筑法》)、《建设工程勘察设计资质管理规定》(建设部令第160号)、《工程监理企业资质管理规定》(建设部令第158号)、《建筑业企业资质管理规定》(建设部令第159号),以及相应的企业资质标准、工程建设各种从业人员的执业资格制度的规定等。也就是说,工程建设市场相关企业或从业人员必须符合相关规定要求,并取得相应的企业资质证书(准入许可)或从业人员取得相应的执业资格证书,才能进入工程建设市场领域从事生产经营活动。这一过程国家通过立法,规定市场主体资格的条件及取得程序按申报、审批、登记程序执行。

工程建设市场准入制度不仅包括“准入”而且还包括“清除”和“资信登记”的管理制度。对不认真履行合同、不讲信用及未取得资质、资信登记的单位和从业人员,坚决不允许进入工程建设市场。凡不符合资质和资信登记要求或有严重违法违规行为的单位和个人,要坚决清除出工程建设市场。对建设企业资质、资信实行动态管理,要逐步建立黑名单制度。

二、工程建设市场准入制的目的和意义

工程建设市场准入制是国家为了加强对工程建设活动的监督管理,维护公共利益和工程建设市场秩序,保证建设工程质量和安全,促进建筑业健康发展而采取的政府调控建筑市场,引导行业发展的重要手段。

三、建设工程项目管理试行办法

2004年,原建设部颁发《建设工程项目管理试行办法》(建市［004］200号),对工程项目管理的全局性问题作出了规定,现简介如下。

(1)建设工程项目管理,是指从事工程项目管理的企业(以下简称项目管理企业),受工程项目业主方委托,对工程建设全过程或分阶段进行专业化管理和服务活动。

(2)项目管理企业应当具有工程勘察、设计、施工、监理、造价咨询、招标代理等一项或多项资质。

工程勘察、设计、施工、监理、造价咨询、招标代理等企业,可以在本企业资质以外申请其他资质。企业申请资质时,其原有工程业绩、技术人员、管理人员、注册资金和办公场所等资质条件可合并考核。

(3)从事工程项目管理的专业技术人员,应当具有城市规划师、建筑师、工程师、建造师、监理工程师、造价工程师等一项或者多项执业资格。

取得城市规划师、建筑师、工程师、建造师、监理工程师、造价工程师等执业资格的专业技术人员,可在工程勘察、设计、施工、监理、造价咨询、招标代理等任何一家企业申请注册并执业。

取得上述多项执业资格的专业技术人员,可以在同一企业分别注册并执业。

(4)项目管理企业应当改善组织结构,建立项目管理体系,充实项目管理专业人员,按照现行有关企业资质管理规定,在其资质等级许可的范围内开展工程项目管理业务。

(5)工程项目管理业务范围包括:

①协助业主方进行项目前期策划,经济分析、专项评估与投资确定。

②协助业主方办理土地征用、规划许可等有关手续。

③协助业主方提出工程设计要求、组织评审工程设计方案、组织工程勘察设计招标、签订勘察设计合同并监督实施,组织设计单位进行工程设计优化、技术经济方案比选并进行投资控制。

④协助业主方组织工程监理、施工、设备材料采购招标。

⑤协助业主方与工程项目总承包企业或施工企业及建筑材料、设备、构配件供应等企业签订合同并监督实施。

⑥协助业主方提出工程实施用款计划,进行工程竣工结算和工程决算,处理工程索赔,组织竣工验收,向业主方移交竣工档案资料。

⑦生产试运行及工程保修期管理,组织项目后评估。

⑧项目管理合同约定的其他工作。

(6)工程项目业主方可以通过招标或委托等方式选择项目管理企业,并与选定的项目管理企业以书面形式签订委托项目管理合同。合同中应当明确履约期限,工作范围,双方的权利、义务和责任,项目管理酬金及支付方式,合同争议的解决办法等。

工程勘察、设计、监理等企业同时承担同一工程项目管理和其资质范围内的工程勘察、设计、监理业务时,依法应当招标投标的应当通过招标投标方式确定。

施工企业不得在同一工程从事项目管理和工程承包业务。

(7)两个及以上项目管理企业,可以组成联合体以一个投标人身份共同投标。联合体中标的,联合体各方应当共同与业主方签订委托项目管理合同,对委托项目管理合同的履行承担连带责任。联合体各方应签订联合体协议,明确各方权利、义务和责任,并确定一方作为联合体的主要责任方,项目经理由主要责任方选派。

(8)项目管理企业经业主方同意,可以与其他项目管理企业合作,并与合作方签订合作协议,明确各方权利、义务和责任。合作各方对委托项目管理合同的履行承担连带责任。

(9)项目管理企业应当根据委托项目管理合同约定,选派具有相应执业资格的专业人员担任项目经理,组建项目管理机构,建立与管理业务相适应的管理体系,配备满足工程项目管理需要的专业技术管理人员,制定各专业项目管理人员的岗位职责,履行委托项目管理合同。

工程项目管理实行项目经理责任制。项目经理不得同时在两个及以上工程项目中从事项目管理工作。

(10)工程项目管理服务收费,应当根据受委托工程项目规模、范围、内容、深度和复杂程度等,由业主方与项目管理企业在委托项目管理合同中约定。

工程项目管理服务收费,应在工程概算中列支。

(11)在履行委托项目管理合同时,项目管理企业及其人员应当遵守国家现行的法律法规、工程建设程序,执行工程建设强制性标准,遵守职业道德,公平、科学、诚信地开展项目管理工作。

(12)业主方应当对项目管理企业提出并落实的合理化建议,按照相应节省投资额的一定比例给予奖励。奖励比例由业主方与项目管理企业在合同中约定。

(13)项目管理企业不得有下列行为:

①与受委托工程项目的施工以及建筑材料、构配件和设备供应企业有隶属关系或者其他利害关系。

②在受委托工程项目中同时承担工程施工业务。

③将其承接的业务全部转让给他人,或者将其承接的业务肢解以后分别转让给他人。

④以任何形式允许其他单位和个人以本企业名义承接工程项目管理业务。

⑤与有关单位串通,损害业主方利益,降低工程质量。

(14)项目管理人员不得有下列行为:

①取得一项或多项执业资格的专业技术人员,不得同时在两个及以上企业注册并执业。

②收受贿赂、索取回扣或者其他好处。

③明示或者暗示有关单位违反法律法规或工程建设强制性标准,降低工程质量。

四、执业资格制度

工程建设市场准入制度,既是对工程建设相关企业资质等级的确认和管理(可参考相应企业资质管理规定),也是对工程建设的从业人员执业资格的确认和管理。工程建设从业人员执业资格制度有注册建造师、注册造价工程师、注册监理工程师、注册土木工程师、注册城市建设规划师等多种执业资格制度,这里重点介绍与建设工程施工相关的建造师执业资格制度。

建造师执业资格制度起源于英国,迄今已有150余年历史。世界上许多发达国家已经建立该项制度,具有执业资格的建造师已有了国际性的组织——国际建造师协会,已有11个国家成为了该协会会员。我国施工企业有10万多个,从业人员3500多万,建立建造师执业资格制度非常必要。

根据《建筑法》第14条规定:“从事建筑活动的专业技术人员,应当依法取得相应的执业资格证书,并在执业证书许可的范围内从事建筑活动。”

2002年12月5日,人事部、建设部联合下发了《关于印发〈建造师执业资格制度暂行规定〉的通知》(人发[2002]111号),《建造师执业资格制度暂行规定》的实施,标志着我国建立建造师执业资格制度的工作正式启动。这个制度的建立,必将促进我们在建筑施工领域与世界同行的合作与交流,促进我国工程管理人员素质和管理水平的提高,促进我们进一步开拓国际建筑市场,更好地实施走出去的战略方针,同时对我国工程项目管理实行的项目经理责任制将产生重大影响。建造师执业资格制度将取代项目经理责任制,主要有以下内容。

1. 总则

(1)为加强建设工程项目管理,提高工程项目总承包及施工管理专业技术人员素质,规范施工管理行为,保证工程质量和施工安全,根据《建筑法》、《建设工程质量管理条例》和国家有关职业资格证书制度的规定,制订本规定。

(2)本规定适用于从事建设工程项目总承包、施工管理的专业技术人员。

(3)国家对建设工程项目总承包和施工管理关键岗位的专业技术人员实行执业资格制度,纳入全国专业技术人员执业资格制度统一规划。

(4)建造师分为一级建造师和二级建造师。英文分别译为:Constructor 和 Associate Constructor。

(5)人事部、建设部共同负责国家建造师执业资格制度的实施工作。

2. 考试

(1)一级建造师执业资格实行统一大纲、统一命题、统一组织的考试制度,由人事部、建设部共同组织实施,原则上每年举行一次考试。

(2)国家建设行政主管部门负责编制一级建造师执业资格考试大纲和组织命题工作,统一规划建造师执业资格的培训等有关工作。

(3)培训工作按照培训与考试分开、自愿参加的原则进行。

(4)国家人事行政主管部门负责审定一级建造师执业资格考试科目、考试大纲和考试试题,组织实施考务工作;会同国家建设行政主管部门对考试考务工作进行检查、监督、指导和确定合格标准。

(5)一级建造师执业资格考试,分综合知识与能力和专业知识与能力两个部分。其中,专业知识与能力部分的考试,按照建设工程的专业要求进行,具体专业划分由国家建设行政主管部门另行规定。

(6)凡遵守国家法律、法规,具备下列条件之一者,可以申请参加一级建造师执业资格考试:

①取得工程类或工程经济类大学专科学历,工作满 6 年,其中从事建设工程项目施工管理工作满 4 年。

②取得工程类或工程经济类大学本科学历,工作满 4 年,其中从事建设工程项目施工管理工作满 3 年。

③取得工程类或工程经济类双学士学位或研究生班毕业,工作满 3 年,其中从事建设工程项目施工管理工作满 2 年。

④取得工程类或工程经济类博士学位,从事建设工程项目施工管理工作满 1 年。

(7)参加一级建造师执业资格考试合格的,由国家人事行政主管部门颁发统一印制的《中华人民共和国一级建造师执业资格证书》。该证书在全国范围内有效。

(8)二级建造师执业资格实行全国统一大纲,各省(自治区、直辖市)命题并组织考试的制度。

(9)国家建设行政主管部门负责拟定二级建造师执业资格考试大纲,国家人事行政主管部门负责审定考试大纲。

各省(自治区、直辖市)人事厅(局)、建设厅(委)按照国家确定的考试大纲和有关规定,在本地区组织实施二级建造师执业资格考试。

(10)凡遵纪守法并具备工程类或工程经济类中等专科以上学历并从事建设工程项目施工管理工作满2年,可报名参加二级建造师执业资格考试。

(11)二级建造师执业资格考试合格者,由省(自治区、直辖市)人事行政主管部门颁发统一格式的《中华人民共和国二级建造师执业资格证书》。该证书在所在行政区域内有效。

3. 注册

(1)取得建造师执业资格证书的人员,必须经过注册登记,方可以建造师名义执业。

(2)国家建设行政主管部门或其授权的机构为一级建造师执业资格的注册管理机构。省(自治区、直辖市)建设行政主管部门或其授权的机构为二级建造师执业资格的注册管理机构。

(3)申请注册的人员必须同时具备以下条件:

①取得建造师执业资格证书。

②无犯罪记录。

③身体健康,能坚持在建造师岗位上工作。

④经所在单位考核合格。

(4)一级建造师执业资格注册,由本人提出申请,由各省(自治区、直辖市)建设行政主管部门或其授权的机构初审合格后,报建设部或其授权的机构注册。准予注册的申请人,由国家建设行政主管部门或其授权的注册管理机构发放统一印制的《中华人民共和国一级建造师注册证》。

二级建造师执业资格的注册办法,由省(自治区、直辖市)建设行政主管部门制定,颁发辖区内有效的《中华人民共和国二级建造师注册证》,并报国家建设行政主管部门或其授权的注册管理机构备案。

(5)国家人事部门和各级地方人事部门对建造师执业资格注册和使用情况负有检查、监督的责任。

(6)建造师执业资格注册有效期一般为3年,有效期满前3个月,持证者应到原注册管理机构办理再次注册手续。在注册有效期内,变更执业单位者,应当及时办理变更手续。

再次注册者,除应符合上述注册规定外,还须提供接受继续教育的证明。

(7)经注册的建造师有下列情况之一的,由原注册管理机构注销注册:

①不具有完全民事行为能力的。

②受刑事处罚的。

③因过错发生工程建设重大质量安全事故或有建筑市场违法违规行为的。

④脱离建设工程施工管理及其相关工作岗位连续2年(含2年)以上的。

⑤同时在2个及以上建筑业企业执业的。

⑥严重违反职业道德的。

(8)国家建设行政主管部门和省(自治区、直辖市)建设行政主管部门应当定期公布建造师执业资格的注册和注销情况。

4. 职责

(1)建造师经注册后,有权以建造师名义担任建设工程项目施工的项目经理及从事其他施工活动的管理。

(2)建造师在工作中,必须严格遵守法律、法规和行业管理的各项规定,恪守职业道德。

(3)建造师的执业范围:

①担任建设工程项目施工的项目经理。

②从事其他施工活动的管理工作。

③法律、行政法规或国务院建设行政主管部门规定的其他业务。

(4)一级建造师的执业技术能力:

①具有一定的工程技术、工程管理理论和相关经济理论水平,并具有丰富的施工管理专业知识。

②能够熟练掌握和运用与施工管理业务相关的法律、法规、工程建设强制性标准和行业管理的各项规定。

③具有丰富的施工管理实践经验和资历,有较强的施工组织能力,能保证工程质量和安全生产。

④有一定的外语水平。

(5)二级建造师的执业技术能力:

①了解工程建设的法律、法规、工程建设强制性标准及有关行业管理的规定。

②具有一定的施工管理专业知识。

③具有一定的施工管理实践经验和资历,有一定的施工组织能力,能保证工程质量和安全生产。

(6)按照建设部颁布的《建筑业企业资质等级标准》,一级建造师可以担任特级、一级建筑业企业资质的建设工程项目施工的项目经理;二级建造师可以担任二级及以下建筑业企业资质的建设工程项目施工的项目经理。

(7)建造师必须接受继续教育,更新知识,不断提高业务水平。

第二节 建设项目法人责任制

原国家计划委员会于1996年4月6日发布了《关于实行建设项目法人责任制的暂行规定》(计建设[1996]673号),是为了建立投资约束机制,规范项目法人行为,明确其责、权、利,提高投资效益。规定“国有单位经营性基本建设大中型项目在建设阶段必须组建项目法人。项目法人可按《中华人民共和国公司法》(中华人民共和国主席令第42号)(以下简称《公司法》)的规定设立有限责任公司(包括国有独资公司)和股份有限公司。项目法人责任制是指由项目法人(或企业法人)对项目进行策划、决策、筹措资金、建设实施、生产经营、债务偿还和资产的保值增值,实行全过程负责的制度。”

一、项目法人的设立

项目建议书被批准后,应由项目的投资方,派代表组成项目法人筹备组,具体负责项目法

人的筹建工作。在申报项目可行性研究报告时，须同时提出项目法人的组建方案，否则，可行性研究报告不被审批。在项目可行性研究报告被批准后。正式成立项目法人，确保资本金按时到位，及时办理公司设立登记。

由原有企业负责建设的基建大中型项目，需新设立子公司的，要重新设立项目法人；只设分公司或分厂的，原企业法人即是项目法人，原企业法人应向分公司或分厂派遣专职管理人员，并实行专项考核。

二、项目法人的组织形式和职责

1. 组织形式

国有独资公司设立董事会，董事会由投资方组建。国有控股或参股的有限责任公司、股份有限公司，设立股东会、董事会和监事会。董事会在建设期间应至少有一名董事常驻现场。董事会建立例会制度，讨论建设中的重大事宜，对资金支出严格管理，并以决议形式予以确认。

2. 项目董事会的职权

(1)负责筹措建设资金。

(2)审核、上报项目初步设计和概算文件。

(3)审核、上报年度投资计划并落实年度资金。

(4)提出项目开工报告。

(5)研究解决建设过程中出现的重大问题。

(6)负责提出项目竣工验收申请报告。

(7)审定偿还债务计划和生产经营方针，并负责按时偿还债务。

(8)聘任或解聘项目总经理，并根据总经理的提名，聘任或解聘其他高级管理人员。

3. 项目总经理的职权

(1)组织编制项目初步设计文件，对项目工艺流程、设备选型、建设标准、总图布置提出意见，提交董事会审查。

(2)组织工程设计、施工、监理、施工队伍和设备材料采购的招标工作，编制和确定招标方案、标底和评标标准，评选和确定投、中标单位。

(3)编制并组织实施项目年度投资计划、用款计划、建设进度计划。

(4)编制项目财务预、决算。

(5)编制并组织实施归还贷款和其他债务计划。

(6)组织工程建设实施，负责控制工程投资、工期和质量。

(7)在项目建设过程中，在批准的概算范围内，对单项工程的设计进行局部调整。

(8)根据董事会授权，处理项目实施中的重大紧急事件，并及时向董事会报告。

(9)负责生产准备工作和培训有关人员。

(10)负责组织项目试生产和单项工程预验收。

(11)拟订生产经营计划、企业内部机构设置、劳动定员定额方案及工资福利方案。

(12)组织项目后评价，提出项目后评价报告。

(13)向有关部门报送项目建设、生产信息和统计资料。

(14)提请董事会聘任或解聘项目高级管理人员。

三、考核和奖罚

(1)项目董事会,负责对总经理进行定期考核。各投资方,负责对董事会成员进行定期考核。

(2)国务院各有关部门、各地发改委,负责对有关项目进行考核。

(3)考核的主要内容包括:

①固定资产投资与建设的法律、法规执行情况。

②国家年度投资计划和批准设计文件的执行情况。

③概算控制、资金使用和工程组织管理情况。

④建设工期、安全和工程质量控制情况。

⑤生产能力和国有资产形成及投资效益情况。

⑥土地、环境保护和国有资源利用情况。

⑦精神文明建设情况。

⑧其他需要考核的事项。

(4)建立对项目董事长、总经理的任职和离职审计制度。

(5)凡应实行项目法人责任制而没有实行的建设项目,投资计划主管部门不批准开工,也不予安排年度投资计划。

第三节　建设工程招标投标制

2000年1月1日在我国正式施行了《中华人民共和国招标投标法》(以下简称《招标投标法》),标志着我国工程建设管理中的招标投标活动在法制轨道上进入了一个规范化的公平竞争的新阶段。

招标投标,是在市场经济条件下进行大宗货物的买卖、工程建设项目有发包和承包,以及服务项目的采购和提供时,所采用的一种交易方式。招标投标制规范了通过竞争,采取审查、评比、选定等手段,从众多自愿参加的投标者(承包商)中选择中标承包商的市场交易行为。

这种交易方式是工程项目的发包人(主管方或投资者),通过发布招标公告或其他形式向具备资格条件的承包商发出招标邀请,提出建设工程的性质、数量、质量、技术要求、交工期限、对承包商的资格要求,然后由承包商根据招标方提出的条件进行投标报价,招标方通过评标择优选择承包商,双方签订合同,完成工程建设任务。

一、我国在建设工程领域实行招标投标过程中的五项基本制度

1. 建设工程实行强制标的招标制度

强制招标的工程建设项目范围是指:在我国境内进行下列工程建设项目,包括项目的勘察、设计、施工、监理以及与工程建设有关的重要设备、材料等的采购,必须进行招标:

(1)大型基础设施、公用事业等关系社会公共利益、公众安全的项目。

(2)全部或者部分使用国有资金投资或者国家融资的项目。

(3)使用国际组织或者外国政府贷款、援助资金的项目。

上述项目的具体范围和规模标准,由国务院发展计划部门会同国务院有关部门制定,报国务院批准。法律或者国务院对必须进行招标的其他项目的范围有规定的,依照其规定。

对上述必须进行招标的建设项目,任何个人或者单位不得将其化整为零或者以其他任何方式回避招标。

2. 建设工程实行公开招标和邀请招标两种方式

(1)公开招标,也称无限竞争性招标,是指招标人以招标公告的方式邀请不特定的法人或者其他组织投标。依法必须进行招标的国家重点项目和地方重点项目,一般应采用公开招标的方式进行招标。

(2)邀请招标,也称有限竞争性招标,是指招标人以投标邀请书的方式邀请特定的法人或者其他组织投标。对不适于公开招标的国家和地方重点项目,经批准可以采用邀请招标方式。

本着既有利于保证竞争的广泛性,又有利于节约、省时并能基本保证招标质量的原则,除对国家和地方不适宜公开招标的重点项目采取邀请招标作了必要的限制外,允许招标人对以上两种招标方式自行选择。

3. 实施了招标人自行招标和招标代理机构招标两种制度

(1)招标人自行招标,是指招标人具有编制招标文件和组织评标能力的,可以自行办理招标事宜。任何单位和个认不得强制其委托招标代理机构办理招标事宜。

(2)招标代理机构招标,所指的招标代理机构是依法设立、从事招标代理业务并提供相关服务的社会中介组织。招标人有权自行选择招标代理机构,委托其办理招标事宜。任何单位和个人不得以任何方式为招标人指定招标代理机构。

招标人委托的招标代理机构应当具备下列条件:

(1)有从事招标代理业务的营业场所和相应资金。

(2)有能够编制招标文件和组织评标的相应专业力量。

(3)有符合法律规定条件、可以作为评标委员会人选的技术经济等方面的专家库。

4. 建立了公开、公正、公平的招标投标程序制度

以建设项目施工招投标程序为例,其公开、公正、公平性,主要体现在以下六个步骤上。

(1)全国统一实施了"建设工程项目报建制"。根据《工程建设项目报建管理办法》(建建[1994]482号)的规定,凡在我国境内投资兴建的工程建设项目,都必须实行报建制度,接受当地建设行政主管部门的监督管理,包括:审查建设单位资质、审批招标申请、审批报建范围和内容等。

(2)国家颁发了科学、统一、规范的《标准施工招标文件》(2007年版)。招标文件是整个招标活动中对招标人和投标人都具有约束力的最重要的文件,是招标活动的章程。招标文件的质量好坏,是直接影响招标质量和成败的关键。因此,必须统一、规范。我国《标准施工招标文件》(2007年版)规定,对于公开招标的招标文件,分为四卷八章,其内容有:

第一卷招标公告及投标邀请书,投标人须知,评标办法,合同条款及格式,工程量清单;第二卷图纸;第三卷技术标准和要求;第四卷投标文件格式等。

(3)对投标者的资格预审一视同仁。资格预审是指招标开始之前或者开始初期,在规定的时间内,按照资格预审文件中规定的标准和方法,由招标人对申请参加投标的潜在投标人的资质条件、业绩、信誉、技术、资金等方面进行一视同仁的资格审查,对潜在投标人是否具有投

标资格予以确认。

(4)招标文件发放和信息反馈程序严格、科学。只有在资格预审中被认定为合格的潜在投标人,并报招标管理机构核准获得投标资格后,才可以对其发放招标文件、图纸和有关技术资料参加投标。具有投标资格的投标单位在收到招标文件、图纸和有关资料后,应认真核对,在核对无误后,应以书面形式予以确认。

招标单位通过组织投标单位现场勘察,了解工程场地和周围环境情况,并组织招标预备会澄清招标文件中的疑问,解答投标单位对招标文件和现场勘查中所提出的问题,体现了招标文件发放和信息反馈程序严格、科学。

(5)开标、评标、中标的公开、公平和公正性:

①开标。《招标投标法》规定:"开标应当在招标文件确定的提交投标文件截止时间的同一时间公开进行;开标地点应当为招标文件中预先确定的地点"。开标应当公开进行,是指开标由招标人或招标代理人主持,邀请所有投标人、评标委员会委员和其他有关单位代表参加。在投标人推选的代表检验、确认投标文件密封、封套书写规范后,由开标主持人按招标文件递交的先后顺序逐个开启投标文件当众拆封、宣读并记录。

②评标。《招标投标法》规定,评标由招标人依法组建的评标委员会负责。依法必须进行招标的项目,其评标委员会由招标人的代表和有关技术、经济等方面的专家组成,成员人数为五人以上单数,其中技术、经济等方面的专家不得少于成员总数的2/3。

在评标过程中,招标人应当采取必要的措施,保证评标在严格保密的情况下进行。任何单位和个人不得非法干预、影响评标的过程和结果。

评标委员会可以要求投标人对投标文件中含义不明确的内容作必要的澄清或者说明,但是澄清或者说明不得超出投标文件的范围或者改变投标文件的实质性内容。其目的是有利于评标委员会对投标文件进行客观、公正的评审和比较。

评标委员会应当按照招标文件确定的评标标准和方法,对投标文件进行评审和比较;设有标底的,应当参考标底。评标委员会完成评标后,应当向招标人提出书面报告,并推荐合格的中标候选人。

招标人根据评标委员会提出的书面评标报告和推荐的中标候选人确定中标人。招标人也可以授权评标委员会直接确定中标人。但是在确定中标人前,招标人不得与投标人就投标价格、投标方案等实质性内容进行谈判。

评标只对有效投标进行评审。在建设项目的招标中,评价的方法有综合评议法和合理低标价法(或称为最低评标价法)。中标人的投标应当符合下列条件之一:

A. 能够最大限度地满足招标文件中规定的各项综合评价标准。

B. 能够满足招标文件的实质性要求,并且经评审的投标价格最低;但是投标价低于成本的除外。

③中标。中标人确定后,招标人应当向中标人发出中标通知书,并同时将中标结果通知所有未中标的投标人。中标通知书对招标人和中标人具有法律效力。中标通知书发出后,中标人改变中标结果的,或者中标人放弃中标项目的,应当依法承担法律责任。

招标人和中标人,应当自中标通知书发出之日起三十日内,按照招标文件和中标人的投标文件订立书面合同。招标人和中标人不得再行订立背离合同实质性内容的其他协议。招标文件要求中标人提交履约保证金的，中标人应当提交。

依法必须进行招标的项目，招标人应当自确定中标人之日起十五日内，向有关行政监督部门提交招标投标情况的书面报告。

中标人应当按照合同约定履行义务，完成中标项目。中标人不得向他人转让中标项目，也不得将中标项目肢解后分别向他人转让。

中标人按照合同约定或者经招标人同意，可以将中标项目的部分非主体、非关键性工作分包给他人完成。接受分包的人应当具备相应的资格条件，并不得再次分包。中标人应当就分包项目向招标人负责，接受分包的人就分包项目承担连带责任。

（6）签订合同按统一、规范、标准的《建设工程施工合同文本》进行。《建设工程施工合同文本》由《合同协议书》、《施工合同通用条款》和《施工合同专用条款》三部分组成，可在招标文件中采用。

合同格式包括：合同协议书格式、银行履约保函格式、履约担保格式和预付款银行保函格式，在签订合同时选用。

5. 确立了对招标投标活动的行政监督管理体制

招标投标活动是在国家监督管理下有秩序地进行的一项涉及面广、竞争性强、利益关系敏感的经济活动。国家如何监督管理，在招标投标法中都作出了明确规定，主要内容如下。

（1）"招标投标活动及其当事人应当接受依法实施的监督。"这对招标投标的当事人来说是一项法定的义务；也表明国家对招标投标活动要进行监督，而且是一种依法实施的监督。

（2）"有关行政监督部门有权对招标投标活动实施监督，依法查处招标投标活动中的违法行为。"是否依法监督，这是一个极为重要的界限，招标投标的各种监督，必须是依法进行的监督。没有法律依据的或者滥用职权的监督权是无效的、不允许的。

（3）"对招标投标活动的行政监督及有关部门的具体职权划分，由国务院规定。"由于招标投标活动范围很广，专业性又强，很难由一个部门统一进行监督，而是由各个不同部门根据国务院的规定和各自的具体职责分别进行监督，这样才是有效的、合理的。据此，中央政府行政主管部门和地方政府行政主管部门对招标投标活动都建立了严格的行政监督职能。

（4）有关招标投标活动的行政管理事项也分别由有关的主管部门分工负责。如招标代理机构的资格认定，属于从事工程建设项目代理业务的，招标投标法规定由省以上的建设行政主管部门认定，而从事其他招标代理业务的招标代理机构，其资格认定的主管部门由国务院规定。凡是法律中有规定的，都必须依法行事。

二、推行招标投标制的作用

（1）推行招投标制有利于创造公平竞争的市场环境，促进企业间公平竞争。

（2）推行招投标制有利于规范建筑市场主体的行为，促进合格市场主体的形成。建筑市场的主体由业主、承包商和中介服务机构组成。市场主体的合格程度，直接关系到建筑市场的发展。

（3）推行招投标制有利于形成良性的建筑市场运行机制。建筑市场的运行机制主要包括价格机制、竞争机制、供求机制。良性的市场运行机制是市场发挥其优化配置资源的作用的前提。

(4)推行招投标制有利于促进经济体制的配套改革和市场经济体制的建立。推行招投标涉及计划、价格、物资供应、劳动工资等方面,客观上要求有与其相匹配的体制。

(5)推行招投标制有利于促进我国建筑业与国际接轨。进入21世纪后,特别是我国加入WTO后,建筑业将面临国内、国际两个市场的挑战,竞争会更加激烈。通过推行招投标制,可使建筑业逐渐认识、了解、掌握国际通行做法,不断提高自身素质与竞争能力,为进入国际市场奠定基础。

第四节　工程建设监理制

一、建设监理制的概念

建设监理制是指监理单位受项目法人的委托,依据国家批准的工程项目建设文件、工程建设监理合同及其他建设合同,对工程项目建设的全过程或部分阶段,在技术、经济方面提供监督、检查和管理等咨询服务,以实现工程项目目标的法律、法规、规范及政策规定的总称。

这就是说,工程项目监理的主体是监理单位,客体是工程项目。其依据包括国家批准的工程项目建设文件,有关工程建设的法律和法规,建设监理合同,其他合同(如承包单位与项目业主签订的工程承包合同)等。

建设监理制,已经成为我国工程项目管理的一项重要制度。这项新制度把原来工程管理由项目法人和承建单位承担的体制,转变为由项目法人、监理单位和承建单位三家共同承担的新管理体制,使我国建设项目管理体制逐步由传统的自筹、自建、自管的小生产管理模式,向社会化、专业化、现代化的管理模式转变,是工程建设领域里的一项重大改革。在一个工程项目上,投资的使用和建设的重大问题实行项目法人责任制,监理单位实行总监理工程师负责制,工程施工实行项目经理责任制。监理单位作为市场主体之一,对规范建筑市场的交易行为,对发展建筑业的生产能力,对于完善建设项目管理体制,提高工程建设水平,保证工程质量和安全,实现投资综合效益等方面发挥了重要作用。

二、建设监理的性质与范围

1.建设监理的性质

(1)服务性。建设监理是指建设监理单位是智力密集型的组织,本身不是建设产品的直接生产者和经营者,只是利用自己的知识、技能、信息、经验和试验检测手段,为建设单位提供高智能的监督管理服务。但是,建设监理单位不能完全取代建设单位的管理活动。它不具有工程建设重大问题的决策权,它只能在监理合同授权范围内代表建设单位对被监理方进行监督管理。

(2)独立性。建设监理单位是具有独立法人资格的社会监理组织,是参与建设项目实施的第三方当事人,与建设单位和工程项目承建单位的关系是平等的、横向的。监理单位作为独立的专业公司受聘进行服务。因此,在人际关系、业务关系和经济关系上必须独立,它要建立自己的组织,确定自己的工作准则,运用自己掌握的方法和手段,根据自己的判断,独立地开展工作,不得同参与工程建设的各方发生利益关系。

(3)公正性。公正性是社会公认的职业道德准则。在开展建设工程监理的过程中,建设监理单位和监理工程师,应当以公正的态度对待委托方和被监理方之间发生的利益冲突或者矛盾,站在第三方的立场上以事实为依据,以法律和有关合同为准绳,处理双方的利益冲突或者矛盾,维护双方的合法权益。

(4)科学性。监理单位必须具有能够发现与解决在工程建设中存在的技术和管理方面问题的能力,能够提供高水平的专业服务。这是监理单位区别于其他一般服务性组织的重要特征,也是赖以生存的重要条件。所以,建设监理是一种高智能的技术服务,因此要遵循科学准则,以科学态度、采用科学的方法进行工作。

2.建设监理的范围

建设工程项目监理的范围包括:

(1)国家重点建设工程。

(2)大、中型公用事业工程。

(3)成片开发建设的住宅小区工程。

(4)利用外国政府或者国际组织贷款、援助资金的工程。

(5)国家规定必须实行监理的其他工程。

国家规定必须实行监理的其他工程是指:项目总投资额在3000万元以上关系社会公共利益、公众安全的基础设施项目,包括能源项目、交通运输业项目、信息产业项目、水利建设项目、城市基础设施项目、生态环境保护项目;学校、影剧院、体育场馆项目。

三、工程建设监理的主要内容

原建设部和原国家计委联合颁发的《工程建设监理规定》(建监[1995]737号)中指出:“工程建设监理的主要内容是控制工程建设的投资、建设工期和工程质量;进行工程建设合同管理,协调有关单位间的工作关系。”

1.投资控制

投资控制,主要是在建设前期进行可行性研究,协助业主正确地进行投资决策,控制好估算投资总额;在设计阶段对设计方案、设计标准、总概算(或修正总概算)和概(预)算进行审查;在建设准备阶段协助确定标底和合同造价;在施工阶段审核设计变更,核实已完工程量,进行工程进度款签证和控制索赔;在工程竣工阶段审核工程结算。

2.进度控制

进度控制,首先要在建设前期通过周密分析研究确定合理的工期目标,并在施工前将工期要求纳入承包合同;在建设实施期通过运筹学、网络计划技术等科学手段,审查、修改施工组织设计和进度计划,并在计划实施中紧密跟踪,做好协调与监督,排除干扰,使单项工程及其分阶段目标工期逐步实现,最终保证建设项目总工期的实现。

3.质量控制

质量控制,要贯穿在项目建设从可行性研究、设计、建设准备、施工、竣工动用及用后维修的全过程,主要包括:组织设计方案竞赛与评比,进行设计方案磋商及图纸审核,控制设计变更;在施工前通过审查承包人资质,检查建筑物所用材料、构配件、设备质量和审查施工组织设计等实施质量预控;在施工中通过重要技术复核,工序操作检查,隐蔽工程验收和工序成果检查,认证监督标准、规范的贯彻,以及通过阶段验收和竣工验收,把好质量关。

4. 合同管理

合同管理,是进行投资控制、工期控制和质量控制的手段。因为合同是监理单位站在公正立场上,采取各种控制、协调与监督措施,履行纠纷调解职责的依据,也是实施目标控制的出发点和归宿。

5. 组织协调

组织协调,指监理单位在监理的过程中,对相关单位的协作关系进行协调,使相互之间加强合作,减少矛盾,共同完成项目目标。这些单位主要是建设单位、施工单位、设计单位、供应单位。另外,还有政府部门、金融部门、相关管理部门等。

6. 信息管理

监理信息是在整个工程建设监理过程中发生的反映着工程建设的状态和规律的信息。它有其自身的特点:来源广、信息量大;动态性强;有一定的范围和层次。监理信息的这些特点,要求监理工程师必须加强信息管理,把信息管理作为工程建设监理的一项主要内容。

第五节　建设工程合同管理制

在社会主义市场经济条件下,为了保护合同当事人的合法权益,维护社会经济秩序,促进社会主义现代化建设,我国制定了《中华人民共和国合同法》(中华人民共和国主席令第65号)(以下简称《合同法》)。该法已由第九届全国人民代表大会第二次会议于1999年3月15日通过,并于1999年10月1日起施行。为我国推行工程项目合同管理制提供了法律依据。根据《合同法》,我国《建设工程项目管理规范》(GB/T 50326—2006)针对建设工程合同管理,也作出了相应的规定。

一、建设工程合同管理的概念

1. 合同的定义及其组成

所谓合同是平等主体的自然人、法人、其他组织之间设立、变更、终止民事权利义务关系的协议。合同由主体、客体和内容组成。主体是签约双方的当事人,客体是当事人的权利义务共同指向的对象,内容是指合同主体之间的具体的权利义务。

在社会主义市场经济条件下建筑市场主体之间的关系是合同关系,各主体之间的交往都是以合同为依据的。

2. 建设工程合同与管理

建设工程合同是指承包人进行工程建设,发包人支付价款的合同。建设工程合同包括工程勘察、设计、施工合同。

建设工程合同管理包括:合同的订立、履行、变更、索赔、解除、终止、争议解决与控制和综合评价等内容,并应遵守《合同法》和《建筑法》的有关规定。

承包人的合同管理应遵循的下列程序:

(1)合同评审。

(2)合同订立。

(3)合同实施计划。

(4)合同实施控制。

(5)合同综合评价。

(6)有关知识产权的合法使用。

二、建设工程项目合同评审

建设工程项目合同评审应在合同签订之前进行,主要是对招标文件和合同条件进行的审查、认定和评价。

合同评审应包括下列内容:

(1)招标内容和合同的合法性审查。

(2)招标文件和合同条款的合法性、完备性审查。

(3)合同双方责任、权益和项目范围认定。

(4)与产品或过程有关要求的评审。

(5)合同风险评价。

承包人应研究合同文件和发包人所提供的信息,确保合同要求得以实现;发现问题应与发包人及时澄清,并以书面方式确认;承包人应有能力完成合同要求。

三、建设工程项目合同的订立和实施计划

1. 订立和履行合同应遵守的基本原则

(1)订立和履行合同必须遵守合法性原则。合同合法性原则是指合同订立的主体、订立的方式和程序、订立的内容都要符合我国法律和行政法规的规定。履行合同也必须遵守法律、行政法规,尊重社会公德,不得扰乱社会经济秩序,损害社会公共利益。依法成立的合同,受法律保护,对当事人具有法律约束力。合同当事人应当按照约定履行自己的义务,不得擅自变更或解除合同。

(2)订立和履行合同必须贯彻平等互利、诚实信用的原则。当事人应当遵循平等互利原则确定各方的权利和义务。当事人在合同中的权利和义务应是对等的,一方的权利即是另一方的义务。当事人对行使权利、履行义务应当遵循诚实信用原则,不得欺诈,恶意中伤。

(3)订立合同必须贯彻协商一致的原则。协商一致是指双方当事人相互充分表达各自的意见,并取得意思表示一致,这是当事人之间建立合同关系的法定方式。合同是双方协议的法律行为,只有双方当事人意思表示一致,在真正自愿的基础上达成协商一致的意见时,合同才能成立。

2. 合同实施计划应包括合同实施总体安排、分包策划以及合同实施保证体系的建立等内容

这是因为合同实施计划是使合同目标得以实现的重要手段。

3. 合同实施保证体系应与其他管理体系协调一致,须建立合同文件沟通方式,编码系统和文档系统

承包人应对其同时承接的合同作总体协调安排。承包人所签订的各分包合同及自行完成

工作责任的分配，应能涵盖主合同的总体责任，既不遗漏、也不重复。在价格、进度、组织等方面符合主合同的要求。

4. 合同实施计划应规定必要的合同实施工作程序

这是由于合同实施计划的复杂性所导致的。

四、建设工程项目合同的实施控制

合同实施控制包括：交底、合同跟踪与诊断、合同变更管理和索赔管理等工作。

1. 合同交底

在合同实施前，合同谈判人员应进行合同交底。合同交底应包括：合同的主要内容、合同实施的主要风险、合同签订过程中的特殊问题、合同实施计划和实施责任分配等内容。

2. 合同的监督、跟踪与诊断

(1)组织管理层应监督项目经理部的合同执行行为，并协调各分包人的合同实施工作。

(2)合同跟踪和诊断应符合下列要求：

①全面收集并分析合同实施的信息，将合同实施情况与合同实施计划进行对比分析，找出其中的偏差。

②定期诊断合同履行情况，诊断内容应包括合同执行差异的原因分析、责任分析以及实施趋向预测。应及时通报实施情况及存在的问题，提出有关意见和建议，并采取相应措施。

3. 合同变更管理

合同变更管理应包括变更协商、变更处理程序、制订并落实变更措施、修改与变更相关的资料以及结果检查等工作。

4. 索赔管理

(1)承包人对发包人、分包人、供应单位之间的索赔管理工作，应包括下列内容：

①预测寻找和发现索赔机会。

②收集索赔的证据和理由，调查和分析干扰事件的影响，计算索赔值。

(2)承包人对发包人、分包人、供应单位之间的反索赔管理工作，应包括下列内容：

①对收到的索赔报告进行审查分析，收集反驳理由和证据，复核索赔计算值，起草并提出反索赔报告。

②通过合同管理，采取积极、稳妥措施，防止反索赔事件发生。

五、建设工程项目合同的终止和评价

1. 合同终止

建设工程项目合同履行结束，即合同终止。

2. 合同评价

建设工程项目合同履行完毕，合同终止。项目建设法人应及时进行合同评价，总结合同签订和执行过程中的经验教训，提出总结报告。其内容应包括：合同签订情况评价，合同执行情况评价，合同管理工作评价，对本项目有重大影响的合同条款的评价，其他经验和教训。

六、建设工程合同管理的特征

1. 合同主体的严格性

建设工程项目的发包人必须是经过批准进行工程项目建设的法人,必须有国家批准的建设项目,投资计划落实,并具有相应的协调能力。承包人也必须具备法人资格,并应具备相应的从事勘察、设计、施工等资质。

2. 合同客体的特殊性

各种工程项目的本身特点及生产特点不同,决定了建设工程合同客体的特殊性。

3. 合同履行期限的长期性

由于建设工程结构复杂、体形大、工程量大、使用的建筑材料类型多,使得合同履行时间较长。另外,建设工程合同的订立和履行一般都需要较长的准备期。在合同的履行过程中,一些不确定性因素的出现,如自然条件的变化、工程变更、材料供应不及时、资金不到位等原因,也会导致合同期限延长。所有这些情况,决定了建设工程合同的履行期限具有长期性。

4. 计划和程序的严格性

由于工程建设对国家的经济发展和社会生活有重大的影响,因此,国家对建设工程的计划和程序都有严格的管理制度,订立建设工程合同必须以国家批准的投资计划为准。即使是非国家投资的项目,也要受到当年的贷款规模和批准限额的限制,纳入当年投资规模平衡,并经过严格的审批程序。建设工程合同的订立和履行还必须符合国家关于建设程序的规定。

5. 合同形式的特殊要求

由于建设工程的重要性和复杂性,在建设过程中经常会发生影响合同履行的纠纷。因此《合同法》要求,建设工程合同应当采用书面形式。为了使每一个订立合同的当事人便于订立合同,我国及国际上都制定了合同范本或合同条件,规范合同的格式,以为订立合同的当事人借鉴。

第六节　建设工程质量责任制

建设工程的质量与安全不仅是参建单位的管理重点,由于它涉及社会和公众的利益,涉及人民的生命、财产这一大问题,所以,它也是政府加强监督和管理的重点,是人民群众关注的热点。我国从 1998 年 3 月正式实施了《建筑法》,并于 2000 年 1 月实施了国务院颁发的《建设工程质量管理条例》以来,我国在工程建设质量上已基本形成了政府监督、法人管理、社会监理、企业自检的质量保证体系,表明我国工程质量责任制已经建立。

《建筑法》和《建设工程质量管理条例》对建设单位、勘察设计单位、施工单位和工程监理单位在建设工程质量上应承担的质量责任与义务以及建设工程质量保修和质量监督管理制度都作了如下明确的规定。

一、建设单位的质量责任和义务

(1)建设单位应将工程发包给具有相应资质等级的单位,不得将建设工程肢解发包。

(2)建设单位应对工程项目的勘察设计、施工、监理及重要的材料设备的采购进行招标,并规定建设工程发包单位不得迫使承包方以低于成本的价格竞标，不得任意压缩合理工期，不得明示或者暗示设计单位或者施工单位违反工程建设强制性标准，降低建设工程质量。

(3)建设单位对于必须实行监理的建设工程，建设单位应当委托具有相应资质等级的监理单位进行监理，也可以委托有相应资质等级的该工程的设计单位进行监理，但该工程的设计单位必须与被监理工程的施工承包单位没有隶属关系或其他利害关系。

(4)按照合同约定，由建设单位采购建筑材料、建筑构配件和设备的，建设单位应保证建筑材料、建筑构配件和设备符合设计文件和合同要求，不得明示或者暗示施工单位使用不合格的建筑材料、建筑构配件和设备。

(5)建设单位收到建设工程竣工报告后，应当组织设计、施工、工程监理等有关单位按照工程竣工验收具备的条件和竣工验收规范、标准进行竣工验收。建设工程经验收合格后的，方可交付使用，并及时向建设行政主管部门或者其他有关部门移交建设项目档案。

二、勘察、设计单位的质量责任和义务

(1)从事建设工程勘察、设计的单位，应依法取得相应等级的资质证书，并在资质等级许可的范围内承包工程。

①禁止超越其资质等级许可的范围或者以其他勘察设计单位的名义承揽工程。

②禁止勘察设计单位允许其他单位或者个人以本单位的名义承揽工程。

③勘察设计单位不得转包或者违法分包所承揽的工程。

(2)勘察、设计单位，必须按照工程建设强制性标准进行勘察设计，并对其勘察、设计的质量负责。

①勘察单位提供的勘察成果必须真实、准确，设计单位据此进行建设工程设计。

②设计文件应符合国家规定的涉及深度要求，注明工程合理使用年限。

③设计文件中选用的建筑材料建筑构配件和设备，应当注明规格、型号、性能等技术指标，其质量要求必须符合国家规定的标准。除有特殊要求的建筑材料、专门设备、工艺生产线外，设计单位不得指定生产商、供应商。

④设计单位应就审查合格的施工图设计文件向施工单位作出详细说明。设计单位应参与建设工程质量事故分析，对因设计造成的质量事故，提出相应的技术方案。

三、施工单位的质量责任和义务

(1)施工单位应依法取得相应等级的资质证书，并在其资质等级许可范围内承揽工程。

①禁止超越其资质等级许可的范围或者以其他施工单位的名义承揽工程。

②禁止施工单位允许其他单位或者个人以本单位的名义承揽工程。

③施工单位不得转包或者违法分包工程。

(2)施工单位对建设工程的施工质量负责。

①施工单位应建立质量责任制，确定工程项目经理、技术负责人和施工管理负责人。

②建设工程实行总承包的，总承包单位应对全部建设工程负责；部分总承包的，总承包单位应对其承包的建设工程或者采购的设备的质量负责。

③总承包单位依法将建设工程分包给其他单位的，分包单位应对其分包工程质量向总承

包单位负责，总承包单位与分包单位对分包工程的质量承担连带责任。

④施工单位必须按照工程设计图纸和施工技术标准施工，不得擅自修改工程设计，不得偷工减料。施工单位在施工过程中发现设计图纸有差错的，应及时提出意见和建议。

⑤施工单位必须按照工程设计要求、施工技术标准和合同约定，对建筑材料、建筑构件、设备和商品混凝土进行检验，检验应有书面记录和专人签字；未经检验或者检验不合格的不得使用。施工人员对涉及结构安全的试块、试件以及有关材料，应在建设单位或者工程监理单位监督下现场取样，并送具有相应资质等级的质量检测单位进行检测。

⑥施工单位必须建立、健全施工质量的检测制度，严格工序管理，做好隐蔽工程的质量检查和记录。隐蔽工程在隐蔽前，施工单位应通知建设单位和建设工程质量监督机构。

⑦施工单位对施工中出现质量问题的建设工程或者竣工验收不合格的建设工程，应当负责返修。

⑧施工单位应当建立、健全教育培训制度，加强对职工的教育培训；未经教育培训或者考核不合格的人员，不得上岗作业。

四、工程监理单位的质量责任和义务

(1)工程监理单位应依法取得相应等级的资质证书，并在其资质等级许可的范围内承担工程监理业务。

①禁止工程监理单位超越本单位资质等级许可的范围或者以其他工程监理单位的名义承担工程监理业务。

②禁止工程监理单位允许其他单位或者个人以本单位的名义承担工程监理业务。

③工程监理单位不得转让工程监理业务。

④工程监理单位与被监理工程的施工承包单位以及建筑材料、建筑构配件和设备供应单位有隶属关系或者其他利害关系，不得承担该项建设工程的监理业务。

(2)工程监理单位应当依照法律、法规以及有关技术标准、设计文件和建设工程承包合同，代表建设单位对施工质量实施监理，并对施工质量承担监理责任。

(3)工程监理单位应当选派具有相应资格的总监理工程师和监理工程师进驻施工现场。

①未经监理工程师签字，建筑材料、建筑构配件和设备不得在工程上使用或者安装，施工单位不得进行下一道工序的施工。

②未经总监理工程师签字，建设单位不得拨付工程款，不得进行竣工验收。

(4)监理工程师应当按照工程监理规范的要求，采取旁站、巡视和平行检验等形式，对建设工程实施监理。

五、建设工程质量保修制度

《建设工程质量管理条例》规定我国建设工程实行质量保修制度，规定如下。

(1)建设工程承包单位在向建设单位提交工程竣工验收报告时，应当向建设单位出具质量保修书。质量保修书中应当明确建设工程的保修范围、保修期限和保修责任等。

(2)在正常使用条件下，建设工程的最低保修期限为：对基础设施工程、房屋建筑的地基基础工程和主体结构工程，为设计文件规定的该工程的合理使用年限。对屋面防水工程、有防水要求的卫生间、房间和外墙面的防渗漏，为5年。对电气管线、给排水管道、设备安装和装修工程，为2年。其他项目的保修期由发包方与承包方约定。建设工程的保修期，自竣工验收合格之日起计算。

(3)建设工程在保修范围和保修期限内发生的质量问题的，施工单位应当履行保修义务、并对造成的损失承担赔偿责任。

六、建设工程质量监督管理制度

《建设工程质量管理条例》规定国家实行建设工程质量监督管理制度。

1.建立全国建设工程质量监督管理的组织体系

(1)国务院建设行政主管部门对全国的建设工程质量实行统一管理。国务院铁路、交通、水利等有关部门负责对全国的有关专业建设工程质量的监督管理。

(2)县以上地方人民政府建设行政主管部门对本行政区域内的建设工程质量实施监督管理。县级以上地方人民政府的交通、水利等有关部门负责对本行政区域内的专业建设工程质量的监督管理。

2.建设工程质量监督管理的职责、权限

(1)国务院建设行政主管部门、国务院铁路、交通、水利等有关部门和县级以上地方人民政府建设行政主管部门及其他有关部门应当加强对有关建设工程质量的法律、法规和强制性标准执行情况的监督检查。

(2)国务院发展计划部门，按照国务院规定的职责，组织稽查特派员，对国家出资的重大建设项目实施监督检查。

(3)国务院经济贸易主管部门，按照国务院规定的职责，对国家重大技术改造项目实施监督检查。

(4)建设工程质量监督管理，可以由建设行政主管部门或者其他有关部门委托的建设工程质量监督机构具体实施。但必须按照国家有关规定经国务院有关部门或者省(自治区、直辖市)人民政府有关部门考核合格后，方可实施质量监督。

(5)任何单位和个人，对建设工程的质量事故、质量缺陷，都有权检举、控告、投诉。同时，有关单位和个人对各级政府建设行政主管部门和其他有关部门进行的监督检查应当支持与配合，不得拒绝或者阻碍建设工程质量监督检察人员依法执行职务。

3.建设工程质量监督管理的措施和程序

(1)建设工程质量监督管理的措施：

①要求被检查的单位提供有关工程质量的文件和资料。

②进入被检查单位的施工现场进行检查。

③发现有影响工程质量的问题时，责令改正。

(2)建设工程质量监督管理的程序：

①建设单位应当自建设工程竣工验收合格之日起15日内，将建设工程竣工验收报告和规划、公安消防、环保等部门出具的认可文件或者准许使用文件，报建设行政主管部门或者其他有关部门备案。建设行政主管部门或者其他有关部门发现建设单位在竣工验收过程中有违反国家有关建设工程质量管理规定的，责令停止使用，重新组织竣工验收。

②建设工程发生质量事故,有关单位应当在24小时内向当地建设行政主管部门和其他有关部门报告。对重大质量事故,事故发生地的建设行政主管部门和其他有关部门,应当按照事故类别和等级向当地人民政府和上级建设行政主管部门和其他有关部门报告。特别重大质量事故的调查程序按照国务院有关规定办理。

第七节　工程建设"代建制"

国务院于2004年7月25日发布了《关于投资体制改革的决定》(国发[2004]20号),确定了我国现行投资新体制。该文件中提出的"对非经营性政府投资项目加快推行'代建制',即通过招标等方式,选择专业化的项目管理单位负责建设实施,严格控制项目投资、质量和工期,竣工验收后移交给使用单位"。在我国固定资产投资的实践中,这项制度产生了很大的作用。

"代建制"作为一项制度,其重要意义是依靠专业化组织和人士实行社会化管理,降低管理成本,提高建设工程投资效益,增加投资实施情况的透明度,方便监督管理,解决外行业主、分散管理、重复设置机构等问题,体现了现代化的生产发展规律要求,有利于推进政府部门职能转变。

代建制对业主的好处有二:一是代建单位从投资决策阶段就参与投资管理,基本上实现了工程的全过程管理;二是由代建单位代理业主,补充了业主单位在管理知识和管理技能方面的不足,有利于提高管理绩效。

代建单位是中介组织,是法人单位,其收益办法是收取代理费或咨询费,从节约的投资中提成,其工作性质是工程管理和咨询。只承担管理和咨询风险,而不承担工程风险。

实行代建制以后,政府主管部门、投资公司、工程管理公司、使用单位等单位的职责及代建制的工作程序如下:

一、政府主管部门的职责

投资决策、市场选择和监管评估。具体指审批项目建议书、可行性研究报告,审查设计方案,审批工程预算和建设计划,通过公开招标方式确定代建单位,安排项目年度投资计划,协调财政部门按工程进度拨付建设资金,监督工程管理公司履行合同,组织工程竣工验收和移交。

二、投资公司的职责

对项目投资与还贷、设施经营,进行全过程管理。具体如下:

(1)在项目前期组织编制可行性研究报告、设计方案,并报政府主管部门(发改委)审批。

(2)确定项目融资方式及项目管理方式。

(3)采用公开招标方式选择工程管理公司、总承包公司,并确定财务监理公司。

(4)项目实施中进行监督和控制。

(5)根据有关规定对竣工验收进行项目内部审计。

(6)初审财务决算,组织单项工程验收。

(7)资产管理与运作。

三、工程管理公司的职责

工程管理公司是业主的代理人,但是不能代替业主,不对投资收益负责,不承担项目的开发管理。它在项目建议书批准后介入项目管理,在业主委托的职责范围内对项目建设进行全方位、全权制、全责制的管理。具体职责如下:

(1)在项目策划、方案设计、前期准备、工程预算、施工招标及材料设备采购等过程中,对项目的投资、质量、进度进行专业化管理,确保合同目标顺利实现。

(2)负责管理建设资金,保证资金专款专用,接受政府有关部门的审查和监督。

(3)依法行使法人职权,承担经济责任和法律责任。

四、使用单位的职责

(1)提出项目建议书。

(2)在项目的方案设计阶段提出项目的具体使用条件、建筑物的功能要求,对建筑物有关专业和技术提出具体的要求与指标。

(3)在设计、施工、设备材料采购等过程中提出意见和建议。

(4)监督代理单位的行为。

(5)参与工程验收,接收建筑物。

(6)使用和维护。

五、代建制的工作程序

(1)使用单位提出项目的使用功能要求、专业技术要求、建设内容和标准,初步投资估算,编制项目建议书,向政府计划部门申报。

(2)国家(省、市)发改委批复项目建议书,在批复中明确使用代建制建设方式。

(3)国家(省、市)发改委通过公开招标,确定代建单位。

(4)代建单位编制项目可行性研究报告,报发改委审批;发改委批复后,代建单位进行项目的勘查、市政方案、设计、环境评估、规划方案设计等前期准备工作。

(5)代建单位作出初步设计后,报发改委审查;发改委同意后,作为代建单位总概(预)算,包干使用。

(6)由代建单位按照建设程序进行规划申报,办理开工手续,组织项目的施工建设。

(7)项目竣工后,组织验收;验收合格后,按合同规定交付使用单位使用。

第三章　施工项目管理概述

建设项目运行全过程所进行的管理包含许多不同阶段，其中施工阶段（即从对建设项目施工投标开始直到竣工交付使用）的管理是整个工程项目管理的关键。其管理的好坏，对于工程项目的质量、工期、及其总投资的控制将产生重要影响。而施工企业承担了此阶段项目实施的主要任务，即将项目的设想、蓝图变为现实。因此，施工企业在此阶段所进行的工程项目管理就成了整个项目管理的重中之重。在以后各章中，我们将着重从施工企业的角度来讨论工程项目的相关内容。

第一节　施工项目管理的概念

一、施工项目管理过程及其内容

施工项目管理是指施工企业运用系统工程的理论和方法，对施工项目实施全过程进行的计划、组织、指挥、协调和控制等专业化活动。施工项目管理是对项目施工全过程和各种生产要素的管理。在符合工程项目总目标要求的前提下，它追求施工项目本身的效益。

施工项目管理的对象是施工项目寿命期各阶段的工作。施工项目寿命期可分为五个阶段，构成了施工项目管理有序的全过程和内容。

1. 投标签约阶段的管理

项目发包人对建设项目进行设计和建设准备、具备了招标条件以后，便发出招标广告（或邀请函），施工企业见到招标广告或邀请函后，从作出投标决策至中标签约，实质上便是在进行施工项目管理的工作。这是施工项目寿命期的第一阶段。本阶段的最终管理目标是签订工程承包合同。这一阶段主要进行以下工作：

（1）施工企业从经营战略的高度作出是否投标争取承包该项目的决策。

（2）决定投标以后，从多方面（企业自身、相关单位、市场、现场等）掌握有关信息。

（3）编制既能使企业盈利，又有竞争力、可望中标的投标书。

（4）如果中标，则与招标方进行谈判，依法签订工程施工合同，使合同符合国家法律、法规和国家计划，符合平等互利、等价有偿的原则。

2. 施工准备阶段的管理

施工企业与招标单位签订了工程承包合同、交易关系正式确立以后，便应组建项目经理部，然后以项目经理部为主，与企业经营层和管理层、发包人配合，进行施工准备，使工程具备开工和连续施工的基本条件。这一阶段主要进行以下工作：

（1）根据工程管理的需要成立项目经理部，建立机构，配备管理人员。

（2）制订施工项目管理实施规划（或施工组织设计），以指导施工项目管理活动。

(3)进行施工现场准备,使现场具备施工条件,以利于进行连续的文明的施工。

(4)编写开工申请报告,待批开工。

3.施工阶段的管理

这是一个自开工至竣工的实施过程。在这一过程中,项目经理部既是决策机构,又是责任机构。经营管理层、发包人、监理单位的作用是服务、监督与协调。这一阶段的目标是完成合同规定的全部施工任务,达到竣工验收条件。这一阶段主要进行以下工作:

(1)按施工项目管理实施规划(或施工组织设计)的安排进行施工。

(2)在施工中努力作好动态控制,保证质量目标、进度目标、造价目标、安全目标和现场管理目标的实现。

(3)严格履行工程承包合同,处理好内外关系,管好合同变更,搞好索赔。

(4)做好记录、协调、检查、分析工作。

4.竣工验收阶段的管理

这一阶段是建设工程项目建设期的最后一道程序。施工项目竣工验收的交工主体应是承包人,验收主体应是发包人。实行竣工验收制度,是全面考核建设工程、检查工程是否符合设计文件要求、工程质量是否符合验收标准、能否交付使用、投产、发挥投资效益的重要环节。本阶段主要进行以下工作:

(1)竣工验收准备。

(2)编制竣工验收计划。

(3)组织现场验收。

(4)进行竣工结算。

(5)移交竣工资料。

(6)办理交工手续。

5.回访保修阶段的管理

工程交工后回访用户是一种"售后服务"方式。工程交工后的"保修"是我国一项基本法律制度,回访保修的责任应由承包人承担,承包人应建立施工项目交工后的回访与保修制度,提高工作质量,听取用户意见,改进服务方式。在该阶段中主要进行以下工作:

(1)瞄准建设市场,提高工程质量,与发包人建立良好的关系,并将回访保修工作纳入计划实施。

(2)适时召开一些易于融洽、有益双方交流的座谈会、经验交流会、佳节茶话会,以加强联系,增进双方友好感和信赖感。

(3)及时研究解决施工问题、质量问题,听取发包人对工程质量、保修管理、在建工程的意见,不断改善项目管理,树立承包人的社会信誉。

(4)为发包人提供各种跟踪服务,不断满足提出的各种变更修改要求,建立健全工程项目登记、变更、修改等技术质量管理基础资料,把管理工作做得扎扎实实。

(5)妥善处理与发包人、监理单位和外部环境的关系,捕捉机会,创造有利条件,精心组织,细心管理,形成"我精心,你放心,他安心"的"三位一体"工程质量保证机制。

(6)组织发放有关工程质量保修、维修的注意事项等资料,切实贯彻企业服务宗旨,进行工程质量问卷调查,收集反馈工程质量保修信息。对实施效果应有验证和总结报告。

综上所述,施工项目管理的程序见图3-1。

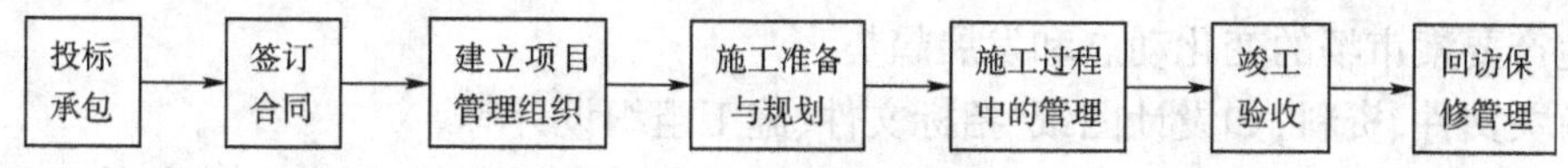

图3-1 施工项目管理程序图

二、施工项目目标管理

1. 目标管理的概念

目标管理(MBO)指集体中的成员亲自参加工作目标的制订,在实施中运用现代管理技术和行为科学,借助人们的事业感、能力、自信、自尊等,实行自我控制,努力实现目标。

目标管理是20世纪50年代由美国的德鲁克提出的。其基本特点是以被管理活动的目标为中心,把经济活动和管理活动的任务转换为具体的目标加以实施和控制,通过目标的实现,完成经济活动的任务。目标管理的精髓是以目标指导行动。由于目标有未来属性,故目标管理是面向未来的主动管理。目标管理是组织的系统功能的集中体现,是评价管理效果的基本标准,是组织全体人员参加管理的有效途径,故目标管理是系统整体的管理。目标管理重视过程的管理、成果的管理和人的管理。它实际上是参与管理和自主管理。由于它的以上特点和科学性,故是一种很重要的现代化管理方法,被广泛应用于各经济领域的管理之中,也适用于施工项目管理。

施工项目管理应用目标管理方法,可大致划分为以下几个阶段:

(1)确定施工项目组织内各层次、各部门的任务分工,既对完成施工任务提出要求,又对工作效率提出要求。

(2)把项目组织的任务转换为具体的目标。

(3)落实制订的目标。一是要落实目标的责任主体,即谁对目标的实现负责;二是落实目标主体的责、权、利;三是要落实对目标责任主体进行检查、监督的上一级责任人及手段;四是要落实目标实现的保证条件。

(4)对目标的执行过程进行调控。即监督目标的执行过程,进行定期检查,发现偏差后,分析产生偏差的原因,及时进行协调和控制。对目标执行好的主体进行适当奖励。

(5)对目标完成的结果进行评价。即把目标执行结果与计划目标进行对比,评价目标管理的好坏。

2. 施工项目的目标管理体系

施工项目的总目标是企业目标的一部分。施工企业的目标体系应以施工项目为中心,形成纵横结合的目标体系结构。图3-2是施工企业目标管理体系的一般模式。

分析图3-2可以了解,企业的总目标是一级目标,其经营层和企业管理层的目标是二级目标,项目管理层的目标是三级目标。对项目而言,需要制定成果性目标;对职能部门而言,需要制定效率性目标。不同的时间周期,要求有不同的目标;故目标有年、季、月度目标。不同的管理主体、不同的时期、不同的管理对象,其目标值不同。

3. 施工项目控制目标的制订

(1)施工项目控制目标的制订依据:

①工程施工合同提出了施工企业应承担的施工项目总目标。项目经理部与企业之间签订的项目管理目标责任书中项目经理部的责任目标,依据工程施工合同目标制订。

②国家的政策、法规、方针、标准和定额。

③生产要素市场的变化动态和发展趋势。

④有关文件、资料,如设计图纸、招标文件、施工组织设计等。

⑤对于国际工程施工项目,制订控制目标还应依据工程所在国的各种条件及国际市场情况。

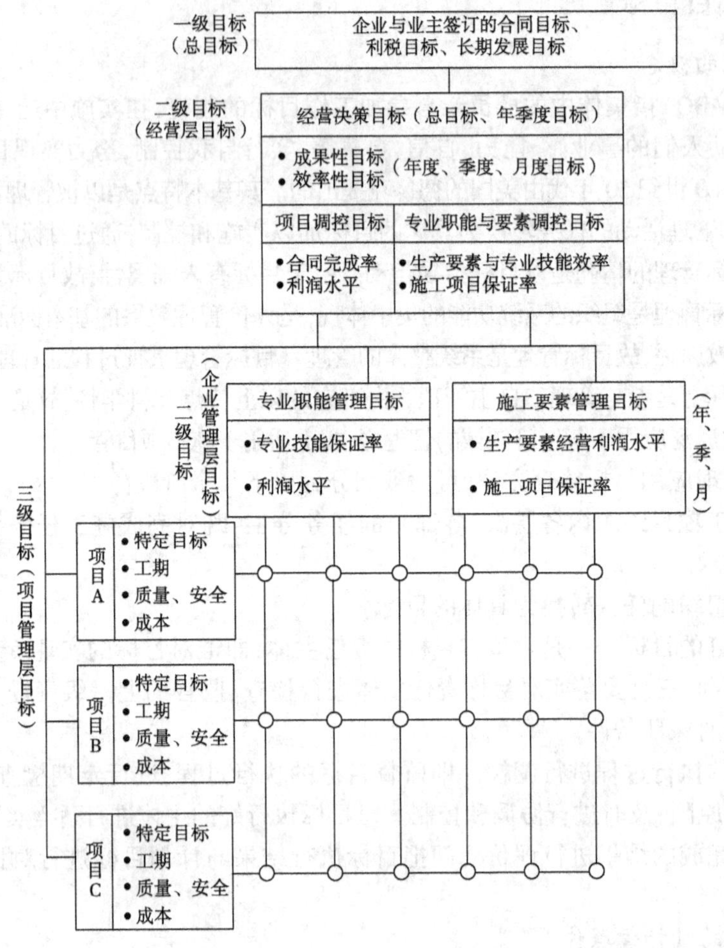

图3-2　施工企业目标管理体系一般模式

(2)施工项目控制目标的制定原则:

实现工程施工合同目标,以目标管理方法进行目标展开,将总目标落实到项目组织直至每个执行者;充分发挥施工项目管理规划在制订控制目标中的作用;注意目标之间的相互制约和依存关系。

(3)施工项目控制目标的制订程序:

①认真研究,核算工程施工合同中界定的施工项目控制总目标,收集制订控制目标的各种依据,为控制目标的落实做准备。

②施工项目经理部与企业签订项目管理目标责任书,定出项目经理部的控制目标。

③项目经理部编制施工项目管理实施规划,确定施工项目的计划总目标。

④制订施工项目的阶段控制目标和年度控制目标。

⑤按时间、部门、人员、班组落实控制目标,明确责任。

⑥责任者提出控制措施。

4. 目标分解和责任落实

(1)目标展开。施工企业总目标制订后,应自上而下地分解与展开。目标分解与展开从三方面进行;一是纵向展开,把目标落实到各层次;二是横向展开,把目标落实到各层次内的各部门,明确主次关联责任;三是时序展开,把年度目标分解为季度、月度目标。如此,可把目标分解到最小的可控制单位或个人,以利于目标的执行、控制与实现。目标的展开采用系统图法,见图 3-3 及图 3-4。

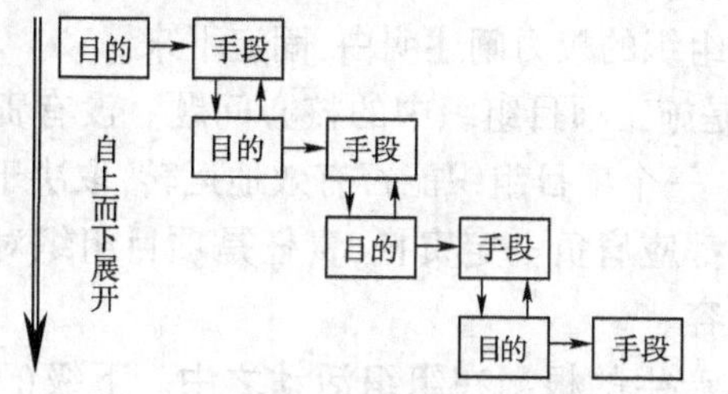

图 3-3　系统图示意图　　图 3-4　项目目标展开图

(2)目标管理点。目标管理点是指在一定时期内,影响某一目标实现的关键问题和薄弱环节。这就是重点管理对象。不同时期的管理点是可变的。对目标管理点应制订措施和管理计划。

(3)目标落实。目标分解不等于责任落实。落实责任是定出主要责任人、次要责任人和关联责任人,要定出检查标准,也要定出实现目标的具体措施、手段和各种保证条件(生产要素供应及必须的权力)。

(4)施工项目的目标实施和经济责任。项目管理层的目标实施和经济责任一般有以下几方面:

①根据工程施工合同要求,树立用户至上的思想,完成施工任务;在施工过程中按企业的授权范围处理好施工过程中所涉及的各种外部关系。

②努力节约各种生产要素,降低工程成本,实现施工的高效、安全、文明。

③努力做好项目核算,做好施工任务、技术能力、进度的优化组合和平衡,最大限度地发挥施工潜力并做好原始记录。

④做好精神文明建设工作。

⑤及时向决策层、经营层和企业管理层提供信息和资料。

第二节　施工项目管理组织

一、施工项目管理组织原理

1. 组织机构的作用

(1)组织机构是施工项目管理的组织保证。项目经理在启动项目管理之前,首先要进行组织准备,建立一个能完成管理任务、令项目经理指挥灵便、运转自如、效率很高的项目组织机构——项目经理部,其目的就是提供进行施工项目管理的组织保证。一个好的组织机构,可以有效地完成施工项目管理目标,有效地应付环境的变化,供给组织成员生理、心理和社会需要,形成组织力,产生集体思想和集体意识,使组织系统正常运转,完成项目管理任务。

(2)形成一定的权力系统以便进行集中统一指挥。权力由“法定”和“拥戴”产生。“法定”来自于授权,“拥戴”来自于信赖。“法定”或“拥戴”都会产生权力和组织力。组织机构的建立,首先是以法定的形式产生权力。权力是工作的需要,是管理地位形成的前提,是组织活动的反映。没有组织机构,便没有权力,也没有权力的运用。权力取决于组织机构内部是否团结一致,越团结,组织就越有权力,越有组织力。所以施工项目组织机构的建立要伴随着授权,以便使权力的使用为了实现施工项目管理的目标。要合理分层,层次多,权力分散;层次少,权力集中。所以要在规章制度中把施工项目管理组织的权力阐述明白,固定下来。

(3)形成责任制和信息沟通体系。责任制是施工项目组织中的核心问题。没有责任也就不成其为项目管理机构,也就不存在项目管理。一个项目组织能否有效地运转,取决于是否有健全的岗位责任制。施工项目组织的每个成员都应肩负一定责任,责任是项目组织对每个成员规定的一部分管理活动和生产活动的具体内容。

信息沟通是组织力形成的重要因素。信息产生的根源在组织活动之中。下级(下层)以报告的形式或其他形式向上级(上层)传递信息。同级不同部门之间为了相互协作而横向传递信息。越是高层领导,越需要信息,越要深入下层获得信息。领导离不开信息,有了充分的信息才能进行有效决策。

综上所述,组织机构在项目管理中是一个焦点。一个项目经理建立了理想有效的组织系统,他的项目管理就成功了一半。

2.施工项目管理组织机构的设置原则

(1)目的性原则。施工项目组织机构设置的根本目的,是产生组织功能,实现施工项目管理的总目标。从这一根本目的出发,就会因目标设事,因事设机构、定编制,按编制设岗位、定人员,以职责定制度、授予权力。

(2)精干高效原则。施工项目组织机构的人员设置,以能实现施工项目所要求的工作任务(事)为原则,尽量简化机构,做到精干高效。人员配置要从严控制二、三线人员,力求一专多能,一人多职。同时还要增加项目管理班子人员的知识含量,着眼于使用和学习锻炼相结合,以提高人员素质。

(3)管理跨度和分层统一原则。管理跨度亦称管理幅度,是指一个主管人员直接管理的下属人员数量。跨度大,管理人员的接触关系增多,处理人与人之间关系的数量随之增大。跨度(N)与工作接触关系数(C)的关系公式是:

$$C = N(2^{N-1} + N - 1)$$

这是有名的邱格纳斯公式,是个几何级数,当 $N=10$ 时,$C=5210$。故跨度太大时,领导者及下属常会出现应接不暇。组织机构设计时,必须使管理跨度适当。然而跨度大小又与分层多少有关。层次多,跨度会小;层次少,跨度会大。这就要根据领导者的能力和施工项目的大小进行权衡。美国管理学家戴尔曾调查 41 家大企业,管理跨度的正常数是 6 或 7 人。对施工项目管理层来说,管理跨度更应尽量少些,以集中精力于施工管理。在鲁布格工程中,项目经理下属 33 人,分成了所长、课长、系长、工长四个层次,项目经理的跨度是 5。项目经理在组建组织机构时，必须认真设计切实可行的跨度和层次，画出机构系统图，以便讨论、修正、按设计组建。

(4)业务系统化管理原则。由于施工项目是一个开放的系统，由众多子系统组成一个大系统，各子系统之间，子系统内部各单位工程之间，不同组织、工种、工序之间，存在着大量结合部，这就要求项目组织也必须是一个完整的组织结构系统，恰当分层和划分部门，以便在结合部上能形成一个相互制约、相互联系的有机整体，防止产生职能分工、权限划分和信息沟通上相互矛盾或重叠。在设计组织机构时以业务工作系统化原则作指导，周密考虑层间关系、分层与跨度关系、部门划分、授权范围、人员配备及信息沟通等，使组织机构自身成为一个严密的、封闭的组织系统，能够为完成项目管理总目标而实行合理分工及协作。

(5)弹性和流动性原则。施工项目的单件性、阶段性、露天性和流动性是施工项目生产活动的主要特点，必然带来生产对象数量、质量和地点的变化，带来资源配置的品种和数量变化。于是要求管理工作和组织机构随之进行调整，以使组织机构适应施工任务的变化。这就是说，要按照弹性和流动性的原则建立组织机构，不能一成不变。要准备调整人员及部门设置，以适应工程任务变动对管理机构流动性的要求。

(6)项目组织与企业组织一体化原则。项目组织是企业组织的有机组织部分，企业是它的母体，归根结底，项目组织是由企业组建的。从管理方面来看，企业管理层是项目管理的外部环境，项目管理的人员全部来自企业，项目管理组织解体后，其人员仍回企业。即使进行组织机构调整，人员也是进出于企业人才市场的。施工项目的组织形式与企业的组织形式有关，不能离开企业的组织形式去谈项目的组织形式。

3. 施工项目组织机构的设置程序

根据上述原则要求，施工项目组织应按图 3-5 所示的程序进行设置。

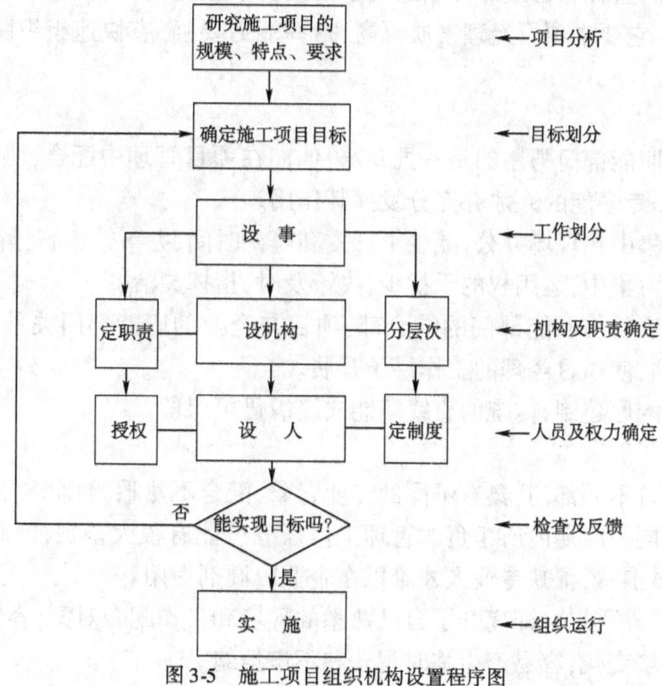

图 3-5　施工项目组织机构设置程序图

二、施工项目组织形式

组织形式亦称组织结构的类型,是指一个组织以什么样的结构方式去处理层次、跨度、部门设置和上下级关系。施工项目组织形式与企业的组织形式是不可分割的。

施工项目组织形式有许多种,主要包括:工作队式、部门控制式、矩阵式、事业部式和直线职能式。

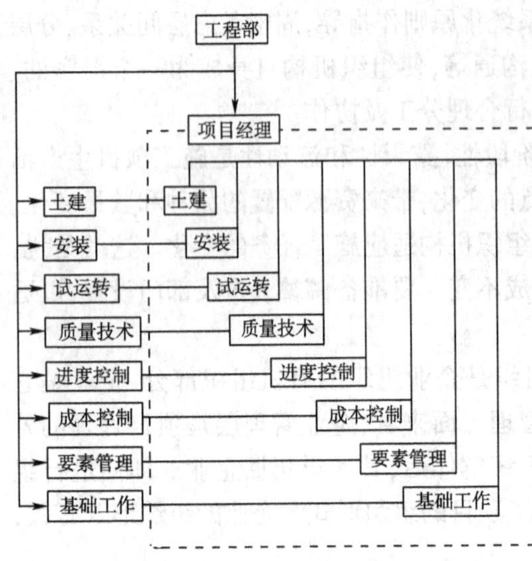

图3-6 工作队式项目组织形式示意图

1. 工作队式项目组织

(1)特征。图3-6是工作队式项目组织构成示意图,虚线内表示项目组织,其人员与原部门脱离。该组织结构类型有以下特征:

①项目经理在企业内部聘用职能人员组成管理机构(工作队),由项目经理指挥,独立性大。

②项目组织成员在工程建设期间与原所在部门脱离领导与被领导关系,原单位负责人负责业务指导及服务,但不能随意干预其工作或调回人员。

③项目管理组织与项目同寿命。项目结束后机构撤销,所有人员仍回原所在部门和岗位。

(2)适用范围。这是按照对象原则组织的项目管理机构,可独立地完成任务。企业职能部门只提供一些服务。这种项目组织类型适用于工期要求紧迫的项目、要求多工种多部门密切配合的项目。因此,它要求项目经理素质要高,指挥能力要强,有快速组织队伍及善于指挥来自各方人员的能力。

(3)优点:

①项目经理从职能部门聘用的是一批专家,他们在项目管理中配合,协同工作,可以取长补短,有利于培养一专多能的人才并充分发挥其作用。

②各专业人才集中在现场办公,减少了扯皮和等待时间,办事效率高,解决问题快。

③项目经理权力集中,运用权的干扰少,决策及时,指挥灵活。

④由于减少了项目与职能部门的结合部,项目与企业的职能部门关系简化,易于协调关系,减少了行政干预,使项目经理的工作易于开展。

⑤不打乱企业的原建制,传统的直线职能式组织仍可保留。

(4)缺点:

①各类人员来自不同部门,具有不同的专业背景,配合不熟悉,初期难免配合不力。

②各类人员在同一时期内所担负的管理工作任务可能有很大差别,因此很容易产生忙闲不均,可能导致人员浪费,稀缺专业人才难以在企业内调剂使用。

③职工长期离开原单位,即离开了自己熟悉的环境和工作配合对象,容易影响其积极性的发挥。而且由于环境变化,容易产生临时观念和不满情绪。

④职能部门的优势无法发挥。由于同一部门人员分散,交流困难,也难以进行有效的培养、指导,削弱了职能部门的工作。当人才紧缺而同时又有多个项目需要按这一形式组织时,或者对管理效率有很高要求时,不宜采用这种项目组织形式。

2. 部门控制式项目组织

(1)特征。这是按职能原则建立的项目组织,它并不打乱企业现行的建制。把项目委托给企业某一专业部门或委托给某一施工队,由被委托的部门(施工队)领导,在本单位组织人员负责实施项目组织,项目终止后恢复原职。图 3-7 是这种组织形式的示意图。

(2)适用范围。这种形式的项目组织一般适用于小型的、专业性较强、不需涉及众多部门的施工项目。

(3)优点:

①人才作用发挥较充分。这是因为相互熟悉的人组合办熟悉的事,人事关系容易协调。

②从接受任务到组织运转启动的时间短。

③职责明确,职能专一,关系简单。

④项目经理无需专门训练便容易进入状态。

(4)缺点:

①不能适应大型项目管理需要,而真正需要进行施工项目管理的工程正是大型项目。

②不利于对计划体系下的组织体制(固定建制)进行调整。

③不利于精简机构。

3. 矩阵式项目组织

(1)特征。图 3-8 是矩阵式项目组织形式示意图,其特征有以下几点:

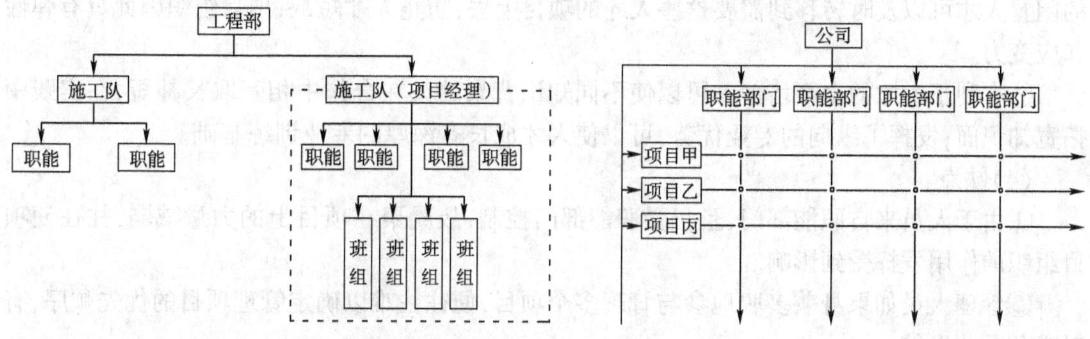

图 3-7 部门控制式项目组织机构示意图

图 3-8 矩阵式项目组织形式示意图

①项目组织机构与职能部门的结合部同职能部门数相同。多个项目与职能部门的结合部呈矩阵状。每个结合部接受两个指令源的指令。

②把职能原则和对象原则结合起来,既发挥职能部门的纵向优势,又发挥项目组织的横向优势。

③专业职能部门是永久性的,项目组织是临时性的。职能部门负责人对参与项目组织的人员有组织调配、业务指导和管理考察的责任。项目经理将参与项目组织的职能人员在横向上有效地组织在一起,为实现项目目标协同工作。

④矩阵中的每个成员或部门,接受原部门负责人和项目经理的双重领导。但部门的控制

力大于项目的控制力。部门负责人有权根据不同项目的需要和忙闲程度,在项目之间调配本部门人员。一个专业人员可能同时为几个项目服务,特殊人才可充分发挥作用,免得人才在一个项目中闲置而另一个项目中短缺,大大提高人才利用率。

⑤项目经理对调配到本项目经理部的成员有权控制和使用。当感到人力不足或某些成员不得力时,他可以向职能部门要求给予解决。

⑥项目经理部的工作有多个职能部门支持,项目经理没有人员包袱。但要求在水平方向和垂直方向有良好的信息沟通及良好的协调配合,对整个企业组织和项目组织的管理水平和组织渠道畅通提出了较高的要求。

(2)适用范围:

①适用于同时承担多个需要进行工程项目管理的企业。在这种情况下,各项目对专业技术人才和管理人员都有需求,加在一起数量较大。采用矩阵式组织可以充分利用有限的人才对多个项目进行管理,特别有利于发挥稀有人才的作用。

②适用于大型、复杂的施工项目。因大型复杂的施工项目要求多部门、多技术、多工种配合实施,在不同阶段,对不同人员,有不同数量和搭配各异的要求。显然,部门控制式机构人员使用固化,不能满足多个项目管理的人才要求。

(3)优点:

①它兼有部门控制式和工作队式两种组织的优点,解决了传统模式中企业组织和项目组织相互矛盾的状况,把职能原则与对象原则融为一体,取得了企业长期例行性管理和项目一次性管理的一致性。

②能以尽可能少的人力,实现多个项目管理的高效率。通过职能部门的协调,一些项目上的闲置人才可以及时转移到需要这些人才的项目上去,防止人才短缺,项目组织因此具有弹性和应变力。

③有利于人才的全面培养。可以使不同知识背景的人在合作中相互取长补短,在实践中拓宽知识面;发挥了纵向的专业优势,可以使人才成长有深厚的专业训练基础。

(4)缺点:

①由于人员来自职能部门,且仍受职能部门控制,故凝聚在项目上的力量减弱,往往使项目组织的作用发挥受到影响。

②管理人员如果身兼多职地参与管理多个项目,便往往难以确定管理项目的优先顺序,有时难免顾此失彼。

③双重领导。项目组织中的成员既要接受项目经理的领导,又要接受企业中原职能部门的领导。在这种情况下,如果领导双方意见和目标不一致、甚至有矛盾时,当事人便无所适从。如要防止这一问题产生,必须加强项目经理和部门负责人之间的沟通,还要有严格的规章制度和详细的计划,使工作人员尽可能明确在不同时间内应当干什么工作。如果矛盾难以协调解决,应以项目经理的意见为主。

④矩阵式组织对企业管理水平、项目管理水平、领导者的素质、组织机构的办事效率、信息沟通渠道的畅通等均有较高要求,因此要精干组织,分层授权,疏通渠道,理顺关系。由于矩阵式组织的复杂性和结合部多,造成信息沟通量膨胀和沟通渠道复杂化,在很大程度上存在信息梗阻和失真。于是,要求协调组织内部的关系时必须有强有力的组织措施和协调办法以排除

难题。因此，项目组织的层次、职责、权限要明确划分。

4. 事业部式项目组织

(1)特征：

①图3-9是事业部式项目组织结构示意图。事业部对企业来说是职能部门，对企业外有相对独立的经营权，可以是一个独立单位。事业部可以按地区设置，也可以按工程类型或经营内容设置。图3-9中工程部下的工程处，也可以按事业部对待。事业部能较迅速适应环境变化，提高企业的应变能力，调动部门积极性。当企业向大型化、智能化发展时，事业部式是一种很受欢迎的选择，既可以加强经营战略管理，又可以加强项目管理。

②在事业部(一般为其中的工程部或开发部，对外工程公司设海外部)下边设置项目经理部。项目经理由事业部选派，一般对事业部负责，有的可以直接对发包人负责，具体可根据其授权程度决定。

(2)适用范围。事业部式项目组织适用于大型经营性企业的工程承包，特别是适用于远离公司本部的工程承包。需要注意的是，一个地区只有一个项目，没有后续工程时，不能设立地区事业部，也即它适宜于在一个地区内有长期市场或一个企业有多种专业化施工力量时采用。在此情况下，事业部与地区市场同寿命。地区没有项目时，该事业部应予撤销。

(3)优点。事业部式项目组织有利于延伸企业的经营职能，扩大企业的经营业务，便于开拓企业的业务领域。还有利于迅速适应环境变化以加强项目管理。

(4)缺点。按事业部式建立项目管理组织，企业对项目经理部的约束力减弱，协调指导的机会减少，故有时会造成企业结构松散，必须加强制度约束，加大企业的综合协调能力。

5. 直线职能式组织形式项目组织

直线职能式项目管理组织是指结构形式呈直线状且设有职能部门或职能人员的组织，每个成员(或部门)只受一位直接领导人指挥。它不同于直线式项目组织。直线式项目组织的特征是只有两个管理层次，上一层次是项目经理部，下层是具体的业务操作人员。它的适用范围是任务种类单一和规模较小的项目，不适合于综合性大规模的施工任务。直线式组织形式的一般模式见图3-10。其优点是简单易行、灵活机动和指挥统一。其缺点是管理方法比较单一，缺乏专业职能部门，不适应提高专业化工作效率的需求。

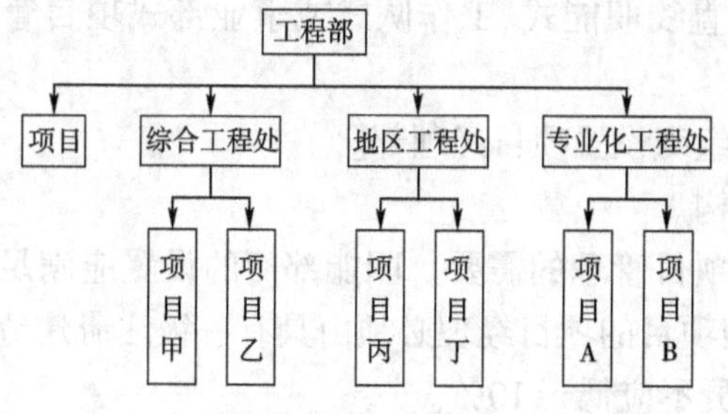

图3-9 事业部式项目组织结构示意图

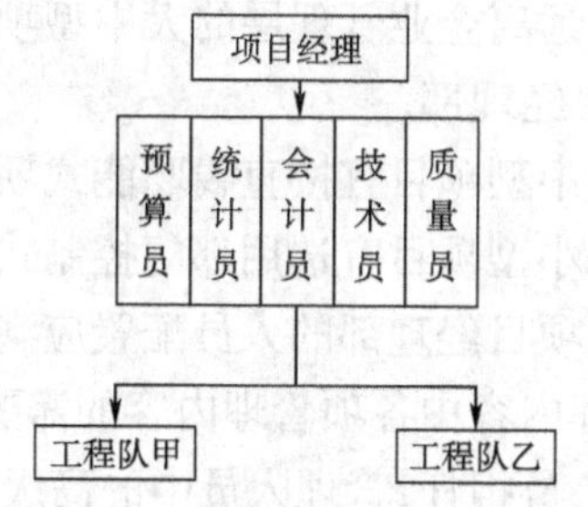

图3-10 直线式现场组织形式示意图

(1)特征。直线职能式组织形式的特征是一般都设有三个管理层次：一是施工项目经理部，负责施工项目决策管理和调控工作；二是施工项目专业职能管理部门，负责施工项目内部专业管理业务；三是施工项目的具体操作队伍，负责项目施工的具体实施。

直线职能式的项目现场组织形式是施工项目典型的现场组织形式，其原因是施工项目现

场的任务相对比较稳定明确，符合直线职能式组织的组织要求。直线职能式组织能很好地适应完成施工项目现场施工任务的组织要求。

(2)适用范围。直线职能式的组织形式一般比较适合于大规模综合性的施工项目任务，其现场组织形式的一般模式见图3-11。

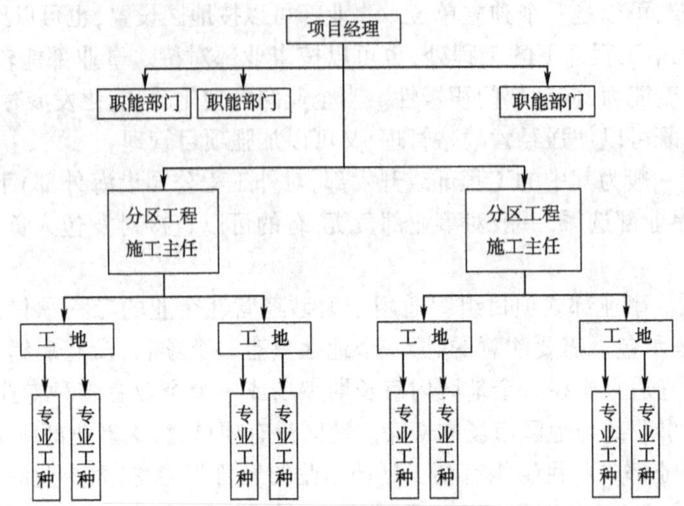

图3-11　直线职能制现场组织形式示意图

(3)优点。直线职能式的项目管理组织形式优点是指令源单一，有利于实现专业化的管理和统一指挥，有利于集中各方面专业管理力量，积累经验，强化管理。

(4)缺点。直线职能式的项目管理组织形式缺点是信息传递缓慢和不容易进行适应环境变化的调整。

6. 项目经理部组织形式的确定

项目经理部的组织形式应根据施工项目的规模、结构复杂程度、专业特点、人员素质和地域范围确定，并应符合下列规定：

(1)大型项目宜按矩阵式项目管理组织设置项目经理部。

(2)远离企业管理层的大中型项目宜按直线职能式、工作队式或事业部式项目管理组织设置项目经理部。

(3)中型项目宜按直线职能式项目管理组织设置项目经理部。

(4)小型项目宜选用部门控制式组织机构。

(5)项目经理部的人员配置应满足施工项目管理的需要。职能部门的设置应满足规范的项目管理内容中各项管理内容的需要。大型项目的项目经理必须由具有一级注册建造师执业资格的人员担任，管理人员中的高级职称人员不应低于10%。

三、施工项目经理部

1. 项目经理部的职能作用

项目经理部是施工项目管理的工作班子，置于项目经理的领导之下。为了充分发挥项目经理部在项目管理中的主体作用，必须设计好、组建好、运转好项目经理部，从而发挥其应有职能作用。项目经理部的职能作用如下：

(1)负责施工项目从开工到竣工的全过程施工生产经营的管理,对作业层负有管理与服务的双重职能。

(2)为项目经理决策提供信息依据,执行项目经理的决策意图。向项目经理全面负责。

(3)项目经理部作为项目团队,应具有团队精神,完成企业所赋予的基本任务——项目管理;凝聚管理人员的力量,调动其积极性,促进管理人员的合作,建立为事业献身的精神;协调部门之间、管理人员之间的关系,发挥每个人的岗位作用,为共同目标进行工作;影响和改变管理人员的观念和行为,使个人的思想、行为变为组织文化的积极因素;实行岗位责任制,搞好管理;沟通部门之间、项目经理部与作业队之间、与公司之间、与环境之间的关系。

(4)项目经理部是代表企业履行工程承包合同的主体,对项目产品和建设单位负责。

2. 建立施工项目经理部的基本原则

(1)要根据所设计的项目组织形式设置项目经理部。项目组织形式与企业对施工项目的管理方式有关,与企业对项目经理部的授权有关。不同的组织形式对项目经理部的管理力量和管理职责提出了不同要求,同时也提供了不同的管理环境。

(2)要根据施工项目的规模、复杂程度和专业特点设置项目经理部。例如大型项目经理部可以设职能部、处;中型项目经理部可以设处、科;小型项目经理部一般只需设职能人员即可。如果项目的专业性强,便可设置专业性强的职能部门,如水电处、安装处、打桩处等等。

(3)项目经理部是一个具有弹性的一次性管理组织,随着工程项目的开工而组建,随着工程项目的竣工而解体,不应搞成一级固定性组织。项目经理部不应有固定的作业队伍,而应根据施工的需要,在企业的组织下,从劳务分包公司吸收人员并进行动态管理。

(4)项目经理部的人员配置应面向现场,满足现场的计划与调度、技术与质量、成本与核算、劳务与物资、安全与文明施工的需要。而不应设置专管经营与咨询、研究与发展、政工与人事等与项目施工关系较少的非生产性管理部门。

(5)应建立有益于项目经理部运转的工作制度。

3. 施工项目经理部的部门设置

施工项目经理部的部门设置因企业不同、项目不同和所设计的项目组织形式不同而不同。但一般应设置以下五个部门：

(1)经营核算部门。主要负责预算、合同、索赔、资金收支、成本核算、劳动配置等工作。

(2)工程技术部。主要负责生产调度、文明施工、技术管理、施工组织设计、计划统计等工作。

(3)物资设备部门。主要负责材料的询价、采购、计划供应、储备管理、运输、废料回收,工具管理及机械、设备的租赁、配套、使用等工作。

(4)监控管理部门。主要负责工作质量、安全管理、消防保卫、环境保护等工作。

(5)测试计量部门。主要负责计量、测量、检测试验等工作。

项目经理部应在项目启动前建立,并在项目竣工验收、审计完成后或按合同约定解体。

4. 施工项目的劳动组织

施工项目的劳动力来源于社会的劳务市场。企业设劳动力管理部门(或劳务公司)统一管理。对外签订合同招用的社会劳动力应是劳务分包公司人员,它们按企业资质要求建立和注册,可保证技术与管理质量。

(1)劳务输入。坚持“计划管理,定向输入,市场调节,双向选择,统一调配,合理流动”的方针。具体做法是:项目经理部根据所承担的任务,编制年度劳动力需要量计划,交企业劳动管理部门。公司进行平衡,与有关劳务分包公司签订劳务分包合同,明确需要的工种、人员数量、进出场时间和有关奖罚条款等,正式将劳动力组织引入施工项目,形成劳务作业层。

(2)劳动力组织。劳务队伍均要以整建制进入施工项目,由项目经理部和劳务分公司配合,双方协商共同组建作业(承包)队,作业(承包)队的组建要注意打破工种界限,实行混合编组,提倡一专多能、一岗多职。形成既有固定专业工种,又有协作配套人员,并能独立施工的作业队。

(3)项目经理部对劳务队伍的管理。对于施工劳务分包公司组建的现场施工作业队,除配备专职的负责人外,还要实行“三员”管理岗位责任制:即由项目经理派出专职质量、安全、材料员,实行一线职工操作全过程的监控、检查、考核和严格管理。

(4)劳务分包合同按《建设工程施工劳务分包合同(示范文本)》(GF—2003—0214)执行。

四、施工项目管理制度

1.施工项目管理制度的作用

管理制度是组织为保证其任务的完成和目标的实现,对例行性活动应遵循的方法、程序、要求及标准所作的规定,是根据国家和地方法规及上级部门的规定,制定的内部法规。施工项目管理制度是由建筑业企业或施工项目经理部制定的,对项目经理部及其作业组织全体职工有约束力。施工项目管理制度的作用主要有两点:一是贯彻国家和企业与施工项目有关的法律、法规、方针、政策、标准、规程等,指导本施工项目的管理;二是规范施工项目组织及职工的行为,使之按规定的方法、程序、要求、标准进行施工和管理活动,从而保证施工项目组织按正常秩序运转,避免发生混乱,保证各项工程的质量、安全及效率,防止出现事故和纰漏,从而确保施工项目目标的顺利实现。

2.建立施工项目管理制度的原则

项目经理部组建以后,作为组织建设内容之一的管理制度应立即着手制定。制定管理制度必须遵循以下原则:

(1)制定施工项目管理制度必须贯彻国家法律、法规、方针、政策以及部门规章,且不得有抵触和矛盾,不得危害公众利益。

(2)制定施工项目管理制度必须实事求是,即符合本施工项目的需要。施工项目最需要的管理制度是有关工程技术、计划、统计、核算、分配以及各项业务管理等的制度,它们应是制定管理制度的重点。

(3)管理制度要配套,不留漏洞,形成完整的管理制度和业务体系。

(4)各种管理制度之间不能产生矛盾,以免职工无所适从。

(5)管理制度的制定要有针对性,任何一项条款都必须具体明确,词语表达简洁、明瞭。

(6)管理制度的颁布、修改和废除要有严格程序。项目经理部制定的制度,由项目经理签字,应报公司法定代表人批准方可生效。

3.项目经理部管理制度的内容

施工项目经理部管理制度的建立应围绕计划、责任、监督、核算、奖惩等内容。包括以下各项:

(1)项目管理人员的岗位责任制度。它是规定项目经理部各层次管理人员的职责、权限以及工作内容和要求的文件。具体包括项目经理岗位责任制度、项目副经理岗位责任制度以及经济、财务、安全和材料、设备等管理人员的岗位责任制度。通过各项制度做到分工明确,责任具体,标准一致,便于管理。

(2)项目技术管理制度。它是规定项目技术管理的系列文件,具体应包括图纸会审制度、施工项目管理规划文件的编制和审查制度、技术组织措施制度以及新材料、新工艺和新技术新设备的推广制度等。

(3)项目质量管理制度。它是保证项目质量的管理文件,其具体内容包括质量管理规定、质量检查制度、质量事故处理制度以及质量控制体系等。

(4)项目安全管理制度。它是规定和保证项目安全生产的管理文件,其主要内容有安全教育制度、安全保证措施、安全生产制度以及安全事故处理制度等。

(5)项目计划、统计与进度管理制度。它是规定项目资源计划、统计工作与进度控制工作的管理文件。其内容包括生产计划、劳务和资金等的使用计划及统计工作制度,进度计划和进度控制制度等。

(6)项目成本核算制度。它是规定项目成本核算的原则、范围、程序、方法、内容责任及要求的管理文件。

(7)项目材料、机械设备管理制度。它是规定项目材料和机械设备的采购、运输、仓储保管、维修保养以及使用和回收等工作的管理文件。

(8)项目现场管理制度。它是规定项目现场平面布置,材料、设备、设施的放置,运输线路规划,文明施工要求等内容的一系列管理文件。

(9)项目分配与奖励制度。它是规定项目分配与奖励的标准、依据以及其兑现等工作的管理文件。

(10)项目例会、施工日志与档案管理制度。它是规定项目管理日常工作例会、现场施工日志和施工记录及资料存档等工作的管理文件。

(11)项目分包及劳务管理制度。它是规定项目分包类型、模式、范围以及合同签订和履行等工作的管理文件。劳务管理制度是规定项目劳务的组织方式、渠道、待遇、要求等工作的管理文件。

(12)项目组织协调制度。它是规定项目内部组织关系、近外层关系和远外层关系等的沟通原则、方法以及关系处理标准等的管理文件。

(13)项目信息管理制度。它是规定项目信息的采集、分析、归纳、总结和应用等工作的程序、方法、原则和标准的管理文件。

项目管理制度一经制定,就应严格实施。在项目实施过程中应严格对照各项制度检查执行情况,并对制度进行及时的修改、补充和完善,以便于更好地规范项目管理。

需要修订制度时,应报送企业或其授权的职能部门批准。

五、施工项目经理责任制

施工项目经理责任制是企业制定的、以项目经理为责任主体，确保项目管理目标实现的责任制度。其核心是施工项目经理承担实现项目管理目标责任书确定的责任。

由于项目经理对施工项目负有全面管理的责任，故对承包到手并签订了施工合同的施工项目，应建立以项目经理为首的管理系统，实行施工项目经理责任制。施工项目经理既是管理系统的中心，又是履行合同的主体。施工项目经理从施工项目开工到竣工验收及交付使用，进行全过程的管理，并在项目经理负责的前提下与企业签订项目管理目标责任书，实行成本核算，对质量、安全、工期、成本、文明施工等各项目标负责。

1. 施工项目经理的地位

一个施工项目是一项一次性的整体任务，在完成这个任务过程中，现场必须有一个最高的责任者和组织者，这就是施工项目经理。

施工项目经理是承包人的法定代表人在施工项目上的委托授权代理人，是对施工项目管理实施阶段全面负责的管理者，在项目管理中处于核心地位。确立施工项目经理的地位是搞好施工项目管理的关键。

(1)施工项目经理是施工企业法定代表人在施工项目上负责管理和合同履行的委托授权代理人，是项目实施阶段的第一责任人。从企业内部看，施工项目经理是施工项目实施过程所有工作的总负责人，是项目动态管理的体现者，是项目生产要素合理投入和优化组合的组织者。从对外方面看，施工项目经理是项目目标的全面实现者，既要对建设单位的成果性目标负责，又要对企业效益性目标负责。

(2)施工项目经理是协调各方面关系，使之相互紧密协作、配合的桥梁和纽带。他对项目承担合同责任，履行合同义务，执行合同条款，处理合同纠纷。

(3)施工项目经理对项目实施进行控制，是各种信息的集散中心。自上、自下、自外而来的信息，通过各种渠道汇集到项目经理；项目经理又通过报告和计划等形式对上反馈信息，对下发布信息。通过信息的集散达到控制的目的，使项目管理取得成功。

(4)施工项目经理是施工责、权、利的主体。这是因为，施工项目经理是项目中人、财、物、技术、信息和管理等所有生产要素的组织管理人。他不同于技术、财务等专业的总负责人，项目经理必须把组织管理职责放在首位。首先，项目经理必须是项目实施阶段的责任主体，是实现项目目标的最高责任者，而且目标的实现还应该不超出限定的资源条件。责任是实现项目经理责任制的核心。其次，项目经理必须是项目的权力主体。权力是确保项目经理能够承担起责任的条件与手段，所以权力的范围必须视项目经理责任的要求而定。如果没有必要的权力，项目经理就无法对工作负责。第三，项目经理还必须是项目的利益主体。利益是项目经理工作的动力，是因项目经理负有相应的责任而得到的报酬，所以利益的形式及利益的多少也应该视项目经理的责任而定。项目经理必须处理好与项目经理部、企业和职工之间的利益关系。

2. 施工项目经理的资质及素质

现代工程建设项目的工程技术系统复杂化，实施难度大，发包人在选择项目管理单位和承包人时常以项目管理为竞争重点，十分注重项目经理的经历、经验和能力的审查，并以此作为定标授予合同的条件之一，赋予很大权重。因此，项目管理公司和承包人便将项目经理的选择、培养作为一个重要的企业发展战略。

根据我国现行《建设工程项目管理规范》(GB/T 50326—2006)规定:"大中型项目的项目经理必须取得工程建设类相应专业注册执业资格证书"。

项目经理应具备下列素质:

(1)具有符合项目经理要求的能力。

(2)具有相应的项目管理经验和业绩。

(3)具有项目管理需要的专业技术、管理、经济、法律和法规知识。

(4)具有良好的职业道德和团结协作精神,遵纪守法、爱岗敬业、诚信尽责。

(5)身体健康。

3. 项目管理目标责任书

项目管理目标责任书在项目实施之前,由法定代表人或其授权人与项目经理协商制定。项目管理目标责任书是评价项目经理绩效的依据。其内容包括以下九条:

(1)项目管理实施目标。

(2)组织与项目经理部之间的责任、权限、利益分配。

(3)项目设计、采购、施工、试运行等管理的内容和要求。

(4)项目需用资源的提供方式和核算办法。

(5)法定代表人向项目经理委托的特殊事项。

(6)项目经理应承担的风险。

(7)项目管理目标评价的原则、内容和方法。

(8)对项目经理部进行奖惩的依据、标准和办法。

(9)项目经理解职和项目经理部解体的条件及办法。

4. 施工项目经理的职责、权限和利益

(1)项目经理的职责:

①项目管理目标责任书规定的职责。

②主持编制项目管理实施规划,并对项目目标进行系统管理。

③对资源进行动态管理。

④建立各种专业管理体系并组织实施。

⑤进行授权范围内的利益分配。

⑥收集工程资料,准备结算资料,参与工程竣工验收。

⑦接受审计,处理项目经理部解体的善后工作。

⑧协助组织进行项目的检查、鉴定和评奖申报工作。

(2)项目经理的权限:

①参与项目招标与投标和合同签订。

②参与组建项目经理部。

③主持项目经理部工作。

④决定授权范围内的项目资金的投入和使用。

⑤制定内部计酬办法。

⑥参与选择和使用具有相应资质的分包人。

⑦参与选择物质供应单位。

⑧在授权范围内协调和处理与项目管理有关的内、外部关系。

⑨法定代表人授予的其他权力。

(3)项目经理的利益与奖罚：

①获得工资和奖励。

②项目完成后，按照项目管理目标责任书中规定，经审计后给予奖励或处罚。

③获得评优表彰、记功等奖励或行政处罚。

5. 施工项目经理的工作内容

(1)施工项目经理的基本工作。其主要内容有以下三项：

①规划施工项目管理目标。施工项目经理应当对质量、工期、成本、安全等目标作出规划；应当组织项目经理班子成员对目标系统作出详细规划，绘制目标系统展开图，进行目标管理。这件事做得如何，从根本上决定了项目管理的效能，这是因为：

$$管理效能 = 目标方向 \times 工作效率$$

再者，确定了项目管理目标，就可以便员工的活动有了中心，拧到一股绳上。

②制定员工行为准则。就是建立合理而有效的项目管理规章制度，从而保证规划目标的实现。规章制度必须符合现代管理基本原理。特别是“系统原理”和“封闭原理”。规章制度必须面向全体职工，使他们乐意接受，以有利于推进规划目标的实现。但绝大多数由项目经理班子或执行机构制定，项目经理给予审批、督促和效果考核。项目经理亲自主持制定的制度，一个是岗位责任制，另一个是赏罚制度。

③选用人才。一个优秀的项目经理，必须下一番工夫去选择好项目经理班子成员及主要的业务人员。一个项目经理在选人时，首先要掌握“用最少的人干最多的事”的最基本效率原则，要选得其才，用得其能，适得其所。

(2)施工项目经理的经常性工作：

①决策。项目经理对重大决定必须按照完整的科学方法进行。但项目经理不需要包揽一切决策，只有如下两种情况要项目经理作出及时明确的决断：

A. 出现了非规范事件，即例外性事件，例如特别的合同变更，对某种特殊材料的购买，领导重要指示的执行决策等。

B. 下级请示的重大问题，即涉及项目目标的全局性问题，项目经理要明确及时作出决断。项目经理可不直接回答下属问题，只直接回答下属提出建议。决策要及时、明确，不要模棱两可，更不可遇到问题绕着走。

②沟通。项目经理必须经常深入实际，密切联系员工及相关人员和单位，这样才能获得信息、发现问题、搞好关系、排除障碍，便于开展领导工作。要把问题解决在当事人面前，把关键工作做在最恰当的时候。

③接受继续教育。项目管理涉及现代生产、科学技术、经营管理，它往往集中了这三者的最新成就。故项目经理必须事先学习，干中学习。项目经理如果不学习提高，就不能很好地领导下属，也不能很好地解决出现了的新问题。项目经理必须不断抛弃老化了的知识，学习新知识、新思想和新方法。要跟上发展的形势，推进管理改革和创新，并使主要管理模式能与国际

做法沟通。

④实施合同。对合同中确定的各项目标的实现进行有效的协调与控制,协调各种关系,组织全体职工实现工期、质量、成本、安全、文明施工目标;利用合同工具搞好相关经营活动。

第三节 施工组织设计概述与施工准备工作

施工组织设计是用来指导拟建工程施工准备和组织施工的全面性技术、经济文件,是施工项目管理规划的主要文件,即是对施工活动实行科学管理的重要手段和统筹规划设计。

由于建筑产品的多样性和单件性,每项工程都必须单独编制施工组织设计,并经批准后才允许正式施工。因此,施工组织设计的编制工作是施工准备工作的重要环节和主要依据。

一、施工组织设计的作用和任务

1.施工组织设计的作用

施工组织设计是施工项目管理中,项目规划的主要文件,具有战略部署和战术安排的双重作用,具有重要的规划作用、组织作用和指导作用,具体表现在以下几个方面:

(1)可通过施工组织设计来具体实现基本建设计划和设计的要求,并可在施工组织设计编制过程中进一步验证设计方案的合理性和可行性。

(2)施工组织设计是整个施工准备工作的核心,它提供了各阶段的施工准备工作内容,协调施工过程中各施工单位,各施工工种,各项资源之间的相互关系。因此,它既是施工准备工作的重要内容,又是指导施工准备工作的依据。

(3)通过施工组织设计,可根据具体工程的特定条件,为拟建工程确定的施工方案、施工顺序、施工方法、施工进度方案、技术组织措施等,是施工项目管理的技术依据;所提出的各种资源需要量计划,为生产要素的合理配置提供了依据;对施工现场所作的规划与布置,为现场平面管理提供了依据,为确保安全施工、文明施工提供了保证。

(4)施工组织设计是编制施工企业施工计划的基础,是施工企业统筹安排企业生产的投入与产出过程的关键和依据。

(5)编制施工组织设计中可充分考虑施工中可能遇到的困难和障碍,主动调整施工的薄弱环节,从而提高了施工的预见性,使管理者和生产者有充分准备,为建设工程项目实现预定的合同目标提供了有力的技术保证。

2.施工组织设计的任务

施工组织设计是根据业主对拟建工程的各项要求、设计图纸和编制组织设计的基本原则,从拟建项目施工全过程的人力、物力和空间三要素入手,在人力与物力、主体与辅助、供应与消耗、生产与储存、专业与协作、使用与维修、空间布置与时间排列等方面进行科学合理的布置,制订出最优的方案,以确保全面优质高效地完成最终建筑产品。其任务如下:

(1)确定开工前必须完成的各项准备工作。

(2)把国家的方针、政策、法规、规程、规范通过施工组织设计贯彻到工程项目的施工中去。

(3)从施工全局出发,作好施工部署,确定经济、合理、有效的施工方案,选择合适的施工方法和施工机具。

(4)合理安排施工顺序、施工步骤、工序间的相互衔接和搭接以及各工序的工作时间,从而确定合理、可行的施工进度计划,确保工程按规定工期完成。

(5)采用最佳的劳动组合,合理确定施工中各种资源和劳动力的需要量,以组织及时供应,节约施工成本。

(6)综合考虑并合理布置施工现场的空间。

(7)拟定切实有效的安全、质量、进度、成本、环境保护、文明施工及冬季、雨季施工等施工技术组织保证措施。

二、施工组织设计的分类及其内容

根据施工组织设计编制的广度、深度和作用的不同可划分为:施工组织总设计、单位工程施工组织设计、分部(分项)工程施工组织设计。这三者之间是同一建设项目,不同广度、深度和作用的三个层次,三者的关系十分紧密。

1.施工组织总设计

施工组织总设计,是以一个建设项目或者一个建筑群为对象,根据批准的初步设计和扩大初步设计为主要依据进行编制的。它是对整个建设工程项目施工的战略部署,是指导整个建设工程施工全过程各项施工活动的全局性施工技术经济纲要,其内容比较概括,范围比较宽,属于控制性施工组织设计。

施工组织总设计一般是在初步设计或扩大初步设计批准后,由总承包企业在总工程师领导下编制。其主要内容如下:

(1)建设项目的工程概况。

(2)施工部署及其核心工程的施工方案。

(3)全场性施工准备工作计划。

(4)施工总进度计划。

(5)各项资源需求量计划。

(6)全场性施工总平面设计。

(7)主要技术经济指标(项目施工工期、劳动生产率、项目施工质量、项目施工成本、项目施工安全、机械化程度、预制化程度、暂设工程等)。

2.单位工程施工组织设计

单位工程施工组织设计,是以单位工程为对象,根据已批准的施工组织总设计和施工图,为各单位工程的施工作战术部署,用以直接指导单位工程的施工活动,具体安排人力、物力,是建筑安装工作的技术、经济、组织的综合文件。也是施工单位编制分部(分项)工程施工组织设计和季、月、旬施工计划的依据。

单位工程施工组织设计是在施工组织总设计的控制下,以施工组织总设计和企业施工计划为依据编制的。它是针对建设项目中某一具体的单位工程,把施工组织总设计的内容具体化,详细化,属于指导性施工组织设计。

单位工程施工组织设计一般在施工图设计完成后,在拟建工程开工之前,由负责该项工程的施工项目经理组织编制。其主要内容如下:

(1)工程概况及施工特点分析。

(2)施工方案的选择。

(3)单位工程施工准备工作计划。

(4)单位工程施工进度计划。

(5)各项资源需求量计划。

(6)单位工程施工平面图设计。

(7)单位工程施工技术组织措施计划。

(8)主要技术经济指标(工期、资源消耗的均衡性、机械设备的利用程度等)。

3.分部(分项)工程施工组织设计

分部(分项)工程施工组织设计,是以特别重要的、施工难度大的或技术复杂的或采用新工艺、新技术施工的分部(分项)工程为对象编制的,用以具体指导此分项工程施工的技术、经济、组织的综合文件。此项设计一般是同单位工程施工组织设计编制同时进行。

分部(分项)工程施工组织设计是以单位工程施工组织设计和企业施工计划为依据编制的,针对具体的分部(分项)工程,把单位工程施工组织设计的内容进一步具体化,详细化,它是专业工程具体的作业设计,因此,也叫分部(分项)工程作业计划,属于实施指导性和操作性施工组织设计。分部(分项)工程施工组织设计的主要内容如下:

(1)工程概况及施工特点分析。

(2)施工方法和施工机械的选择。

(3)分部(分项)工程施工准备工作计划。

(4)分部(分项)工程施工进度计划。

(5)各项资源需求量计划。

(6)施工技术组织措施计划。

(7)作业区施工平面图设计。

三、施工准备工作

1.施工准备工作的任务

建设准备(施工准备)是建设程序的步骤之一,联结设计和施工两大阶段,是取得良好建设效果的关键步骤之一。加强施工准备可以降低施工风险,使工程顺利开工和施工。施工准备工作的基本任务是为工程开工和连续施工创造一切必备条件。具体任务如下:

(1)取得工程施工的法律依据。工程施工需要的法律依据有与计划、规划、经济、行政、交通、公用事业和环境保护等相关的法律依据。取得有关法律依据,既是守法之需,又可取得有关方面的支持。

(2)掌握工程的特点与关键。要认真分析研究拟建工程的特点,抓住关键,采取相应措施,保证顺利施工。

(3)调查并创造施工条件。施工条件有社会条件、投资条件、经济条件、技术条件、自然条件、地质条件、场地条件、资源条件。通过周密调查,掌握现状,排除不利条件,创造有利条件,使各方面的条件均能满足施工需要。

(4)对施工中的风险及可能发生的变化进行预测。由于施工复杂和工期长,必然会有许多风险和变化。通过预测做到心中有底,以便采取措施,进行风险管理,加强计划性,做好应变准备,从而减少损失。

2. 施工准备工作的内容

施工准备工作的范围包括两个方面:一个方面是阶段性施工准备,是指开工前的各项施工准备工作,它带有全局性。没有这一阶段的准备,工程既不能顺利开工,更做不到连续施工,大型工程更是如此。另一个方面是工程作业条件的施工准备,它是为某一个单位工程,或某一个施工阶段,或某个分部分项工程,或某个施工环节所做的施工准备,是局部性的,也是经常性的。一般说来,冬雨季施工准备属于作业条件施工准备。了解了施工准备工作包含的这两个范围,我们就要对施工准备工作在时间上、内容上、步骤上进行合理安排,既要重视开工前的准备,又要重视施工中的准备,两方面的工作都要做好。要做到:条件具备再开工;准备充分再作业;不搞无准备的施工。

每项工程施工准备工作的内容,视该工程本身及其具备的条件而异。有的比较简单,有的却十分复杂。如只有一个单项工程的施工项目和包含多个单项工程的群体项目,一般小型项目和规模庞大的大中型项目,新建项目和改扩建项目,在未开发地区兴建的项目和在已开拓因而所需各种条件大多已具备的地区的项目等,都因工程的特殊需要和条件,按照施工项目的规划来确定准备工作的内容,并拟订具体的、分阶段的施工准备工作实施计划,才能充分而又恰如其分地为施工创造一切必要条件。

一般工程必须的准备工作内容如下:

1)调查研究

(1)调查有关项目特征与要求:

①向建设单位和主管设计单位了解并取得可行性研究报告、工程地址选择、初步设计等文件。

②了解设计规模、工艺特点、工艺流程。设备特点及来源。

③摸清对工程分期、分批施工及配套交付使用的顺序要求,交付图纸的时间,工程施工的质量要求和技术难点。

(2)调查施工场地及附近地区自然条件。包括:地形与环境条件,地质条件、地震级别,工程水文地质情况,气象条件等。

(3)调查施工区域的技术经济条件。包括:当地水、电、蒸汽的供应条件,交通运输条件,地方材料供应情况和当地协作条件,国拨材料和主要设备的供应条件等。

(4)社会生活条件调查。包括:周围可为施工利用的房屋情况,附近的机关、企业、居民分布状况、生活习惯和交通情况,主副食供应、医疗、商业、邮电、治安条件等。

2)规划安排

(1)专业工程分包。

(2)编制施工项目管理实施规划。

(3)场地土石方工程及其调配,道路,水电供应,排水系统工程规划,生产、生活条件建设规划,添置设备计划,人力招聘规划等。

(4)参加施工图“三结合”设计。

(5)涉外谈判,翻译的培训等。

3)大型施工现场的工程准备

(1)施工测量。

(2)“七通一平”。包括水、电、路、蒸汽与煤气、邮电、广播与电视通,场地平整。

(3)生产基地和生活基地建设。

(4)建立项目管理机构,调集施工力量。

(5)组织材料、构件、半成品的订货、生产、储备,材料、机具进场。

(6)材料、半成品等的技术试验及检验。

(7)进行“四新”试验、试制的技术准备。

4)单位工程和分部工程作业条件的准备

(1)会审与学习图纸。

(2)编制施工预算或项目成本计划。

(3)编制分部工程施工方案。

(4)建筑物的定位、放线、引入水准控制点。

(5)单位工程和分部工程所用物资陆续进场。

(6)搭设必要的暂设工程。

(7)技术、安全交底。

(8)分配与下达分项施工任务。

(9)做好前后分部分项工程交接工作。

(10)冬雨季施工作业准备。

3. 施工准备工作计划与控制

(1)施工准备工作计划表见表3-1。由于施工准备工作繁杂,故提倡编制网络计划以明确各项工作之间的关系,进行时间与进度控制。

(2)建立严格、明确的施工准备工作责任制,由项目经理全权负责。

(3)建立施工准备工作检查制度,检查准备工作计划的完成情况。

(4)坚持按建设程序办事,实行开工报告和审批制度。

(5)施工准备工作必须贯穿于施工全过程。

(6)多方争取协作单位的大力支持。

施工准备工作计划表　　表3-1

序号	项目	施工准备工作内容	要求	负责单位(人)	涉及单位	要求完成日期	备注

第四章　流水施工组织方法

第一节　施工组织的基本方法

一、施工组织概述

随着社会经济的发展和施工技术的进步，现代施工过程已经成为一项十分复杂的生产活动。一个大型建设项目的建筑施工，不仅包括要组织成千上万的各种专业人员和数量众多的各类施工机械设备有条不紊地投入到施工中，而且包括要组织种类繁杂的各种建筑原材料、制品、构配件的生产、运输、存储和供应，组织施工机具的供应、维修和保养，组织施工现场的临时供水、供电、道路修整，以及安排安排施工现场的生产生活所必须的各种临时设施等。这些工作的组织协调，对于工程建设具有十分重要的意义。

施工组织就是针对项目施工的复杂性，研究工程建设项目的统筹安排和系统管理客观规律的一门科学。它研究如何组织、计划施工项目的全部施工任务，寻求最合理的组织管理方法。

现阶段施工组织学科的发展特点是广泛利用数学、网络技术、计算技术等定量方法，借助计算机，采取各种措施，对整个施工项目进行工期、质量、费用控制，以满足实际工程的不同要求。

二、施工组织的对象

施工组织管理的对象千差万别，施工过程中内部工作与外部联系错综复杂。因此，进行项目施工组织，必须首先研究施工过程，以适应施工组织计划的编制、实施和控制的要求。

1. 施工组织的研究对象——施工过程

施工过程，是指建筑产品的生产过程。它由一系列相关的施工活动组成，是一个统称。

施工组织研究，主要就是研究施工过程。具体说，就是研究施工过程中的时间问题，即施工进度计划编制；空间问题，即组织管理机构及场地布置；资源问题，即劳动力、材料、机具设备等的供应；经济问题，即工程造价、工程成本控制及资金合理使用等。

按不同的划分标准，施工过程可分为：

(1)根据施工过程中所需的劳动资料及其对产品所起的作用划分：

①施工准备过程。指施工生产前所进行的施工技术和资源等的准备。如图纸资料、材料采购、施工现场准备等。

②施工生产过程。指直接为完成产品而进行的一系列施工生产活动。如基槽开挖、基床抛石、基床夯实、基床整平等。施工生产过程是建设项目层次中单位工程、分部工程、分项工程

的统称。

③辅助和临时施工过程。指为保证施工生产过程的正常进行所进行的各种辅助及临时施工活动。如动力生产、设备维修、材料加工、临时码头、构件预制场等。

④服务施工工程。指为施工生产过程和辅助施工过程服务的各种服务过程。如物资材料的采购、运输、保管,后勤保障等。

(2)根据施工过程的层次划分:

①工序。是施工组织中不可分割的、施工技术上相同的施工过程。工序是分项工程的组成部分。如钢筋混凝土构件预制这一分项工程由立模板、绑扎或焊接钢筋、浇注混凝土、养护及拆模等工序组成。

②操作。指工人为完成施工工序所进行的生产活动。操作是工序的组成部分,而其本身又由若干个相互关联的动作组成。如上述立模板工序由制作模板、取运模板、拼装模板等操作组成。

③动作。指施工中一次完成的最基本活动。动作是操作的组成部分。如取运模板这一操作是由取模板、运模板至拼装处、将模板放到拼装位置等动作组成。

2. 项目施工组织的对象系统——项目结构

项目结构图(Project Diagram,或称 WBS-Work Breakdown Structure)是一种组织工具,它通过树状图的形式将一个项目的结构进行逐层分解,以反映组成该项目的所有工作对象及其之间的关系。

建设项目结构按层次可分解为工程项目(也称单项工程)、单位工程、分部工程和分项工程。

(1)建设项目。是按一个总体项目进行规划和设计,建成后具有完整的系统,可以独立形成生产能力或使用价值的工程,建设期间有独立的业主组织、经济上独立核算;是项目决策、立项申报的对象和单元。

(2)工程项目。是建设项目的组成部分。工程项目一般具有独立的设计文件、竣工后能独立发挥生产能力或效益的工程单元。

(3)单位工程。是工程项目的组成部分。单位工程一般具有独立的设计文件、有独立的施工条件,完工后不能独立发挥生产能力或效益的工程单元。单位工程一般按工程的使用功能、结构形式、施工和竣工验收的独立性划分。

(4)分部工程。是单位工程的组成部分。分部工程一般按单位工程的结构部位划分。

(5)分项工程。是分部工程的组成部分。分项工程一般按建筑施工的主要工序(工种)划分,是施工组织的基本对象和基本单元,是施工质量、进度、费用的直接载体,是编制概预算的基本单元,是质量检验评定的基础。

项目结构的分解按项目结构图表达,见图 4-1。

三、施工过程组织的基本要求

水运工程项目施工过程多,影响因素复杂,编制项目施工过程组织的难度较大、变化较多。为科学组织施工,需满足施工过程组织的基本要求。

1. 连续性要求

施工过程组织的连续性是指施工过程各阶段、各工序环节在时间上是紧密衔接的,不会发生不合理的中断。在施工组织中保持和提高施工过程的连续性,可以缩短建设周期、节约流动资金、避免不必要的等待和窝工,从而提高施工的经济效益。

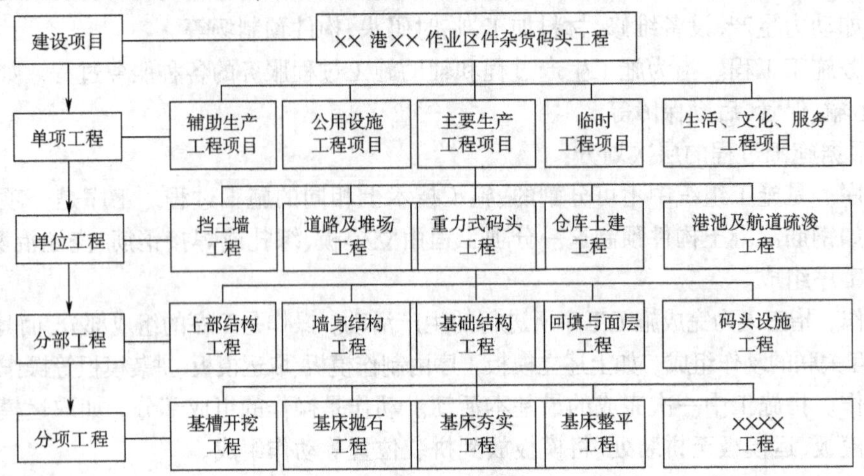

图4-1　某港口工程建设项目的项目组成结构图

2. 协调性要求

施工过程组织的协调性是指施工过程各阶段、各工序环节之间在施工能力上保持一定的比例关系。具有协调性的施工过程组织,可充分利用整个施工过程中的资源,避免在各个施工阶段和工序之间出现资源脱节和比例失调从而导致停顿和等待现象的出现,造成资源浪费。因此,在施工过程组织时,应根据情况的变化,及时进行调整,以保证施工过程中各环节的资源数量、生产效率、工作面大小等多方面保持相互协调。

3. 均衡性要求

施工过程组织的均衡性是指施工中各个环节都应根据施工组织计划的要求展开,并在一定时间内保持施工作业量、资源强度的相对稳定,不发生时松时紧、前松后紧、前紧后松等现象。保持施工过程组织的均衡性,能充分利用资源,避免赶工或窝工,有利于保证施工质量、降低施工成本,便于资源的调配和现场管理。

4. 经济性要求

施工过程组织的经济性是指施工过程组织除了应满足技术方面的要求外,还必须讲求经济效益,满足项目建设相关当事人的利益要求。

施工过程组织的根本目的在于尽可能地降低过程造价,而又不影响工程的进度和质量要求。所以,连续性、协调性、均衡性这三项要求最终要以是否经济可靠来作为衡量标准。

四、施工组织的基本方法

工程施工过程组织的方法很多,基本的有顺序施工、平行施工和流水施工三种。

1. 顺序施工

顺序施工,即按人为安排的顺序组织施工。

在工程施工中,有两种顺序(逻辑)需要遵守:一是有客观要求的工艺流程和施工顺序(工艺逻辑);二是人为安排的顺序(组织逻辑)。第一种顺序应首先保证,第二种顺序才是施工组织的顺序施工法。

例如，某工程中有Ⅰ、Ⅱ、Ⅲ三段挡土墙施工，施工工艺流程为：基础开挖→浆砌块石→墙后回填。各段上各施工过程的时间要求见表4-1。

要求按顺序施工安排时，按施工过程组织三支专业施工队分别负责基础开挖(A)、浆砌块石(B)、墙后回填(C)。首先每一段都要按施工工艺流程要求从基础开挖到浆砌块石再到墙后回填的顺序展开；接着是人为的安排：①施工段可按Ⅰ→Ⅱ→Ⅲ或Ⅰ→Ⅲ→Ⅱ或Ⅱ→Ⅰ→Ⅲ或Ⅱ→Ⅲ→Ⅰ或Ⅲ→Ⅰ→Ⅱ或Ⅲ→Ⅱ→Ⅰ的顺序展开；②可按施工段间连续组织顺序施工(图4-2)，或按施工队间连续组织顺序施工(图4-3)。

某工程挡土墙施工各段上施工过程的时间(d)要求　　表4-1

施工过程	施工段		
	Ⅰ	Ⅱ	Ⅲ
A 基础开挖	1	2	2
B 浆砌块石	2	2	2
C 墙后回填	2	2	2

施工过程	施工进度(d)																
	1	2	3	4	5	6	7	8	9	10	11	12	13	14	15	16	17
A	AⅠ		AⅡ		AⅢ												
B						BⅠ		BⅡ		BⅢ							
C												CⅠ		CⅡ		CⅢ	

图4-2　按Ⅰ→Ⅱ→Ⅲ顺序(施工段间连续)组织顺序施工

施工过程	施工进度(d)																
	1	2	3	4	5	6	7	8	9	10	11	12	13	14	15	16	17
A	AⅠ					AⅡ						AⅢ					
B		BⅠ						BⅡ						BⅢ			
C				CⅠ						CⅡ						CⅢ	

图4-3　按Ⅰ→Ⅱ→Ⅲ顺序(施工队间连续)组织顺序施工

2. 平行施工

平行施工,即当有多个工程项目,或将工程项目划分为若干个施工段时,组织若干个专业施工队,分别同时按工艺顺序投入施工的方法。

如上例,平行施工进度安排见图 4-4。可见,三个施工段平行施工,同一施工过程需组织三支专业队。

施工过程	施工进度(d)					
	1	2	3	4	5	6
A	AⅠ AⅡ AⅢ					
B			BⅠ BⅡ BⅢ			
C					CⅠ CⅡ CⅢ	

图 4-4 平行施工组织

3. 流水施工

流水施工,即当有多个工程项目,或将工程项度划分为若干个施工段时,将不同施工段上的同一施工过程组织专业施工队施工,施工队在统一计划安排下,依次在各个施工段完成相同的工作。

如上例,按Ⅰ→Ⅱ→Ⅲ的施工段顺序组织流水施工,可得图 4-5 所示进度安排。

施工过程	施工进度(d)								
	1	2	3	4	5	6	7	8	9
A	AⅠ		AⅡ		AⅢ				
B		BⅠ		BⅡ		BⅢ			
C				CⅠ		CⅡ		CⅢ	

图 4-5 按Ⅰ→Ⅱ→Ⅲ顺序组织流水施工

流水施工是将顺序施工与平行施工相结合的一种施工组织方法,它保留了前两种方法的优点,同时克服了它们的缺点。

对比施工组织的三种基本方法,归纳各自特点如下:

(1)顺序施工,工期最长,资源强度最小,专业队施工不连续,大部分施工段上的工作面出现空闲。

(2)平行施工,工期最短,资源强度最大,工作面利用充分。

(3)流水施工,工期适中,资源强度适中,专业队施工连续,工作面利用充分。

可见,顺序施工与平行施工都是极端的施工组织方式,除非在某种特殊情况下(如抢险工程、资源供应严格受限等)采用,在正常情况下应尽量采用流水方式组织施工。

需要说明的是,在工程施工任务量大、施工段(作业面)多、施工过程多、工期要求紧的情况下,不能仅仅采取上述三种基本方法中的某一种组织施工,而应结合实际,将三种基本方法进行综合运用(如组织平行顺序施工、平行流水施工、复杂流水施工等),以发挥它们各自的优势。

第二节　流水施工原理及流水施工参数

一、流水施工原理

流水施工,就是将拟建工程项目中的每一个施工对象分解为若干个施工过程,并按照施工过程组织相应的专业施工队(施工班组),各专业施工队按照施工顺序依次完成各个施工对象的施工过程。在流水施工中,同一专业施工队保持连续、均衡施工,不同专业施工队间尽可能实现最大平行搭接。

流水施工可以充分利用工作时间和作业空间,减少非生产性劳动消耗,提高劳动生产率,有利于保证施工质量、缩短工期、节约施工费用,是施工组织的主要方法。

组织流水施工需满足以下条件和要求:

(1)将工程项目的各施工对象分解为若干施工过程,每一施工过程分别由相应的专业施工队(班组)负责实施。

(2)将施工对象在空间上划分为若干劳动量大致相等的施工段。

(3)主要施工过程连续、均衡施工。

(4)相邻施工过程间尽可能组织最大限度的平行搭接施工。

二、流水施工参数

流水施工参数包括空间参数、工艺参数和时间参数三类。

1.空间参数

空间参数,即施工段数(m),是指在组织流水施工时,用以表达流水施工在空间布置上开展状态的参数。

施工段划分时要考虑以下要求:

(1)同一专业施工队在各个施工段上的劳动量大致相等,以便组织节奏流水,使施工连续、均衡、有节奏。

(2)每个施工段内要有足够的工作面(工作面是指供某专业工种的个人或某种施工机械

进行施工所需要的活动空间),满足合理劳动组织的要求。

(3)施工段的界线应尽可能利用结构界线,或设在对建筑结构整体性影响较小的部位。

(4)施工段数的多少应满足合理组织流水施工的要求。施工段数过多,可能延长工期或使工作面狭窄;过少则无法充分利用工作面,可能造成窝工。

(5)对于多层建筑物、构筑物或需要分层施工的过程,应既分施工段,又分施工层。

2. 工艺参数

工艺参数,即施工过程数(n),是指在组织流水施工时,用以表达流水施工在施工工艺方面进展状态的参数。

在划分施工过程时,只有那些对工程施工具有直接影响的施工内容才予以考虑并组织在流水之中。施工过程可以根据计划的需要确定其粗细程度。可以是一道工序,也可以是一项分项分部工程。

需要注意的是,组织流水的施工过程如果各由一个专业施工队(班组)施工,则施工过程数和专业队数相等;而由几个专业队负责完成一个施工过程或一个专业队完成几个施工过程时,施工过程数与专业队数不相等。计算时可用 n' 表示施工过程数,用 n' 表示专业队数。

为尽量避免出现窝工,确定施工段数(m)和施工过程数(n)时,最理想的是:$m = n$;一般应满足:$m > n$。

3. 时间参数

时间参数主要包括:流水节拍、流水步距和工期。

(1)流水节拍(t)。指某个专业施工队(班组)在一个施工段上完成全部工作的施工作业时间,其计算公式是:

$$t = \frac{Q}{RSN} = \frac{QH}{RN} = \frac{P}{RN} \tag{4-1}$$

式中:t——流水节拍;

Q——一个施工段的工程量;

R——专业队的人数或机械数;

S——产量定额,即单位时间(工日、台班或艘班)完成的工程量;

H——时间定额,即完成单位工程量所需的时间(工日、台班或艘班);

P——劳动量;

N——专业队的工作班次。

在式(4-1)中,产量定额 S 与时间定额 H 互为倒数。为方便记忆,可将式(4-1)明确表达为:

流水节拍 = 工程量/(产量定额 × 人数 × 工作班次)

= (工程量 × 时间定额)/(人数 × 工作班次)

= 劳动量/(人数 × 工作班次)

= 机械台班数量/(机械台数 × 工作班次)　　(4-2)

如果没有定额可查,可使用三时估计法计算流水节拍,计算公式为:

$$t = \frac{a + 4m + b}{6} \tag{4-3}$$

式中：a ——乐观估计时间；

m ——最可能估计时间；

b ——悲观估计时间。

确定流水节拍应注意以下问题：

①流水节拍的取值必须考虑专业队组织方面的限制和要求，尽可能不过多地改变原来的劳动组织状况。专业队的人数应有起码的要求，以使他们具备集体协作的能力。

②流水节拍的确定，应考虑到工作面条件的限制，必须保证有关专业队有足够的施工操作空间，保证施工操作安全和能提高专业队的劳动效率。

③流水节拍的确定，应考虑到机械设备的实际负荷能力和可能提供的机械设备数量。也要考虑机械设备操作场所安全和质量的要求。

④有特殊技术限制的工程，如受水位影响的水工工程、受交通条件影响的道路改造过程、铺管工程等，都受技术操作或安全质量等方面的限制，对作业时间的长度和连续性都有限制或要求，在安排其流水节拍时，应当满足这些限制要求。

⑤必须考虑材料和构配件供应能力对进度的影响和限制，合理确定有关施工过程的流水节拍。

⑥首先应确定主导施工过程的流水节拍，并以它为依据，确定其他施工过程的流水节拍。主导施工过程的流水节拍应是各施工过程流水节拍的最大值，应尽可能是有节奏的，以便组织节奏流水。

(2)流水步距(K)。指两个相邻的专业施工队(班组)相继投入工作的最小时间间隔。

流水步距的个数取决于参与流水的施工过程数目。如施工过程数目为 n 个，则流水步距的个数为$(n-1)$个。

流水步距的长度要根据需要及流水方式的类型经过计算确定，计算时应考虑的因素有以下几点：

①每个专业队连续施工的需要；

②间歇时间的需要；

③流水步距的长度应保证每个施工段的施工作业程序不乱，不发生前一施工过程尚未全部完成，而后一施工过程便开始施工的现象。有时为了缩短时间，某些次要的专业队可以提前插入，但必须在技术上可行，而且不影响前一个专业队的正常工作。

(3)流水工期(T)。指施工对象的全部流水施工完成的总时间，即从第一个专业队投入流水作业开始，到最后一个专业队完成最后一个施工过程的最后一段工作退出流水作业为止的整个持续时间。

由于一项工程往往由许多流水组成，所以我们这里说的是流水组的计算工期，而不是整个工程的工期。

在进行流水作业安排以后，将计算工期与计划工期比较，两者应相等或使计算工期小于计划工期。如果绘制了流水施工横道图，在图上可以观察到工期长度，也可以用计算的工期来检

验横道图绘制的正确性。

第三节　流水施工组织方法

一、流水施工组织的类型

在流水施工组织中，若施工过程在施工段上的流水节拍各自相等，就称为有节奏。

流水施工组织可按节奏性划分为有节奏流水和无节奏流水，有节奏流水包含等节奏流水和异节奏流水，异节奏流水又包括成倍节拍流水和非成倍节拍流水。详见图4-6。

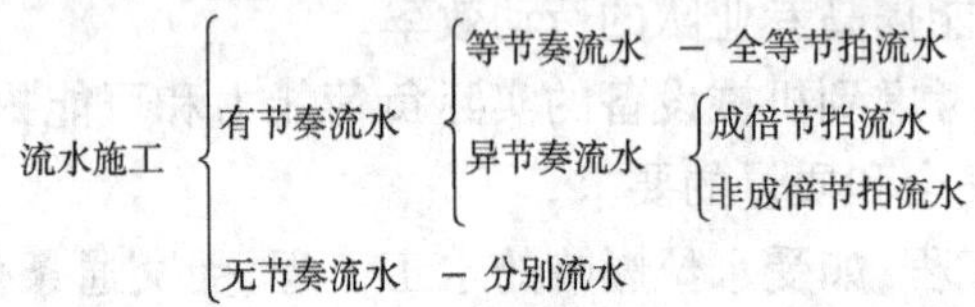

图4-6　流水施工组织类型

另外，根据施工过程间有无间歇时间要求以及相邻专业队间有无提前插入时间的安排，还可进一步细分，具体见以下相关内容。

二、等节奏流水

1. 等节奏流水的概念

等节奏流水(亦称全等节拍流水)，是指流水组中每一个专业施工队在各施工段上的流水节拍和各专业施工队的流水节拍为一常数。

等节奏流水施工速度相等，是理想的组织流水方式。因为这种组织方式能够保证专业施工队的工作连续、有节奏，可以实现均衡施工，从而最理想地达到组织流水施工的目的。在可能的情况下，应尽量采用这种方式组织流水施工。

2. 等节奏流水施工的组织过程

(1)将流水施工对象(项目)划分为若干个施工过程。

(2)将流水施工对象(项目)划分为若干个施工段。

(3)组建专业施工队，并确定其在每一施工段上的持续时间。

(4)将各专业施工队的工作适当搭接。

3. 间歇时间与提前插入时间

间歇时间，是指相邻施工过程间因工艺要求或组织安排而增加的额外等待时间。其中，因工艺要求的间歇时间称为工艺间歇时间(G)，因组织安排的间歇时间称为组织间歇时间(Z)。

提前插入时间(C)，是指相邻专业施工队在同一施工段上平行工作的时间。在工作面和资源允许的前提下，提前插入施工可以缩短流水工期，但提前插入的现象不宜过多，否则会打乱节奏，影响均衡施工。

4. 等节奏流水施工的工期计算

组织等节奏流水施工时，施工过程数目(n)与专业施工队总数(n')相等，在既有间歇时间，又有提前插入时间时，流水工期计算公式为：

$$
\begin{aligned}
T &= (m+n-1)t+\sum G+\sum Z-\sum C \\
&= (m+n-1)K+\sum G+\sum Z-\sum C \\
&= (m+n'-1)K+\sum G+\sum Z-\sum C
\end{aligned} \tag{4-4}
$$

式中：m——施工段数目；

n——施工过程数目；

n'——专业施工队总数（等节奏流水施工中，$n=n'$）；

t——流水节拍；

K——流水步距（等节奏流水施工组织，流水步距 $K=$ 流水节拍 t）；

G——工艺间歇时间；

Z——组织间歇时间；

C——提前插入时间。

如果是没有间隙时间或提前插入时间的等节奏流水施工，流水工期计算只需在式（4-4）中不考虑它们即可。

【例 4-1】 某分项工程包含支模板、绑扎钢筋、浇混凝土三个施工过程，流水节拍分别为 3d、3d、3d。在平面上划分两个施工段（Ⅰ、Ⅱ），钢筋绑扎提前插入 2d 施工，同时，钢筋绑扎完成后需间歇 1d 才能浇混凝土。试按等节奏流水组织施工，计算流水工期并绘制横道计划图。

【解】 本例为全等节拍流水，同时又有间隙时间和提前插入时间，可直接利用式（4-4）计算流水工期。根据题目条件，各参数为：

施工段数目：$m=2$

施工过程数目、施工队总数目：$n=n'=3$

流水节拍、流水步距：$t=K=3(\mathrm{d})$

工艺间歇时间：$G=1(\mathrm{d})$

组织间歇时间：$Z=0(\mathrm{d})$

提前插入时间：$C=2(\mathrm{d})$

将各参数代入式（4-4），得该分项工程等节奏流水施工的工期为：

$$
\begin{aligned}
T &= (m+n-1)t+\sum G+\sum Z-\sum C \\
&= (2+3-1)\times 3+1+0-2 \\
&= 11(\mathrm{d})
\end{aligned}
$$

该分项工程等节奏流水施工横道计划图见图 4-7。

5. *有施工层的等节奏流水施工的工期计算*

如果组织流水施工的对象有施工分层，并且上一层与下一层之间的施工有搭接关系，如多层框架钢筋混凝土结构的码头架空平台，上层立柱的施工必须在下层纵横撑的施工完成后进行，则有施工层的等节奏流水施工的工期为：

$$
T=(L\cdot n-1)K+\sum G+\sum Z-\sum C+m\cdot t \tag{4-5}
$$

式中：L——施工层数目；

其余符号同前。

如果没有间隙时间或提前插入时间，流水工期计算只需在式（4-5）中不考虑它们即可。

施工过程	施工进度（d）										
	1	2	3	4	5	6	7	8	9	10	11
支模板		Ⅰ			Ⅱ						
绑钢筋			C Ⅰ			Ⅱ					
浇混凝土						G	Ⅰ			Ⅱ	

图 4-7　等节奏（有间歇时间）流水施工横道图

【例 4-2】　某港区集装箱码头平台主体为三层框架式钢筋混凝土结构，每层按结构缝划分为四个施工段，施工过程为纵横撑施工、立柱施工，流水节拍均为 2 周。试确定该平台主体的流水施工工期，并绘制流水施工横道计划图。

【解】　本例为有施工分层的分段施工，可组织有施工层的等节奏流水施工。

施工层数：$L=3$

施工段数：$m=4$

施工过程数目：$n=2$

流水节拍：$t=2$（周）

流水步距：$K=2$（周）

间歇时间及提前插入时间：0

流水工期：

$$
\begin{aligned}
T &= (L\cdot n-1)K+\sum G+\sum Z-\sum C+m\cdot t \\
&= (3\times 2-1)\times 2+0+0-0+4\times 2 \\
&= 18\text{（周）}
\end{aligned}
$$

流水施工横道计划见图 4-8。

施工层	施工过程	施工进度（周）								
		2	4	6	8	10	12	14	16	18
一	纵横撑	①	②	③	④					
	立柱		①	②	③	④				
二	纵横撑			①	②	③	④			
	立柱				①	②	③	④		
三	纵横撑					①	②	③	④	
	立柱						①	②	③	④

图 4-8　流水施工横道计划图（等节奏，有施工层）

三、异节奏流水

1. 异节奏流水的概念

异节奏流水施工,是指各施工过程在各个施工段上的流水节拍各自相等,而不同的施工过程间的流水节拍不完全相等的流水施工。

异节奏流水施工,如果不同施工过程间的流水节拍是某一个常数的倍数,则称为成倍节拍流水,否则为非成倍节拍流水。

2. 异节奏流水施工的工期计算

1)成倍节拍流水施工的工期

在既有间歇时间,又有提前插入时间时,流水工期为:

$$T=(m+n'-1)K+\sum G+\sum Z-\sum C \tag{4-6}$$

式中符号同前。

流水步距 K 等于流水节拍的最大公约数。

专业施工队总数目 n' 的计算步骤如下:

(1)计算每个施工过程需组建的专业施工队数目 b_i,即:

$$b_i=\frac{t_i}{K} \tag{4-7}$$

式中:b_i——第 i 个施工过程的专业施工队数;

t_i——第 i 个施工过程的流水节拍;

K——流水步距,等于流水节拍的最大公约数。

(2)计算专业施工队总数目 n':

$$n'=\sum b_i \tag{4-8}$$

对于没有间隙时间或提前插入时间的成倍节拍流水施工,流水工期计算时只需在式(4-6)中不考虑它们即可。

成倍节拍流水,实际上是仿照全等节拍流水,通过增加施工队的办法,使其与全等节拍流水产生相同的效果,参见【例 4-3】;如果资源有限,不能通过增加施工队的办法组织成倍节拍流水,则只能按无节奏流水组织施工,具体做法参见“四、无节奏流水”部分之【例 4-6】。

【例 4-3】 某分项工程由支模板、绑扎钢筋、浇混凝土三个施工过程组成,其流水节拍分别为 6d、4d、2d。在平面上划分六个施工段(①、②、③、④、⑤、⑥),按成倍节拍流水组织施工。试计算流水工期,并绘制流水施工横道计划图。

【解】 本例为成倍节拍流水,无间歇时间和提前插入时间。按式(4-6)计算流水工期,按式(4-8)计算专业施工队总数目。

(1)施工段数目:$m=6$;

(2)流水步距:K = 最大公约数(6,4,2) = 2(d);

(3)各施工过程专业施工队数目:

支模板:$b_1=t_1/K=6/2=3$

绑扎钢筋:$b_2=t_2/K=4/2=2$

浇混凝土:$b_3=t_3/K=2/2=1$

(4)专业施工队总数目：$n' = \sum b_i = 3 + 2 + 1 = 6$(个)

(5)流水工期：$T = (m + n' - 1)K(6 + 6 - 1) \times 2 = 22$(d)

该分项工程等节奏流水施工横道计划图见图4-9。

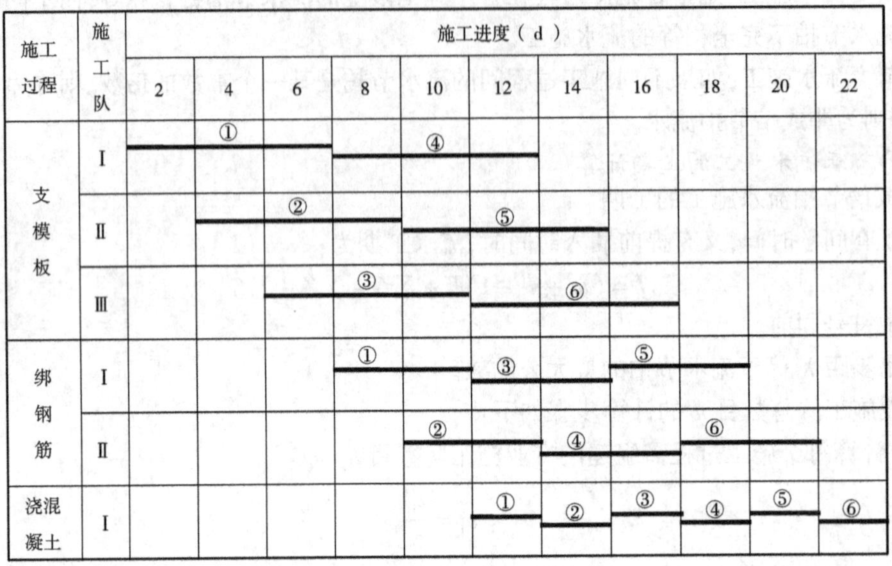

施工过程	施工队	2	4	6	8	10	12	14	16	18	20	22
支模板	Ⅰ	①	①	①	④	④	④					
	Ⅱ		②	②	②	⑤	⑤	⑤				
	Ⅲ			③	③	③	⑥	⑥	⑥			
绑钢筋	Ⅰ				①	①	③	③	⑤	⑤		
	Ⅱ					②	②	④	④	⑥	⑥	
浇混凝土	Ⅰ						①	②	③	④	⑤	⑥

(表头“施工进度(d)”跨2~22各列)

图4-9　成倍节拍流水施工横道图

2)有施工层的成倍节拍流水的工期

如果组织流水施工的对象有施工分层，并且上一层与下一层之间的施工有搭接关系，如多层框架钢筋混凝土结构的码头架空平台，上层立柱的施工必须在下层纵横撑的施工完成后进行，则有施工层的成倍节拍流水施工的工期为：

$$T = (L \cdot n' - 1)K + \sum G + \sum Z - \sum C + m \cdot t_n \tag{4-9}$$

式中：L——施工层数目；

t_n——最后一个施工过程的流水节拍。

其余符号同前。

如果没有间隙时间或提前插入时间，流水工期计算只需在式(4-9)中不考虑它们即可。

【例4-4】 某港区集装箱码头平台主体为三层框架式钢筋混凝土结构，每层按结构缝划分为四个施工段，施工过程为纵横撑施工、立柱施工，流水节拍分别为纵横撑施工2周，立柱施工1周。试：(1)确定该平台主体的流水施工工期，并绘制流水施工横道计划图；(2)若考虑到上一层纵横撑施工对下一层立柱的荷载较大，将上一层纵横撑的施工安排在下一层立柱施工完成后1周进行(以确保立柱受力)，确定流水施工工期，并绘制流水施工横道计划图。

【解】 本例为有施工分层的分段施工，可组织有施工层的成倍节拍流水施工。

(1)层间无间歇时间：

施工层数：$L = 3$

流水步距：K = 最大公约数(2,1) = 1(周)

施工段数目：$m = 4$

每个施工过程成立的专业施工队数分别为：

纵横撑施工：$b_1 = t_1/K = 2/1 = 2$(个)

立柱施工：$b_2 = t_2/K = 1/1 = 1$(个)

流水施工的专业施工队总数为：$n' = \sum b_i = 2 + 1 = 3$(个)

流水工期：$T = (L \cdot n' - 1)K + \sum G + \sum Z - \sum C + \mathrm{m} \cdot t_n$

$= (3 \times 3 - 1) \times 1 + 0 + 0 - 0 + 4 \times 1$

$= 12$(周)

流水施工横道计划见图4-10。

施工层	施工过程	施工队	1	2	3	4	5	6	7	8	9	10	11	12
一	纵横撑	Ⅰ	①		③									
		Ⅱ		②		④								
	立柱	Ⅰ			①	②	③	④						
二	纵横撑	Ⅰ				①		③						
		Ⅱ					②		④					
	立柱	Ⅰ						①	②	③	④			
三	纵横撑	Ⅰ							①		③			
		Ⅱ								②		④		
	立柱	Ⅰ									①	②	③	④

（表头“1～12”列上方为：施工进度（周））

图4-10　流水施工横道计划图(成倍节拍,有施工层,无间歇时间)

(2)层间有间歇时间：

第一、二层之间间歇1周，第二、三层之间间歇1周，$\sum G = 2$(周)。

流水工期：$T = (L \cdot n' - 1)K + \sum G + \sum Z - \sum C + \mathrm{m} \cdot t_n$

$= (3 \times 3 - 1) \times 1 + 2 + 0 - 0 + 4 \times 1$

$= 14$(周)

流水施工横道计划见图4-11。

施工层	施工过程	施工队	1	2	3	4	5	6	7	8	9	10	11	12	13	14
一	纵横撑	Ⅰ	①		③											
		Ⅱ		②		④										
	立柱	Ⅰ			①	②	③	④								
二	纵横撑	Ⅰ				G	①		②							
		Ⅱ						③		④						
	立柱	Ⅰ							①	②	③	④				
三	纵横撑	Ⅰ								G	①		③			
		Ⅱ										②		④		
	立柱	Ⅰ											①	②	③	④

（表头“1～14”列上方为：施工进度（周））

图4-11　流水施工横道计划图(成倍节拍,有施工层,有间歇时间)

四、无节奏流水

1.无节奏流水的概念

无节奏流水施工，是指流水施工组织中，各专业施工队的流水节拍没有规律。

无节奏流水施工可用分别流水法。分别流水法的实质是,各专业队连续施工,流水步距经计算确定,使专业队之间在一个施工段内不相互干扰(不超前,但可能滞后),或做到前后专业队之间工作紧紧衔接。因此,组织无节奏流水的关键就是正确计算流水步距。

2. 无节奏流水施工的工期计算

在既有间歇时间,又有提前插入时间时,流水工期为:

$$T = \sum K + \sum t_n + \sum G + \sum Z - \sum C \tag{4-10}$$

式中:$\sum K$——各施工过程(或专业施工队)间的流水步距之和;

$\sum t_n$——最后一个施工过程(或专业施工队)在各个施工段上的流水节拍之和;

其余符号同前。

流水步距 K 按"大差法"计算——"累计数列错位相减取大差"(由苏联专家潘特考夫斯基提出,故又称"潘氏方法")。

对于没有间隙时间或提前插入时间的无节奏流水工期计算时只需在式(4-10)中不考虑它们即可。

【例 4-5】 某分项工程由支模板(A)、绑扎钢筋(B)、浇混凝土(C)、拆模板(D)四个施工过程组成,划分四个施工段(①、②、③、④)。各施工过程在各个施工段上的持续时间见表4-2。混凝土浇筑完毕后至少养护 2d 才能拆模板。试按①→②→③→④和④→②→①→③的施工段展开次序分别组织流水施工,计算流水工期,并绘制流水施工横道计划图。

各施工过程的持续时间 表 4-2

施工过程	持续时间(d)			
	①	②	③	④
支模板(A)	3	4	3	2
绑扎钢筋(B)	5	6	4	5
浇混凝土(C)	6	5	4	6
拆模板(D)	3	2	2	3

【解】 本例为无节奏流水,有工艺间歇时间,按式(4-10)计算流水工期。

1)按①→②→③→④的施工段展开次序组织流水施工

第一步,算流水步距 K:

K_{AB}计算:用"大差法",先求出 A、B 的累计数列,接着对 A、B 的累计数列错位相减,在差值中取算术值大者,即得。

$$\begin{array}{rrrrrr} & 3 & 7 & 10 & 12 & \\ -) & & 5 & 11 & 15 & 20 \\ \hline & 3 & 2 & -1 & -3 & -20 \end{array}$$

$K_{AB} = 3(\mathrm{d})$

同理可得:$K_{BC} = 5(\mathrm{d})$,$K_{CD} = 14(\mathrm{d})$

第二步,算流水流水工期 T:

$$\begin{aligned} T &= \sum K + \sum t_n + \sum G + \sum Z - \sum C \\ &= \sum(3+5+14) + \sum(3+2+2+3) + 2 + 0 - 0 = 34(\mathrm{d}) \end{aligned}$$

第三步,制流水施工横道计划图,见图 4-12。

施工过程	施工进度（d）																
	2	4	6	8	10	12	14	16	18	20	22	24	26	28	30	32	34
支模板(A)	①		②		③	④											
绑钢筋(B)	K_{AB}		①			②		③			④						
浇混凝土(C)			K_{BC}			①			②		③		④				
拆模板(D)									K_{CD}			G	①		② ③		④

图 4-12　流水施工横道计划图

2）按④→②→①→③的施工段展开次序组织流水施工

先将表 4-2 按④→②→①→③得顺序调整为表 4-3，其余计算过程同前。

各施工过程的持续时间

表 4-3

施工过程	持续时间(d)			
	④	②	①	③
支模板(A)	2	4	3	3
绑扎钢筋(B)	5	6	5	4
浇混凝土(C)	6	5	6	4
拆模板(D)	3	2	3	2

此时，K_{AB}为：

$$\begin{array}{rrrrrr} & 2 & 6 & 9 & 12 & \\ -) & & 5 & 11 & 16 & 20 \\ \hline & 2 & 1 & -2 & -4 & -20 \end{array}$$

$K_{AB}=2(\mathrm{d})$

同理可得：$K_{BC}=5(\mathrm{d})$，$K_{CD}=13(\mathrm{d})$

流水工期：$T=\sum K+\sum t_n+\sum G+\sum Z-\sum C$

$$=\sum(2+5+13)+\sum(3+2+3+2)+2+0-0=32(\mathrm{d})$$

流水施工横道计划图，见图 4-13。

说明：由以上结果可见，施工段的展开顺序（组织次序）不同，施工进度的总工期可能不同。因此，在无特殊顺序要求的条件下，为尽量缩短工期，应以总工期最短作为施工段展开顺序的依据。如本例，施工段展开顺序共有 24 种组合，工期见表 4-4，可见，按④→①→②→③、④→①→③→②、④→②→①→③或④→③→①→②的施工段展开次序时，工期最短为 32d。

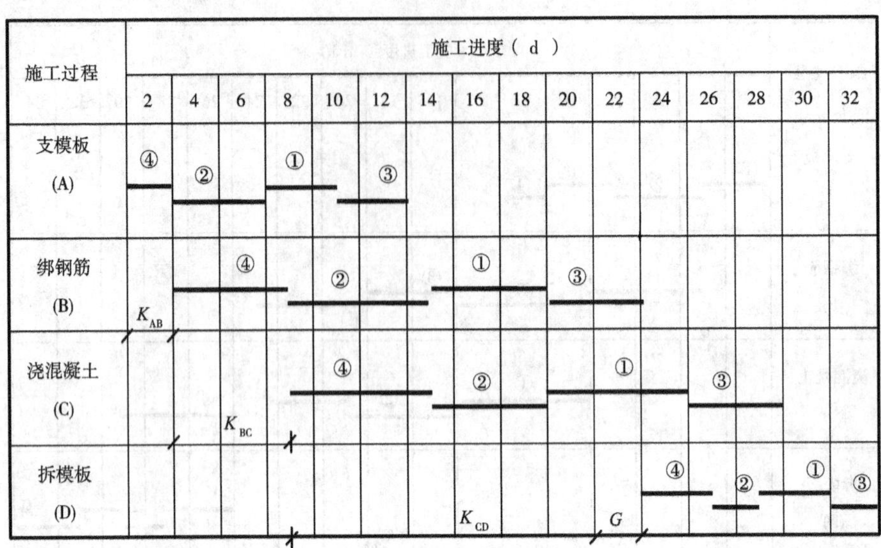

图 4-13 流水施工横道计划图

不同施工段展开顺序及对应流水工期 表 4-4

施工段展开顺序	工期(d)	施工段展开顺序	工期(d)	施工段展开顺序	工期(d)	施工段展开顺序	工期(d)
①→②→③→④	34	②→①→③→④	36	③→①→②→④	34	④→①→②→③	32
①→②→④→③	33	②→①→④→③	35	③→①→④→②	33	④→①→③→②	32
①→③→②→④	34	②→③→①→④	34	③→②→①→④	35	④→②→①→③	32
①→③→④→②	33	②→③→④→①	36	③→②→④→①	35	④→②→③→①	33
①→④→②→③	33	②→④→①→③	35	③→④→①→②	33	④→③→①→②	32
①→④→③→②	33	②→④→③→①	36	③→④→②→①	34	④→③→②→①	33

有时，虽然分段流水施工中各施工过程的流水节拍成整倍数关系，但由于受资源限制，不能通过增加施工队的办法组织成倍节拍流水，此时只能按无节奏流水组织施工，举例如下。

【例 4-6】 在【例 4-3】中，若资源供应受限，每个施工过程只能各组织 1 个专业施工队。施工段按①→②→③→④→⑤→⑥的次序展开。试组织流水施工，计算流水工期，并绘制流水施工横道计划图。

【解】 本例流水节拍成整倍数，但由于资源受限，每个施工过程只能各组织 1 各专业施工队，因此无法组织成倍节拍流水施工，只能按无节奏流水施工进行组织。各施工过程的持续时间列入表 4-5 中。

各施工过程的持续时间 表 4-5

施工过程	持续时间(d)					
	①	②	③	④	⑤	⑥
支模板(A)	6	6	6	6	6	6
绑扎钢筋(B)	4	4	4	4	4	4
浇混凝土(C)	2	2	2	2	2	2

按式(4-10)计算流水工期(无间歇时间和提前插入时间)：

$$T=\sum K+\sum t_n+\sum G+\sum Z-\sum C$$

第一步,计算流水步距 K:

K_{AB}计算:用“大差法”,先求出 A、B 的累计数列,接着对 A、B 的累计数列错位相减,在差值中取算术值大者,即得。

$$\begin{array}{rrrrrrrr} & 6 & 12 & 18 & 24 & 30 & 36 & \\ -) & & 4 & 8 & 12 & 16 & 20 & 24 \\ \hline & 6 & 8 & 10 & 12 & 14 & 16 & -24 \end{array}$$

$K_{AB}=16(d)$

同理可得:$K_{BC}=14(d)$

第二步,计算流水流水工期 T:

$$\begin{aligned} T &= \sum K+\sum t_n+\sum G+\sum Z-\sum C \\ &= \sum(16+14)+\sum(2+2+2+2+2+2)+0+0-0=42(d) \end{aligned}$$

第三步,绘制流水施工横道计划图,见图 4-14。

施工过程	施工进度(d)																				
	2	4	6	8	10	12	14	16	18	20	22	24	26	28	30	32	34	36	38	40	42
支模板(A)		①			②			③			④			⑤			⑥				
绑钢筋(B)				K_{AB}					①		②		③		④		⑤		⑥		
浇混凝土(C)												K_{BC}				①	②	③	④	⑤	⑥

图 4-14 流水施工横道计划图

第四节 水运工程流水施工进度计划实例

【背景资料】

某工程项目为×××港区一期工程第一标段。

工程内容:集装箱泊位架空平台、引桥、港池开挖。

施工工期:520d。

施工概况:(1)集装箱泊位架空平台 6630m^2,Φ2200 嵌岩灌注桩及其上 Φ1500 钢筋混凝土柱各 35 根,Φ1800 嵌岩灌注桩及其上 Φ1300 钢筋混凝土柱各 140 根;(2)引桥 3 座,长 90m/座,宽 16m;(3)港池开挖 23909m^3。

码头结构图示:见图 4-15、图 4-16 及图 4-17。

主要工程量:见表 4-6、表 4-7 及表 4-8。

其他条件:(略)

【要求】 编制进度计划横道图

港池开挖工程量 表4-6

清单号	细目名称	单位	数量	备注
1001	港池挖泥挖泥渣	m^3	5977	
1002	港池水下钻爆挖渣	m^3	17932	

集装箱泊位架空平台工程量 表4-7

清单号	细目名称	单位	数量	备注
2001	现浇C30混凝土横梁	m^3	5460	
2002	现浇C30混凝土轨道梁	m^3	344	
2003	现浇C30混凝土前边梁	m^3	303	
2004	现浇C30混凝土纵、横联系梁	m^3	6498	
2005	预制、安装C30混凝土靠船构件	m^3	99	
2006	现浇C30混凝土靠船构件	m^3	1260	
2007	现浇C30混凝土面板	m^3	3183	
2008	现浇C30混凝土横撑	m^3	272	
2009	现浇C30混凝土系靠船梁	m^3	1459	
2010	船护舷			
2010-1	购安标准型DA-A500H×L1500护舷	套	665	
2010-2	购安标准型SA250H×L1500护舷	套	238	
2011	Φ2200钻孔嵌岩灌注桩			
2011-1	灌注桩钢筋制、安	t	120.5	
2011-2	C30混凝土钻孔嵌岩灌注桩	m^3	2050	
2011-3	钻土	m	140.41	
2011-4	钻强风化岩(砂岩)	m	48	
2011-5	钻中风化岩(砂岩)	m	441.53	
2011-6	钢护筒制、安	t	151	
2012	Φ1800钻孔嵌岩灌注桩			
2012-1	灌注桩钢筋制、安	t	251.35	
2012-2	C30混凝土钻孔嵌岩灌注桩	m^3	4570	
2012-3	钻土	m	367.77	
2012-4	钻强风化岩(砂岩)	m	225	
2012-5	钻中风化岩(砂岩)	m	1156.86	
2012-6	钢护筒制、安	t	433	
2013	Φ1300现浇C30混凝土立柱	m^3	5110	
2014	Φ1500现浇C30混凝土立柱	m^3	1701	
2015	现浇C30混凝土桩帽	m^3	1682	

续上表

清单号	细目名称	单位	数量	备注
2016	现浇 C30 混凝土护轮坎	m^3	33	
2017	水上抛埋块石护桩	m^3	11600	
2018	制、安钢爬梯	t	32	
2019	制、安钢栏杆	t	45	
2020	购安 QU100 钢轨	m	412	
2021	购安系船柱 450kN	套	84	
2022	制、安钢埋件	t	50	
2023	现浇构件钢筋制、安	t	3061.37	
2024	预制构件钢筋制、安	t	16.83	

引桥工程量　　表 4-8

清单号	细目名称	单位	数量	备注
3001	现浇 C30 混凝土横梁	m^3	1612	
3002	现浇 C30 混凝土异形面板	m^3	191	
3003	现浇 C30 混凝土 T 形梁	m^3	2318	
3004	Φ1300 现浇 C30 混凝土立柱	m^3	1529	
3005	Φ1600 挖孔灌注桩			
3005-1	灌注桩钢筋制、安	t	120.42	
3005-2	现浇 C30 混凝土挖孔嵌岩灌注桩	m^3	1707	
3005-3	挖孔桩人工挖土	m	172.2	
3005-4	挖孔桩人工挖强风化岩(砂岩)	m	362.94	
3005-5	挖孔桩人工挖中风化岩(砂岩)	m	295.96	
3005-6	M7.5 水泥砂浆砖砌挖孔桩护壁	m^3	602	
3006	现浇 C30 混凝土地梁	m^3	3984	
3007	现浇 C30 混凝土联系梁	m^3	784	
3008	现浇 C30 混凝土护轮坎	m^3	48	
3009	制、安钢栏杆	t	17	
3010	现浇 C30 混凝土搭板	m^3	26	
3011	现浇 C30 混凝土枕梁	m^3	4	
3012	陆上抛埋块石护桩	m^3	1134	
3013	现浇构件钢筋制、安	t	933.08	
3014	制、安钢埋件	t	30	

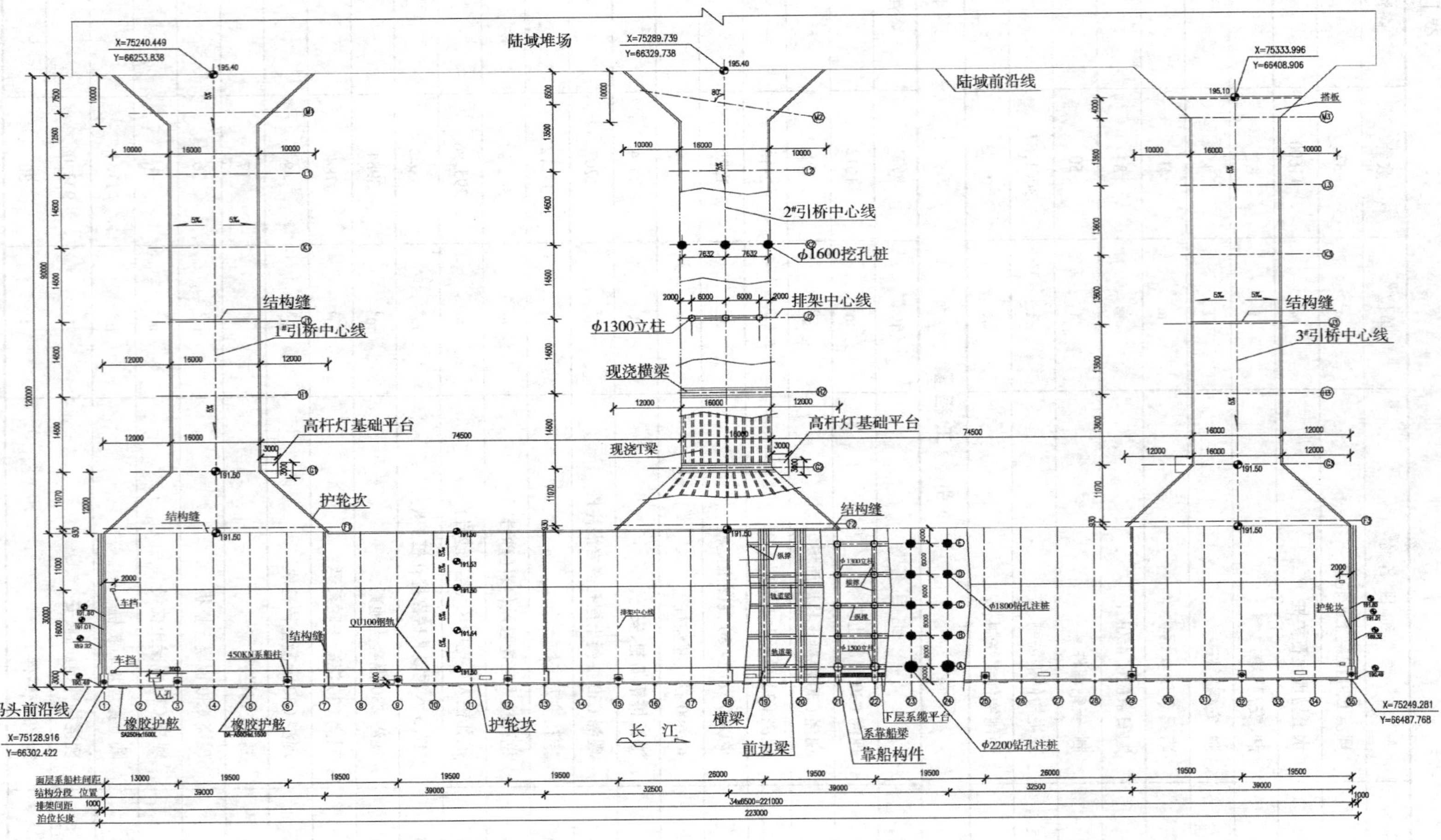

图 4-15 码头结构平面图

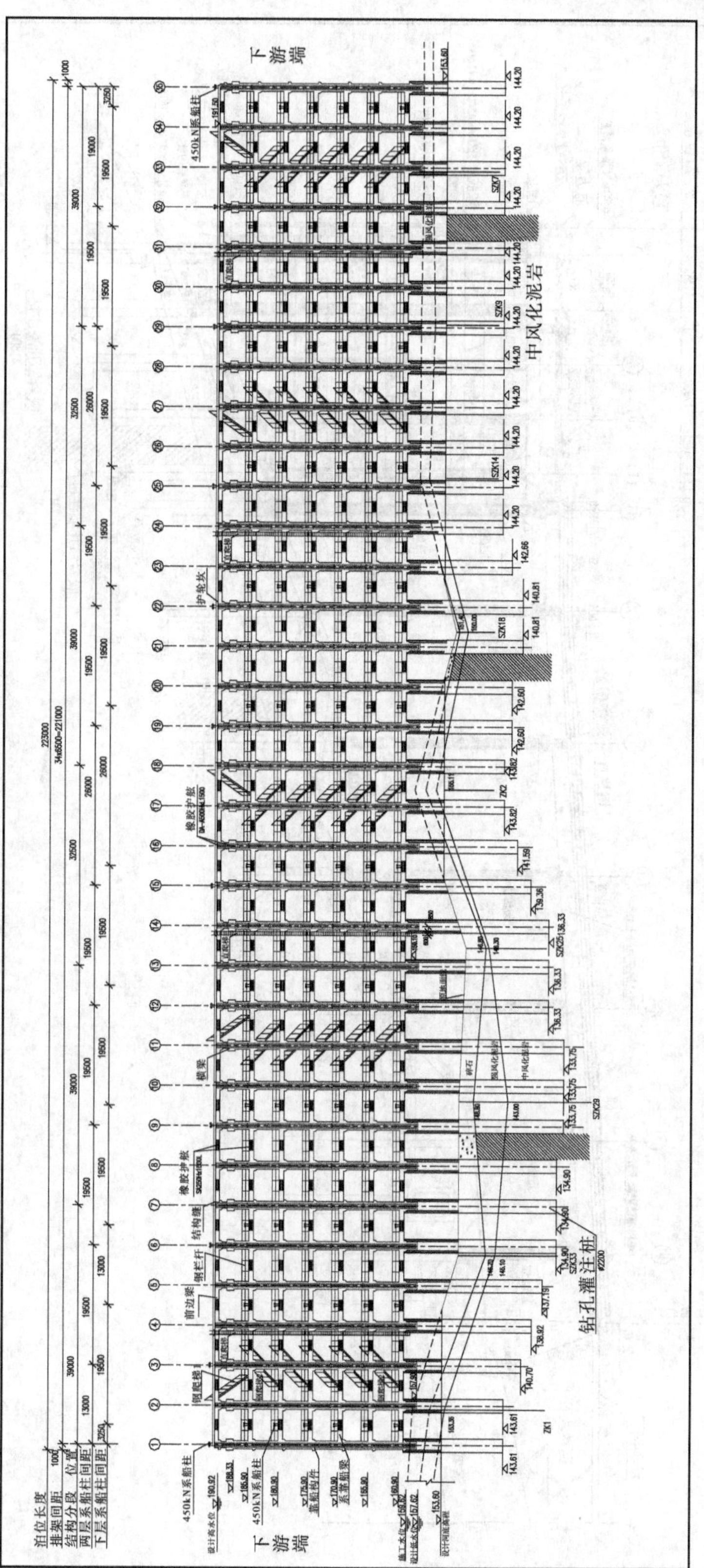

图 4-16 码头结构立面图

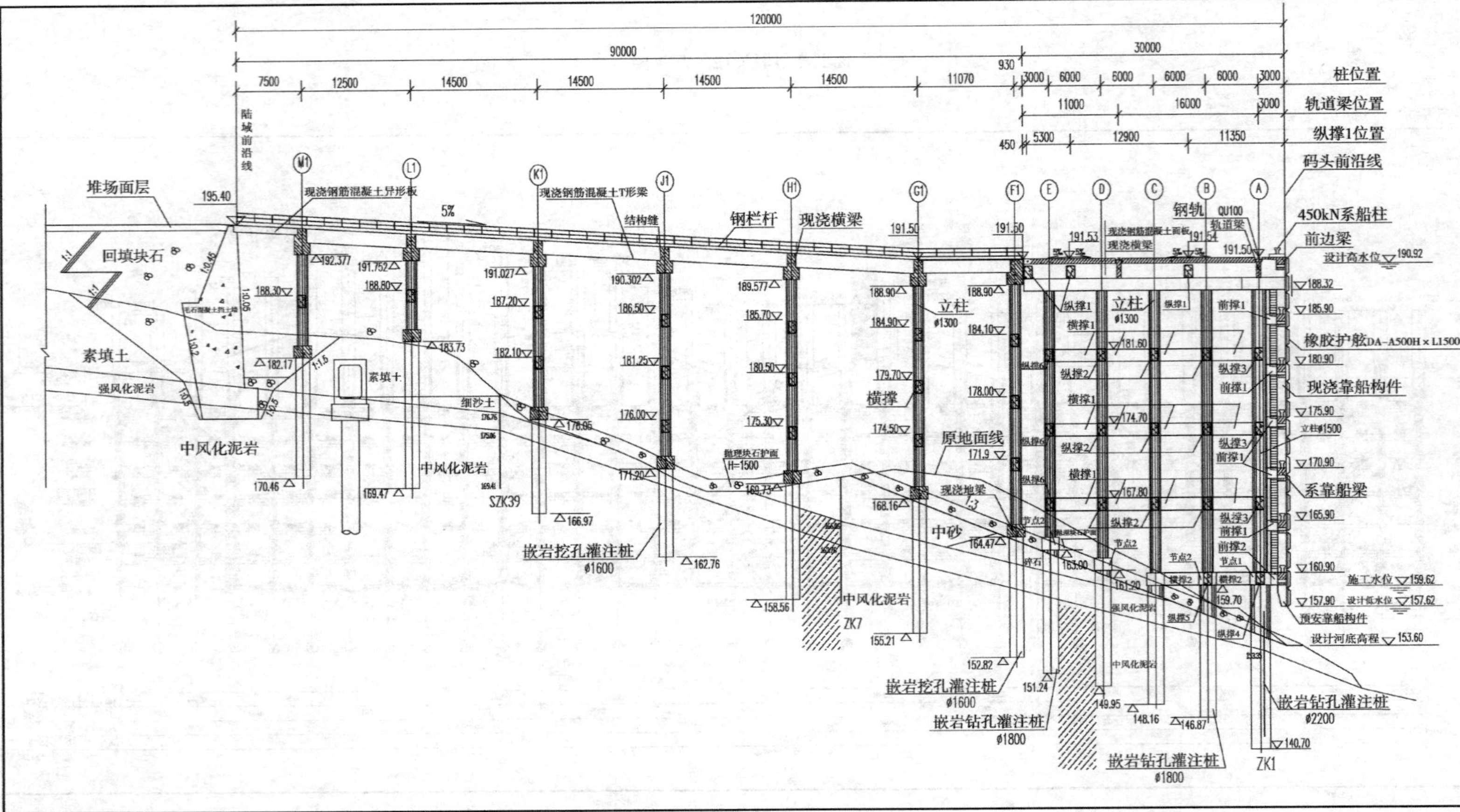

图 4-17 码头结构剖面图(1#引桥)

【分析】

一、工程分区、施工段划分、单位工程和分部分项工程划分

1. 工程分区

根据该工程的工程量较大、集中、工期较短，又受季节性水位影响，必须抢水位。按结构形式和位置将工程分为三个工区，即引桥(一工区)、架空平台(二工区)和港池开挖(三工区)，以便工程能够全面推进，加快进度。

2. 施工段划分

根据三个工区的工程量情况和结构形式，按分区管理的原则，将各工区划分施工段，进行流水施工组织。各工区及施工段划分见表4-9。

工程分区及施工段划分　表4-9

工 程 分 区		施工段划分	
一工区	引桥	Ⅰ	1#引桥
		Ⅱ	2#引桥
		Ⅲ	3#引桥
二工区	架空平台	Ⅰ	1～13 轴及上游
		Ⅱ	13～24 轴
		Ⅲ	24～35 轴及下游
三工区	港池开挖	Ⅰ	1～13 轴及上游
		Ⅱ	13～24 轴
		Ⅲ	24～35 轴及下游

3. 单位工程和分部分项工程划分

根据《水运工程质量检验标准》(JTS 257—2008)的规定，该工程单位工程和分部分项工程划分为：

(1)单位工程(合计五个)。本工程分为五个独立的单位工程。其中，三座引桥分别为一个单位工程；集装箱泊位架空平台为一个单位工程；港池开挖为一个单位工程。

(2)分部分项工程。各单位工程对应的分部分项工程划分见表4-10、表4-11及表4-12。

引桥分部分项工程划分　表4-10

序号	分部工程名称	分项工程名称
1	基槽及岸坡开挖	基槽及岸坡开挖
2	桩基和地梁	灌注桩、现浇地梁、枕梁、钢筋、混凝土
3	上部结构	现浇立柱、现浇联系梁、横梁、现浇异形面板、现浇T形梁、现浇搭板、钢筋、模板、混凝土
4	回填	陆上抛埋块石护桩
5	引桥附属设施	制安钢埋件、制安钢栏杆、护轮坎

集装箱泊位架空平台分部分项工程划分　　表4-11

序号	分部工程名称	分项工程名称
1	岸坡开挖	岸坡开挖
2	桩基	灌注桩、桩帽、钢筋、混凝土
3	上部结构	现浇立柱、现浇联系梁、横梁、现浇轨道梁、前边梁、制安靠船构件、面板、现浇系靠船梁及靠船构件、钢筋、模板、混凝土
4	回填	水上抛埋块石护桩
5	码头设施	轨道安装、船护舷安装、钢爬梯、钢栏杆、护轮坎、钢埋件、系船柱、钢筋、模板、混凝土

港池开挖分部分项工程划分　　表4-12

序号	分部工程名称	分项工程名称
1	港池钻爆	钻孔爆破
2	港池开挖	港池开挖

二、施工方法及总体施工工艺流程

1. 施工方法

(1)港池开挖。覆盖层采用4m^3 抓斗式挖泥船配卸碴石驳进行施工。水下爆破采用钻孔船断面法定位钻孔，电爆网络起爆。爆破完成后，由挖泥船进行清碴，最后扫床、测绘港池河床地形图。

(2)集装箱泊位架空平台。架空平台桩基采用钻孔灌注桩施工(▽160以下采用筑岛法，变水上施工为陆上施工)；桩帽，纵、横撑(梁)，立柱，轨道梁，面板及系靠船梁等钢筋混凝土结构均采用现浇法施工(靠船构件为预制安装)。

(3)引桥。引桥桩基采用人工挖孔桩；地梁，排架，横梁，T形梁，异形面板，枕梁，搭板等钢筋混凝土结构采用现浇法施工。

2. 总体工艺流程

结合工程现场条件和施工方法，工程总体施工工艺流程安排见图4-18。

三、工作划分及持续时间

根据工程分区及施工段划分，结合施工方法及工艺流程，并考虑现场条件，划分工作并确定工作持续时间，见表4-13。

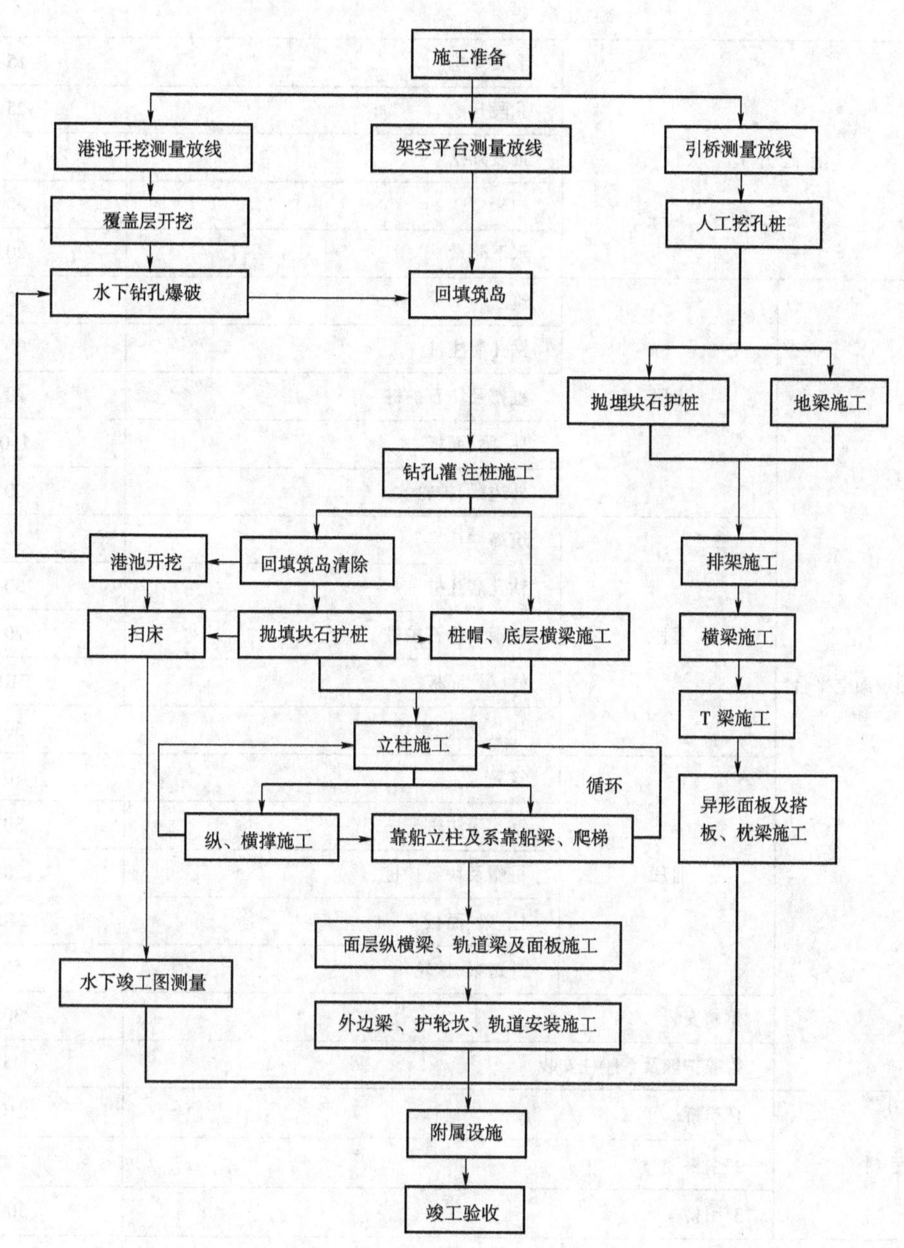

图4-18 总体施工工艺流程

工作划分及工作持续时间 表4-13

工程项目			持续时间(d)
施工准备			5
港池开挖		Ⅰ段开挖	15
		Ⅱ段开挖	25
		Ⅲ段开挖	30
		扫床	30
		水下测量	20
集装箱泊位架空平台	Ⅰ段	筑岛	10
		钻孔灌注桩	30
		桩帽及块石护桩	20
		柱、梁、面板	190
		外边梁、护轮坎	50
	Ⅱ段	筑岛	10
		钻孔灌注桩	30
		桩帽及块石护桩	20
		柱、梁、面板	210
		外边梁、护轮坎	50
	Ⅲ段	筑岛	10
		钻孔灌注桩	30
		桩帽及块石护桩	20
		柱、梁、面板	240
		外边梁、护轮坎	50
	钢轨安装		30
	橡胶护舷及系船柱安装		45
引桥	1#引桥		210
	2#引桥		240
	3#引桥		300
附属工程			60
竣工验收			30

四、施工进度横道计划

按照图4-18所示总体施工工艺流程,安排总体施工进度横道计划,见图4-19。

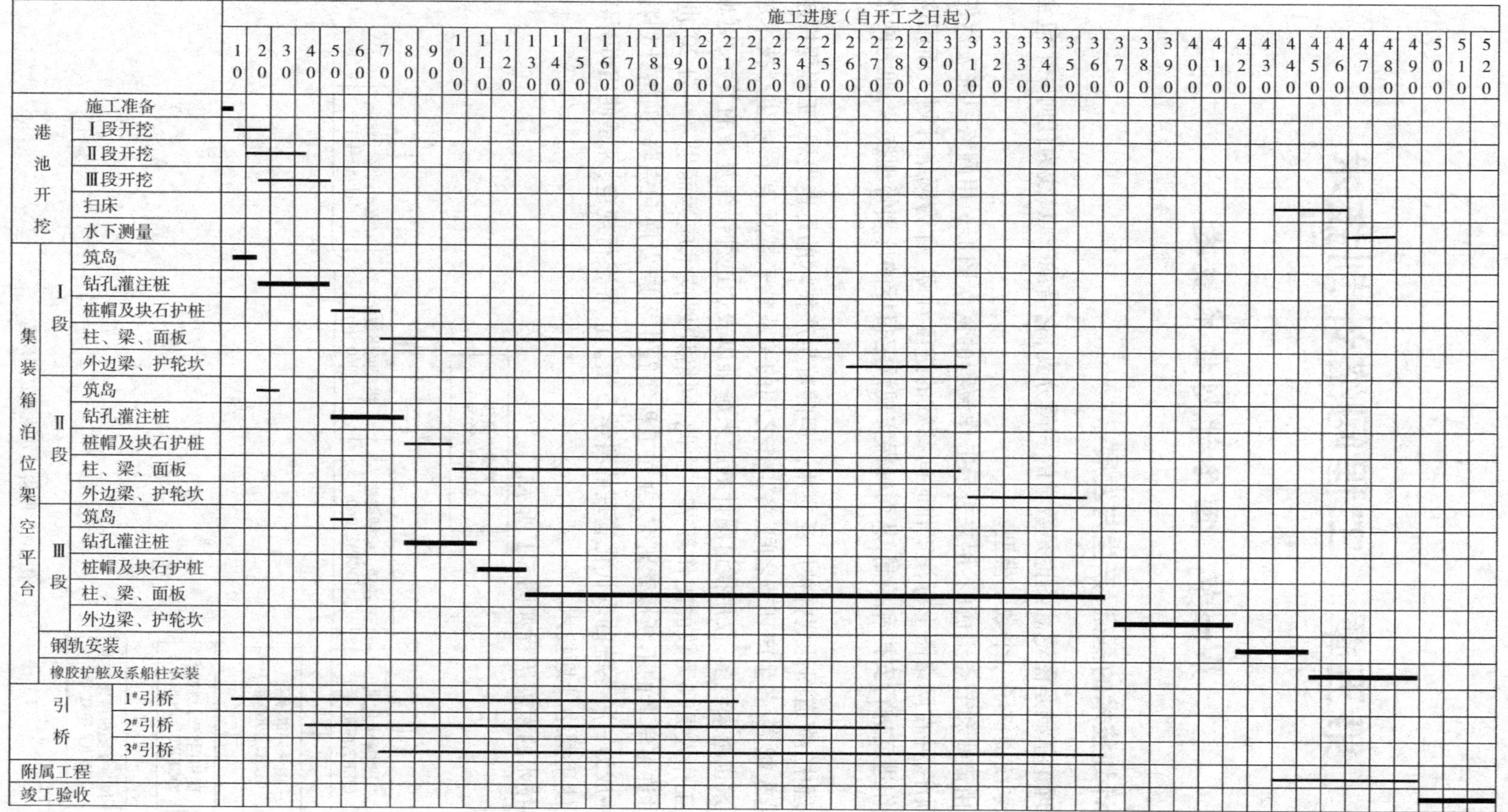

图 4-19　×××港区一期工程第一标段施工进度计划横道图

第五章　工程网络计划技术

第一节　网络计划技术概述

一、网络计划技术的基础、产生与发展

网络图的理论基础是图论。图论是数学的一门分支，它借助于点、线为任何一个包含了一种二元关系的系统提供了一个数学模型。

网络图是由箭线和节点组成的，用来表示工作流程的网状图形。用网络图来表达任务的构成、工作间顺序，并在网络图上标注工作时间参数的进度计划，称为网络计划。而用网络计划对任务的工作进度进行安排和控制，从而确保实现预定目标的计划管理技术，即为网络计划技术。

在计划管理中，横道图计划曾被广泛应用。但随着生产技术的迅速发展，工程规模越来越大，生产环节越来越多，各生产环节之间、各工作之间的关系越来越复杂，影响生产技术过程和各项工作的因素也越来越多，仅用横道图计划越来越难以表达这种错综复杂的关系，更难以统筹安排众多的工作人员和无数的工作环节。由此，网络计划技术应运而生——自 20 世纪 50 年代以来，通过许多学者的不断探索研究，并在工程实践中不断发展和完善，网络计划技术已经渐趋成熟，并成为一种系统的现代化管理的科学方法。世界银行规定，凡是使用世界银行贷款的工程均需使用网络计划技术。

网络计划技术的发展历程如图 5-1 所示。

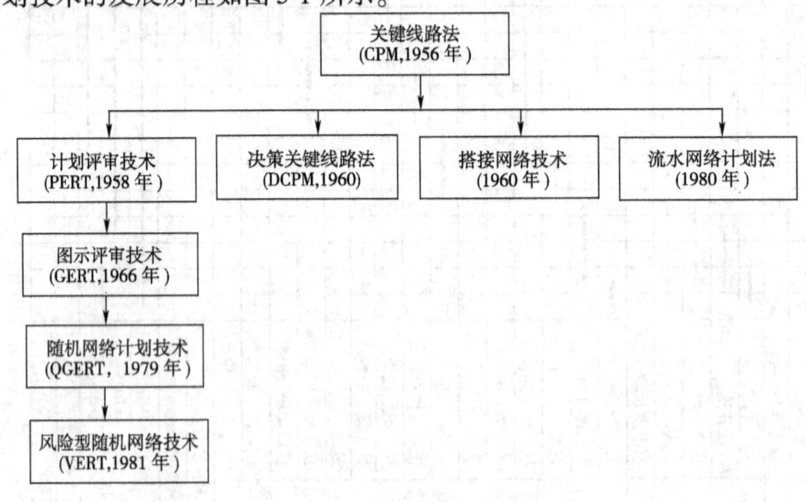

图 5-1　网络计划技术发展历程

我国现行的网络计划技术标准有：

行业标准：《工程网络计划技术规程》（JGJ/T 121—99）。

国家标准：

（1）《网络计划技术：常用术语》（GB/T 13400.1—92）。

（2）《网络计划技术：网络图画法的一般规定》（GB/T 13400.2—92）。

（3）《网络计划技术：在项目计划管理中应用的一般程序》（GB/T 13400.3—92）。

以上两类共四个文件的实施，使我国网络计划技术的应用有了一个可遵循的、统一的标准，对规范和提高工程项目管理水平亦发挥了重大作用，将网络计划技术的应用推上了新台阶，进入了该领域的世界先进行列。

二、网络计划技术的特点

工程技术界，在生产的组织和管理上，特别是在施工的进度安排方面，长期以来，技术人员习惯使用“横道图”的计划方法。但通过第四章有关内容的学习，我们已经了解了利用横道图表达工程进度计划的不足之处，即横道图不能完整反映施工活动中各工作之间的相互关系，更不能明确反映施工过程中的关键工作及可以灵活使用的机动时间之所在。横道图的不足之处，正好可以由网络图来弥补。

网络计划技术的主要优、缺点如下：

1. 优点

（1）逻辑关系清晰。在施工过程中的各有关工作组成了一个有机整体，能全面而明确地反映出各项工作之间的相互依赖、相互制约关系。

（2）重点突出。网络图通过时间参数的计算，可以反映出整个工程的全貌，指出对全局性有影响的关键工作和关键线路，便于我们在施工中集中力量抓住主要矛盾，确保竣工工期，避免盲目施工。

（3）机动时间明确。显示了机动时间，让我们知道从哪里下手去缩短工期，怎样更好地使用人力和设备。正如华罗庚教授所说，“向关键线路要时间，向非关键线路挖潜力”。

（4）适合动态管理。能够利用计算机绘图、计算和跟踪管理。施工现场情况是多变的，只有使用计算机才能适应不断变化的局面。

（5）便于优化和调整。加强管理，取得好、快、省的全面效果。应用网络计划绝不是单纯地追求进度，而是要与经济效益结合起来。

2. 缺点

网络计划技术相对于横道图，在理论上要复杂，在应用上亦不如横道图直观。另外，流水施工的情况很难在网络计划上全面反映出来，不如横道图那么直观明了。但随着工程技术人员对网络计划技术的不断熟悉和掌握，同时网络计划技术也在不断发展和完善，这些不足之处是可以得到弥补的。比如采用带时间坐标的网络计划便可借助横道图的直观性来弥补这些不足。

网络计划技术优点突出，实用性极强，最适用于项目管理，特别适用于对协作广泛的、复杂的、大型的项目进行进度控制。就工程项目来说，它既适用于单体工程，又适用于群体工程；既适用于土建工程，又适用于安装工程；既适用于部门管理，又适用于企业的年、季、月度计划；既

适用于肯定型的计划,又适用于非肯定型的计划,还适用于有时限的计划;既可以进行常规时间参数的计算,又可以进行计划优化和调整。

三、网络计划的分类

网络计划技术可按以下标准进行分类。

1. 按工作间逻辑及工作持续时间的肯定与否分类

根据工作间逻辑关系及工作持续时间,网络计划技术可分为四种类型,见表5-1。

网络计划技术类型划分——按逻辑关系及持续时间　　表5-1

类　型		持续时间	
		肯　定	非　肯　定
逻辑关系	肯定型	关键线路法(CPM) 搭接网络、流水网络	计划评审技术(PERT)
	非肯定型	决策关键线路法(DCPM)	图示评审技术(GERT) 随机网络计划技术(QGERT) 风险型随机网络(VERT)

(1)工作之间的逻辑关系和工作持续时间都是肯定的网络计划。在这种网络计划中,工作开展顺序唯一确定,整个网络计划具有明确的工期。最常见的"关键线路法(CPM)"即属于这种网络类型。

(2)工作之间的逻辑关系是肯定的,但工作持续时间并非唯一确定的网络计划。在这种网络计划中,工作开展顺序唯一确定,但工作持续时间只能估计(如:通过"三时估计",按概率方法确定持续时间)。"计划评审技术(PERT)"即属于这种类型。

(3)工作之间的逻辑关系是非肯定的,而工作持续时间是唯一确定的网络计划。在这种网络计划中,工作间开展的顺序有时进行选择和决策,如工作C(基础施工)的紧前工作为土方开挖,而土方开挖又有方案A(挖掘机+自卸汽车)和方案B(铲运机),这就出现一个方案选择的问题,需要结合工期、费用、资源等多种因素进行决策。"决策网络技术"即属于这种类型。

(4)工作之间的逻辑关系和工作持续时间都是非肯定的网络计划。"图示评审技术(GERT)"即属于这种网络计划。

2. 按箭线和节点所代表的含义分类

箭线和节点是网络图形表达的基本元素。按箭线和节点所表示的不同含义,可将网络图分为双代号网络图和单代号网络图,见表5-2。

网络计划技术类型划分——按箭线和节点代表的含义　　表5-2

类　型	箭　线	节　点
双代号网络图	工作	逻辑
单代号网络图	逻辑	工作

(1)双代号网络图,以箭线代表工作,或者说以箭线首尾的一双节点代号代表一项工作,而箭线之间的节点,则表示工作之间的紧前紧后逻辑关系。

(2)单代号网络图,以节点代表工作,而节点间的箭线表示工作之间的紧前紧后逻辑关系。

3. 按目标分类

按计划目标的多少,可将网络计划分为单目标网络计划和多目标网络计划。(如果不作特殊说明,均按单目标网络计划要求。)

(1)单目标网络计划,即只有一个终点节点的网络计划,亦即网络计划只有一个最终目标。

(2)多目标网络计划,即有多个终点节点的网络计划,亦即此种网络计划有多个独立的最终目标。

4. 按是否带时间坐标分类

按是否带时间坐标,可将网络计划分为时标网络计划和非时标网络计划(或称为普通的网络计划)。

(1)时标网络计划,指以时间坐标为尺度绘制的网络计划。在这种网络计划中,箭线的水平投影长度与工作持续时间成正比。

(2)非时标网络计划,指不按时间坐标绘制的网络计划。在这种网络计划中,箭线长度与工作持续时间无关。

可见,时标网络计划只针对双代号网络计划而言。

5. 按项目层次分类

按项目层次,可分为总体计划和局部网络计划。

(1)总体网络计划,指以整个计划任务为对象编制的网络计划。

(2)局部网络计划,指以计划任务的一部分为对象编制的网络计划。

针对建设项目的层次划分,根据需要,可以对应编制建设项目总体网络计划、单项工程网络计划、单位工程网络计划、分部工程网络计划、分项工程网络计划等,还可以编制技术上复杂、施工难度大的局部工程网络计划,如公路工程中的桥梁隧道、水运工程中的码头等。

6. 按工作间衔接的关系分类

按工作间衔接的关系,可将网络计划划分为普通网络计划、搭接网络计划和流水网络计划三种。

(1)普通网络计划,指工作间按首尾衔接关系绘制的网络计划。

(2)搭接网络计划,指按不同时距关系绘制的网络计划,通常用单代号网络图绘制。

(3)流水网络计划,指在普通双代号网络图中引入流水步距,以充分反映流水施工特点的网络计划。

四、网络计划技术在项目计划管理中的应用程序

根据《网络计划技术在项目管理中应用的一般程序》(GB/T 13400.3—92)的规定,网络计划的该项程序共有7个阶段,含17个步骤,见表5-3。其中,前5个阶段共13个步骤是编制阶段;第6个阶段是运用阶段;第7个阶段是总结阶段。可见,编制阶段是关键。大致的编制过程是,在做好准备以后,先按任务的分解项目绘制网络图,再编制可行网络计划,经优化后编制正式的网络计划。将网络计划的应用程序标准化,有利于网络计划的编制最佳化和应用有效

化,克服应用网络计划的盲目和低效状态。

网络计划技术在项目计划管理中应用的一般程序 表 5-3

阶 段	步 骤	阶 段	步 骤
一、准备	1. 确定网络计划目标 2. 调查研究 3. 施工方案设计	五、优化并确定正式网络计划	12. 优化 13. 编制正式网络计划
二、绘图	4. 目标分解 5. 逻辑关系分析 6. 绘制网络图	六、实施、调整与控制	14. 网络计划的贯彻 15. 检查和数据采集 16. 调整、控制
三、计算时间参数并确定关键线路	7. 计算工作持续时间 8. 计算其他时间参数 9. 确定关键线路	七、结束	17. 总结分析
四、编制可行网络计划	10. 检查与调整 11. 编制可行网络计划		

第二节　双代号网络计划

网络计划,是用网络图表达任务结构、工作顺序,并加注时间参数的进度计划。网络图是用箭线和节点组成的,用来表示工作流程的有向、有序的网状图形。网络图是网络计划技术的基本模型。

一、双代号网络图的构成

双代号网络图是以箭线及其两端节点的编号表示工作的网络图,见图 5-2。

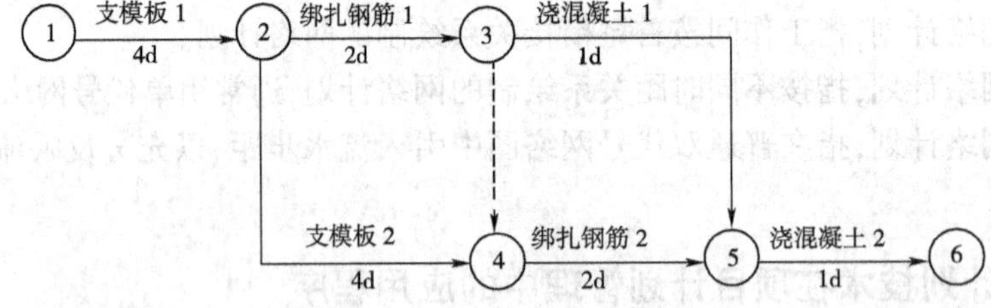

图 5-2 双代号网络图

以图 5-2 为例,介绍双代号网络图图形表达的有关内容如下。

1. 网络三要素

双代号网络图由箭线、节点和线路三个基本要素构成。

1)箭线(工作)

(1)在双代号网络图中,每一条箭线代表一项工作。箭线的箭尾节点表示该工作的开始,箭头节点表示该工作的结束。工作的名称标注在箭线的上方,完成该项工作所需要的持续时间标注在箭线的下方,见图 5-2。由于一项工作需用一条箭线及其箭尾和箭头处两个圆圈中的代号来表示,故称为双代号网络图。

(2)在双代号网络图中,任何一条实箭线都要消耗资源(此处"资源"应广义理解,它表示所有可以被利用的人力、物力、财力、时间、空间等)。在建筑工程中,一条实箭线表示项目中的一个施工过程,它可以是一道工序、一个分项工程、一个分部工程或一个单位工程,其粗细程度、大小范围的划分根据任务书的需要来确定。

(3)虚箭线。在双代号网络图中,为了正确地表达工作之间的逻辑关系,或由于双代号网络图的绘图要求,往往需要应用虚箭线。虚箭线是实际工作中并不存在的一项虚拟工作,故它不消耗资源。虚箭线的表示方法见图 5-2(3—4)。

虚箭线在双代号网络图中很常见,在"二、双代号网络图的绘制"中将对虚箭线在双代号网络图中的应用进行归纳。

(4)在无时间坐标限制的网络图中,箭线的长度原则上可以任意画,其占用的时间以下方标注的时间参数为准。箭线可以是直线、折线或斜线,但其方向均应从左向右,见图 5-2。在有时间坐标限制的网络图中,箭线的长度必须根据完成该工作所需持续时间的长短按比例绘制。

(5)在双代号网络图中,各项工作之间的关系见图 5-3。通常将被研究的对象称为本工作,用 $i—j$ 表示;紧排在本工作之前的工作称为紧前工作,用 $h—i$ 表示;紧跟在本工作之后的工作称为紧后工作,用 $j—k$ 表示,与之平行进行的工作称为平行工作。

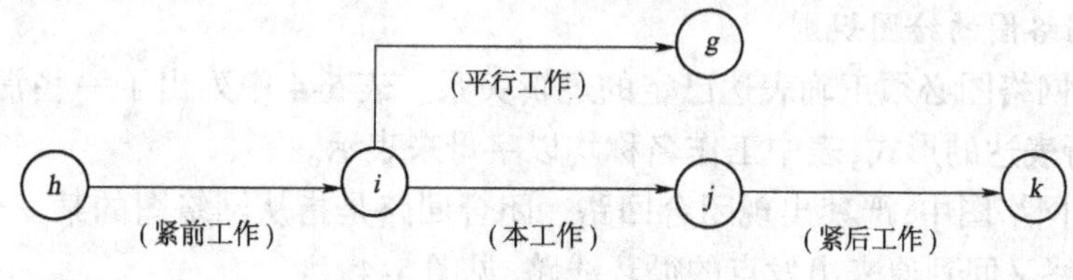

图 5-3 工作之间的关系

2)节点

节点是网络图中箭线之间的连接点,仅表示工作的开始或结束的瞬间,起着承上启下的衔接作用。网络图中有三种类型的节点:

(1)起点节点。网络图中的第一个节点叫"起点节点",它只有外向箭线,一般表示一项任务或一个项目的开始,如图 5-2 的①号节点。

(2)终点节点。网络图总的最后一个节点叫"终点节点",它只有内向箭线,一般表示一项任务或一个项目的完成,如图 5-2 的⑥号节点。

(3)中间节点。网络图中既有内向箭线,又有外向箭线的节点称为中间节点,如图 5-2 的②至⑥号节点。

(4)在双代号网络图中,节点应用圆圈表示,并在圆圈内编号。一项工作应当只有唯一的一条箭线和相应的一对节点,且要求箭尾节点的编号小于其箭头节点的编号。例如在图 5-3 中,应有:$i<j<k$。网络图节点的编号顺序应从小到大,可不连续,但严禁重复。

3)线路

网络图中从起点节点开始,沿箭头方向顺序通过一系列箭线与节点,最后到达终点节点的通道称为线路。线路上各项工作持续时间的总和称为该线路的计算工期。一般网络图有多条线路,可依次用该线路上的节点代号来记述,例如网络图5-2中的线路有:①—②—③—⑤—⑥、①—②—③—④—⑤—⑥、①—②—④—⑤—⑥三条,其中最长的线路称为关键线路(线路①—②—④—⑤—⑥,线路长度为11d),其他线路(不是最长的线路)称为非关键线路。位于关键线路上的工作称为关键工作(即:①—②工作、②—④工作、④—⑤工作和⑤—⑥工作),不在关键线路上的工作称为非关键工作。

一个网络计划中可能有多条关键线路,但至少要有一条关键线路。

2. 逻辑关系

网络图中工作之间相互制约和相互依赖的关系称为逻辑关系,它包括工艺逻辑和组织逻辑,在网络图中均表现为工作之间的先后顺序。

(1)工艺逻辑。生产性工作之间由工艺过程决定的、非生产性工作之间由工作程序决定的先后顺序叫工艺逻辑。

(2)组织逻辑。工作之间由于组织安排需要或资源(人力、材料、机械设备和资金等)调配需要而规定的先后顺序叫组织逻辑。

二、双代号网络图的绘制

网络图的绘制应正确地表达整个工程或任务的工艺流程和各工作开展的先后顺序及它们之间相互依赖、相互制约的逻辑关系,因此,绘图时必须遵守一定的基本规则和要求。

1. 双代号网络图的绘图规则

(1)双代号网络图必须正确表达已定的逻辑关系。表5-4中列出了一些常见的逻辑关系及用双代号进行表达的形式,表中工作名称均以字母来表示。

(2)双代号网络图中,严禁出现闭合回路。闭合回路是指从网络图的某一个节点出发,顺着箭线方向,最终又回到原来出发点的循环线路,见图5-4。

(3)双代号网络图中,在节点之间严禁出现带双向箭头或无箭头的连线,也不得出现没有箭头节点或没有箭尾节点的箭线。

(4)当双代号网络图的某些节点有多条外向箭线或多条内向箭线时,为使图形简洁,可使用母线法绘制(但一项工作应用一条箭线和相应的一对节点表示),见图5-5。

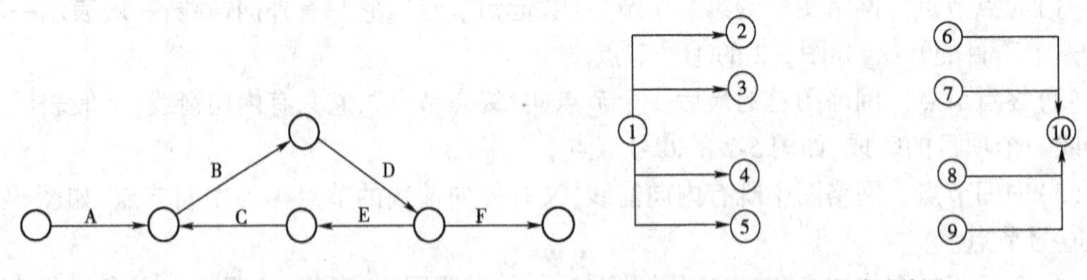

图5-4 闭合回路

图5-5 母线法绘图

(5)绘制网络图时,箭线应尽量避免箭线交叉;当交叉不可避免时,可采用过桥法或指向法。见图5-6。

常见逻辑关系的双代号表示方法 表5-4

序号	工作之间的逻辑关系	双代号表示方法
1	A、B、C 依次施工	A B C
2	A、B、C 同时施工	A B C
3	A 完成后进行 B、C	A B C
4	A、B 均完成后进行 C	B C A
5	A 完成后进行 C,A、B 完成后进行 D	A C B D
6	A、B 均完成后进行 C,B、D 均完成后进行 E	A C B E D
7	A 完成后进行 C,B 完成后进行 E,A、B 均完成后进行 D	A C D B E
8	A、B 两项工作分三个施工段组织分段流水施工: A1 完成后进行 A2、B1; A2 完成后进行 A3; A2、B1 完成后进行 B2; A3、B2 完成后进行 B3	A1 A2 A3 B1 B2 B3 A1 B1 A2 B2 A3 B3

注:表中的网络图并非完整的网络图,而仅仅是与逻辑关系"一一对应"的草图。

(6)双代号网络图中应只有一个起点节点和一个终点节点(多目标网络计划除外),而其他所有节点均应是中间节点,见图5-2。

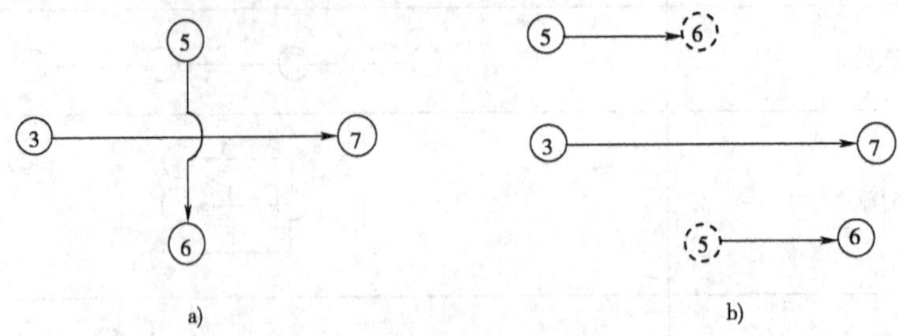

图5-6 箭线交叉的表示方法

a)暗桥法;b)指向法

2.虚箭线在双代号网络图绘制中的应用

绘制双代号网络图必须正确反映工作之间的既定关系,使有关系的工作一定把关系表达准确,且不要漏画"关系";没有关系的工作一定不要扯上"关系",以保证工作之间的逻辑关系正确。绘制网络图的关键有两条:一是严格按照绘图规则绘图;二是正确应用虚箭线。

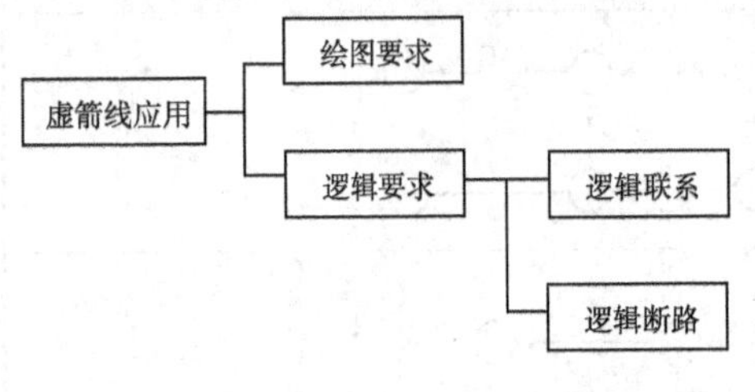

图5-7 虚箭线在双代号网络图中的应用

虚箭线在双代号网络图中的应用可以从网络逻辑关系要求及绘图关系要求两个方面进行归纳。见图5-7。

绘图要求,是指在双代号网络图的绘制过程中,必须保证一对代号最多只能代表一项工作。也就是说,在双代号网络图的绘制中,不能出现多项工作重号的现象。可以多项工作共用一个开始节点(称该节点为分支节点)或共用一个完成节点(称该节点为汇集节点),但不能多项工作共用同一对开始及完成节点。逻辑要求,是指用虚箭线来反映工作之间的逻辑关系(包括工艺逻辑和组织逻辑,反映逻辑联系或逻辑断路)。无论是绘图要求的虚箭线还是逻辑要求的虚箭线,都可以用准则进行判定(虚箭线存在与否、指向如何、数目多少)。

(1)绘图要求的虚箭线判定准则:

①存在判定:当有$n(n\geqslant 2)$项工作同时开始并且同时完成时,存在虚箭线,亦即需要引入虚箭线。

②指向判定:虚箭线与引入前的工作的方向保持一致,亦即从增加的节点指向共同的完成节点。

③数目判定:当有$n(n\geqslant 2)$项工作同时开始并且同时完成时,需引入$(n-1)$条虚箭线。

(2)逻辑要求的虚箭线判定准则:

①存在判定:当两项工作既有相同的、又有不同的紧后工作时,存在虚箭线,亦即需要引入虚箭线。

②指向判定:虚箭线应从具有不同紧后工作的工作之完成节点指向相同紧后工作的开始节点。

③数目判定:当两项工作中只有一项工作具有不同的紧后工作时,则只有一条虚箭线;当

两项工作分别具有不同的紧后工作时，则有两条虚箭线。

需要注意的是，在虚箭线数目判定时，若两项工作中只有一项工作具有不同的紧后工作时，不论不同的紧后工作有多少项，都只需引入一条虚箭线；而当两项工作分别具有不同的紧后工作时，也不论不同的紧后工作有多少项，都只需要引入两条虚箭线即可表达清楚相应的逻辑关系。

(3)虚箭线应用示例。以下以分段作业为例介绍虚箭线的应用。

分段作业是将工程对象从空间上进行施工段数 m 的划分和从工艺上进行施工过程数 n 的划分，再从时间上进行流水节拍 t_i 的确定（对分段流水作业尚需确定流水步距 K），然后按照施工段的组织顺序和施工过程的工艺顺序组织施工。按照专业队的施工是否连续，分段作业可分为普通分段作业（不要求各专业队在各施工段上连续施工）和分段流水作业（要求各专业队在各施工段上连续施工）。

典型分段作业的施工组织见表5-5。

分段施工组织（“$m \times n$”施工组织）　　表5-5

施工段 m / 施工过程 n	1	2	3	4
A	A1	A2	A3	A4
B	B1	B2	B3	B4
C	C1	C2	C3	C4
D	D1	D2	D3	D4

表5-5所示施工组织表示整个工程分为四个施工段（$m=4$），每一施工段都有A、B、C、D四个施工过程（$n=4$）。

在绘制普通分段作业双代号网络图前，可先进行虚箭线判定。

根据逻辑要求的虚箭线判定准则，对表5-5所示的“$m \times n$”的施工组织用双代号网络图表示时的虚箭线判定见表5-6。

根据表5-6的虚箭线判定结果，可快捷而准确地绘制出普通分段作业的双代号网络图，见图5-8。

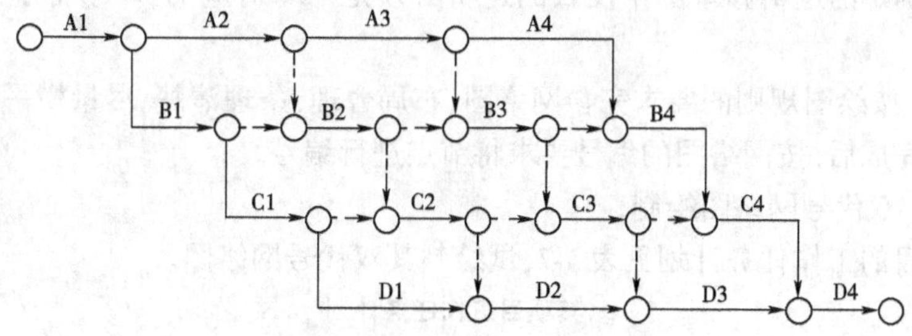

图5-8　普通分段作业双代号网络图

3. 双代号网络图的绘制步骤

(1)工作划分。对施工项目而言，通常是在施工方案已经确定了的基础上进行。

(2)工作间逻辑关系分析。可列出逻辑关系表，通常用“紧前”或“紧后”进行逻辑描述。

(3)根据逻辑关系画草图。严格按照绘图规则的要求进行图形绘制，可根据情况采用从头至尾、从尾向头、从中间向两侧等绘图顺序。

虚箭线判定　　表5-6

工　作	紧后工作	虚箭线判定
A1	A2、B1	
A2	A3、B2	A2 ---→ B2
A3	A4、B3	A3 ---→ B3
A4	B4	
B1	B2、C1	B1 ---→ B2
B2	B3、C2	B2 ---→ B3　B2 ---→ C2
B3	B4、C3	B3 ---→ B4　B3 ---→ C3
B4	C4	
C1	C2、D1	C1 ---→ C2
C2	C3、D2	C2 ---→ C3　C2 ---→ D2
C3	C4、D3	C3 ---→ C4　C3 ---→ D3
C4	D4	
D1	D2	
D2	D3	
D3	D4	
D4	无	
合计		共12条虚箭线

(4)检查。检查的主要目的是为了保证网络图形绘制的正确。如果在图形绘制这一阶段就埋下了错误,那么,接下来的计算、优化、控制等阶段都是在错误的基础上进行,影响严重。如何通过检查来保证网络图形绘制的正确呢?这就要在检查中做到"一一对应",也就是说,逻辑关系表中确定的逻辑和草图中反映的逻辑必须是一一对应的,一个都不能多,一个也不能少。

(5)整理。按绘图规则的要求完善网络图,布局合理,条理清楚,尽量横平竖直,避免歪斜凌乱。在整理完成后,按网络图的编号要求将节点进行编号。

【例5-1】　双代号网络图绘制。

已知某项目的工作任务计划见表5-7,试绘制其双代号网络图。

某项目工作任务计划　　表5-7

工作名称	A	B	C	D	E	F	G	H
紧后工作	F	D、F	D、E、F	G、H	H	—	—	—
持续时间	3	4	5	6	5	7	3	6

【解】　根据网络图的绘图规则和绘图步骤,首先绘出图5-9a)所示草图;再对草图进行整

理，最终得到完整的双代号网络图 5-9b)。

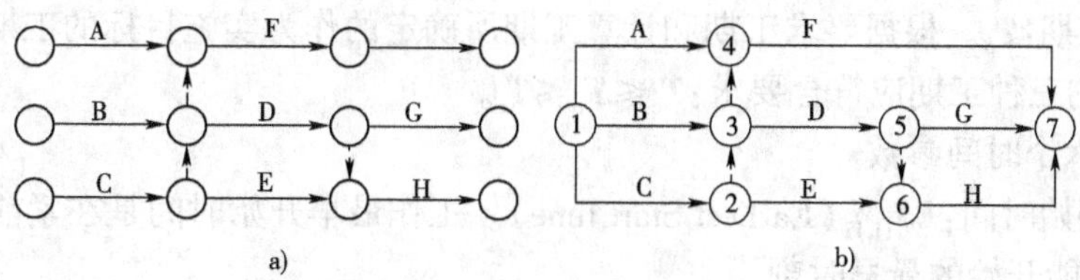

图 5-9　某项目计划的双代号网络图

a)草图；b)完整图

三、双代号网络计划时间参数的计算

对双代号网络计划进行时间参数的计算，是为了通过计算各项工作的时间参数，确定网络计划的关键工作、关键线路和计算工期，为网络计划的优化、调整和执行提供明确的时间参数和依据。

双代号网络计划的时间参数指标有多个，计算方法也很多——有图上（分析）计算法、公式计算法、表上计算法、矩阵计算法和电算法等，其基本原理都是一致的。本节结合公式用图上（分析）计算法进行工作时间和节点时间的计算。

1. 时间参数指标

常用的时间参数指标及表达符号见表 5-8。

常用参数指标及表示符号　　表 5-8

参数指标	表示符号	参数指标	表示符号
工作(i,j)的持续时间	$t_{(i,j)}$ 或 t_{i-j}/$D_{(i,j)}$ 或 D_{i-j}	工作(i,j)的最早开始时间	$ES_{(i,j)}$ 或 ES_{i-j}
网络计划的计算工期	T_c	工作(i,j)的最早完成时间	$EF_{(i,j)}$ 或 EF_{i-j}
网络计划的要求工期	T_r	工作(i,j)的最迟开始时间	$LS_{(i,j)}$ 或 LS_{i-j}
网络计划的计划工期	T_p	工作(i,j)的最迟完成时间	$LF_{(i,j)}$ 或 LF_{i-j}
节点 i 的最早实现时间	$ET_{(i)}$ 或 ET_i	工作(i,j)的总时差	$TF_{(i,j)}$ 或 TF_{i-j}
节点 i 的最迟实现时间	$LT_{(i)}$ 或 LT_i	工作(i,j)的自由时差	$FF_{(i,j)}$ 或 FF_{i-j}

采用图上（分析）计算法标注方式见图 5-10。

$ET_{(i)}$　$LT_{(i)}$　$ES_{(i,j)}$　$LS_{(i,j)}$　$TF_{(i,j)}$　$FF_{(i,j)}$　$t_{(i,j)}$　$EF_{(i,j)}$　$LF_{(i,j)}$　$LT_{(j)}$　$LT_{(j)}$　i　j

图 5-10　图上计算法图例

1）工作持续时间：$t_{(i,j)}$

工作持续时间是对一项工作规定的从开始到完成的时间。在双代号网络计划中，工作(i,j)的持续时间用 $t_{(i,j)}$ 表示。

2）工期：T

工期泛指完成任务所需要的时间，一般有以下三种：

(1)计算工期：T_c。根据网络计划时间参数计算所得到的工期。

(2)要求工期:T_r。任务委托人所提出的指令性工期。

(3)计划工期:T_p。根据要求工期和计算工期所确定的作为实施目标的工期。

网络计划的三种工期应符合要求:$T_c \leqslant T_p \leqslant T_r$。

3)工作的六个时间参数

(1)最早开始时间:$ES_{(i,j)}$(Earliest Start time)。工作最早开始时间是在紧前工作全部完成后,本工作有可能开始的最早时刻。

(2)最早完成时间:$EF_{(i,j)}$(Earliest Finish time)。工作最早完成时间是在紧前工作全部完成后,本工作有可能完成的最早时刻。

(3)最迟开始时间:$LS_{(i,j)}$(Latest Start time)。工作最迟开始时间是在不影响整个任务按期完成的前提下,工作必须开始的最迟时刻。

(4)最迟完成时间:$LF_{(i,j)}$(Latest Finish time)。工作最迟完成时间是在不影响整个任务按期完成的前提下,工作必须完成的最迟时刻。

(5)总时差:$TF_{(i,j)}$(Total Float)。总时差是在不影响其紧后工作最迟开始的前提下,本工作可以利用的机动时间。

(6)自由时差:$FF_{(i,j)}$(Free Float)。自由时差是在不影响其紧后工作最早开始的前提下,本工作可以利用的机动时间。

4)节点的两个时间参数

(1)最早实现:$ET_{(i)}$(Earliest event Time)。节点最早实现时间是以该节点为开始节点的各项工作的最早开始时间。

(2)最迟实现:$LT_{(i)}$(Latest event Time)。节点最迟实现时间是以该节点为完成节点的工作的最迟完成时间。

2.按工作时间参数计算法计算

双代号网络图工作时间参数的六个参数中,开始时间和完成时间的计算示意见图5-11。

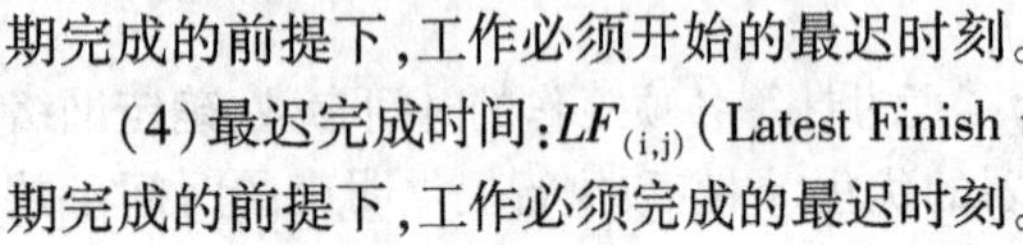

(顺箭线方向:从网络的起点至终点)

网络起点 ① ——→ ⓝ 网络终点

(逆箭线方向:从网络的终点至起点)

图5-11 工作时间参数计算要点

计算早时间:顺箭线方向,加法取大值

计算迟时间:逆箭线方向,减法取小值

1)工作最早开始时间和最早完成时间的计算

(1)以网络计划的起点节点($i=1$)为箭尾节点的工作(i,j),无特殊规定时,其最早开始时间取零,即:

$$ES_{(i,j)} = 0 \quad (i=1) \tag{5-1}$$

(2)顺着箭线方向依次计算各个工作的最早完成时间和最早开始时间。

①最早完成时间等于最早开始时间加上其持续时间:

$$EF_{(i,j)} = ES_{(i,j)} + t_{(i,j)} \tag{5-2}$$

②最早开始时间等于各紧前工作 $h-i$ 的最早完成时间 $EF_{(h,i)}$ 的最大值:

$$ES_{(i,j)} = \max\{EF_{(h,i)}\} \tag{5-3}$$

或

$$ES_{(i,j)} = \max\{ES_{(h,i)} + t_{(i,j)}\} \tag{5-4}$$

2)确定计算工期

计算工期等于以网络计划的终点节点为箭头节点的各个工作的最早完成时间的最大值。当网络计划终点节点的编号为 n 时,计算工期为:

$$T_c = \max\{EF_{(i,j)}\} \quad (j=n) \tag{5-5}$$

当无要求工期的限制时，取计划工期等于计算工期，即取：$T_p = T_c$。

3)工作最迟开始时间和最迟完成时间的计算

(1)以网络计划的终点节点($j=n$)为箭头节点的工作(i,j)的最迟完成时间等于计划工期T_p，即：

$$LF_{(i,j)} = T_p \quad (j=n) \tag{5-6}$$

(2)逆着箭线方向依次计算各个工作的最迟开始时间和最迟完成时间。

①最迟开始时间等于最迟完成时间减去其持续时间：

$$LS_{(i,j)} = LF_{(i,j)} - t_{(i,j)} \tag{5-7}$$

②最迟完成时间等于其紧后工作的最迟开始时间$LS_{(j,k)}$的最小值，即：

$$LF_{(i,j)} = \min\{LS_{(j,k)}\} \tag{5-8}$$

或

$$LF_{(i,j)} = \min\{LF_{(j,k)} - t_{(i,j)}\} \tag{5-9}$$

4)计算工作总时差

总时差是在不影响其紧后工作最迟开始的前提下，本工作可以利用的(最大)机动时间。见图5-12。

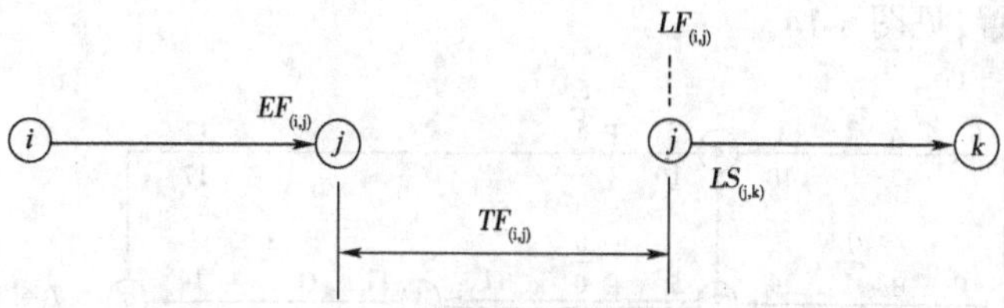

图5-12　总时差示意

由图5-12所示，考虑本工作(i,j)完成时间推迟的限度：按最早时间完成，不会影响紧后工作的最迟开始时间；在不影响紧后工作最迟开始时间条件下，本工作完成时间最大限度可以推迟到与紧后工作最迟开始同一时刻。

总时差等于其最迟完成时间减去最早完成时间，也等于其最迟开始时间减去最早开始时间：

$$TF_{i-j} = LF_{i-j} - EF_{i-j} \tag{5-10}$$

$$TF_{i-j} = LS_{i-j} - ES_{i-j} \tag{5-11}$$

5)计算工作自由时差

自由时差是在不影响其紧后工作最早开始的前提下，本工作可以利用的机动时间。见图5-13。

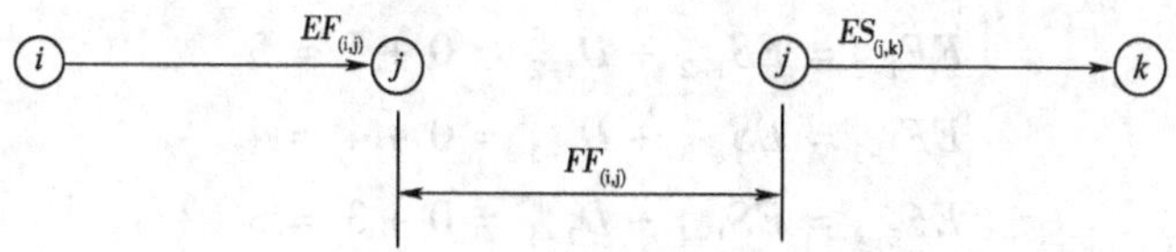

图5-13　自由时差示意

由图5-13所示，当本工作(i,j)有一项紧后工作时，其自由时差为紧后工作最早开始时间与本工作最早完成时间之差；而当本工作有多项紧后工作时，其自由时差应为各紧后工作最早

开始时间与本工作最早完成时间之差的最小值(虚工作的时间参数不用计算),即:

$$FF_{i-j} = \min\{ES_{j-k} - EF_{i-j}\} \tag{5-12}$$

或

$$FF_{i-j} = \min\{ES_{j-k}\} - EF_{i-j} \tag{5-13}$$

以网络计划的终点节点($j = n$)为箭头节点的工作,其自由时差 FF_{i-n} 应按网络计划的计划工期 T_p 确定,即:

$$FF_{i-n} = T_p - EF_{i-n} \tag{5-14}$$

自由时差小于等于总时差。

3. 关键工作和关键线路的确定

(1)关键工作:总时差最小的工作是关键工作。

(2)关键线路:自始至终全部由关键工作组成的线路为关键线路,或线路上总的工作持续时间最长的线路为关键线路。网络图上的关键线路可用双线或粗线标注。

【例 5-2】 根据【例 5-1】提供的某项目的工作任务计划表 5-7,试按计划工期等于计算工期,计算各工作的六个时间参数并确定关键线路,标注在网络图上。

【解】 (1)通过【例 5-1】已经得到如图 5-9b)所示双代号网络计划图。

(2)用图上(分析)计算法可直接计算出各项工作的时间参数,并将结果按图例所示标注在网络图上相应位置,见图 5-14。

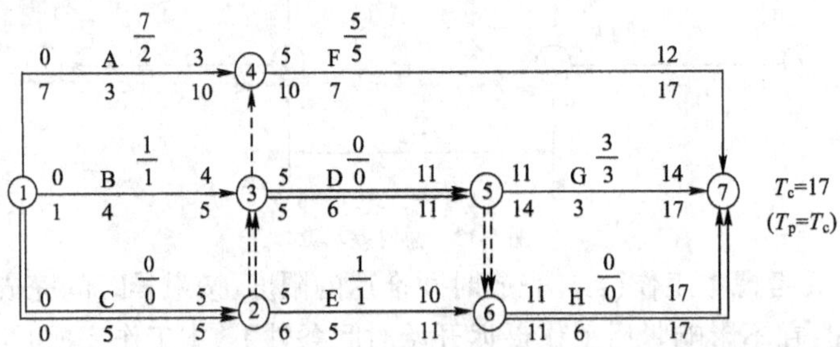

图 5-14 工作时间参数计算与标注

(3)作为对比,列出公式计算过程。

①计算各项工作的最早开始时间和最早完成时间。

计算顺序:从网络起点顺着箭线方向,依次计算至网络终点。

$$ES_{1-2} = ES_{1-3} = ES_{1-4} = 0$$

$$EF_{1-2} = ES_{1-2} + D_{1-2} = 0 + 5 = 5$$

$$EF_{1-3} = ES_{1-3} + D_{1-3} = 0 + 4 = 4$$

$$EF_{1-4} = ES_{1-4} + D_{1-4} = 0 + 3 = 3$$

$$ES_{2-6} = EF_{1-2} = 5$$

$$EF_{2-6} = ES_{2-6} + D_{2-6} = 5 + 5 = 10$$

$$ES_{3-5}=\max\{EF_{1-2},EF_{1-3}\}=\max\{5,4\}=5$$
$$EF_{3-5}=ES_{3-5}+D_{3-5}=5+6=11$$
$$ES_{4-7}=\max\{EF_{1-2},EF_{1-3},EF_{1-4}\}=\max\{5,4,3\}=5$$
$$EF_{4-7}=ES_{4-7}+D_{4-7}=5+7=12$$
$$ES_{5-7}=EF_{3-5}=11$$
$$EF_{5-7}=ES_{5-7}+D_{5-7}=11+3=14$$
$$ES_{6-7}=\max\{EF_{3-5},EF_{2-6}\}=\max\{11,10\}=11$$
$$EF_{6-7}=ES_{6-7}+D_{6-7}=11+6=17$$

②确定计算工期 T_c 及计划工期 T_p。

计算工期：$T_c=\max\{EF_{4-7},EF_{5-7},EF_{6-7}\}=\max\{12,14,17\}=17$

计划工期：$T_p=T_c=17$（无要求工期）

③计算各项工作的最迟开始时间和最迟完成时间。

计算顺序：从网络终点逆着箭线方向，依次计算至网络起点。

$$LF_{4-7}=LF_{5-7}=LF_{6-7}=T_p=17$$
$$LS_{4-7}=LF_{4-7}-D_{4-7}=17-7=10$$
$$LS_{5-7}=LF_{5-7}-D_{5-7}=17-3=14$$
$$LS_{6-7}=LF_{6-7}-D_{6-7}=17-6=11$$
$$LF_{2-6}=LS_{6-7}=11$$
$$LS_{2-6}=LF_{2-6}-D_{2-6}=11-5=6$$
$$LF_{3-5}=\min\{LS_{6-7},LS_{5-7}\}=\min\{11,14\}=11$$
$$LS_{3-5}=LF_{3-5}-D_{3-5}=11-6=5$$
$$LF_{1-4}=LS_{4-7}=10$$
$$LS_{1-4}=LF_{1-4}-D_{1-4}=10-3=7$$
$$LF_{1-3}=\min\{LS_{4-7},LS_{3-5}\}=\min\{10,5\}=5$$
$$LS_{1-3}=LF_{1-3}-D_{1-3}=5-4=1$$
$$LF_{1-2}=\min\{LS_{4-7},LS_{3-5},LS_{2-6}\}=\min\{10,5,6\}=5$$
$$LS_{1-2}=LF_{1-2}-D_{1-2}=5-5=0$$

④计算各项工作的总时差。

按式(5-11)计算各项工作的总时差，分别为：

$$TF_{1-2}=LS_{1-2}-ES_{1-2}=0-0=0$$
$$TF_{1-3}=LS_{1-3}-ES_{1-3}=1-0=1$$
$$TF_{1-4}=LS_{1-4}-ES_{1-4}=7-0=7$$
$$TF_{2-6}=LS_{2-6}-ES_{2-6}=6-5=1$$
$$TF_{3-5}=LS_{3-5}-ES_{3-5}=5-5=0$$
$$TF_{4-7}=LS_{4-7}-ES_{4-7}=10-5=5$$

$$TF_{5-7} = LS_{5-7} - ES_{5-7} = 14 - 11 = 3$$
$$TF_{6-7} = LS_{6-7} - ES_{6-7} = 11 - 11 = 0$$

⑤计算各项工作的自由时差。

按式(5-12)或式(5-13)计算各项工作的自由时差，分别为：

$$FF_{1-2} = \min\{ES_{2-6}, ES_{3-5}, ES_{4-7}\} - EF_{1-2} = \min\{5,5,5\} - 5 = 0$$
$$FF_{1-3} = \min\{ES_{3-5}, ES_{4-7}\} - EF_{1-3} = \min\{5,5\} - 4 = 1$$
$$FF_{1-4} = ES_{4-7} - EF_{1-4} = 5 - 3 = 2$$
$$FF_{2-6} = ES_{6-7} - EF_{2-6} = 11 - 10 = 1$$
$$FF_{3-5} = \min\{ES_{5-6}, ES_{6-7}\} - EF_{3-5} = \min\{11,11\} - 11 = 0$$
$$FF_{4-7} = T_p - EF_{4-7} = 17 - 12 = 5$$
$$FF_{5-7} = T_p - EF_{5-7} = 17 - 14 = 3$$
$$FF_{6-7} = T_p - EF_{6-7} = 17 - 17 = 0$$

(4)关键线路的确定(工作用双箭线表示)。在图5-14中，总时差最小为0，则所有总时差为0的工作都是关键工作，有工作1—2、2—3、3—5、5—6、6—7；关键工作从网络图起点到终点连成的线路即为关键线路(1—2—3—5—6—7)，在图中用双箭线标出。

四、按节点时间参数计算法计算

双代号网络图节点时间参数的两个参数计算顺序与工作时间参数中工作开始时间和工作完成时间的计算顺序一致，参见图5-11。亦即：

计算早时间：顺箭线方向，加法取大值

计算迟时间：逆箭线方向，减法取小值

1. 计算节点时间

1)节点最早实现时间 ET_i 的计算

节点最早时间是以该节点为开始节点的各项工作的最早开始时间。

节点 i 的最早时间 ET_i 应从网络计划的起点节点开始，顺着箭线方向逐项依次计算。

(1) $$ET_i = 0 \quad (i = 1) \tag{5-15}$$

(2)其他节点的最早时间 ET_j 按下式计算

$$ET_j = \max\{ET_i + D_{i-j}\} \tag{5-16}$$

2)计算工期 T_c 的计算

计算工期等于终点节点 n 的最早实现时间，即：

$$T_c = ET_n \tag{5-17}$$

若无要求工期，则：计划工期 $T_p = T_c$

3)节点最迟实现时间 LT_i 的计算

节点最迟时间是以该节点为完成节点的工作的最迟完成时间。

节点 i 的最迟时间应从网络计划的终点节点开始，逆着箭线方向逐项依次计算。

(1)终点节点的最迟时间 LT_n 按网络计划的计划工期 T_p 确定，即：

$$LT_n = T_p \tag{5-18}$$

(2)其他节点的最迟时间 LT_i 应为：

$$LT_i = \min\{LT_j - D_{i-j}\} \tag{5-19}$$

2. 根据节点时间确定关键节点和关键线路

1）节点时差与关键节点

一个节点的最迟时间与最早时间之差称为节点时差 T_i。

$$T_i = LT_i - ET_i \tag{5-20}$$

节点时差最小的节点称为关键节点。

2）关键工作与关键线路

在无特殊要求的情况下（即：无要求工期 T_r，亦即 $T_p = T_c$），关键节点的节点时差为零，此时，两个相邻关键节点之间代表工作的箭线在符合判别式"箭尾节点时间 + 工作持续时间 = 箭头节点时间"的条件下，即为关键工作，关键工作从头至尾连通的线路即为关键线路。

【例 5-3】　根据【例 5-1】提供的某项目的工作任务计划表 5-7，试按计划工期等于计算工期，计算各节点的两个时间参数并确定关键线路，标注在网络图上。

【解】　(1)通过【例 5-1】已经得到如图 5-9b)所示双代号网络计划图。

(2)用图上（分析）计算法可直接计算出各节点的时间参数，并将结果按图例所示标注在网络图上相应位置，见图 5-15。

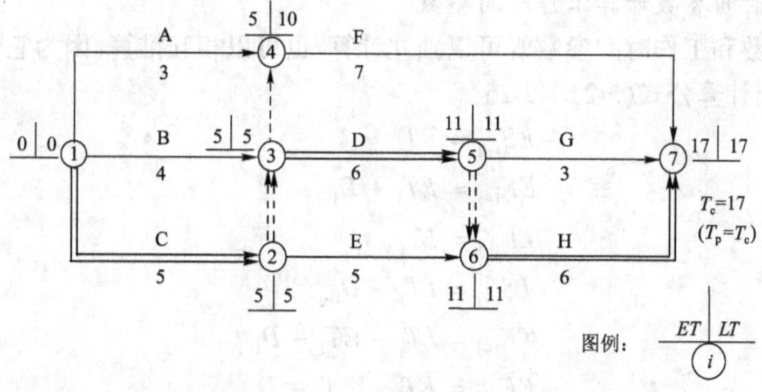

图 5-15　节点时间参数计算及标注

(3)作为对比，同样列出公式计算过程。

①计算各节点的最早实现时间。

计算顺序：从网络起点顺着箭线方向，依次计算至网络终点。

$$ET_1 = 0$$

$$ET_2 = ET_1 + D_{1-2} = 0 + 5 = 5$$

$$ET_3 = \max\{ET_1 + D_{1-3}, ET_2\} = \max\{0 + 4, 5\} = 5$$

$$ET_4 = \max\{ET_1 + D_{1-4}, ET_3\} = \max\{0 + 3, 5\} = 5$$

$$ET_5 = ET_3 + D_{3-5} = 5 + 6 = 11$$

$$ET_6 = \max\{ET_2 + D_{2-6}, ET_5\} = \max\{5 + 5, 11\} = 11$$

$$ET_7 = \max\{ET_4 + D_{4-7}, ET_5 + D_{5-7}, ET_6 + D_{6-7}\}$$

$$= \max\{5 + 7, 11 + 3, 11 + 6\} = 17$$

②确定计算工期 T_c 及计划工期 T_p。

计算工期：$T_c = T_7 = 17$

计划工期：$T_p = T_c = 17$（无要求工期）

③计算各节点的最迟实现时间。

计算顺序：从网络终点逆着箭线方向，依次计算至网络起点。

$$LT_7 = T_p = 17$$
$$LT_6 = LT_7 - D_{6-7} = 17 - 6 = 11$$
$$LT_5 = \min\{LT_6, LT_7 - D_{5-7}\} = \min\{11, 17-3\} = 11$$
$$LT_4 = LT_7 - D_{4-7} = 17 - 7 = 10$$
$$LT_3 = \min\{LT_4, LT_5 - D_{3-5}\} = \min\{10, 11-6\} = 5$$
$$LT_2 = \min\{LT_3, LT_6 - D_{2-6}\} = \min\{5, 11-5\} = 5$$
$$LT_1 = \min\{LT_2 - D_{1-2}, LT_3 - D_{1-3}, LT_4 - D_{1-4}\}$$
$$= \min\{5-5, 5-4, 10-3\} = 0$$

(4)关键线路的确定(用双箭线表示)。在图 5-15 中，除节点④外，其他节点都是关键节点。但符合判别式"箭尾节点时间 + 工作持续时间 = 箭头节点时间"的只有 1—2、2—3、3—5、5—6 和 6—7 五对，将他们连通，就得到关键线路 1—2—3—5—6—7。

应注意，在本例中，如果将关键节点间都用双箭线连接，将出现错误的结果。

3. 根据节点时间参数计算工作时间参数

节点时间参数和工作时间参数既可以独立计算，也可以相互推算，因为它们在逻辑上是相通的，在此仅给出计算公式(5-21 ~5-26)。

$$ES_{i-j} = ET_i \tag{5-21}$$
$$EF_{i-j} = ET_i + D_{i-j} \tag{5-22}$$
$$LF_{i-j} = LT_j \tag{5-23}$$
$$LS_{i-j} = LT_j - D_{i-j} \tag{5-24}$$
$$TF_{i-j} = LT_j - ET_i - D_{i-j} \tag{5-25}$$
$$FF_{i-j} = ET_j - ET_i - D_{i-j} \tag{5-26}$$

其中，式(5-25)、式(5-26)应用较多，举例如下。

【例 5-4】 结合【例 5-3】节点时间参数，计算各工作时差。

【解】 (1)工作 i—j 总时差 TF_{i-j}的计算：

$$TF_{1-2} = LT_2 - ET_1 - D_{1-2} = 5 - 0 - 5 = 0$$
$$TF_{1-3} = LT_3 - ET_1 - D_{1-3} = 5 - 0 - 4 = 1$$
$$TF_{1-4} = LT_4 - ET_1 - D_{1-4} = 10 - 0 - 3 = 7$$
$$TF_{2-6} = LT_6 - ET_2 - D_{2-6} = 11 - 5 - 5 = 1$$
$$TF_{3-5} = LT_5 - ET_3 - D_{3-5} = 11 - 5 - 6 = 0$$
$$TF_{4-7} = LT_7 - ET_4 - D_{4-7} = 17 - 5 - 7 = 5$$
$$TF_{5-7} = LT_7 - ET_5 - D_{5-7} = 17 - 11 - 3 = 3$$
$$TF_{6-7} = LT_7 - ET_6 - D_{6-7} = 17 - 11 - 6 = 0$$

(2)工作 i—j 自由时差 FF_{i-j}的计算：

$$FF_{1-2} = ET_2 - ET_1 - D_{1-2} = 5 - 0 - 5 = 0$$

$$FF_{1-3}=ET_3-ET_1-D_{1-3}=5-0-4=1$$
$$FF_{1-4}=ET_4-ET_1-D_{1-4}=5-0-3=2$$
$$FF_{2-6}=ET_6-ET_2-D_{2-6}=11-5-5=1$$
$$FF_{3-5}=ET_5-ET_3-D_{3-5}=11-5-6=0$$
$$FF_{4-7}=ET_7-ET_4-D_{4-7}=17-5-7=5$$
$$FF_{5-7}=ET_7-ET_5-D_{5-7}=17-11-3=3$$
$$FF_{6-7}=ET_7-ET_6-D_{6-7}=17-11-6=0$$

以上结果参见图 5-14,可见与【例 5-2】结果一致。

五、双代号时标网络计划

1. 时标网络图的概念及特点

双代号时标网络图是双代号时标网络计划的一种比较形象直观的表示形式,它以水平时间坐标为尺度表示计划时间,以工作箭线在时间坐标中的位置和水平投影长度表示该工作的作业起、止时间及持续时间。

时标网络图的主要特点有:

(1)时标网络直观易懂。它兼有网络计划与横道计划的优点,能够清楚地表明计划的时间进程,使用方便。

(2)在时标网络图上可直接显示出各项工作的开始与完成时间、工作的自由时差及关键线路,并可比较容易地推算出工作的总时差。

(3)在时标网络图中可以统计每一个单位时间对资源的需要量,绘制资源需要量曲线(或直方图),便于进行资源优化和调整。

(4)当情况发生变化时,对网络计划的修改比较麻烦,往往需要重新绘图。但在使用计算机以后,这一问题已较容易解决。

2. 时标网络图的绘制

1)时标网络图绘制的一般规定

(1)时间坐标的时间单位应根据需要在编制网络计划之前确定,可分为:季、月、周、天等。

(2)时标网络图以实箭线表示实工作,以虚箭线表示虚工作,以波形线表示工作的自由时差。

(3)时标网络图中所有符号在时间坐标上的水平投影位置,都必须与其时间参数相对应。节点中心必须对准相应的时标位置。

(4)虚工作以虚箭线表示,虚工作箭尾节点与箭头节点间有时间跨度时,表示虚工作有自由时差。

2)时标网络图的绘制方法

时标网络图的绘制方法有两种,即间接法绘制和直接法绘制。

(1)间接法绘制。间接法是先绘制无时标网络图,计算各节点的时间参数,确定关键线路,再根据节点时间参数在时间坐标中确定节点位置,参照无时标网络图,连线各节点(某些工作箭线长度不足以到达该工作的完成节点时,用波形线补足),得到时标网络图。

间接法可以根据节点早时间或节点迟时间,分别绘制早时标网络图或迟时标网络图。两者区别主要有两点:其一,非关键节点定位(早时标按节点早时间定位,迟时标按节点迟时间定位);其二,波形线安排(早时标安排在工作持续时间之后,即"先工作后休息";迟时标安排在工作持续时间之前,即"先休息后工作")。

(2)直接法绘制。根据网络计划中工作之间的逻辑关系及各工作的持续时间,直接在时标计划表上绘制时标网计划。绘制步骤如下:

①将起点节点定位在时标表的起始刻度线上。

②按工作持续时间在时标表上绘制起点节点的外向箭线。

③其他工作的开始节点必须在其所有紧前工作都绘出以后,定位在这些紧前工作最早完成时间最大值的时间刻度上,某些工作的箭线长度不足以到达该节点时,用波形线补足,箭头画在波形线与节点连接处。

④用上述方法从左至右依次确定其他节点位置,直至网络计划终点节点定位,绘图完成。

3. 早时标网络图中"看"时差

在时标网络图中,水平方向带时间坐标,一对节点间的工作持续时间(用实线表示)若只占两节点跨度的一部分,则剩余部分用"波形线"表示。在早时标网络图中,可直观地判定工作的自由时差及总时差。

工作自由时差等于该工作所在的两个节点间的"波形线"长度;

而工作总时差等于该工作的"波形线"长度加上该工作的完成节点至终点间的各后续线路中工作"波形线"之和的最小值,或用算式表示为:

$$TF_{i-j}=FF_{i-j}+(\text{后续线路})\min\sum FF \tag{5-27}$$

【例5-5】 根据表5-9所示的某项目网络计划资料,试用间接法绘制时标网络图。

某工程项目网络计划资料 表5-9

工作名称	A	B	C	D	E	G	H
持续时间	9	4	2	5	6	4	5
紧后工作	—	D、E	E	G、H	H	—	—

【解】 (1)根据表5-9所提供逻辑关系,绘制无时间坐标网络图并计算节点时间参数,标出关键线路,见图5-16。

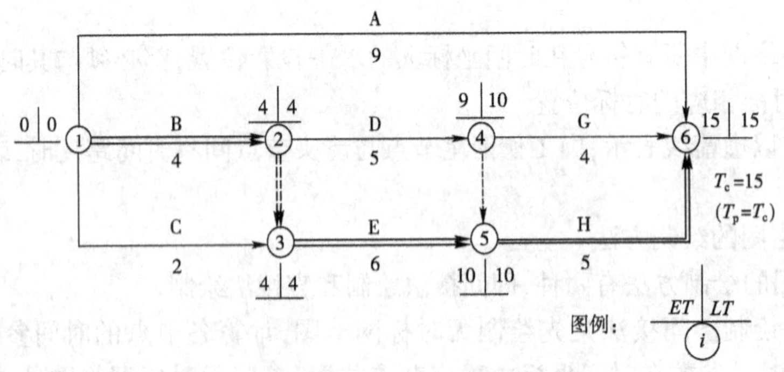

图5-16 无时标网络图节点时间及关键线路

(2)绘制时间坐标,并在时间坐标中参照图5-16各节点相对位置,定位关键节点,连出关键线路。

(3)在图5-17的基础上,绘制时标网络图。

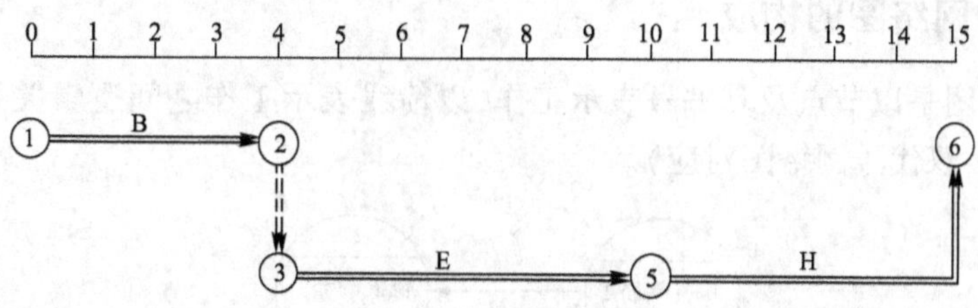

图5-17　间接法绘制时标网络图

①绘制早时标网络图。按节点早时间定位非关键节点,并按"先工作后休息"安排各项工作,得图5-18所示早时标网络图。

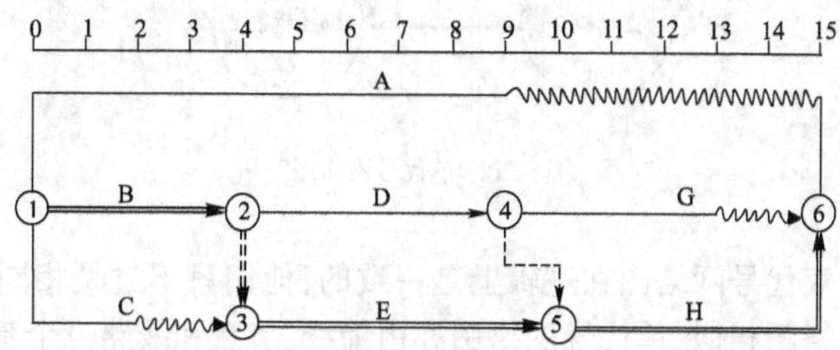

图5-18　早时标网络图

从早时标网络图中,根据"波形线"长度,可直接看出A、C、G工作的自由时差分别为6、2、2,D工作的自由时差为0;A、C、G工作的总时差分别为6、2、2,D工作的总时差为1(0 + min{1,2})。

②绘制迟时标网络图。按节点迟时间定位非关键节点,并按"先休息后工作"安排各项工作,得图5-19所示迟时标网络图。

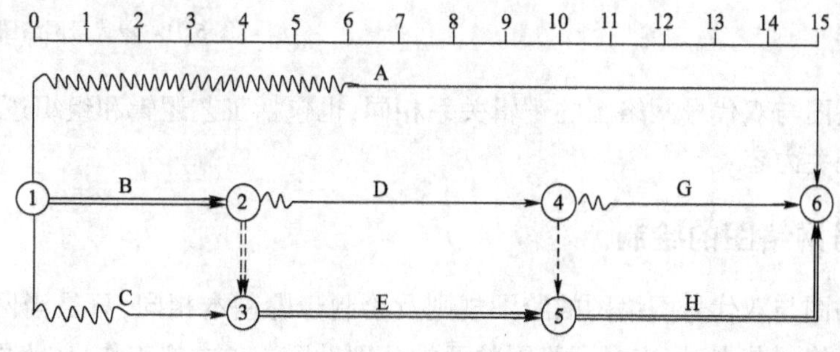

图5-19　迟时标网络图

第三节 单代号网络计划

一、单代号网络图的构成

单代号网络图是以节点及其编号表示工作，以箭线表示工作之间逻辑关系的网络图。见图5-20（与图5-2双代号网络图对应）。

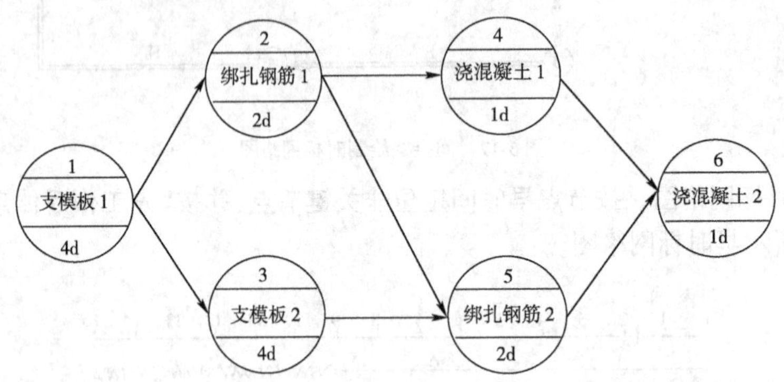

图5-20 单代号网络图

1. 网络三要素

单代号网络图与双代号网络图在逻辑上是一致的，他们只不过是相同逻辑关系的不同图形表达。与双代号网络图相似，单代号网络图亦由箭线、节点和线路三个基本要素构成。在此仅对单代号网络图与双代号网络图的主要不同之处进行介绍，其余可参考双代号网络图部分的相关介绍。

（1）单代号网络图与双代号网络图的箭线和节点的含义不同。在单代号网络图中，节点代表工作，箭线代表工作之间的逻辑关系，参见表5-2。

（2）单代号网络图中不需要引入虚箭线。因此，单代号网络图的绘制相对简单。

（3）单代号网络图可能需要引入虚拟的起点或终点。

（4）单代号网络图中代表工作的节点常用图5-21表示。

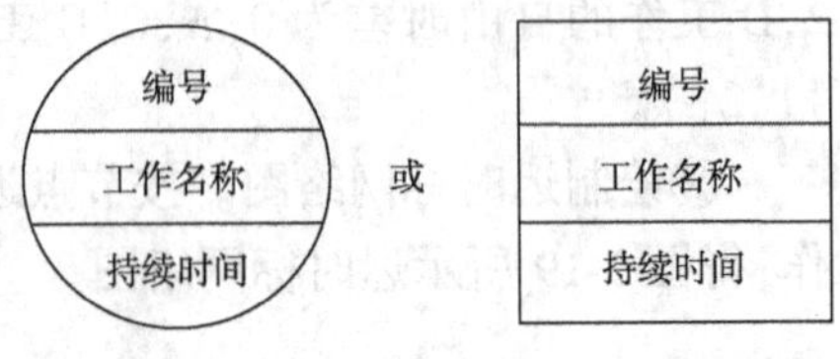

图5-21 单代号网络图节点表示方法

2. 逻辑关系

单代号网络图与双代号网络图的逻辑关系相同，也包括工艺逻辑和组织逻辑，具体参见双代号网络图的相关内容。

二、单代号网络图的绘制

单代号网络图与双代号网络图的绘图规则及绘制步骤基本相同，只是当网络图中有多个起点节点或多个终点节点时，应在网络图的两端分别设置一项虚拟工作，作为网络图的起点节点（S_t）和终点节点（F_{in}），见图5-22。

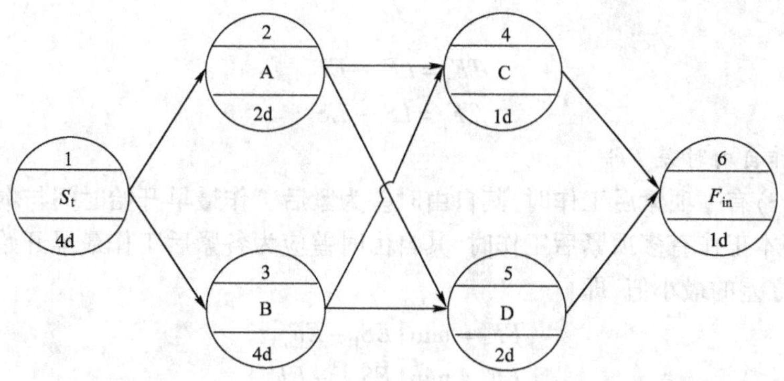

图 5-22　单代号网络图

三、单代号网络图的特点

与双代号网络图相比,单代号网络图具有以下特点:

(1)工作之间的逻辑关系容易表达,且不用虚箭线,故绘图较简单。

(2)便于网络图检查和修改。

(3)由于工作的持续时间表示在节点之中,没有长度,故不够形象直观。

(4)表示工作之间的逻辑关系的箭线可能产生较多的纵横交叉现象。

四、单代号网络计划时间参数的计算

单代号网络计划时间参数与双代号网络计划时间工作时间参数相同,参数的图上标注形式见图5-23。

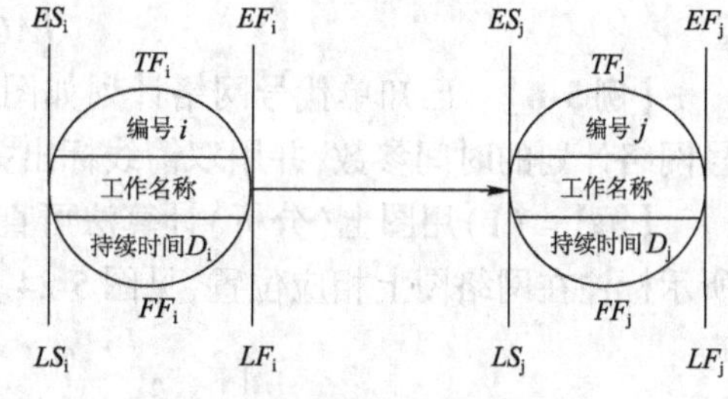

图 5-23　单代号网络计划时间参数标注

单代号网络计划时间参数的计算顺序和计算方法与双代号网络计划工作时间参数的计算相同,在此仅简单列出计算步骤及计算公式。

1. 计算工作的最早开始时间和最早完成时间(顺向计算,加法取大)

$$ES_i = 0 \qquad (i = 1) \tag{5-28}$$

$$EF_i = ES_i + D_i \tag{5-29}$$

$$ES_j = \min\{EF_i\} \tag{5-30}$$

或

$$ES_j = \max\{ES_i + E_i\} \tag{5-31}$$

$$T_c = EF_n \tag{5-32}$$

2. 计算工作的最迟开始时间和最迟完成时间(逆向计算,减法取小)

$$LF_j = T_p \qquad (j = n,\text{无要求工期时}, T_p = T_c) \tag{5-33}$$

$$LS_i = LF_i - D_i \tag{5-34}$$

$$LF_i = \min\{LS_j\} \tag{5-35}$$

或

$$LF_i = \min\{LF_j - D_j\} \tag{5-36}$$

3. 计算工作总时差 TF_i

总时差等于其最迟完成时间减去最早完成时间,也等于其最迟开始时间减去最早开始时间：

$$TF_i = LF_i - EF_i \tag{5-37}$$

$$TF_i = LS_i - ES_i \tag{5-38}$$

4. 计算工作自由时差 FF_i

当本工作(i)有一项紧后工作时，其自由时差为紧后工作最早开始时间与本工作最早完成时间之差；而当本工作有多项紧后工作时，其自由时差应为各紧后工作最早开始时间与本工作最早完成时间之差的最小值，即：

$$FF_i = \min\{ES_j - EF_i\} \tag{5-39}$$

或

$$FF_i = \min\{ES_j\} - EF_i \tag{5-40}$$

5. 关键工作和关键线路的确定

(1)关键工作：总时差最小的工作是关键工作。

(2)关键线路的确定按以下规定：从起点节点开始到终点节点均为关键工作，且所有工作的时间间隔为零的线路为关键线路。

本工作(i)与紧后工作(j)之间的时间间隔为：

$$LAG_{i,j} = ES_j - EF_i \tag{5-41}$$

本工作(i)与虚拟的终点节点(j)之间的时间间隔为：

$$LAG_{i,j} = T_p - EF_i \tag{5-42}$$

【例5-6】 已知单代号网络计划如图5-20所示，若计划工期等于计算工期，试计算单代号网络计划的时间参数，并用双箭线标出关键线路。

【解】 (1)用图上(分析)计算法可直接计算出各项工作的时间参数，并将结果按图5-23所示标注在网络图上相应位置，见图5-24。

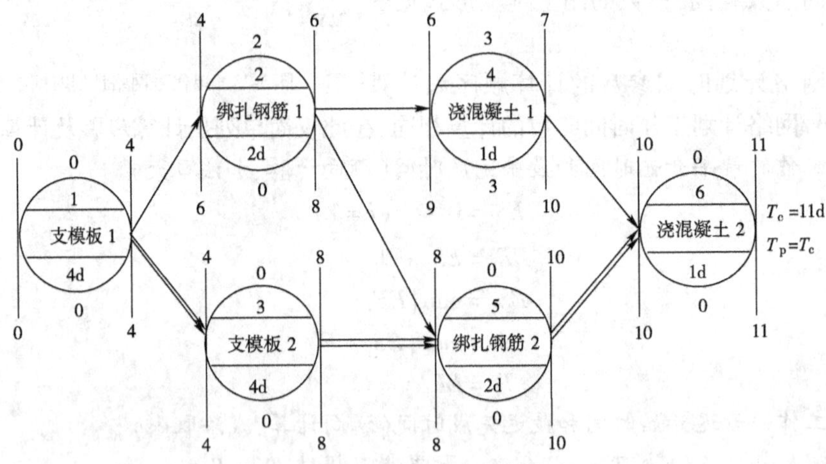

图5-24 单代号网络计划时间参数计算

(2)作为对比，列出公式计算过程。

①计算各项工作的最早开始时间和最早完成时间。

计算顺序：从网络起点顺着箭线方向，依次计算至网络终点。

$$ES_1 = 0$$

$$EF_1 = ES_1 + D_1 = 0 + 4 = 4$$
$$ES_2 = EF_1 = 4$$
$$EF_2 = ES_2 + D_2 = 4 + 2 = 6$$
$$ES_3 = EF_1 = 4$$
$$EF_3 = ES_3 + D_3 = 4 + 4 = 8$$
$$ES_4 = EF_2 = 6$$
$$EF_4 = ES_4 + D_4 = 6 + 1 = 7$$
$$ES_5 = \max\{EF_2, EF_3\} = \max\{6,8\} = 8$$
$$EF_5 = ES_5 + D_5 = 8 + 2 = 10$$
$$ES_6 = \max\{EF_4, EF_5\} = \max\{7,10\} = 10$$
$$EF_6 = ES_6 + D_6 = 10 + 1 = 11$$

②确定计算工期 T_c 及计划工期 T_p。

计算工期：$T_c = EF_6 = 11$

计划工期：$T_p = T_c = 11$（无要求工期）

③计算各项工作的最迟开始时间和最迟完成时间。

计算顺序：从网络终点逆着箭线方向，依次计算至网络起点。

$$LF_6 = T_p = 11$$
$$LS_6 = LF_6 - D_6 = 11 - 1 = 10$$
$$LF_5 = LS_6 = 10$$
$$LS_5 = LF_5 - D_5 = 10 - 2 = 8$$
$$LF_4 = LS_6 = 10$$
$$LS_4 = LF_4 - D_4 = 10 - 1 = 9$$
$$LF_3 = LS_5 = 8$$
$$LS_3 = LF_3 - D_3 = 8 - 4 = 4$$
$$LF_2 = \min\{LS_4, LS_5\} = \min\{9,8\} = 8$$
$$LS_2 = LF_2 - D_2 = 8 - 2 = 6$$
$$LF_1 = \min\{LS_2, LS_3\} = \min\{6,4\} = 4$$
$$LS_1 = LF_1 - D_1 = 4 - 4 = 0$$

④计算各项工作的总时差。

按式(5-38)计算各项工作的总时差，分别为：

$$TF_1 = LS_1 - ES_1 = 0 - 0 = 0$$
$$TF_2 = LS_2 - ES_2 = 6 - 4 = 2$$
$$TF_3 = LS_3 - ES_3 = 4 - 4 = 0$$
$$TF_4 = LS_4 - ES_4 = 9 - 6 = 3$$
$$TF_5 = LS_5 - ES_5 = 8 - 8 = 0$$

$$TF_6 = LS_6 - ES_6 = 10 - 10 = 0$$

⑤计算各项工作的自由时差。

按式(5-39)或式(5-40)计算各项工作的自由时差,分别为:

$$FF_1 = \min\{ES_2, ES_3\} - EF_1 = \min\{4,4\} - 4 = 0$$

$$FF_2 = \min\{ES_4, ES_5\} - EF_2 = \min\{6,8\} - 6 = 0$$

$$FF_3 = ES_5 - EF_3 = 8 - 8 = 0$$

$$FF_4 = ES_6 - EF_4 = 10 - 7 = 3$$

$$FF_5 = ES_6 - EF_5 = 10 - 10 = 0$$

$$FF_6 = T_p - EF_6 = 11 - 11 = 0$$

(3)关键线路的确定(用双箭线表示)。在图5-24中,总时差最小为0,则所有总时差为0的工作都是关键工作,有工作1、3、5、6;关键工作从网络图起点到终点可连出一条关键线路(1—3—5—6),且关键工作间均无时间间隔。关键线路在图中用双箭线标出。

第四节　工程网络计划的编制和应用

一、一般网络计划的编制和应用

1.施工网络计划的分类

为了适应不同用途的需要,建筑施工网络计划的内容和形式是颇为不同的,一般分类如下:

1)按应用范围划分

网络计划按应用范围的大小可分为局部网络计划、单位工程网络计划和总网络计划。

局部网络计划是按建筑物或构筑物的一部分或某一施工阶段编制的分部工程(或分项工程)网络计划。例如重力式码头可以按基础、墙身、墙后回填、上部结构等分部工程分别编制。

单位工程网络计划是按单位工程(一个建筑物或构筑物)编制的网络计划。例如某港口工程5#泊位施工网络计划。

总网络计划是对一个新建企业或民用建筑群编制的施工网络计划。

以上三种网络计划是具体指导施工的文件。对于不复杂的工程对象或者应用大量标准设计的工程对象,通常可以只编制一张较详细的单位工程网络计划;对于复杂的、协作单位较多的群体工程,则可能需要分别编制三种不同的网络计划。

2)按详略程度划分

网络计划按内容的详细程度可分为详图和简图。

详图是按工作划分较细并把所有工作详细地反映到网络计划中而形成的,这种计划多用于施工现场使用,用于直接指导施工。

简图是用于讨论方案或供领导使用的计划。它把某些一般性的工作综合成较大的工作,从而把工艺上复杂的、工程量较大的工作及主要工种之间的逻辑关系突出出来。

3)按最终目标的多少划分

按网络计划最终目标的多少可分为单目标网络计划和多目标网络计划。

单目标网络计划只有一个最终目标,也就是整个网络只有一个终点节点。例如水运工程中招标中一个标段的工期要求。

多目标网络计划是由许多具有独立的最终目标的部分组成的网络计划。例如一个港区建设中,各单位工程(如码头、护岸、港区道路、港区堆场等)有各自的计划目标,但他们又服从于整个港区建设计划,构成多目标网络计划。在多目标网络计划中,每个目标都有自己的关键线路,而目标之间又是互相有联系的。

4)按时间表示方法划分

按网络计划时间的表示方法可分为无时标的一般网络计划和时标网络计划。

2. 施工网络计划的排列方法

为了使网络计划更条理化和形象化,在绘图时应根据不同的工程情况、不同的施工组织方法及使用要求等,灵活选用排列方法,以便简化层次,使各工作之间在工艺上及组织上的逻辑关系准确而清晰,便于施工组织者和工人掌握,也便于计算和调整。

1)混合排列(图 5-25)

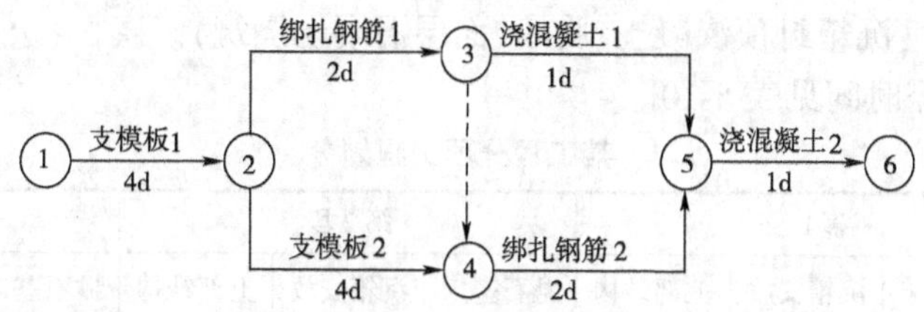

图 5-25　混合排列

这种排列方法可以使图形看起来对称美观,但在同一水平方向既有不同工种的作业,也有不同施工段中的作业。一般用于画简单的网络图。

2)按施工段排列(图 5-26)

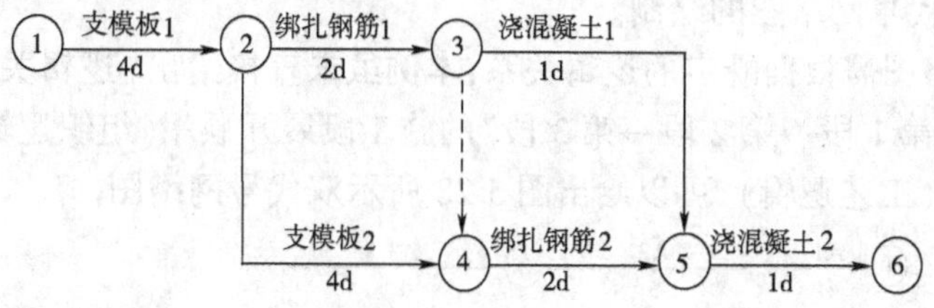

图 5-26　按施工段排列

这种排列方法把同一施工段的作业排在同一条水平线上,能够反映出工程分段施工的特点,突出表示工作面的利用情况。这是建筑工地习惯使用的一种表达方式。

3)按工种排列(图 5-27)

这种排列方法把相同工种的工作排在同一条水平线上,能够突出不同工种的作业情况,也是建筑工地上常用的一种表达方式。

其他一些排列方式,如多层框架码头按框架分层排列、按施工队任务排列、按单位工程排列等,实际工作中,可以按需要灵活选用某一种排列方法,或把几种方法结合起来使用,在此不再详述。

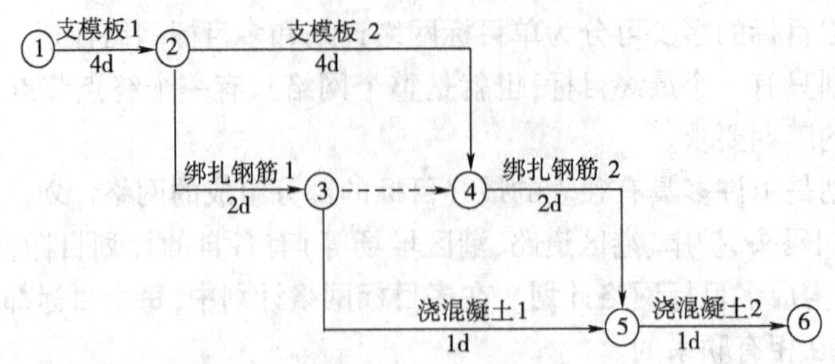

图5-27　按工种排列

3. 主体工程施工网络计划的编制示例

【例5-7】　某沉箱重力式码头主体工程施工，根据现场情况和结构类型，采用分段施工组织。划分为三个施工段，段间和段内施工工艺相互无干扰。按分项工程安排施工，每一分项工程各组织一个专业施工队。每一施工段均划分为A、B、C三个分项工程，即：

A：抛石基床（含：挖泥、抛石、整平）；

B：沉箱安放（含：预制、出运、安装、箱内填料）；

C：上部结构（含：沉箱封顶混凝土、胸墙、面层混凝土浇筑）。

各分项工程所需时间见表5-10。

某工程分项工程划分　　表5-10

施工分段	第1段			第2段			第3段		
分项工程	抛石基床 A1	沉箱安放 B1	上部结构 C1	抛石基床 A2	沉箱安放 B2	上部结构 C2	抛石基床 A3	沉箱安放 B3	上部结构 C3
所需时间（周）	4	4	3	5	5	3	4	4	3

要求编制该主体工程的双代号网络计划，计算节点时间参数，确定计算工期，标明关键线路。

【解】　(1)双代号网络图的绘制。

通常，绘制网络图需根据既定的逻辑关系，本例虽未直接给出"逻辑关系表"，但在无特殊要求情况下，按照"第1段→第2段→第3段"的施工段展开顺序（组织逻辑）和"A→B→C"的施工过程展开顺序（工艺逻辑），可以绘出图5-28所示双代号网络图。

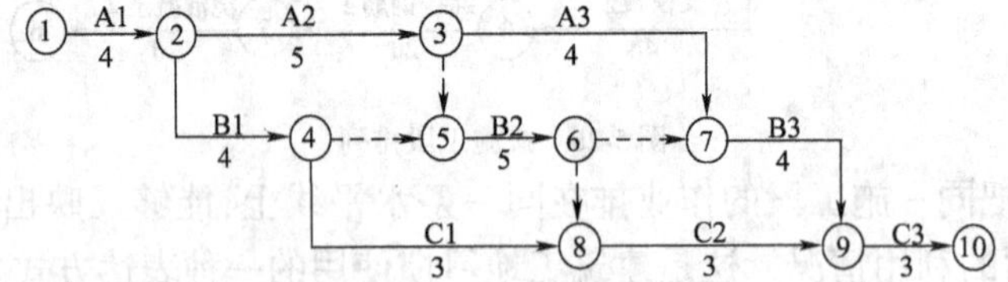

图5-28　分段施工双代号网络图

(2)计算节点时间参数、确定工期、标明关键线路。

计算节点时间参数，采用图上分析计算（不再列出计算公式和过程），可得图5-29所示结果，计算工期21周，关键线路用双箭线标出。

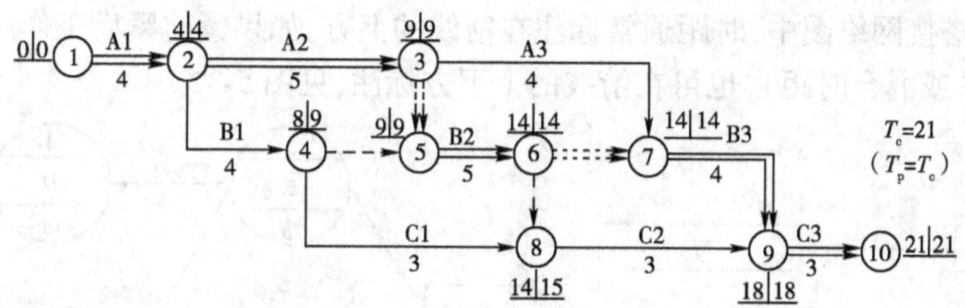

图 5-29　分段施工双代号网络图计算

二、单代号搭接网络计划的编制和应用

1. 搭接网络计划的特点和表达方法

1）搭接网络计划的特点

在建设工程工作实践中，搭接关系是大量存在的，要求控制进度的计划图形能够表达和处理好这种关系。然而传统的单代号和双代号网络计划却只能表示两项工作首尾相连的关系，即前一项工作结束，后一项工作立即开始，而不能表示搭接关系，遇到搭接关系，不得不将前一项工作进行分段处理，以符合前面工作没完成后面工作不能开始的要求，这就使得网络计划变得复杂起来，绘制、调整都不方便。搭接网络计划可以很好解决这一问题，使网络计划得到简化。

2）搭接网络计划的表达方法

紧前工作(i)与紧后工作(j)之间的关系可能出现以下三种，见图 5-30。

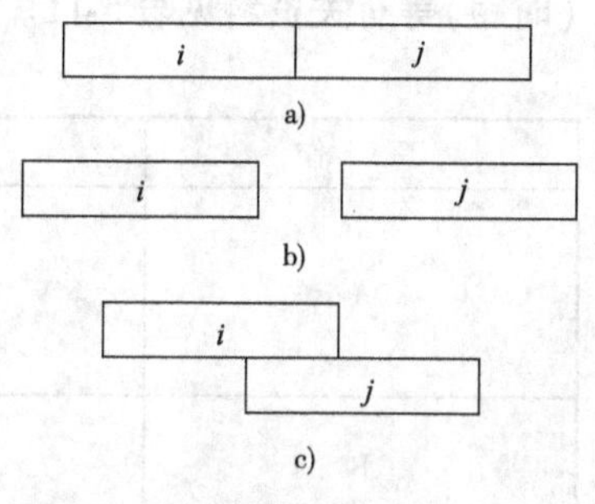

图 5-30　紧前紧后工作之间的关系

a）衔接关系；b）间隔关系；c）搭接关系

搭接网络计划利用时距这一概念来表达紧前紧后工作之间的关系。时距，是指紧前紧后工作的先后开始或结束之间的时间间隔。紧前紧后工作之间的基本时距类型有四种，即：

（1）开始到开始——*STS*(Start To Start)。S_iTS_j 表示紧前工作(i)开始后，经过 S_iTS_j 时间，紧后工作(j)才能开始。

如："抛石基床"开始后，经过 *STS* 时间（创造一定工作条件），"沉箱安放"可以开始。

（2）开始到完成——*STF*(Start To Finish)。S_iTF_j 表示紧前工作(i)开始后，经过 S_iTF_j 时间，紧后工作(j)必须完成。

如：混凝土工程中，"搅拌"开始后，经过 *STF* 时间（混凝土初凝时间），"振捣"必须结束。

（3）完成到开始——*FTS*(Finish To Start)。F_iTS_j 表示紧前工作(i)完成后，经过 F_iTS_j 时间，紧后工作(j)才能开始。

如：现浇混凝土纵梁，"浇筑"工作完成后，经过 *FTS* 时间（混凝土达到一定强度），"拆模"工作才能开始。

（4）完成到完成——*FTF*(Finish To Finish)。F_iTF_j 表示紧前工作(i)完成后，经过 F_iTF_j 时间，紧后工作(j)必须完成。

如："抛石基床"开始后，经过 *FTF* 时间（受回淤影响限制），"沉箱安放"必须完成。

上述四种时距的图形分析见图 5-31。

在单代号搭接网络图中，时距通常标注在箭线的上方，如果紧前紧后工作间出现多个时距（称为混合关系或混合时距），也可在箭线的上下方标注，见图5-32。

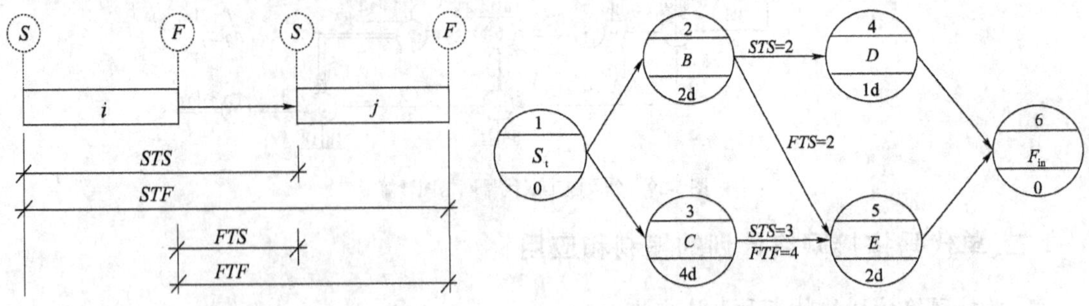

图5-31　基本时距图示

图5-32　单代号搭接网络图

2. 单代号搭接网络图的绘制

单代号搭接网络图的绘制与普通单代号网络图的绘制基本相同，只是由于在搭接网络计划中引入时距这一概念，因此，在编制单代号搭接网络计划时应根据计划对象的具体情况确定采用何种时距及其数值。

单代号搭接网络图的绘制，见【例5-8】。

【例5-8】　某工程施工过程分为九项工作，各工作之间的相互关系、工作时间、搭接关系（时距）等有关资料见表5-11。试绘制单代号搭接网络图。

工作持续时间及逻辑关系表　　表5-11

工　作	持续时间	紧后工作	时距
A	6	B	*STS* = 2
		C	*FTF* = 4
		D	*STF* = 8
B	8	E	*STS* = 6
			FTS = 2
C	14	E	*STS* = 6
		F	*STS* = 3
			FTF = 6
D	10	F	*FTF* = 14
		G	*FTS* = 0
E	10	*H*	*STS* = 4
F	14	*H*	*STF* = 6
G	4	*I*	*FTF* = 4
H	4	—	—
I	6	—	—

【解】　根据工作间的逻辑关系，按照普通单代号网络图的绘制步骤与方法，绘制普通单代号网络图，然后将各工作之间的时距关系标注在箭线上下方，即得单代号搭接网络图，见图5-33。

3. 单代号搭接网络计划的时间参数计算

单代号搭接网络计划的时间参数计算与单代号和双代号网络计划时间参数的计算原理基本相同，计算的参数种类也基本相同。现对图 5-33 进行计算，计算结果见图 5-34。

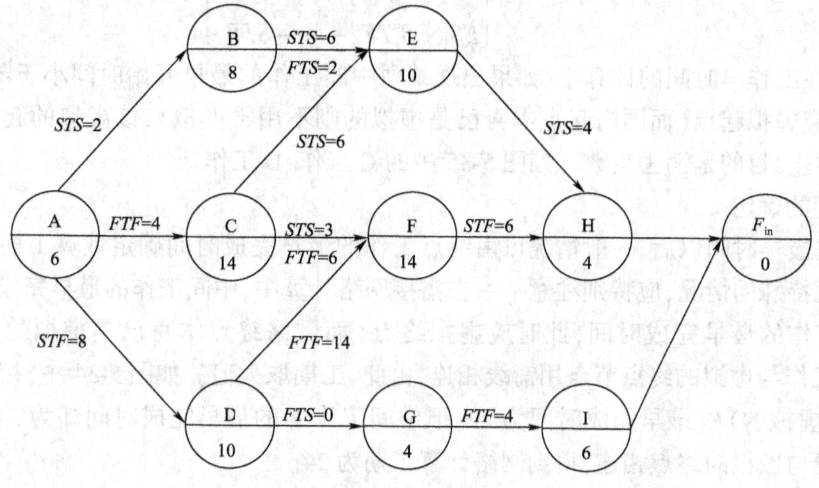

图 5-33　单代号搭接网络图

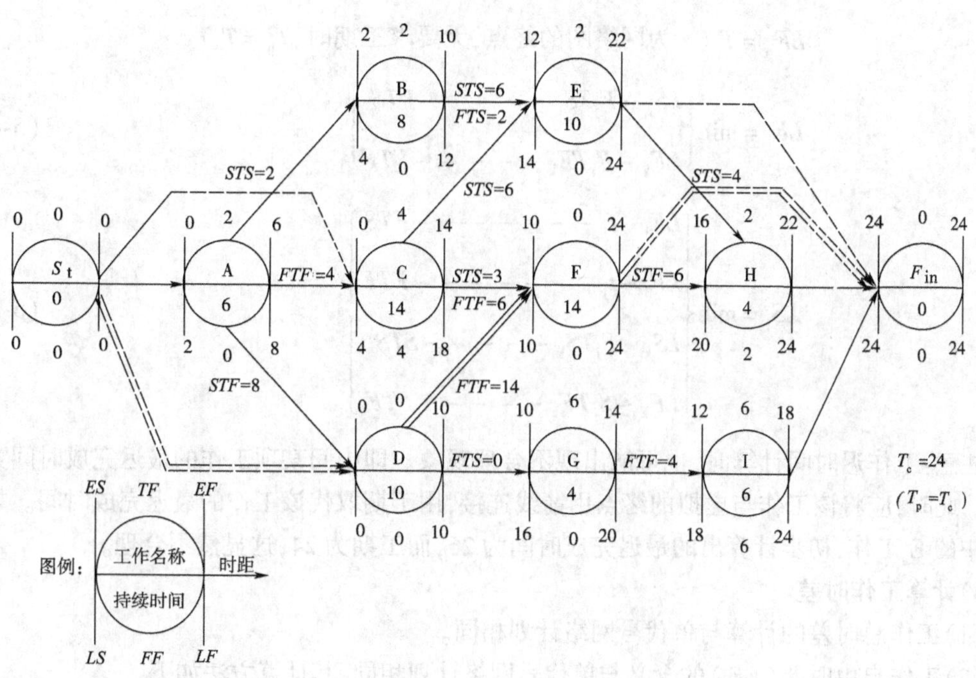

图 5-34　单代号搭接网络图计算

1）计算工作的最早开始时间和最早完成时间（顺向计算，加法取大）

$$ES_1 = 0 \text{（1 为网络图的起点）}$$

$$ES_j = \max\begin{Bmatrix} ES_i + S_iTS_j - - - - - STS \\ ES_i + t_i + F_iTS_j - - - FTS \end{Bmatrix} \tag{5-43}$$

$$EF_{j}=\max\begin{Bmatrix}ES_{j}+t_{j}-----STS\\ES_{j}+t_{j}-----FTS\\EF_{i}+F_{i}TF_{j}---FTF\\ES_{i}+S_{i}TF_{j}---STF\end{Bmatrix} \tag{5-44}$$

注意:在工作早时间的计算中,如果出现某项中间工作的最早开始时间小于零,这显然不合理,此时应虚拟起点(而网络起点本身已是虚拟的则不用再虚拟),该虚拟的起点用箭线与该项工作相连,目的是消去负数。如图5-35中的C工作、D工作。

2)工期的确定

计算完最早时间以后,一般情况可由终点工作的最早完成时间确定计算工期。但搭接网络可能出现特殊的情况,应特别注意——在搭接网络计算中,中间工作的最早完成时间有可能大于终点工作的最早完成时间,此时应虚拟终点(而网络终点本身已是虚拟的则不用再虚拟),将该工作与虚拟的终点节点用箭线相连,由此,工期取大值。如图5-34中,初步计算出的终点工作(虚拟的)F_{in}最早完成时间为22,但中间工作F的最早完成时间却为24,因此,将F工作用箭线与虚拟的终点相连,得到网络计算工期为24。

3)计算工作的最迟完成时间和最迟开始时间(逆向计算,减法取小)

$$LF_{n}=T_{p}(n\text{ 为网络图的终点,无要求工期时,}T_{p}=T_{c})$$

$$LF_{j}=\min\begin{Bmatrix}LS_{k}-F_{j}TS_{k}-----FTS\\LF_{k}-F_{j}TF_{k}-----FTF\end{Bmatrix} \tag{5-45}$$

$$LS_{j}=\min\begin{Bmatrix}LF_{j}-t_{j}-------FTS\\LF_{j}-t_{j}-------FTF\\LS_{k}-S_{j}TS_{k}-----STS\\LF_{k}-S_{j}TF_{k}-----STF\end{Bmatrix} \tag{5-46}$$

注意:工作迟时间计算时,也可能出现不合理现象。即中间某项工作的最迟完成时间大于工期。此时,应将该工作与虚拟的终点用箭线连接,用工期取代该工作的最迟完成时间。如图5-34中的E工作,初步计算出的最迟完成时间为26,而工期为24,这显然不合理。

4)计算工作时差

(1)工作总时差的计算与单代号网络计划相同。

(2)工作自由时差(FF_{i})的含义与单代号网络计划相同,其计算方法如下:

$$FF_{j}=\min\begin{Bmatrix}ES_{k}-EF_{j}-F_{j}TS_{k}---FTS\\ES_{k}-ES_{j}-S_{j}TS_{k}---STS\\EF_{k}-EF_{j}-F_{j}TE_{k}---FTF\\EF_{k}-ES_{j}-S_{j}TF_{k}---STF\end{Bmatrix} \tag{5-47}$$

说明:工作自由时差的计算看似繁琐,但也有规律可循。

①当 $TF_j = 0$ 时,FF_j 也一定为0。

②对一般情况,可形象记忆——“三字母倒减”:基于自由时差是针对早时间而言,且需取小值,可用时距本身的三个字母含义倒着减。如图5-34中的C工作,该工作有两项紧后工作E和F,共有三个时距,分别为 $S_C TS_E = 6$、$S_C TS_F = 3$、$F_C TF_F = 6$,用“三字母倒减”得:

$$FF_C = \min\begin{Bmatrix} ES_E - S_C TS_E - ES_C --- S_C TS_E \\ ES_F - S_C TS_F - ES_C --- S_C TS_F \\ EF_F - F_C TS_F - EF_C --- F_C TF_F \end{Bmatrix} = \min\begin{Bmatrix} 12-6-0 \\ 10-3-0 \\ 24-6-14 \end{Bmatrix} = 4$$

5)关键工作和关键线路的确定(与单代号网络计划相同)

(1)关键工作:总时差最小的工作是关键工作。

(2)关键线路的确定按以下规定:从起点节点开始到终点节点均为关键工作,且所有工作的时间间隔为零的线路为关键线路。

本工作(i)与紧后工作(j)之间的时间间隔为:

$$LAG_{i,j} = ES_j - EF_i \tag{5-48}$$

本工作(i)与虚拟的终点节点(j)之间的时间间隔为:

$$LAG_{i,j} = T_p - EF_i \tag{5-49}$$

说明:

①可以计算各项工作间的时间间隔 LAG,但为了减少计算量,可在判定关键线路时采用。如图5-34中,关键线路为 S_t—D—F—F_{in}。

②在搭接网络中,由于工作间存在多种连接关系,因此,搭接网络计划中线路的长度并不一定等于该线路上所有工作持续时间之和。如图5-34中,线路 S_t—A—B—E—H—F_{in} 上各工作持续时间之和为28,但整个计划的工期却是24d。

三、流水网络计划的编制和应用

流水施工是施工组织的基本方法之一,也是一种合理的施工组织方法。这种方法的核心是保证施工队(工人、机械)连续、均衡、有节奏地作业。普通网络计划难以反映这种特点,而流水网络计划很好地解决了这一问题。以下通过示例介绍流水网络计划。

某工程包括四个施工段(Ⅰ、Ⅱ、Ⅲ、Ⅳ),每一施工段上都有三个施工过程(A、B、C)。针对每一施工过程,分别组织三个专业施工队(A、B、C)按流水施工方法组织施工,各专业队在各个施工段上的持续时间见表5-12。

各专业施工队在各个施工段上的持续时间 表5-12

施工过程(专业队)	各施工段上持续时间(d)			
	Ⅰ	Ⅱ	Ⅲ	Ⅳ
A	2	3	3	2
B	2	2	3	3
C	3	3	3	2

1. 流水施工组织

按照“累计数列错位相减取大差法”计算相邻施工过程之间的流水步距 K，代入无节奏流水施工的工期计算公式，可得出工期，并可绘出相应的横道计划图，见图 5-35。

A	2	5	8	10	
B		2	4	7	10
C			3	6	9	11

$$K_{A,B}=4 \qquad K_{B,C}=2$$

$$T=\sum K+T_n=K_{A,B}+K_{B,C}+(3+3+3+2)=17(d)$$

施工过程	施工进度（d）																
	1	2	3	4	5	6	7	8	9	10	11	12	13	14	15	16	17
A		AⅠ		AⅡ			AⅢ			AⅣ							
B			$K_{A,B}$			BⅠ		BⅡ		BⅢ			BⅣ				
C						$K_{B,C}$		CⅠ			CⅡ			CⅢ			CⅣ

图 5-35　流水施工水平横道计划图

2. 普通双代号网络计划

根据表 5-12 可绘制普通双代号网络图，计算节点时间参数，确定工期为 16d，关键线路由双箭线表示，见图 5-36。

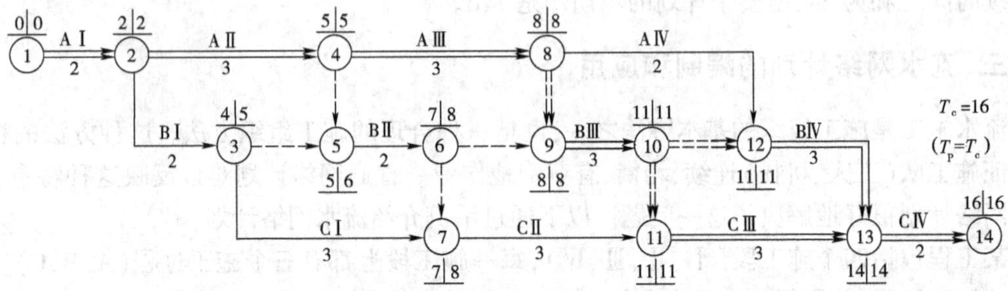

图 5-36　普通双代号网络计划图

对比图 5-35 和图 5-36 可发现，两者工期不同。按流水施工组织的工期为 16d，而按普通双代号网络计划安排的工期是 17d。出现这种差别的原因何在呢？

事实上，按照普通双代号网络计划安排时，每项工作的开展都严格按照“施工队 + 施工段”两个必备条件，即只要有施工队和施工段，那么，在该段上的施工过程就可以开展。比如，图 5-36 中 BⅡ（B 代表施工队，Ⅱ代表施工段）工作的开展受 BⅠ和 AⅡ的紧前约束，即 BⅠ要完成为 BⅡ提供施工队 B，AⅡ也完成为提供施工段Ⅱ。

换句话说，图 5-36 是按双重逻辑约束（施工队 + 施工段）绘制的普通双代号网络图，而图

5-35 中的逻辑约束，除有“施工队 + 施工段”之外，还有流水步距 K 的约束，也就是说，流水施工的逻辑约束是三重(施工队 + 施工段 + 流水步距)。两种计划的内在逻辑不同，计划结果有差别也就不足为奇了。可见，逻辑是本质，结果是表象。

可以验证，如果将图 5-35 中的流水步距这一重逻辑约束取消，那么，将得到图 5-37 所示结果——工期与图 5-36 的工期保持了一致(16d)。但图 5-37 的计划已经不能再被称为流水施工了，只能称为一般的分段施工，因为图中施工过程不再具有连续性。

施工过程	施工进度(d)															
	1	2	3	4	5	6	7	8	9	10	11	12	13	14	15	16
A		AⅠ		AⅡ			AⅢ			AⅣ						
B				BⅠ			BⅡ			BⅢ			BⅣ			
C						CⅠ			CⅡ				CⅢ			CⅣ

图 5-37　分段施工水平横道计划图

同理，如果在图 5-36 中引入流水步距这一重逻辑约束，那么，也可以得到与图 5-35 结果一致的网络计划——流水网络计划。

3. 流水网络计划

为体现流水施工组织的连续性原则，在普通双代号网络图中引入流水步距，即构成双代号流水网络计划图。见图 5-38。

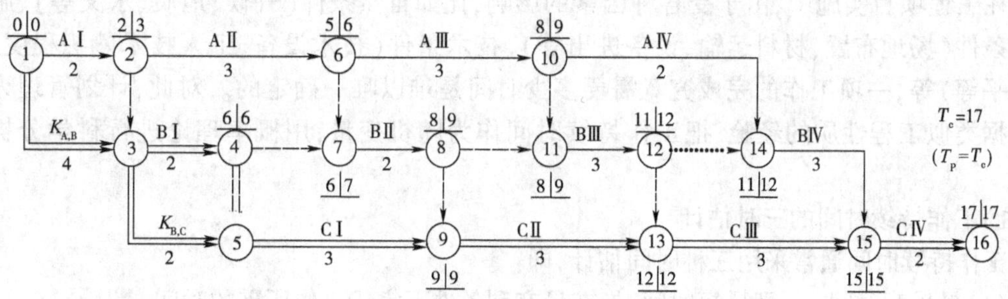

图 5-38　双代号流水网络计划图

简要说明图 5-38 中流水步距的引入。流水步距是指相邻专业队相继投入同一施工段开始操作的时间间隔。将流水步距作为一项特殊的工作，安排在各相邻专业队的开始节点之间，当然，对网络图也需要进行相应的调整，如新增虚工作 2—3 和 4—5。

双代号流水网络计划的计算与普通双代号网络计划的计算完全一致，结果见图 5-38。

双代号流水网络图保持了与流水施工横道图一致的内在逻辑，保持了施工过程的连续性，

两种计划有相同的计算结果，同时，流水网络还弥补了横道图逻辑表达不清的缺点。

双代号流水网络图形稍显复杂。如果用单代号搭接网络图来表达流水施工，图形就可以大为简化了。例如，将图 5-38 用单代号搭接网络图的形式表达，可得图 5-39——单代号流水搭接网络计划图。

图 5-39 中，时距 *STS* 时间上就是流水施工中的步距 *K*。有 $K_{A,B}=4$，$K_{B,C}=2$，也就有 $S_ATS_B=4$，$S_BTS_C=2$。

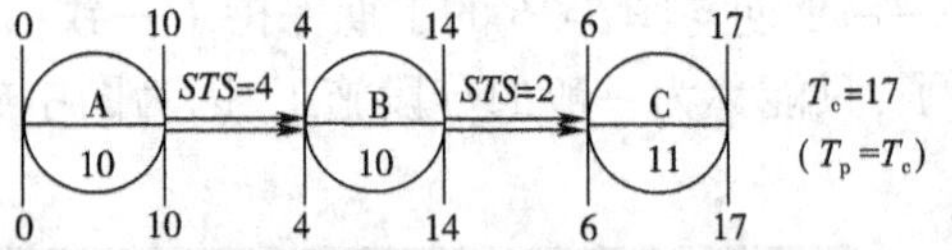

图 5-39　单代号流水搭接网络计划图

单代号流水搭接网络计划图与双代号流水网络计划图及流水施工横道图的内在逻辑是一致的，也都有相同的计算结果。但前者在图形上十分简洁，因此，在按流水方式组织（或部分内容按流水方式组织）时，可以采用（或部分采用）单代号流水搭接网络图的形式，简化图形。

四、PERT 网络计划的编制和应用

在前面介绍的中网络计划中，工作之间的关系及工作的持续时间都是确定的，都可以称为肯定型的网络计划。但在一些大型、技术复杂的工程项目中，特别是采用新技术、新工艺、新材料、新结构和新设备等的工程项目中，尽管可能其中各项工作之间的关系是确定的，但各项工作（或某些工作）的持续时间却是不确定的。此时可采用网络计划的计划评审技术（简称 PERT），用于编制工程项目的进度计划。

PERT 网络图在画法上、时间参数计算上，以及后续的优化方法方面与 CPM 基本相同。但 PERT 网络计划也有其独自的特点，那就是在时间上要考虑随机因素。首先需要对工作持续时间进行估计，然后根据估计的工作持续时间值计算持续时间的数学期望及网络计划的期望工期，进而利用概率计算出按要求工期完工的可能性大小，从而找出完成计划的最大工期，以提高计划的可靠性。

1. 工作持续时间的估计

在工程项目实施中，由于受各种因素的影响，比如自然条件（气候、地质、水文等）、施工现场条件（场地布置、材料运输、设备进出等）、技术条件（技术设备、工人技术熟练程度、管理水平等）等，一项工作的完成究竟需要多少时间是难以唯一确定的。对此，计划管理人员应根据类似工程性质的经验，把工作持续时间作为随机变量，用概率理论进行科学分析和处理。

1）工作持续时间的三时估计

工作持续时间通常采用三种时间估计，即：

（1）最乐观时间 a。即最短时间，指在最有利条件下完成工作所需的时间。

（2）最可能时间 m。即完成机会最多的时间，指在正常条件下完成工作所需的时间。

（3）最悲观时间 b。即最长时间，指在最不利条件下完成工作所需的时间。一般认为，这些时间包括工作中由于配合不好造成的进度拖延以及其他窝工现象所造成的时间浪费等，但不包括非常事件（指自然灾害、政治事件等不可抗力）造成的停工时间。

以上三种时间估计值可以根据专业人员的经验判断，最好是参照类似工作的定额标准，结合新工作的复杂程度进行恰当的估计。

上述三种时间估计，是某一随机过程概率分布的三个代表性数值，即下限 a、峰值 m、上限 b，如图 5-40a）所示。这种频率分布的主要特点是：所有的时间可能估计值均位于 a 和 b 之间。如果将此过程进行若干次，可以观察到与不同时间估计值相对应的出现频率；如果将这一过程进行无限多次，图 5-40a）所示的出现频率将趋于一条连续的频率分布曲线。按照概率论的中心极限定理，可以认为这条曲线服从于正态分布。

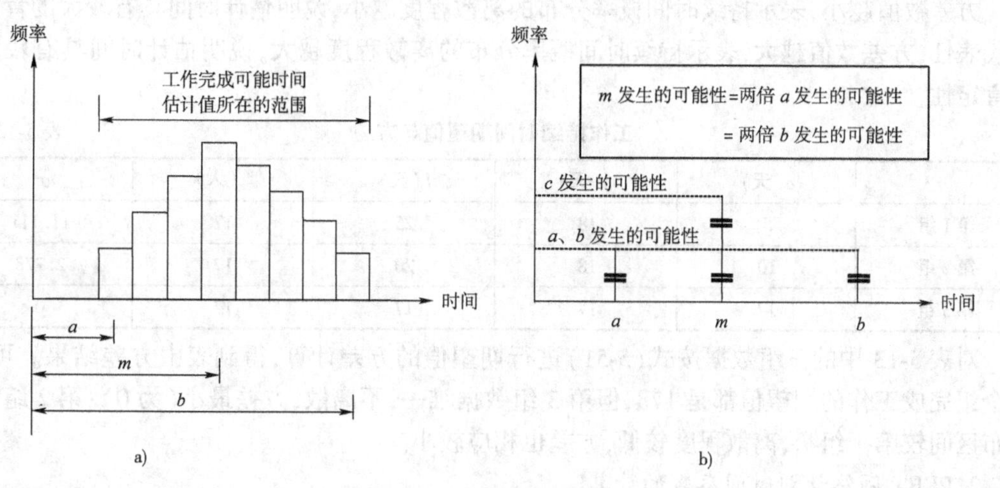

图 5-40 三时估计与两倍概率假定

a）三时估计；b）两倍概率假定

仅仅有三时估计并不能解决实际问题，因为那样的话，由三时组合出的工期个数是 3^n。如图 5-41 所示，仅由两项工作依次组成的网络就有 9 种工期值；如果网络由 10 项工作依次组成则有 59049 种工期值；如果 100 项，……因此，还是需要对工作持续时间进行“唯一化”处理。

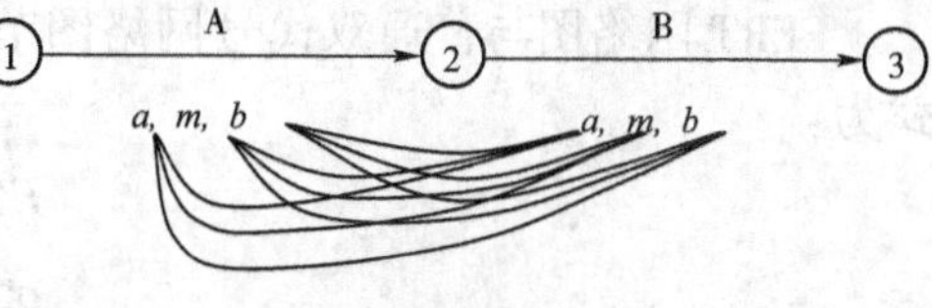

图 5-41 三时估计工期组合

2）工作持续时间的期望值 t_e 和方差 σ^2

期望值描述了持续时间随机变量的取值中心，有了期望值就可以进行 PERT 网络计划时间参数的计算。由图 5-40 可见，最乐观时间和最悲观时间出现的概率最小，而最可能时间出现的概率最大，如果把 a、m、b“等权”地加以平均是不妥的，应采用加权平均法计算工作持续时间的期望值。那么，“权重”又如何确定呢？

我国著名数学家华罗庚教授对此作出了两倍概率假定：m 发生的可能性两倍于 a 发生的可能性，也两倍于 b 发生的可能性（图 5-40b）。

根据两倍概率假定，工作持续时间的期望值为：

$$t_e = \frac{1}{2}\left(\frac{a + 2m}{3} + \frac{2m + b}{3}\right) = \frac{a + 4m + b}{6} \tag{5-50}$$

求出工作持续时间的期望值后，就可以将非肯定性问题转化为肯定性问题。例如，某项工作如果交由三个不同的班组去做，他们完成任务所需持续时间的三时估计值及对应期望值见表 5-13。

由表5-13可以看出，虽然三个组完成工作的期望值都是17d，但显然他们的数据分布区间不同，离散程度不同。而由持续时间的期望值无法反映这种差异，需用持续时间期望值的方差来表达。期望值的方差为：

$$\sigma^2 = \frac{1}{2}\left[\left(\frac{a+4m+b}{6}-\frac{a+2m}{3}\right)^2+\left(\frac{a+4m+b}{6}-\frac{2m+b}{3}\right)^2\right]=\left(\frac{b-a}{6}\right)^2 \tag{5-51}$$

方差数值越小，表示持续时间概率分布的离散程度越小，说明估计时间具有较大的肯定性和代表性；方差数值越大，表示持续时间概率分布的离散程度越大，说明估计时间具有较大的不肯定性。

工作持续时间期望值与方差 表5-13

	a(天)	m(天)	b(天)	t_e(天)	σ^2
第1组	5	18	25	17	11.111
第2组	10	18	20	17	2.778
第3组	17	17	17	17	0

对表5-13中的三组数据按式(5-51)进行期望值的方差计算，得到表中方差结果。可见，三个组完成工作的期望值都是17d，但第3组数据唯一，不离散，方差最小(为0)；第2组数据分布区间较第1组窄，离散程度较低，方差也相应较小。

2. PERT网络计划时间参数的计算

PERT网络计划图的绘制与普通双代号网络计划图的绘制相同，在此不再赘述。

PERT网络计划一般按节点时间参数计算法，计算节点最早实现时间和节点最迟实现时间及其方差、节点时差及实现概率、计划的期望工期与方差及计划按期完成的概率等。

1)节点最早实现时间及方差(时间、方差：顺向计算，加法取大)

PERT网络图与普通双代号网络图节点最早实现时间的计算方法和顺序相同。计算公式为：

$$\left.\begin{aligned} ET_1 &= 0 \\ \sigma^2(ET_1) &= 0 \end{aligned}\right\} \tag{5-52}$$

$$\left.\begin{aligned} ET_j &= \max\{ET_i + t_{ei,j}\} \\ \sigma^2(ET_j) &= \max\{\sigma^2(ET_i) + \sigma^2(t_{ei,j})\} \end{aligned}\right\} \tag{5-53}$$

2)期望工期及方差

期望工期的计算与普通双代号网络图计算工期的计算方法一致，即网络计划关键线路上所有工作持续时间的期望值之和；与期望工期对应的方差亦为网络计划关键线路上所有工作持续时间期望值的方差之和。应注意，当网络计划中存在多条关键线路时，应在多条关键线路中取方差合计值的最大值作为与期望工期对应的方差。

$$T_E = \sum_{CP} t_{ei} \tag{5-54}$$

$$\sigma_E^2 = \sum_{CP} \sigma_i^2 \tag{5-55}$$

式中：CP——关键线路。

3)节点最迟实现时间及方差(时间：逆向计算，减法取小；方差：逆向计算，加法取大)

PERT网络图与普通双代号网络图节点最迟实现时间的计算方法和顺序相同。需要注意

的是,方差的计算始终只能用加法。计算公式为:

$$\left.\begin{aligned} LT_{n} &= T_{E} = ET_{n} \\ \sigma^{2}(LT_{n}) &= 0 \end{aligned}\right\} \tag{5-56}$$

$$\left.\begin{aligned} LT_{i} &= \min\{LT_{j} - t_{ei,j}\} \\ \sigma^{2}(LT_{i}) &= \max\{\sigma^{2}(LT_{j}) + \sigma^{2}(t_{ei,j})\} \end{aligned}\right\} \tag{5-57}$$

4)节点时差及实现概率

节点时间变动的范围称为节点时差(节点的松弛时间),用 TF 表示,即:

$$\left.\begin{aligned} TF_{i} &= LT_{i} - ET_{i} \\ \sigma^{2}(TF_{i}) &= \sigma^{2}(LT_{i}) + \sigma^{2}(ET_{i}) \end{aligned}\right\} \tag{5-58}$$

在 PERT 网络计划中,$TF=0$ 的节点称为关键节点,关键节点及其顺序关系箭线组成关键线路,这与普通双代号网络计划相似。不同之处在于,PERT 网络计划中时差是一个服从正态分布的随机变量,由计算所得的节点时差 TF 是一个期望值,因此,可以根据节点时差 TF 及其对应的方差 $\sigma^2(TF)$ 估计节点实现的概率。

节点实现的概率可由式(5-59)求出正态分布偏移值 Z 后,查标准正态分布概率表(表5-14),得出节点实现的概率 P。

$$Z_{i} = \frac{TF_{i}}{\sigma(TF_{i})} = \frac{LT_{i} - ET_{i}}{\sqrt{\sigma^{2}(LT_{i}) + \sigma^{2}(ET_{i})}} \tag{5-59}$$

5)节点在规定期限实现的概率

有时某一节点的完成期限在网络计划编制以前已经有规定,比如内河港口施工中,基础工程一般必须在汛期来临之前完成,以便继续进行其他部分的施工。对此,必须确定该节点最早实现时间 ET 与规定期限 TP 之间的关系。当 $ET < TP$ 时,自然易于按期或提前完成;而当 $ET > TP$ 时,则需要估计保证该节点在规定前实现的概率 P。

要计算节点 i 在规定期限 TP_i 内实现的概率,可按式(5-60)先求出正态分布的偏离值 Z_i,然后通过查标准正态分布概率表(表5-14),得出节点在规定期限内实现的概率 P_i。

$$Z_{i} = \frac{PT_{i} - ET_{i}}{\sigma(ET_{i})} \tag{5-60}$$

6)计划按期完成的概率

与确定节点在规定期限实现的概率相同,如果工程有规定工期(要求工期)T_r,则按期完工的概率可通过计算正态分布的偏离值 Z_r,查标准正态分布概率表(表5-14),得出按期完工概率 P_r。

$$Z_{r} = \frac{T_{r} - T_{E}}{\sigma_{E}} \tag{5-61}$$

反之,如果事先规定了按期完工的概率 P_r,则先从表5-14中查出概率系数 Z_r,依公式(5-61)进行反解出规定工期 T_r,即:

$$T_{r} = T_{E} + Z_{r} \cdot \sigma_{E} \tag{5-62}$$

标准正态分布概率表　　表 5-14

Z	P	Z	P	Z	P	Z	P
-3.0	0.0014	-1.4	0.0808	+0.2	0.5793	+1.8	0.9641
-2.9	0.0019	-1.3	0.0968	+0.3	0.6179	+1.9	0.9713
-2.8	0.0026	-1.2	0.1151	+0.4	0.6554	+2.0	0.9772
-2.7	0.0035	-1.1	0.1357	+0.5	0.6915	+2.1	0.9821
-2.6	0.0047	-1.0	0.1587	+0.6	0.7257	+2.2	0.9861
-2.5	0.0062	-0.9	0.1841	+0.7	0.7580	+2.3	0.9893
-2.4	0.0082	-0.8	0.2119	+0.8	0.7881	+2.4	0.9918
-2.3	0.0107	-0.7	0.2420	+0.9	0.8159	+2.5	0.9938
-2.2	0.0139	-0.6	0.2743	+1.0	0.8413	+2.6	0.9953
-2.1	0.0179	-0.5	0.3085	+1.1	0.8643	+2.7	0.9965
-2.0	0.0228	-0.4	0.3446	+1.2	0.8849	+2.8	0.9974
-1.9	0.0287	-0.3	0.3821	+1.3	0.9032	+2.9	0.9881
-1.8	0.0359	-0.2	0.4207	+1.4	0.9192	+3.0	0.9887
-1.7	0.0446	-0.1	0.4602	+1.5	0.9332	+3.1	0.9990
-1.6	0.0548	0.0	0.5000	+1.6	0.9452	+3.2	0.9993
-1.5	0.0668	+0.1	0.5398	+1.7	0.9554	+3.3	0.9995

【例 5-9】 某工程施工网络计划见图 5-42。试计算完成该计划的期望工期及方差；在 23d 内完成节点⑤之前所有工作的概率；该工程计划 50d 完成的概率；如果要求完成计划的概率不低于 95%，则指令工期应规定多少天？

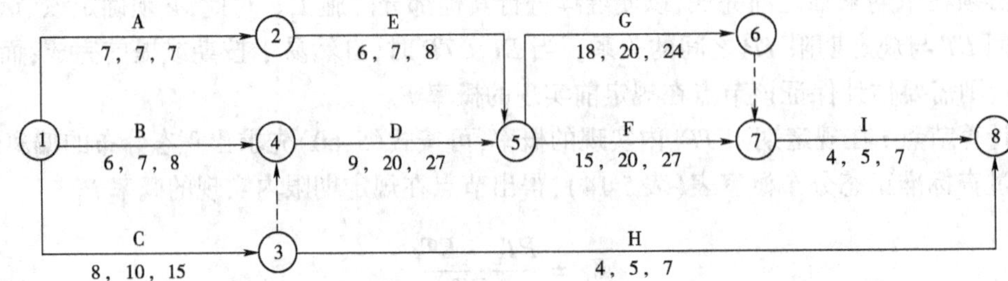

图 5-42　某工程 PERT 网络计划

【解】 (1)根据网络图中所标注的数据，按式(5-50)及(5-51)计算各项工作持续时间的期望值 t_e 及方差 $\sigma^2(t_e)$，计算结果列于表 5-15 中。

(2)根据 PERT 网络计划时间参数的计算方法和计算顺序，计算各节点时间参数及方差，计算结果标注于图 5-43 中。

期望工期 $T_E = 46.17$，方差 $\sigma_E^2 = 5.86$。节点图例中，$\sigma^2(ET)$ 和 $\sigma^2(LT)$ 分别是指节点最早实现时间对应的方差和最迟实现时间对应的方差。

(3)确定 23d 内完成节点⑤之前所有工作的概率，即确定在规定期限 $TP_5 = 23\text{d}$ 情况下节点⑤按期实现的概率。由式(5-60)得：

三时估计的持续时间期望值及方差　　表 5-15

工作	估计时间			工作持续时间期望值	方差
	a	m	b	t_e	$\sigma^2(t_e)$
A	7	7	7	7	0
B	6	7	8	7	0.11
C	8	10	15	10.5	1.36
D	9	10	12	10.17	0.25
E	6	7	8	7	0.11
F	15	20	27	20.33	4
G	18	20	24	20.33	1
H	4	5	7	5.17	0.25
I	4	5	7	5.17	0.25

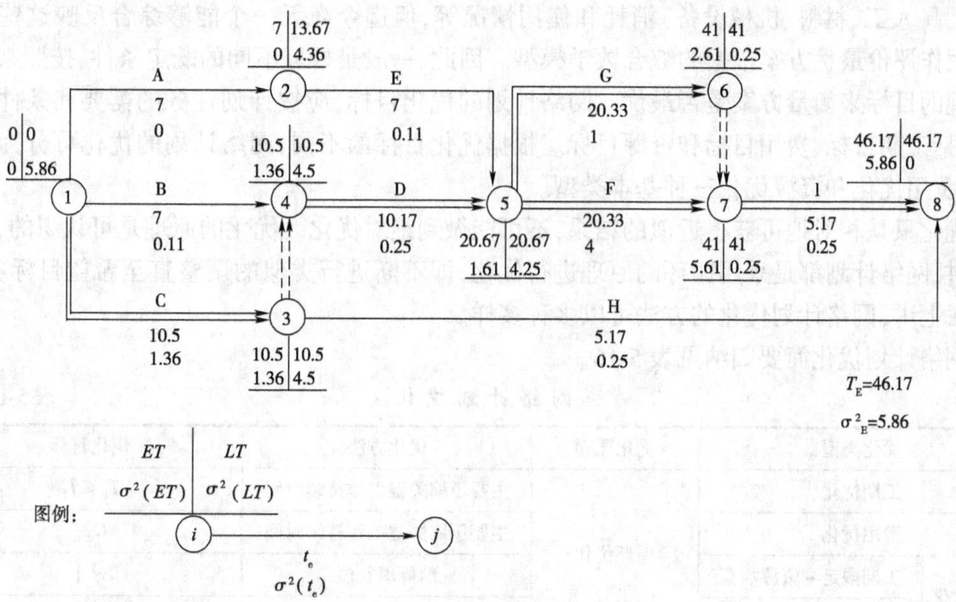

图 5-43　PERT 网络计划节点时间参数及方差

$$Z_5 = \frac{PT_5 - ET_5}{\sigma(ET_5)} = \frac{23 - 20.67}{\sqrt{1.61}} = 1.84$$

查表 5-14，得：$P_5 = 96.70\%$，即在 23d 内完成节点⑤之前所有工作的概率为 95.62%。

(4)确定确定该工程计划 50d 完成的概率。

由式(5-61)，得：

$$Z_r = \frac{T_r - T_E}{\sigma_E} = \frac{50 - 46.17}{\sqrt{5.86}} = 1.58$$

查表5-15,得:$P_r=94.28\%$,即该工程计划50d完成的概率为94.28%。

(5)确定计划完成的概率不低于98%时的指令工期。

由$P_r=98\%$,查表5-15,得:$Z_r=2.06$。再由式(5-62)计算指令工期为:

$$T_r=T_E+Z_r\cdot\sigma_E=46.17+2.06\times\sqrt{5.86}=51.16(\mathrm{d})$$

即:计划完成的概率不低于98%时的指令工期应为51.16d。

第五节 网络计划优化

一、概述

网络计划优化,主要是在编制阶段,在满足既定约束条件下,按选定目标,通过不断改进网络计划的可行方案,寻求满意结果,从而编制出可供实施的网络计划的过程。

衡量一项计划方案的优劣,一般来说应综合评价它的技术经济指标(目标),包括工期、费用、资源(人工、材料、机械设备)消耗和使用情况等,但迄今尚无一个能够综合反映这些指标并能用作评价最优方案依据的综合数学模型。因此,一般是根据不同的既定条件,按照某一希望实现的目标来衡量方案是否最优。网络计划的优化目标,应按计划任务的需要和条件来选定,包括工期目标、费用目标和资源目标。根据优化目标的不同,网络计划的优化可分为工期优化、费用优化和资源优化三种基本类型。

优化只是相对地可获得近似的结果,不可能做到绝对优化。优化的原理是可认识的,从原理上讲,网络计划都是采用循环的原理进行优化,即不断进行类似的调整直至希望目标实现;从方法上讲,网络计划优化的方法可以多种多样。

网络计划优化简要归纳见表5-16。

网络计划优化　　表5-16

优化类型		优化原理	优化方法	优化目标
工期优化		循环优化	主要压缩关键工作持续时间	$T_c\leqslant T_r$
费用优化			主要压缩关键工作持续时间	C_{min}
资源优化	工期限定~资源均衡		削峰填谷法	$\sigma^2\downarrow$
	资源有限~工期最短		备用库法	ΔT_{min}

通过网络计划优化实现优化目标,有重要的实际意义,甚至会使项目施工取得重大的经济效果,应当尽量利用网络计划模型可优化的特点,努力实现优化目标。手工优化只能在小型网络计划上办到。要对大型网络计划进行优化,必须借助计算机。

本节主要介绍工期优化、费用优化(工期-成本优化)和资源优化(工期-资源优化)的基本原理和方法。

二、工期优化

所谓工期优化,是指当网络计划的计算工期大于要求工期时,通过压缩关键工作的持续时间以满足要求工期目标的过程。

1. 工期优化的步骤

(1)计算初始网络计划的计算工期、确定关键工作和关键线路。

(2)确定为满足要求工期应缩短的时间 $\Delta T(=T_c-T_r)$。

(3)确定各关键工作可压缩的余地。

(4)选择应优先缩短持续时间的关键工作。选择时应充分考虑:①缩短持续时间对质量和安全的影响;②是否有充足的备用资源;③缩短持续时间所需增加的费用多少。

(5)压缩选中的关键工作持续时间,并重新计算网络计划的工期。若被压缩的关键工作变成非关键工作,则应延长其持续时间,使之仍为关键工作。

(6)若重新计算出的工期满足要求工期,优化结束。否则,否则重复以上步骤,直至满足要求。

如果所有关键工作的持续时间都已经达到其能够缩短的最大限度,而网络计划的计算工期仍不能满足要求工期时,应对网络计划初始方案进行调整,或对要求工期重新审定。

2. 压缩关键工作持续时间的措施

压缩关键工作持续时间,需要采取的措施主要有:增加资源数量;增加工作班次;改变施工方法;组织流水施工;采取技术措施等。

【例 5-10】 某工程项目网络计划见图 5-44,时间单位为天。若该工程项目的要求工期为 120d,试进行工期优化。

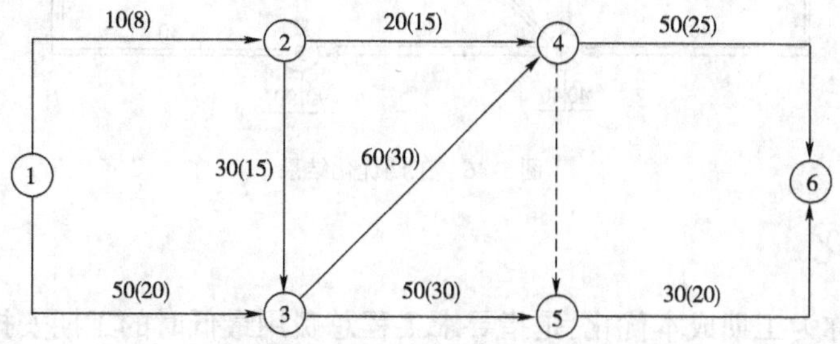

图 5-44　某工程项目网络计划

【解】 (1)用各项工作的正常持续时间计算初始网络计划图中各节点时间参数,确定出初始网络计划的计算工期、关键线路和关键工作,见图 5-45。

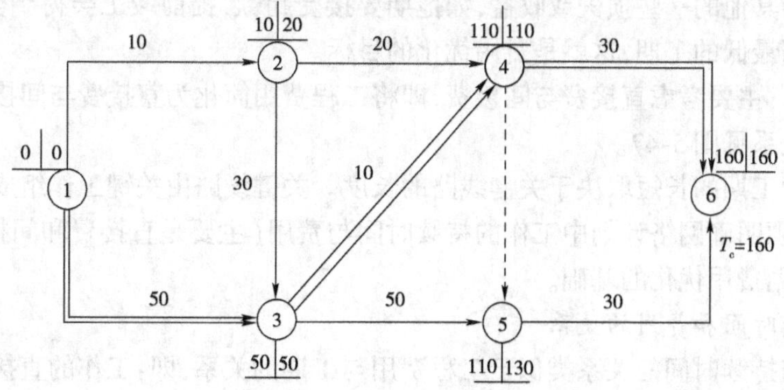

图 5-45　初始网络计划时间参数计算

(2)确定需要压缩的工期值。

初始网络计划计算工期为160d,而要求工期为120d。因此,需要压缩工期40d。

(3)工期压缩。

关键工作1—3可压缩30d,与其相关的1—2工作的自由时差为0、2—3工作的自由时差为10,故关键工作1—3最多可压缩10d。

同理,关键工作3—4可压缩30d,与其相关的2—3工作的自由时差为10d、2—4工作的自由时差为80d,故关键工作3—4最多可压缩10d。

同理,关键工作4—6可压缩25d,与其相关的5—6工作的自由时差为20d,故关键工作4—6最多可压缩20d。

综上,关键工作1—3压缩10d,关键工作3—4压缩10d,关键工作4—6压缩20d,合计压缩40d。对上述关键工作压缩后的网络计划进行重新计算,得图5-46所示结果,满足要求工期120d。图5-46即为优化结果。

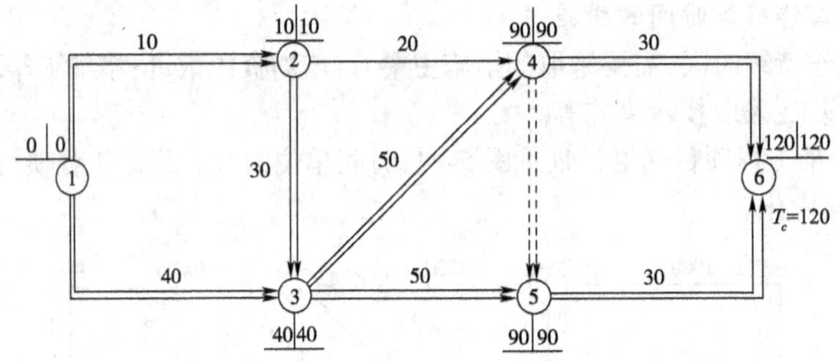

图5-46　工期优化结果

三、费用优化

费用优化又称为工期成本优化,是指寻求工程总费用最低时的工期安排。

不同行业对建设项目总投资(或总概算)的划分各有不同,但对工程费用的划分则基本相同,即工程费用一般包括建安工程费和设备购置费。建安工程费又由直接费、间接费、利润和税金等组成。鉴于直接费会随着工期的缩短而增加,间接费会随着工期的缩短而减少;另外,工期的变化还会其他的一些损失或收益,如拖期要接受罚款,提前竣工会得到奖励等,一定会有一个使总费用最低的工期,这就是费用优化的目标。

为便于计算,主要考虑直接费与间接费,即将工程费用简化为直接费与间接费之和。工程费用与工期的关系见图5-47。

网络计划中工期的长短取决于关键线路的长度。关键线路由关键工作组成。为了达到费用优化的目标,须明确网络计划中工作的持续时间与费用(主要是直接费和间接费)之间的关系,这是网络计划费用优化的基础。

1.工作持续时间和费用的关系

工作费用与持续时间的关系类似于工程费用与工期的关系,即:工作的直接费随着持续时间的缩短而增加;工作的间接费随着持续时间的缩短而减少。

(1)工作直接费与持续时间的关系。一般情况下,工作均按直接费最少安排。在可缩短工作持续时间的限度内，随着工作持续时间的缩短，工作直接费不断增加，两者成曲线关系。为便于计算，将工作直接费与持续时间的关系简化为线性关系，并用直接费用率 ΔC_{i-j} 表示工作每缩短单位持续时间而增加的直接费。见图 5-48。

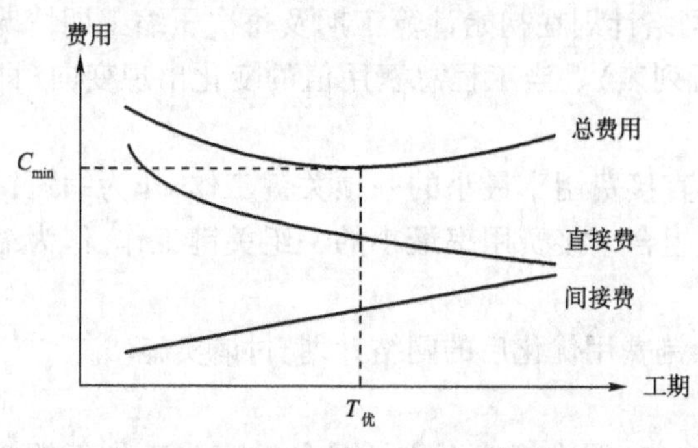

图 5-47 费用～工期关系曲线

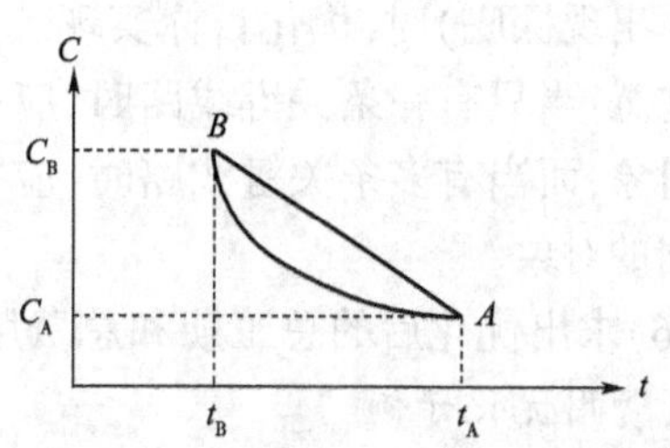

图 5-48 工作直接费～工作持续时间关系

直接费用率 ΔC_{i-j} 按式(5-63)计算：

$$\Delta C_{i-j} = \frac{C_B - C_A}{t_A - t_B} \tag{5-63}$$

式中：ΔC_{i-j}——工作 i—j 的直接费用率；

C_B——按最短持续时间完成工作时所需的直接费；

C_A——按正常持续时间完成工作时所需的直接费；

t_A——工作 i—j 的正常持续时间；

t_B——工作 i—j 的最短持续时间。

利用式(5-63)计算各项工作的直接费用率，在压缩关键工作持续时间以压缩工期时，应将直接费用率最小的关键工作作为压缩对象。当有多条关键线路出现而需要同时压缩多个关键工作时，应将他们的组合直接费用率(直接费用率之和)最小者作为压缩对象。

(2)工作间接费与持续时间的关系。工作的间接费随着持续时间的缩短而减少。为便于计算，将工程间接费用简化为工期的线性关系，并用 α 表示工程间接费用率。

2. 费用优化的步骤

工程费用优化的基本思想在于不断从工作的持续时间与费用关系中，找出能使工期缩短而又能使直接费用增额最少的工作，缩短其持续时间，然后考虑间接费随工期缩短而减少的情况。把不同工期时的直接费和间接费分别叠加，即可求出工程成本最低时相应的最优工期。具体优化步骤如下：

(1)按工作正常持续时间计算，确定计算工期、关键工作及关键线路。

(2)按式(5-63)计算各项工作的直接费用率。

(3)确定计算工期为 T_c 时的网络计划的工程总费用 C_T：

$$C_T = C_d + \alpha \cdot T_c \tag{5-64}$$

式中：C_T——工程总费用；

C_d——工程总的直接费；

α——工程间接费用率；

T_c——计算工期。

(4)寻找可以压缩持续时间的工作。这些工作应当满足以下三项标准：首先，它是一项关键工作；其次，它是可以压缩的工作；第三，它的直接费用率在可压缩的关键工作中是最小的。

(5)按照(1)~(4)的步骤，确定工程网络计划在初始计算工期及每次压缩工期情况下的工程总的直接费、间接费和工程总费用(可列表)。当工程总费用值的变化出现变向(即总费用曲线出现探底)时，优化目标实现。

注意：当只有一条关键线路时，应找出直接费用率最小的一项关键工作，作为缩短持续时间的对象；而当有多条关键线路时，应找出组合直接费用率最小的一组关键工作，作为缩短持续时间的对象。

(6)求出优化后的总工期和总费用，绘制费用优化后的网络计划，付诸实施。

3. 费用优化示例

【例 5-11】 已知初始网络计划见图 5-49，图中箭线下方括号外数字为工作正常持续时间，括号内数字为工作最短持续时间。与工作正常持续时间及最短持续时间对应的直接费用见表 5-17。工程间接费用率为 20 千元/d。试对该工程网络计划进行费用优化。

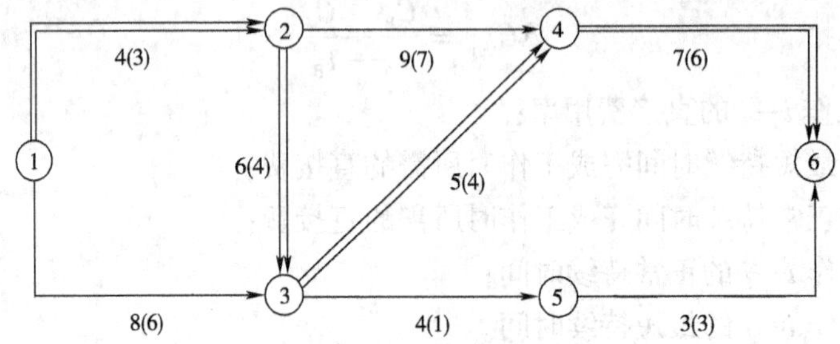

图 5-49 某工程初始网络计划图

各工作有关资料 表 5-17

工作	正常持续时间		最短持续时间		直接费用率（千元/d）
	时间(d)	直接费用(千元)	时间(d)	直接费用(千元)	
1—2	4	42	3	56	14
1—3	8	80	6	112	16
2—3	6	100	4	120	10
2—4	9	108	7	120	6
3—5	4	100	1	220	40
3—4	5	30	4	48	18
5—6	3	30	3	30	∞
4—6	7	120	6	150	30
Σ直接费用		610		856	

【解】 (1)按工作正常持续时间计算节点时间参数，确定计算工期、关键工作及关键线路。结果见图 5-50。

(2)按式(5-63)计算各项工作的直接费用率。计算结果见表 5-17。

(3)确定初始网络计划计算工期 $T_c = 22\text{d}$ 时的工程总费用 C_T：

$$C_T = C_d + \alpha \cdot T_c = 610 + 20 \times 22 = 6050(\text{千元})$$

将与计算工期对应的工程间接费用、工程总的直接费用和工程总费用列入表 5-18 中。

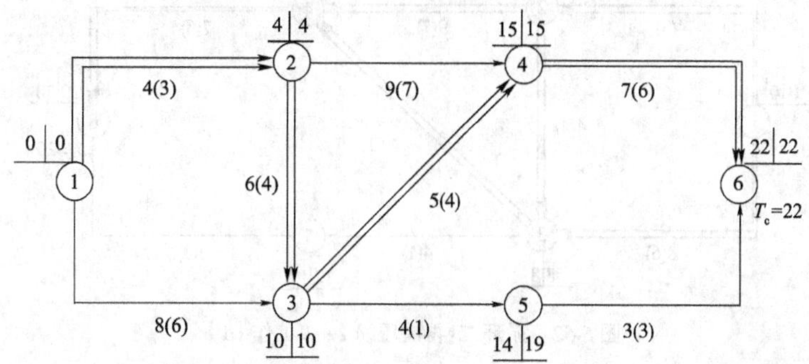

图 5-50　初始网络计划计算

(4)循环优化：

循环一：在图 5-50 中，关键线路上工作 2—3 可压缩且直接费用率最小($C_{2-3} = 10$)。因此，首先将工作 2—3 作为压缩对象压缩 1d，得图 5-51 所示结果。此时，工程直接费在原有 610 千元的基础上增加 10 千元。将计算工期 $T_c = 21$d 时的工程间接费用、工程总的直接费用和工程总费用列入表 5-18 中。可见，总费用呈下降趋势，需继续压缩。

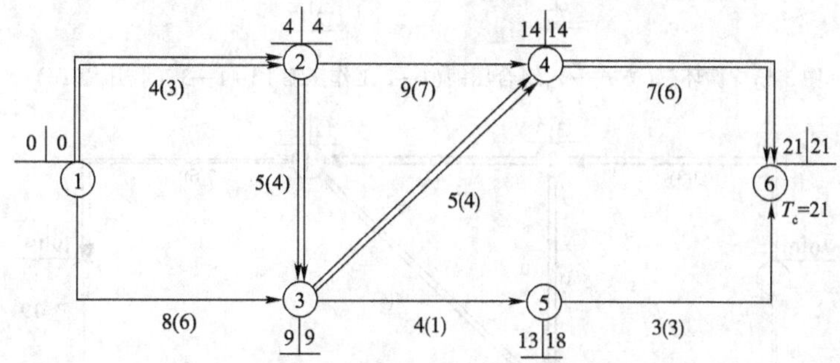

图 5-51　循环一：压缩 2—3 工作 1d

循环二：在图 5-51 中继续选择压缩对象，仍选中 2—3 工作，将其继续压缩 1d，得图 5-52 所示结果。此时，工程直接费在 620 千元基础上再增加 10 千元。继续在表 5-18 中填入与计算工期 $T_c = 20$d 时对应的工程间接费用、工程总的直接费用和工程总费用。可见，总费用仍下降趋势，再继续压缩。

循环三：由图 5-52 可见，关键线路已增加到三条：1—2—4—6、1—2—3—4—6 和 1—3—4—6。应找出组合直接费用率最小的一组关键工作，作为缩短持续时间的对象。

在图 5-52 的基础上，有两种组合压缩方式：

方式一：压缩 1—2 工作 1d 的同时压缩 1—3 工作 1d。此时，三条关键线路长度均缩短为 19d，直接费增加 30 千元(1—2 工作增加 14 千元，1—3 工作增加 16 千元)，工程总的直接费用为 660 千元(630 + 30)。见图 5-53。

方式二：压缩 1—2 工作 1d，压缩 3—4 工作 1d，放松 2—3 工作 1d(否则原有关键线路 1—2—3—4—6 将被压缩到 18d，成为非关键线路)。此时，三条关键线路亦均为 19d，直接费增加 22 千元(1—2 工作增加 14 千元，3—4 工作增加 18 千元，2—3 工作减少 10 千元)，工程总的直接费用为 652 千元(630 + 14 + 18 − 10)。见图 5-54。

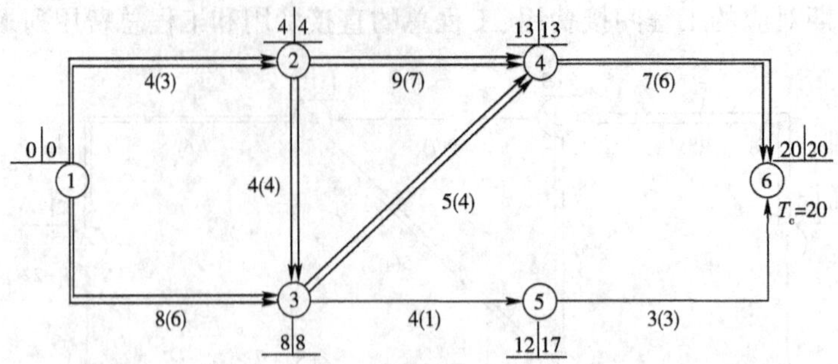

图 5-52 循环二:再次压缩 2—3 工作 1d

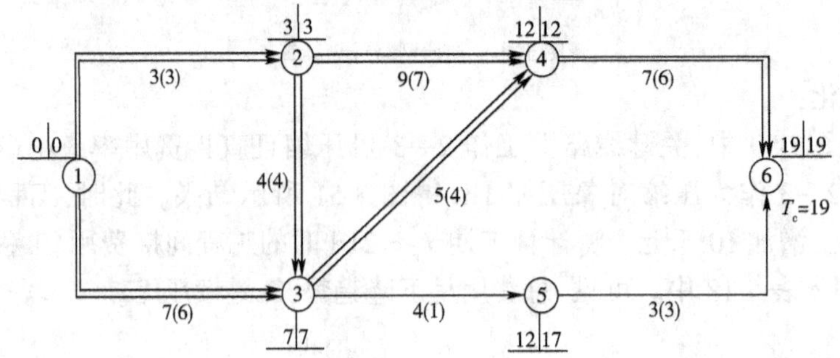

图 5-53 循环三(方式一):组合压缩(1—2 工作压缩 1d + 1—3 工作压缩 1d)

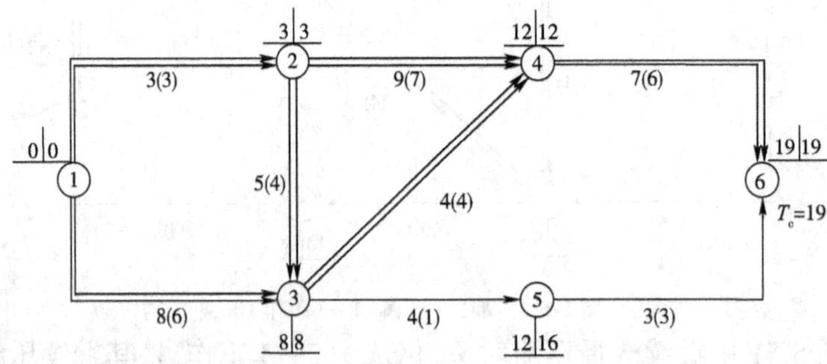

图 5-54 循环三(方式二):组合压缩(压 1—2 及 1—3 工作各 1d,放松 2—3 工作 1d)

比较以上两种组合压缩方式可见,采用“方式二”较“方式一”节省直接费 8 千元(660 − 652)。因此,选择“方式二”的组合压缩。继续在表 5-18 中填入与计算工期 T_c = 19d 时对应的工程间接费用、工程总的直接费用和工程总费用。此时,总费用已由原先的下降趋势转变为上升趋势,优化目标已经实现——最优工期 20d,最小费用 1030 千元。

费用优化过程　　表 5-18

计算工期(d)	22	21	20	19
直接费(千元)	610	620	630	652
间接费(千元)	440	420	400	380
工程总费用(千元)	1050	1040	1030	1032
工程总费用变化趋势	↘	↘	↗	

(5)最终优化方案:计算最优工期为 20d,最小工程总费用为 1030 千元。参见图 5-52。

（即：在初始网络计划基础上压缩2—3工作2d，直接费增加20千元，工程总的直接费用为630千元，工程间接费用为400千元）

四、资源优化

1. 工期—资源优化的种类

(1)工期规定，资源均衡。这种优化的前提是工期不变，使资源强度(即单位时间资源需要量)尽量均衡(即变化最小，接近于资源需要量的平均值)。这既有利于施工组织与管理，又可能取得很好的经济效果。

(2)资源有限，工期最短。这种优化是指在资源供应强度受到限制的条件下，寻求计划的最短工期。

以上两种优化在实质上可以统一为一个问题：即在一定工期条件下削减资源使用的峰值，使资源强度曲线趋于均衡。

2. "工期规定，资源均衡"的优化原理

(1)资源需要量的均衡性衡量指标。资源均衡性衡量指标通常有极差、不均衡系数和方差三个。

①极差。极差表示最大资源强度与最小资源强度之差。其数据分布区间为(0，∞)。极差越趋近于0，资源分布越均衡。

②不均衡系数。不均衡系数为最大资源强度与平均资源强度之比。其数据分布区间为(1，∞)。不均衡系数越趋近于1，资源分布越均衡。

③方差。方差是资源强度"差值平方和的平均"。其数据分布区间为(0，∞)。方差越趋近于0，资源分布越均衡。

在极差、不均衡系数和方差这三个资源均衡性衡量指标中，方差精确程度较高，使用较多。

"工期规定~资源均衡"的优化方法有多种，不论哪种，都是通过循环调整，"削峰填谷"，使资源均衡性衡量指标尽量减小。以下主要介绍使方差值最小的优化原理，并举例"削峰填谷"的优化方法。

若资源强度 R 是时间 t 的连续函数，则方差的计算公式为：

$$\begin{aligned}\sigma^2 &= \frac{1}{T}\int_0^T[R(t)-\overline{R}]^2\mathrm{d}t \\ &= \frac{1}{T}\int_0^T R^2(t)\mathrm{d}t - \frac{2\overline{R}}{T}\int_0^T R(t)\mathrm{d}t + \overline{R}^2 \\ &= \frac{1}{T}\int_0^T R^2(t)\mathrm{d}t - \overline{R}^2 \end{aligned} \tag{5-65}$$

式中：$R(t)$——在瞬时需要的资源数量；

$\overline{R}$——资源需要量的平均值；

T——规定的工期。

T 和 $\overline{R}$ 为常数，欲使方差值最小，就要使 $\int_0^T R^2(t)\,\mathrm{d}t$ 为最小。

在工程施工网络计划中，资源需要量动态曲线常是阶梯形的，故欲使 $\int_0^T R^2(t)\,\mathrm{d}t$ 为最小，

就是使

$$\sum_{i=1}^{T} R_{i}^{2} = R_{1}^{2} + R_{2}^{2} + R_{3}^{2} + \cdots + R_{i}^{2} + \cdots + R_{T}^{2} \tag{5-66}$$

为最小。式中 R_i 是第 i 天需要的资源数量。

这就是"工期规定,资源均衡"问题的优化原理。

(2)"削峰填谷"优化步骤。根据"工期规定,资源均衡"问题的优化原理,网络计划的"削峰填谷"优化步骤如下:

第一步,根据满足工期规定条件的网络计划绘制相应于各工作最早开始时间的时标网络计划,并根据这个计划统计每天的资源需要量,确定资源峰值。

第二步,关键线路上的工作不动。选择位于资源高峰时段能推迟到该高峰段之后的非关键工作,将其推迟至资源高峰时段之后某时刻开始。

因受工期规定的限制,被推迟的非关键工作的推迟时间不得超过其总时差。当有多项非关键工作可推迟时,按以下优先次序进行调整:

①优先推迟资源强度小的非关键工作;

②当数项工作的资源强度相同时,优先推迟时差大的非关键工作。

第三步,完成一次调整后,绘制调整后的时标网络,并统计每天的资源需要量,确定新的资源峰值,按"第二步"的方法再次进行调整。如此,从左向右地进行调整,每次调整都可计算相应的资源均衡性衡量指标,确保资源趋向均衡,直至所有工作的位置都不能再移动为止。

【例 5-12】 某工程项目网络计划见图 5-55。试用"削峰填谷"法寻求在规定工期为 16d 情况下尽可能实现资源均衡的进度安排。

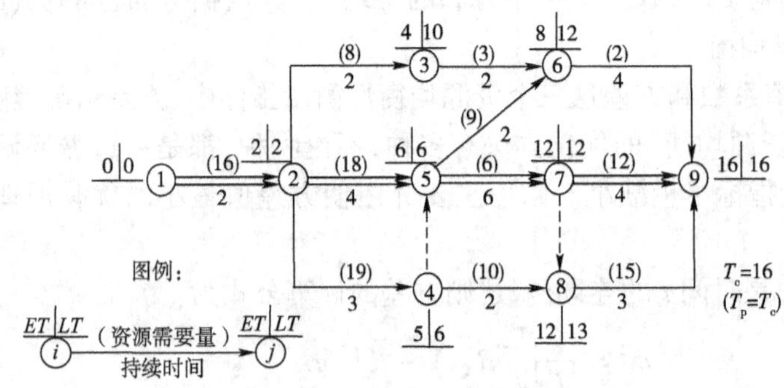

图 5-55 初始网络计划图

【解】 第一步:计算各节点时间参数,确定关键线路,结果见图 5-55。

第二步:按节点早时间绘制初始网络计划的早时标网络图,并统计日资源需要量于时标网络图的下方。结果见图 5-56。图中箭线上方标注各工作资源需要量以便于统计日资源需要量。

从图 5-56 中可见,初始计划的资源分布极不均衡。最高峰值达到 45,而低谷值仅为 8,极差达到 37。为便于对比优化结果,将初始计划及每次循环优化的资源均衡性衡量指标极差、不均衡系数及反映方差变化的 $\sum R^2$ 列入表 5-19 中。

第三步:削峰填谷。调整位于高峰时段的非关键工作,按优先规则进行循环优化,以削减整个计划的资源峰值为目的,逐步实现资源均衡。

循环一:图 5-56 中,时段 $t_2 \sim t_4$ 资源强度达到 45,为整个计划的峰值。在这一时段内,有 3

项工作，其中工作2—5为关键工作，不能推迟。其余两项非关键工作均有推迟的余地。按照优先规则，将工作2—3推迟2d至时点t_5开始，紧后工作3—6亦被顺推至t_7开始。调整结果见图5-57及表5-19 。可见，资源的均衡程度得到一定的改善。

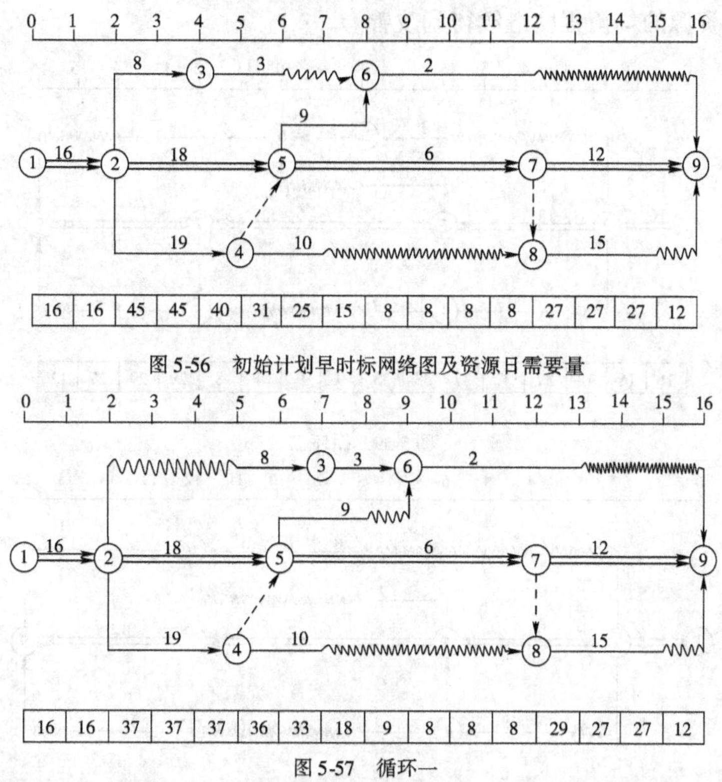

图5-56　初始计划早时标网络图及资源日需要量

图5-57　循环一

循环二：图5-57中，时段$t_2 \sim t_5$资源强度最大，为37。在这一时段内，只有非关键工作工作2—4，其总时差为1d，也就是说工作2—4最多只能推迟1d（否则出现反向箭线！）。推迟2—4工作1d后，紧后工作4—8亦被顺推至t_5开始，得图5-58所示结果。由图5-58及表5-19可发现，本次循环并没有使资源的均衡程度得到改善，需继续调整。

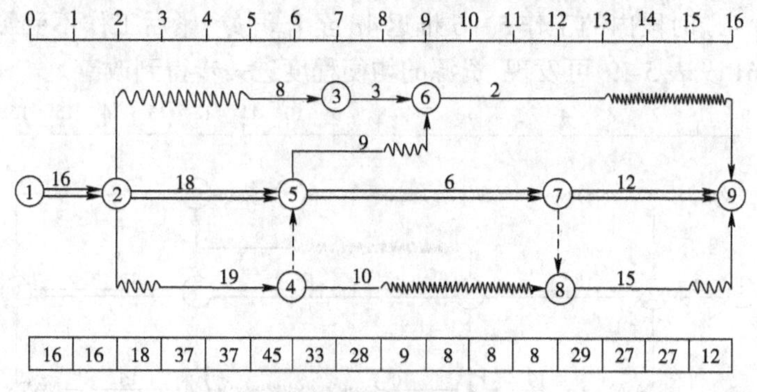

图5-58　循环二

循环三：图5-58中，时段$t_5 \sim t_6$资源强度最大，为45。在这一时段内，只能推迟非关键工作2—3，将其推迟1d至t_6开始，紧后工作3—6亦被顺推至t_8开始，得图5-59所示结果。由图5-59及表5-19可发现，资源的均衡程度有所改善。

循环四：图 5-59 中，虽然时段 $t_3 \sim t_6$ 资源强度最大，为 37，但已无调整余地。时段 $t_6 \sim t_8$ 峰值次高，为 33。在这一时段内，有 3 项非关键工作，按照优先规则，将工作 2—3 继续推迟 2d 至 t_8 开始，紧后工作 3—6 和 6—9 亦被顺推至 t_{10} 和 t_{12} 开始，得图 5-60 所示结果。由图 5-60 及表 5-19 可发现，资源的均衡程度继续得到改善。

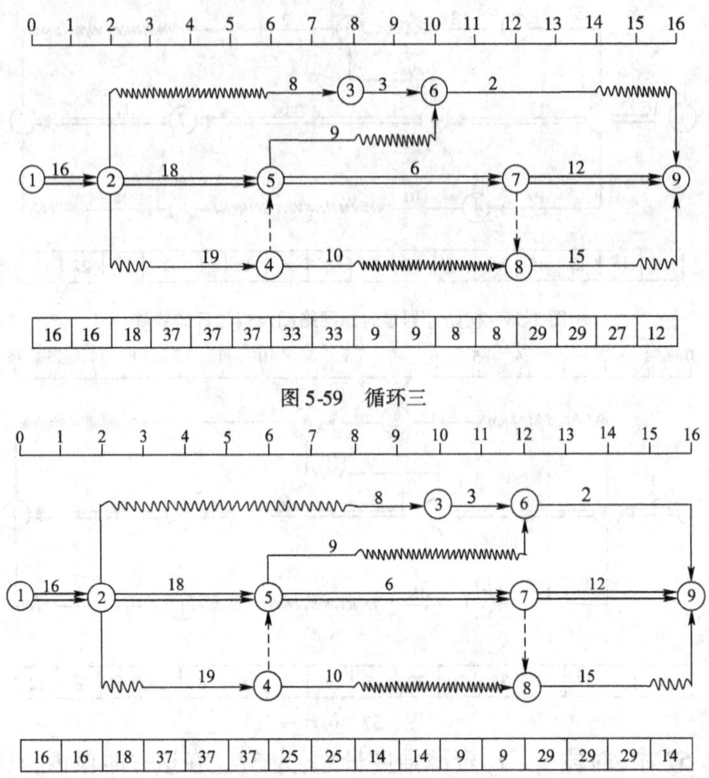

图 5-59　循环三

图 5-60　循环四

循环五：在图 5-60 中，资源高峰时段 $t_3 \sim t_6$ 没有调整余地，资源次高峰时段 $t_{12} \sim t_{15}$（峰值 29）亦无调整余地，余下 $t_6 \sim t_8$ 时段资源峰值为 25 相对较高，同时时段 $t_{10} \sim t_{12}$ 为资源低谷。按照优先规则，将 $t_6 \sim t_8$ 时段内的工作 5—6 推迟 4d 至 t_{10} 开始，紧后工作不受影响，得图 5-61 所示结果。由图 5-61 及表 5-19 可发现，资源的均衡程度进一步得到改善。

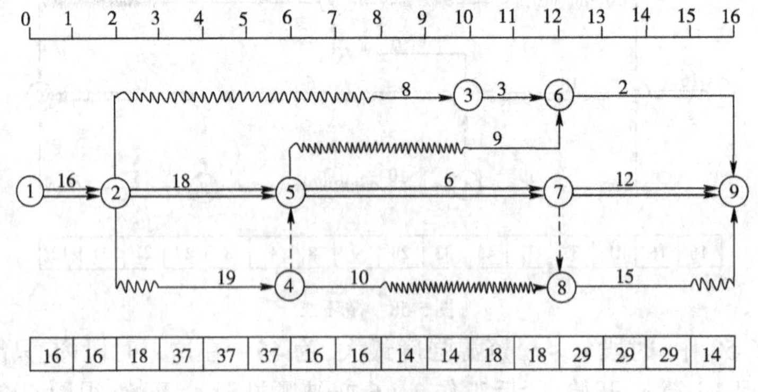

图 5-61　循环五（优化后结果）

综合分析图5-61,各项非关键工作再调整已无助资源均衡程度的改善,优化结束。

优化过程资源均衡程度变化　　表5-19

	极差	不均衡系数	$\sum R^2$
初始计划	37	2.01	10560
循环一	29	1.65	10044
循环二	37	2.01	10188
循环三	29	1.65	9966
循环四	28	1.65	9466
循环五	23	1.65	9214

3.“资源有限,工期最短”的优化原理——备用库法

(1)备用库法的基本原理。虚拟一个资源储备库,工程任务开始后,按库中储有的资源数量按照资源分配的优先规则进行有限资源的分配。分配不到资源的工作就推迟开始,待已完成任务的资源陆续返回备用库中并能够按优先规则再次进行分配时分配到资源,开始工作。如此循环,直至所有工作都分配到资源,优化工作结束。

有限资源分配的优先规则:

①安排关键工作的资源用量。

②安排机动时间小的非关键工作。

③当多项非关键工作的机动时间相等时,先安排持续时间短和资源强度小的工作。

灵活运用以上资源优先分配规则,并最大限度地使工作优化组合,这样虽然可能由于某些工作迟迟得不到资源分配被迫推迟而影响工期,但这种工期的延长值将是最小的。

(2)备用库法优化步骤及示例。

【例5-13】　已知某工程项目网络计划见图5-62,资源限量为[R]=40。试用备用库法进行各项工作的进度安排。

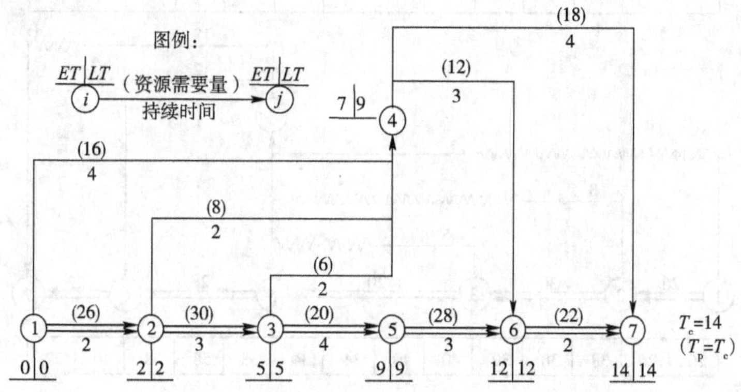

图5-62　初始网络计划图

【解】　第一步:计算各节点时间参数,确定关键线路,结果见图5-62。

第二步:按节点早时间绘制初始网络计划的早时标网络图,并统计日资源需要量于时标网络图的下方。结果见图5-63。图中箭线上方标注各工作资源需要量以便于统计日资源需要量。

第三步:资源分配。依备用库法,在不超出资源限量([R]=40)的条件下,按照资源分配的优先规则进行有限资源的循环分配,从网络起点开始,至每项工作都得到安排的资源为止。从图5-63中的资源需要量统计可见,多个时段出现资源强度超限量([R]=40)的情况,说明初始计划不可行,需进行优化。

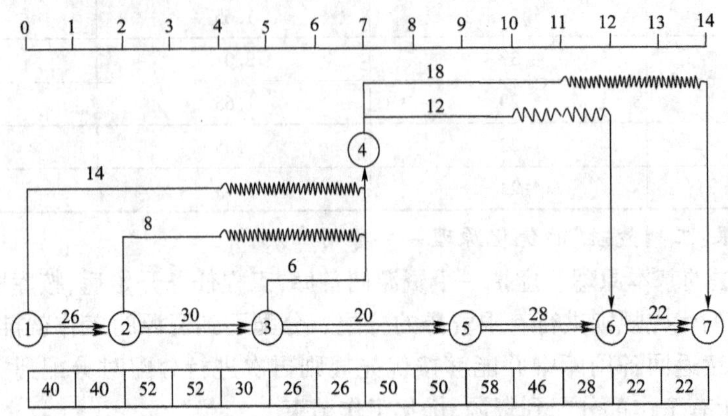

图5-63 初始计划早时标网络图及资源日需要量[R]=40

循环一:参见图5-63。在 $t_0 \sim t_2$ 时段,关键工作1—2首先分配到26个资源,剩余14个资源正好符合1—4工作的资源需要量。可见,在这一时段内,工作1—2和工作1—4可平行进行。在 $t_2 \sim t_4$ 这一时段内,资源强度 $R=52>[R]=40$,有3项工作,其中工作2—3为关键工作,优先分配到30个资源,剩余10个资源。余下两项非关键工作1—4和2—4,其中,1—4工作需要14个资源才能开展,剩余的10个资源已不能满足其强度要求。如果1—4工作不能分段安排(即需要连续施工),则只能将1—4工作整体后移至时点 t_5 开始,在 $t_2 \sim t_4$ 时段内安排2—4工作。如此,节点④被顺推至时点 t_9。调整结果见图5-64。

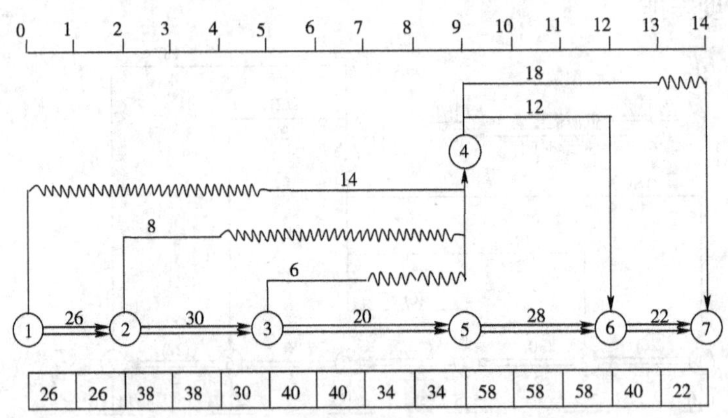

图5-64 循环一

循环二:在图5-64中,$t_9 \sim t_{12}$ 时段资源强度达到58,超过限量。需继续调整。由于4—6工作已无机动时间可利用,加之该时段关键工作5—6首先占用28个资源后余下的12个资源也不满足4—7工作的资源强度要求,因此,只能在 $t_9 \sim t_{12}$ 时段安排4—6工作与关键工作5—6平行进行,而将4—7工作推迟到 t_{12} 时点开始。整个计划的工期延长2d,资源强度符合限量要求。见图 5-65。

第四步:最优方案。通过前面的循环优化,得到图 5-65 所示优化结果。由该图中可以看出,整个计划的日资源需要量均不超出资源限量([R]=40),但由于工作 4—7 的推迟时间超过其总时差 2d,导致工期延长 2d。

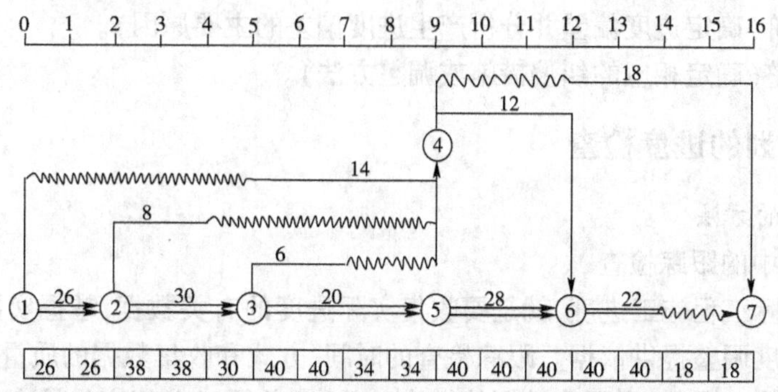

图 5-65 循环二(优化结果——工作连续安排)

注意:在实际工程中,某些工作需连续进行(如混凝土浇筑),而有些工作允许分段安排(如土方开挖)。两种不同的工作安排,将会得出不同的优化结果。如图 5-65 为工作 1—4 和 4—7 均要求连续安排的优化结果,如果他们都可以分段安排,可得到图 5-66 所示优化结果——资源强度满足限量要求,工期没有延长。

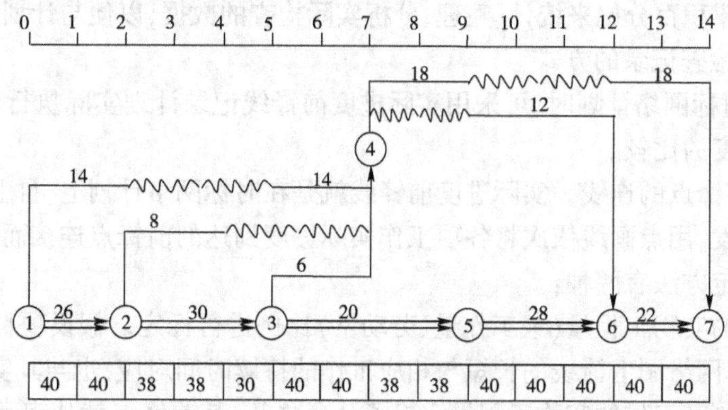

图 5-66 优化结果——工作分段安排

对比图 5-65 及图 5-66 两种优化结果可见,无论是从资源均衡程度,还是从工期延长情况看,图 5-66 的结果优于图 5-65 的结果,即:允许工作分段安排的结果较好。不过,进行网络计划的优化,不能为了得到更好的资源均衡程度和尽量减小工期延长值,而不顾及具体施工工艺和各方面条件的限制,在不该分段安排工作的情况下也中断安排,这样只会适得其反。

第六节 网络计划的检查与调整

本节网络计划的检查与调整,指的是计划执行过程中的检查与调整。即:在网络计划的编制(绘图、计算、优化)已完成并通过有关部门的审批后,即可组织实施。在实施过程中,由于多方面因素(如资源、环境、自然条件等)的影响,工程实际进度与计划进度不可能始终保持一致,会产生偏差。如果这种偏差不能及时纠正,必将影响工程进度目标的实现。因此,在计划执行过程中采取相应措施来进行控制,对保证计划目标的顺利实现至关重要。

网络计划实施中的进度控制工作主要包括以下几个方面:

(1)进度检查(掌握工程实际进展情况)。

(2)进度评价(确定进度偏差并分析产生进度偏差的主要原因)。

(3)进度调整(确定相应的纠偏措施或调整方法)。

一、网络计划的进度检查

1. 进度检查的方法

1)计划执行中的跟踪检查

跟踪检查实际工程施工进度,就是要收集实际进度的有关数据,掌握实际工程进展,为进行进度评价及进度调整提供依据。跟踪检查的时间、方式和收集数据的质量,将直接影响进度控制的质量和效果。因此,在网络计划的实施过程中,必须建立相应的检查制度,定期定时地对计划的实际执行情况进行跟踪检查,收集反映工程实际进度的有关数据。

2)收集数据的加工处理

反映工程实际进度的原始数据量大面广,应按计划控制的工程项目内容对其进行统计整理,以相同的量纲和形象进度,形成与计划进度具有可比性的数据。一般可按工程量、工作量、劳动量及他们的累积百分比来统计、整理、分析实际检查的数据,以便与计划完成量进行对比。

3)实际进度检查记录的方式

(1)当采用时标网络计划时,可采用实际进度前锋线记录计划实际执行状况,进行工程实际进度与计划进度的比较。

前锋线,即前锋点的连线。实际进度前锋线就是在时标网络计划上,自上而下地从计划检查时刻的时点出发,用点画线依次将各项工作实际进度到达的前锋点连接而成的折线。

前锋点的标定方法有两种:

①按已完成的实物工程量(或工作量、劳动量)比例进行标定。假设项目中各项工作均按匀速进行,且时标网络图上箭线的长短与相应工作的持续时间对应,也与其实物工程量的多少成正比。检查时刻某工作的实物工程量完成了几分之几,其前锋点就从表示该工作的箭线起点由左至右标在箭线长度几分之几的位置。

②按尚需时间进行标定。尚需时间是指完成剩余工作所需的时间。按尚需时间标定前锋点,即是从该工作的箭线末端反过来标出实际进度前锋点的位置。

通过实际进度前锋线与原进度计划中各工作箭线交点的位置可以判断实际进度与计划进度的偏差,进而进行进度评价。实际进度前锋线参见图5-67。

(2)当采用无时标网络计划时,可用“割线列表法”记录进度检查结果并进行进度评价。

2. 网络计划检查的主要内容

(1)关键工作进度。

(2)非关键工作的进度及时差利用情况。

(3)实际进度对各项工作之间逻辑关系的影响。

(4)资源状况。

(5)成本状况。

(6)存在的其他问题。

二、网络计划的进度评价

通过对网络计划执行情况检查的结果进行分析判断,可确定各工作进展状况及其对工期的影响程度,为计划的调整提供依据。

1.进度评价指标

进度评价时常用到延误、误期这两个指标。

(1)延误。指工作实际进度对计划进度的滞后(延误值为负,则表示提前)。即:

$$\text{延误}=\text{预计实际完成时间}-\text{计划最早完成时间}$$
$$=\text{检查日}+\text{尚需日}-\text{箭尾节点早时间}-\text{持续时间} \tag{5-67}$$

(2)误期。由于工作延误导致的工期拖延,即工程所需时间将超过计划或合同规定的竣工时间(误期值为负,则表示提前)。即:

$$\text{误期}=\text{预计实际完成时间}-\text{计划最迟完成时间}$$
$$=\text{检查日}+\text{尚需日}-\text{箭尾节点迟时间}-\text{持续时间} \tag{5-68}$$

延误与误期之间具有如下关系:

$$\text{误期}=\text{延误}-\text{总时差} \tag{5-69}$$

2.进度评价方式

进度评价一般用网络图结合进度评价表进行统计、分析、判断。

(1)对时标网络计划可采用绘制的实际进度前锋线,结合进度评价表,分析计划的执行情况及其发展趋势,对未来的进度作出预测、判断,找出偏离计划目标的原因及可供挖掘的潜力所在。例见【例5-14】。

(2)对无时标网络计划可采用“割线法”结合进度评价表,进行相应的进度评价工作。例见【例5-15】。

【例5-14】　某工程项目网络计划时标网络见图5-67。分别在第6天和第11天结束时进行进度检查,检查结果用实际进度前锋线反映在图中。试评价工程进度状况。

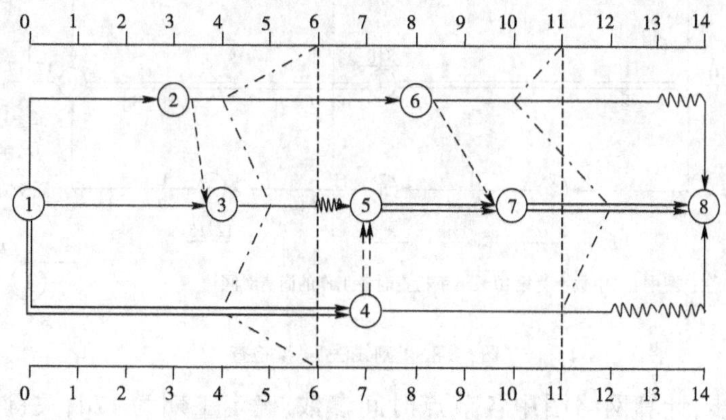

图5-67　时标网络及实际进度前锋线

【解】　从第6天检查情况看,实际进度前锋线完全位于检查时间刻度线左侧,表明工程全线滞后。2—3 工作延误 2d,3—5 工作延误 1d,关键工作 1—4 延误 2d,工期将拖延 2d。具体见进度评价表(表 5-20)。

进度评价表(第 6 天) 表 5-20

工作	延误	*TF*	误期
2—6	2	1	1
3—5	1	1	0
1—4	2	0	2

从第 11 天检查情况看,工作实际进度较计划进度滞后、提前、保持一致三种状况都有出现。各工作进度状况及其对工期的影响见表 5-21,工期无拖延。

进度评价表(第 11 天) 表 5-21

工作	延误	*TF*	误期
6—8	1	1	0
7—8	−1	0	−1
4—8	0	2	−2

对比第 6 天和第 11 天的检查结果和进度评价可见,工程网络计划中各条线路都在加速。特别是关键线路,由第 6 天检查时的延误 2d 到第 11 天检查时的提前 1d,用 5d 时间多追赶了 3d 的进度(即进度比为 3/5,利用进度比可对工程网络计划中各条线路的进展状况进行简单预测)。

【例 5-15】 某工程项目网络计划见图 5-68。在第 10 天结束时进行进度检查,检查发现:D 工作尚需 3d 才能完成;G 工作尚需 8 天才能完成;H 工作尚需 2d 才能完成。试评价工程进度状况。

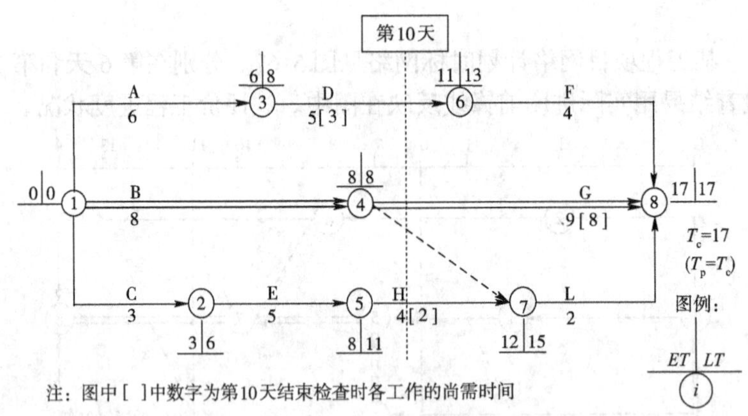

图 5-68 “割线法”进度检查

【解】 第一步,计算网络图中各节点时间参数,确定工期为 17d,关键线路为 1—4—8。将第 10 天结束检查时 D、G、H 三项工作的尚需时间标注在工作持续时间的右侧。

第二步,进度评价。在进度评价表中列出第 10 天结束检查的各工作尚需时间、工作延误值、工作总时差及工作延误导致的误期值,见表5-22。

进度评价表　　表5-22

工作	尚需时间	延误	*TF*	误期
D	3	2	2	0
G	8	1	0	1
H	2	0	3	-3

第三步,工程进度状况。由表5-22可见,G工作的1d延误将导致工期拖延1d。

说明:进度评价表中,工作延误值及其导致的误期值可用式(5-67)及式(5-68)计算;也可直接根据图5-68中各参数含义推出,这种方式比较直观,例举如下:

第10天结束检查时,D工作的延误值及其导致的误期值确定:

"按计划",D工作的开始节点最早实现时,D工作可以开始,即D工作第6天开始;

"按计划",第10天检查时,D工作应已完成4d的工作任务;

"按计划",D工作尚需时间应为1d;

→D工作实际尚需3d,较"正常情况"多要2d,即D工作延误值为2d;

→D工作延误导致的误期值 = 延误 - *TF* = 2 - 2 = 0

其余工作可同理类推,不再赘述。

三、网络计划的进度调整

1. 网络计划调整的内容

(1)调整关键线路的长度。

(2)调整非关键工作时差。

(3)增减工作项目。

(4)调整逻辑关系。

(5)重新估计某些工作的持续时间。

(6)对资源的投入作相应调整。

2. 网络计划调整的方法

(1)调整关键线路的方法:

①当关键线路的实际进度比计划进度提前时,若不拟缩短工期,应选择资源占用量大或者直接费用高的关键工作,适当延长其持续时间以降低其资源强度或费用;当要提前完成计划时,应将计划尚未完成的部分作为一个新计划,重新进行调整,按新计划实施。

②当关键线路的实际进度比计划进度拖后时,应在尚未完成的关键工作中,选择资源强度小或费用低的工作,缩短其持续时间,并把计划的未完成部分作为一个新的计划进行优化,再按优化后的计划实施。

(2)非关键工作时差的调整。非关键工作时差的调整应在其时差的范围内进行,以便更充分地利用资源、降低成本或满足施工的需要。每一次调整后都必须重新计算时间参数,观察该调整对计划全局的影响。可采用以下几种调整方法:

①将工作在其总时差范围内移动。

②延长工作的持续时间。

③缩短工作的持续时间。

(3)增、减工作项目的调整方法。当采用增、减工作项目进行调整时,应符合下列规定:

①不打乱原网络计划总的逻辑关系,只对局部逻辑关系进行调整。

②在增减工作后应重新计算时间参数,分析对原网络计划的影响。当对工期有影响时,应采取措施,以保证计划工期不变。

(4)调整逻辑关系。逻辑关系的调整只有当实际情况要求改变施工方法或组织方法时才可进行。调整时应避免影响原定计划工期和其他工作的顺利进行。

(5)重新估算某些工作的持续时间。当发现某些工作的原持续时间估计有误或实现条件不充分时,应重新估算其持续时间,并重新计算时间参数,尽量使原计划工期不受影响。

(6)调整资源的投入。当资源供应发生异常时,应采用资源优化的方法对计划进行调整,或采取应急措施,使其对工期的影响最小。

网络计划的调整,可以定期进行,亦可根据计划检查的结果在必要时进行调整。通过不断对网络计划的实施过程进行检查、调整,才能确保进度目标的顺利实现。

3. 网络计划调整示例

【例 5-16】 图 5-69 为某工程网络计划。时间参数已进行计算,图中箭线上方"费率"表示加快一天追加的费用。当工程进展到第 45 天时检查发现,1—2 工作刚刚完成,即工程进度拖延了 15d。试调整计划以保证总工期不变。

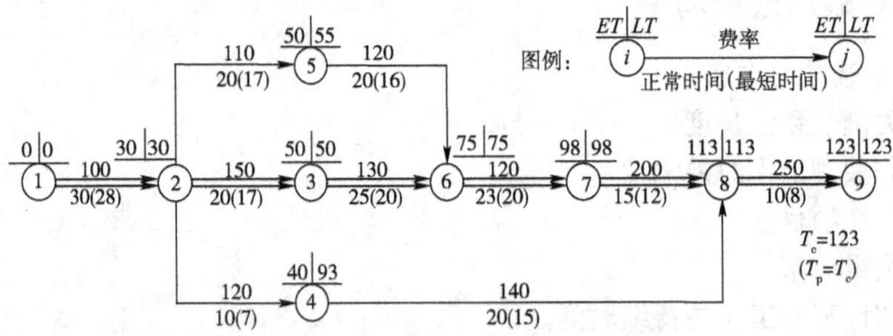

图 5-69 某工程网络进度计划

【解】 由图 5-69 可见,总工期为 123d。在第 45 天检查时 1—2 工作刚完成,说明进度拖延了 15d。因此,在余下的 78d 中需追赶回被拖延了的这 15d;或者说,需将原本计划 93d 完成的未完成部分计划压缩 15d,才能保证总工期不被拖延。

要压缩工期,必须压缩关键线路上有压缩余地且费率最小的工作。

第一步,首先压缩 6—7 工作 3d,追加费用 120 × 3 = 360(元),还需压缩 12d。

第二步,压缩 3—6 工作 5d,追加费用 130 × 5 = 650(元),还需压缩 7d。

第三步,3—6 工作压缩 5d 后,与之平行的非关键工作 2—5 和 5—6 的总时差已耗尽,即 2—5—6 已成为关键线路的一部分。因此,压缩对象只能在以下四种组合中按(组合)费率从小到大进行选择:

(1)压缩 2—3 和 2—5 各 1d,组合费率为 150 + 110 = 260(元/d);

(2)压缩 2—3 和 5—6 各 1d,组合费率为 150 + 120 = 270(元/d);

(3)压缩 7—8 工作 1d,费率为 200(元/d);

(4)压缩 8—9 工作 1d,费率为 250(元/d)。

可见,应选择 7—8 工作进行压缩,压缩 3d,追加费用 $200 \times 3 = 600$(元)。还需压缩 4d。

第四步,压缩 8—9 工作 2d,追加费用 $250 \times 2 = 500$(元)。还需压缩 2d。

第五步,压缩 2—3 和 2—5 各 2d,追加费用 $260 \times 2 = 520$(元)。

调整至此,损失的 15d 工期已全部追回,合计追加费用为:

$$360 + 650 + 600 + 500 + 520 = 2630(\text{元})$$

调整后的网络计划见图 5-70。

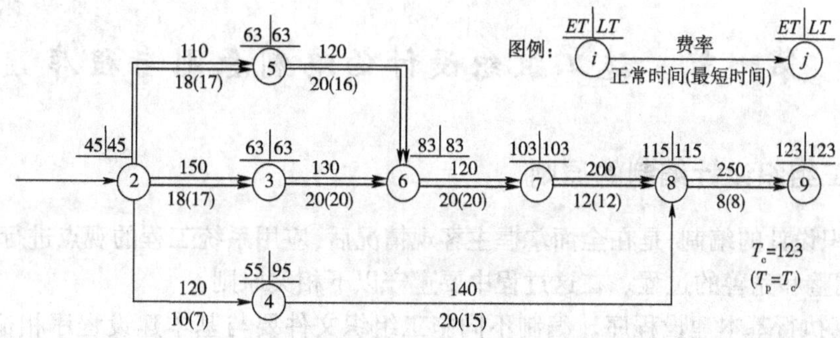

图 5-70　调整后的网络计划

第六章 水运工程项目施工组织设计的编制

第一节 施工组织设计的编制原则与程序

一、施工组织设计编制的原则

施工组织设计的编制，是在全面掌握主客观情况后，应用系统工程的观点进行科学分析编制，并不断调整和完善的过程。在这过程中要遵守以下相关原则：

(1)认真执行基本建设程序。编制不同施工组织文件要与基本建设程序相适应，在施工过程、内容组织以及文件的编制审查时应遵守国家相关的程序管理要求。

(2)严格遵守施工合同规定，对于施工任务要做好施工项目排队，保证重点，统筹安排，分期分批施工。

(3)严格执行施工程序，遵循施工工艺和技术规律，合理安排施工顺序，确保施工活动紧密衔接。在保证质量的基础上，加快施工进度，缩短工期，尽早发挥投资效益。

(4)采用流水施工方法、网络计划技术和线性规划法等先进的管理技术组织施工，保证施工的均衡性和连续性，实现施工资源效用最大化。

(5)尽可能采用科学的施工方法和国内外先进的新技术、新材料、新工艺，提高施工的工业化和机械化水平，减轻劳动强度，提高劳动生产率。

(6)科学、合理地安排冬季、雨季施工项目，落实季节性施工措施，保证施工的连续性和提高施工的均衡性。

(7)贯彻节约方针，因地制宜，就地取材，尽量减少暂设工程，合理地储备物资，减少物资运输量，科学地规划施工平面布置，节约用地。

(8)采用先进、适用的施工技术，科学地确定施工方案，确保施工安全、提高工程质量，缩短施工工期，降低工程成本。

二、施工组织设计的编制程序

编制施工组织设计必须从实际出发，通过对施工项目的自然、社会、经济、环境等相关资料的调查研究，掌握施工的具体条件和施工对象情况以及国家有关的规范、规程和设计文件有关技术要求；在编制过程中要遵守一定的程序，按照施工组织的一般规律，协调和处理好各种条件、各种要素及影响因素的相互关系，用科学的方法和规范的程序进行编制。

1. 一般工程项目施工组织设计的编制程序

(1)对工程项目设计图纸、合同、技术规范等进行分析研究，必要时进行相关资料的收集和调研。

(2)计算施工工程数量。

(3)选择施工方案,确定施工方法。

(4)编制工程进度计划。

(5)计算人工、材料、机具需要量,编制相关计划。

(6)确定临时工程,编制水、电、气、热供应计划。

(7)设计和布置施工平面图。

(8)确定技术措施计划与计算技术经济指标。

(9)确定施工组织管理机构。

(10)编制质量、安全、环保和文明施工措施计划。

(11)编写说明书。

施工组织设计编制程序及工作的相互关系见图6-1。

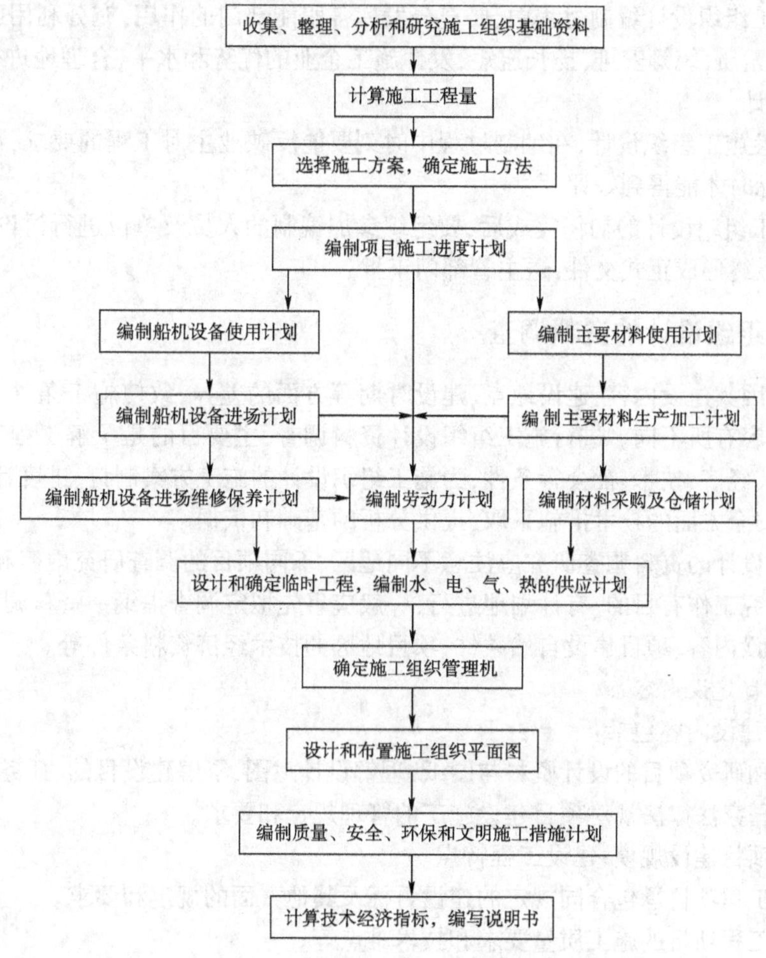

图6-1　施工组织设计编制工作流程相互关系

2. 施工组织设计编制应注意的几个问题

为了使施工组织设计更好地起到组织和指导施工的作用,在编制施工组织设计时要注意以下几个问题:

（1）编制时，必须对施工有关的技术经济条件进行广泛和充分的调查研究、收集各方面的原始资料，必须广泛地征求有关单位和群众的意见。主持编制的单位应先召开交底会，组织基层单位或分包单位参加，请建设单位、设计单位进行建设条件和设计交底；然后根据提供的条件和要求，广泛吸收技术人员的意见制定措施，在此基础上提出初稿，初稿完成后，还应讨论和审定。

（2）施工单位中标后，必须编制具有实际指导意义的标后施工组织设计。当建设工程实行总包和分包时，应由总包单位负责编制施工组织设计或者分阶段施工组织设计。分包单位在总包单位的总体部署下，负责编制分包工程的施工组织设计。施工组织设计应根据合同工期及有关的规定进行编制，并且一定要广泛征求各协作施工单位的意见。

（3）对结构复杂、施工难度大以及采用新工艺、新技术的工程项目，要进行专业性研究，必要时组织专门会议，邀请有经验的专业工程技术人员参加，确定解决问题的方案。

（4）在施工组织设计编制过程中，要充分发挥各职能部门的作用，充分利用施工企业的技术素质和管理素质，统筹安排，扬长避短，发挥施工企业的优势和水平，合理地进行工序设计和配合的程序设计。

（5）竞标性施工组织设计，在编制过程中时刻要能反映业主对工程的要求，满足业主的愿望，这样在评标时才能得到好评。

（6）当施工组织设计的初稿完成后，要组织参加编制的人员及单位进行讨论，经逐项逐条地研究修改，最终形成正式文件，送主管部门审批。

三、施工组织设计的资料调查

工程项目因其建设内容、建设地点、建设时期等方面的差异，致使施工条件、施工要求、施工组织设计内容有所不同。进行施工组织设计资料调查，主要目的是了解工程项目环境特点和施工的自然、经济、技术、社会等条件，为施工组织设计的施工方案制订、进度计划安排、资源的组织、质量安全方面的技术措施采取，提供分析的基础和依据。

施工组织设计的资料调查研究应注意不同地区、不同项目的调查研究内容和方法的差异，为保证调查研究工作有目的、有计划地进行，一般应事先拟定调查提纲。资料调查提纲内容主要包括项目建设内容、项目建设自然条件、项目地区的技术经济资料条件等。

1. 工程项目建设内容

工程项目建设内容包括：

（1）收集和研究项目的设计资料与图纸，理解设计意图，了解建设目的、任务和要求。

（2）了解国家法律法规对项目建设施工的管理规定和要求。

（3）了解项目建设规模、建设工程特点。

（4）了解工程项目承包合同规定的建设目标及其他方面的规定和要求。

（5）了解工程项目的施工质量要求和技术难点等。

2. 建设项目的自然条件

（1）地形与环境条件。收集工程项目建设区域的地形图、工程位置图、施工控制红线、施工区域的高程、平面控制的基准点及资料，查清施工区域的地形、地物、地貌特征。

（2）项目区域地质条件。收集和分析工程地质资料，特别是地下土质土层分布、地下施工障碍物、不利的地质灾害等,收集和分析水文地质资料,了解地下水文情况资料。

(3)气象水文条件。调查和收集工程项目区域气温的季节分布与温差、降雨和大雾的强度与持续时间、主导风向风力和频率,调查分析工程施工相关的河流、海洋、湖泊的水文、冰情、波浪、潮位潮差等资料。

(4)项目所在区域的其他条件。特别是不利于施工的异常情况如地震级别、台风、潮流、洪枯水等。

3. 项目地区的技术经济条件

项目地区的技术经济条件有:

(1)地方经济发展水平与施工材料的品质、规格、数量、价格及供应情况调查。

(2)交通运输条件,项目施工区域的铁路、公路、水路等的运输方式、运输价格、运输距离等资料调查。

(3)机械设备和劳动力资源的情况调查,重点是劳动力的素质、数量及价格。

(4)水、电、气、热的供应情况调查。

(5)环境保护与防止公害的标准和规定等。

四、施工方法的优化

1. 施工方法优化的目的

施工方法优化的目的是加快施工进度并能保证施工质量和施工安全,降低消耗。施工方法要能取得好的经济效益同时还要有技术上的先进性。

2. 施工顺序优化

(1)同类工程的施工顺序优化。同类工程确定最优施工顺序,实际上是提高计划安排的经济效益的一种方法。因为全部工程整体的施工工期缩短了,且无需额外的附加资源也就相应地较为经济。

下面介绍最优施工顺序的选择方法:

完成多个工程项目上的两个工种工程情况,设有 n 个工程,每个工程都需进行两个组合工种工程:A 和 B 的施工,A 是 B 的紧前工序。t_{Ai} 和 t_{Bi} 分别表示在第 i 个工程项目($i=1,2,\cdots,n$)上完成每一项工种工程的工作延续时间。

欲求工程的最优施工顺序,应使拟建工程总延续时间为最短。确定步骤:

①从所有工程中取一个工种工程工作延续时间最小的工程,若得到的工程种类属于第一个工种工程 t_{Ai},则将该工程项目放在最先施工;若得到的工程种类属于第二个工种工程 t_{Bi},则该工程放在最后施工。

②删除已排定工程项目相应行的数字。

③其余数值进行相应第①、②步的运算,直至排完为止。

以上各步中若出现两个工种在同一工程上工作延续时间最小值相同的情况,即 $t_{Ai}=t_{Bi}$,则该工程放在最先或最后施工均可,其结果相同。

这种算法不仅可以确定最短工期,而且也可以求得生产的内部损耗达到的最小解,这对如何使专业工程队停工时间最小来说,也是具有很大意义的。

(2)单位工程施工顺序优化。任何一个建筑物或构建物都是由许多分项工程(工种工程和结构构件)构成的。所以,就一个单位工程来说,任务就不仅是要分别解决各项工程的施工方法与机具选择问题,而且要正确处理它们的关系和联系。这里有工艺问题,但基本的还是如下的一些关系和联系:各不同分项工程间的时间顺序(施工的先后)和空间顺序(施工的方向),以及它们相互间在时间上的搭接、空间上的交叉和时间空间的结合,这些问题就构成单位工程施工方案的组织方面。即单位工程的施工顺序安排和流水施工的组织。

3. 施工劳动组织优化

(1)劳动组织优化的概念:

①劳动组织优化是指按照工程项目的要求,将具有一定素质的劳动力组织起来,选出相应的劳动组合方案,使之符合工程项目施工的要求,投入到施工项目中去,从而完成工程项目的施工任务。

②劳动组织实质上是人的组合,它涉及人的各种素质,如:技能、专长、经验、文化水平、处理人际关系的能力、宽容度和对激励的反应程度以及处理个人与组织关系的能力等。因此,当它对一定对象进行劳动生产时,为实现一定目标,必须考虑人的上述种种素质,按着一定数量的比例组合到一个组织中从事一定对象的生产活动。

工程项目的劳动组织主要是研究施工基层组织即施工队、施工队班(组)的劳动组合,其中包括各种工人和管理人员的组合,人员总数、体制、工种结构、工人技术等级、各种工种人员比例的组合,施工高峰期的人数等;还包括研究施工项目总的劳动力和各种劳动力投入的比例,以及项目施工全过程人力动态的变化(即进出现场的人员计划)。

(2)劳动组织优化的原理。劳动组织分工与协作是劳动组织优化基本原理。

劳动组织是人的组织,组织是分工与协作的体现,分工是协作的基础,只有分工没有密切协作的组织,就不能很好地完成所承担的任务。因此分工与协作二者的关系是相互依赖和相互制约的。从事物发展的观点出发,分工与协作是事物矛盾对立统一的关系,只有分工与协作才能形成新的生产力推动事物发展和前进。

分工与协作是劳动组织优化的基本原理,从基本原理出发,劳动组织符合下列原则:

①能够按工程项目总体施工计划要求,按时、按质、按量完成预定的分项和分部工程的全部施工任务。

②各队、班(组)之间的作业基本平衡,并且符合各自的特点;班(组)内各工种及每个人的工作量达到满负荷。

③投入项目人工日数不超过项目人力全员计划的总数。

④施工队、班(组)的工人技术平均等级不高于定额规定的平均等级。

⑤各队、班组的工人技术等级要成比例的搭配合理,不能全高,也不能全低。

⑥施工队、班(组)的工人施工水平不能低于规定的施工定额水平。

4. 施工机械组织优化

施工机械是施工生产要素的重要组成部分。现代的工程项目,没有不使用机械设备而能完成任务的。随着建设项目的增加,机械化施工的范围也更加广泛。施工机械的数量、类型和型号不仅会逐渐增多,而且大型的资金密集和技术密集的机械已在机械化施工中占据越来越重要的地位。因此,加强施工机械管理,不断地提高其完好率和作业率,防止事故发生,保持机械设备的最佳状态,合理地使用施工机械,对完成项目施工任务和提高经济效益都有着重大的意义。

施工机械设备管理优化就是要从仅仅满足施工任务的需要转到如何发挥其经济效益上来。这就要从施工机械的经济选择、合理配套、机械化施工方案的经济比较以及施工机械的维修管理上进行优化,才能保证施工机械化的项目施工中发挥巨大的作用。

五、施工组织设计的贯彻、检查和调整

1. *施工组织设计的贯彻*

施工组织设计的编制只是为实施拟建工程项目的生产过程提供了一个可行的计划方案和指导性文件。施工组织设计的贯彻,就是用一个相对静态方案,指导一个变化的动态施工过程,以达到预定的目标。因此,施工组织设计贯彻的好坏,对施工项目的结果会产生很大的影响。为此应做好以下几方面的工作。

(1)做好施工组织设计的技术交底。对经过审批的施工组织设计,要在开工前召开各级生产技术会议,逐级进行交底,并责成有关部门编制具体的施工计划和拟定具体技术组织措施,以保证施工组织设计的贯彻。

(2)制定相关的各项管理制度。施工组织设计能否贯彻实施,取决于施工企业的技术水平、管理水平和科学健全的管理制度,因此制定相关的各项管理制度,可以保障施工组织设计的顺利贯彻和实施。

(3)实行工作目标责任制。为更好地贯彻施工组织设计,必须实行项目承包责任制,把施工组织中的工作任务、目标管理等与其岗位职责挂钩,实现责、权、利的结合,促进各部门、各岗位人员严格执行施工组织计划。

(4)搞好统筹安排、综合平衡、组织连续施工。在施工组织设计实施中,一定要对施工资源进行统筹安排,搞好综合平衡,对施工中出现的干扰因素要及时进行分析研究,通过动态控制原理,进一步修改施工组织设计,制定相应的措施,恢复其平衡,尽力保证项目连续施工,发挥施工组织设计的指导作用,使项目施工均衡、连续地开展。

(5)切实做好施工准备工作。施工准备是贯彻施工组织设计的重要保证,也是保证项目均衡和连续施工的前提,因此,既要重视和做好开工前的现场、技术、资源等方面的准备工作,又要做好在施工过程中,各阶段相应的准备工作。

2. *施工组织设计的检查*

施工组织设计编制并按程序完成审批后,在指导项目施工过程中,要加强施工组织设计内容的检查。这种检查工作主要体现在以下几方面。

(1)任务落实及准备工作情况检查。针对施工组织设计中的各项准备工作安排,在开工前及施工各阶段开始前,应检查任务落实情况、交底情况、各项准备工作情况以及技术组织措施保证情况是否落实到位和完成。

(2)施工过程中的主要施工控制指标检查。过程跟踪检查一般采用比较法,就是把各项指标的完成情况同计划指标相对比,及时发现问题和偏差,为分析原因和制定调整措施提供依据。检查的内容主要包括:工程进度、工程质量、材料消耗、劳动力消耗、机械使用和成本费用等。

(3)施工现场布置合理性检查。施工开始后,施工现场必须按施工(总)平面图的规划进

行布置,要符合安全、文明施工、职工健康和环境管理的要求。为此应加强施工平面图管理,严格执行管理制度,随时检查其合理性,并随着施工进程的不断变化,制定出相应阶段的施工(总)平面图。

3. 施工组织设计的调整

根据施工组织设计执行情况和检查发现的问题,如实际进度偏离计划进度,施工方案不适应现场实际,施工总平面布置不合理等,应分析产生的原因,拟定改进措施或调整方案进行纠偏,使施工组织设计能与实际过程相符,并通过不断调整来保证原施工组织目标的实现。

施工组织设计的贯彻、检查和调整是一系列相互关联的经常性工作,它贯穿于工程项目施工过程的始终,是全面完成施工任务的控制系统。

第二节 施工组织总设计

一、施工组织总设计编制依据

(1)项目建设的计划文件,如国家批准的项目建设的计划文件、建设项目主管部门的行政管理批件等。

(2)项目的设计文件,如项目的可行性研究报告、批准的初步设计或技术设计、设计说明书等。

(3)施工合同文件,如技术规范、工程量清单、合同条件、合同协议书等。

(4)建设项目的施工组织设计资料调查,如对气象、地质、水文、社会、经济等资料的调查。

(5)技术标准规范,如工程建设强制性标准、工程定额、施工技术规范等。

(6)类似工程施工资料,如企业以往或同期类似项目的工程施工组织与管理资料等。

二、施工组织总设计编制内容

1. 工程概况及施工条件分析

工程概况主要是对项目建设的主要参与单位、项目建设系统内容与规模、建设目标等作一个简明扼要的介绍。

一般包括:项目的性质;建设地点;项目的业主、设计、监理单位;项目的建设规模与工程系统构成;建设项目概算总投资、主要建设项目的工程量;项目设计中的结构类型、新技术、新材料、新设备的设计特点与建设要求;项目建设的目标要求等。

施工条件分析主要针对施工合同条件、项目建设现场条件及施工管理法规等方面。其内容一般有:

(1)施工合同条件。如项目开工竣工时间目标,工程质量标准及监督、验收规定,工程费用支付与结算方式,工期与质量责任的规定等。

(2)项目建设现场条件。如地质水文与气象条件,地物地形与地貌,业主提供的相关条件,对外交通运输方式与途径,水电供应,施工材料的供应等。

(3)施工管理法规。如安全施工管理规定,施工环境保护规定,施工时间规定,施工中禁航规定、交通管制等。

2.施工总体部署和主要工程施工方案

施工总体部署是对建设项目的施工全局作出统筹规划,简明阐述施工条件的创造和施工展开的战略总体思路,使之成为全部施工活动及过程组织的基本框架和纲领。主要内容有。

(1)工程项目分期分批实施的项目划分,分期施工项目的组成。

(2)工程项目施工区段的划分和施工流向的顺序安排。

(3)施工项目管理组织机构的建立,施工合同结构及施工单位之间的分工与合作要求。

(4)施工阶段划分,对主要的单项工程或主要的单位工程及特殊的分项工程,应在施工组织总设计中拟定其施工方案,计算其工程量,确定工艺流程,选择施工机械和主要施工方法及确定任务目标。

(5)开工前的准备工作项目及其完成的时间目标。

(6)施工展开阶段的各专业施工的交叉、衔接及工作界面的划分要求。

(7)配合施工进程和主要项目的技术攻关、试验分析的相关工作安排。

(8)施工技术物资的计划,主要材料的采购运输与加工计划安排、主要施工设备的计划与落实等。

3.施工总进度计划

施工总进度计划是指施工组织设计范围内全部工程项目的施工顺序及施工进程的时间计划。它包括工程项目的开竣工日期,主要项目施工的先后顺序及其相互衔接关系,主要单位工程或主要施工项目的施工工期等。

施工总进度计划的编制一般应保障项目工期目标实现,权衡与质量、成本、现场条件的关系,力求施工顺畅有序、均衡协调和经济合理。编制步骤一般有:

(1)划分建设项目的 WBS 结构,列出工程项目清单;突出主要单位工程或主要施工项目。

(2)计算工程项目的主要工程量。

(3)根据施工总体部署的分期分批建设要求,确定各单位工程或主要施工项目的施工期限;一般根据项目的结构型式、工程量规模和现场施工条件、资金材料供应以及施工单位的施工力量与管理水平等多方面情况综合确定。

(4)确定各单位工程或主要施工项目的开工竣工时间和相互搭接时间关系;在保障建设工期的条件下,保证主要施工项目的开工竣工时间;在全面分析现场施工条件、影响因素和季节性均衡施工后,确定各单位工程或主要施工项目的搭接时距。

(5)编制施工总进度计划,根据主要施工项目的施工工期及搭接时距,编制初步进度计划;然后根据协调均衡施工要求,对初步进度计划做调整形成施工总进度计划。

4.资源需要量计划

施工总进度计划编制后,即可编制各种主要资源的需要量计划。其内容主要有劳动力计划,主要材料需要量计划,主要材料的采购、运输、加工计划,施工船机设备需用量计划等。

5.临时工程与设施

施工组织总设计,应针对项目施工总体部署,建设必要的临时工程和设施,满足项目施工需要。这些临时工程和设施因项目类型和规模区别而有差异,一般应有辅助生产车间或场地、生活办公用房与设施、工地运输组织、水电供应设施、临时码头道路工程等。

1)工地加工场地

工地加工场地主要有预制场、木工厂、钢筋加工车间、金属结构构件加工厂、机械维修车间、混凝土搅拌站场等。工地加工场地的结构类型主要考虑防火防台和施工时间要求,通常采用简易结构型式。

加工场地的面积可以参照有关资料或按施工经验确定,也可按式(6-1)计算。

$$F=\frac{K\times Q}{T\times S\times \alpha} \tag{6-1}$$

式中:F——所需建筑面积;

Q——加工总量;

T——加工总工期;

S——每平方米场地的月平均产量;

K——加工不均衡系数,取1.3~1.5;

α——场地利用系数,取0.6~0.7。

2)工地临时仓库

工地临时仓库分为转运仓库、中心仓库和现场仓库等,工地仓库结构可分为露天、库棚和封闭库房。仓库的面积确定与该材料的需储备的数量和仓库单位面积的储存定额有关,可通过式(6-2)计算:

$$F=\frac{P}{q\times K} \tag{6-2}$$

式中:F——仓库面积;

P——仓库材料储存量;

q——每平方米仓库储存材料定额;

K——仓库面积的有效利用系数。

对于仓库材料储存数量,可以按式(6-3)计算:

$$P=T_{e}\ \frac{Q_{i}\times R_{i}}{T} \tag{6-3}$$

式中:T_e——材料储备期天数;

Q_i——材料总需要量;

R_i——材料使用不均衡系数;

T——相关项目的施工工期。

特殊材料的仓库面积,一般按安全要求确定。

仓库的平面尺度确定,既要考虑材料存放方式、使用方便、装卸要求,也要考虑仓库结构形式。

3)临时生活、办公用房

临时生活、办公用房包括行政管理和生产用房,居住生活用房以及生活福利用房等。临时生活、办公用房应按节约、适用、建拆方便的原则设计,其结构型式按当地气候、材料来源和工期长短等因素确定。临时生活、办公用房的面积可按式(6-4)计算确定。

$$F = N \times P \tag{6-4}$$

式中：F——建筑面积；

N——现场人数；

P——建筑面积指标，见表6-1。

办公、生活临时建筑面积指标（单位：m^2/人）　　表6-1

序号	临时房屋名称	指标使用方法	参考指标
一	办公室	按使用人数	3.0～4.0
二	宿舍		
1	单层通铺	按高峰年（季）平均人数	2.5～3.0
2	双层床	按在工地住宿实有人数	2.0～2.5
3	单层床	按在工地住宿实有人数	3.5～4.0
三	食堂	按高峰年平均人数	0.5～0.8
	食堂兼礼堂	按高峰年平均人数	0.6～0.9
四	其他合计	按高峰年平均人数	0.5～0.6
1	医务室	按高峰年平均人数	0.05～0.07
2	浴室	按高峰年平均人数	0.07～0.1
3	理发室	按高峰年平均人数	0.01～0.03
4	俱乐部	按高峰年平均人数	0.1
5	小卖部	按高峰年平均人数	0.03
6	招待所	按高峰年平均人数	0.06
7	其他公用设施	按高峰年平均人数	0.05～0.1
8	开水房	每间	10～40
9	厕所	按工地平均人数	0.02～0.07

4）工地的临时供水、供电、供气、供热

工地的临时供水、供电、供热应解决的问题有：确定用量、选择供应来源、设计管线网络等，如需工地自行解决供应来源，还需确定相应的设备。

（1）工地临时供水：

①工地用水量计算。分工程用水量、施工船机用水量、施工现场生活用水量、生活区用水量以及工地消防用水量计算。

A. 工程用水量按式（6-5）计算：

$$q_1 = k_1 \times \sum \frac{Q_1 \times N_1}{T_1 \times b} \times \frac{k_2}{8 \times 3600} \tag{6-5}$$

式中：q_1——工程用水量，L/s；

k_1——未预见的施工用水量系数，取1.05～1.15；

k_2——用水不均衡系数；

b——每天工作班数；

Q_1——年（月）度工程量；

N_1——施工用水定额；

T_1——年（月）度有效作业天数。

B. 施工船机用水量按式(6-6)计算：

$$q_2 = k_1 \times \sum Q_2 \times N_2 \times \frac{k_3}{8 \times 3600} \tag{6-6}$$

式中：q_2——施工船机设备用水量，L/s；

Q_2——同一种类船机数量；

N_2——施工船机台班用水定额；

k_3——用水不均衡系数。

C. 施工现场生活用水量按式(6-7)计算：

$$q_3 = \frac{P_1 \times N_3 \times k_4}{8 \times 3600 \times b} \tag{6-7}$$

式中：q_3——施工现场生活用水量，L/s；

P_1——施工现场高峰人数；

N_3——施工现场生活用水定额，视当地气候、工种而定，一般为20～60L/人·班；

k_4——用水不均衡系数。

D. 生活区用水量按式(6-8)计算：

$$q_4 = \frac{P_2 \times N_4 \times k_5}{24 \times 3600} \tag{6-8}$$

式中：q_4——生活区生活用水量，L/s；

P_2——生活区居住人数；

N_4——生活区生活用水定额，根据相关定额表确定；

k_5——用水不均衡系数。

E. 消防用水量根据消防安全规定取值，见表6-2。

消防用水量(q_5)参考表 表6-2

序号	用水区域	用水情况	火灾同时发生	用水量(L/s)
1	生活区	5000人以内	1次	10
		10000人以内	2次	10～15
		25000人以内	2次	15～20
2	施工现场	施工现场25万m^2以内	1次	10～15
		施工现场每增加25万m^2	1次	5

F. 工地总供水量计算：

当$(q_1 + q_2 + q_3 + q_4) \leqslant q_5$时：

$$Q = q_5 + 0.5 \times (q_1 + q_2 + q_3 + q_4) \tag{6-9}$$

当$(q_1 + q_2 + q_3 + q_4) > q_5$时：

$$Q = q_1 + q_2 + q_3 + q_4 \tag{6-10}$$

当工地面积小于5万m^2，且$(q_1 + q_2 + q_3 + q_4) < q_5$时：

$$Q = q_5 \tag{6-11}$$

在计算出的总水量基础上，再增加10%的管路损耗，即为所求的施工用水量。

②水源选择。工地临时供水水源,首先应考虑当地自来水,如不可能,才另选天然水源。天然水源有河水、湖水、水库蓄水等地面水和泉水、井水等地下水。

选择临时水源时应注意相应要求:水量充足稳定,能保证最大需水量供应;符合生产用水和生活用水水质标准;取水、输水、净水设施要安全、经济、可靠;施工安装、运行、管理和维护方便。

③临时供水系统。临时供水系统可由取水设施、净水设施、贮水构筑物、输水管线等几部分组成。

取水设施由取水口、进水管及水泵站组成,取水口距河底或井底不得小于0.5m,距冰层底部边沿的距离不得小于0.25m。水泵应有足够的抽水能力和扬程。

当水泵不能连续工作时应设置贮水构筑物,其容量以每小时消防用水量确定,但一般不得小于10~20m^3。

输水管网的管径可用式(6-12)计算,管材一般根据管道尺寸和压力大小进行选择,干管一般为钢管或铸铁管,支管通常采用钢管。

$$D = \sqrt{\frac{Q}{250\pi \cdot v}} \tag{6-12}$$

式中:D——输水管径;

Q——耗水量;

v——管网中的水流速度,见表6-3。

水管经济流速表　　表6-3

管径(m)	流速(m/s)	
	正常时间	消防时间
支管 $D<0.01$	2	
生产消防管道 $D=0.1\sim0.3$	1.3	>3.0
生产消防管道 $D>0.3$	1.5~1.7	2.5
生产用水管道 $D>0.3$	1.5~2.5	3.0

(2)工地临时供电。工地临时供电设计包括:用电量计算、选择电源、确定变压器、确定导线及布置配电线路。

①工地用电量计算。工地用电一般分为动力用电和照明用电,在计算用电量时应考虑以下因素:工地用电设备的功率;施工高峰时用电负荷;用电设备的利用情况等。

工地总用电量计算可按式(6-13)计算:

$$P = (1.05\sim1.10)\left(K_1\frac{\sum P_1}{\cos\varphi} + K_2\sum P_2 + K_3\sum P_3 + K_4\sum P_4\right) \tag{6-13}$$

式中:　P——供电设备总需要容量,kVA;

P_1——电动机额定功率,kW;

P_2——电焊机额定容量,kVA;

P_3——室内照明容量,kW;

P_4——室外照明容量,kW;

$\cos\varphi$——电动机的平均功率因数,根据电量和负荷情况而定,最高取0.75~0.78,一般为 0.65 ~ 0.75；

K_1、K_2、K_3、K_4——用电器需要量系数，见表 6-4。

由于施工现场照明用电所占比例较小，在估算总用电量时，只需在动力用电量基础上增加 10% 即可。

用电器需要量系数　　表 6-4

电器名称	数量(台)	需要系数				备注
		K_1	K_2	K_3	K_4	
电动机	3 ~ 10	0.7				施工中如用电热，也应计算
	11 ~ 13	0.6				
	30 以上	0.5				
加工厂动力设备		0.5				
电焊机	3 ~ 10		0.6			
	10 以上		0.5			
室内照明				0.8		
室外照明					1.0	

②电源选择及确定变压器。工地临时用电电源，最经济的选择是当地电网供给，也可在工地设置临时电站供给；供电的品质和容量都应满足施工期间电压和最高负荷要求。如单独设置变压器，则变压器的功率按式(6-14)计算。

$$P = K\left(\frac{\sum P_{max}}{\cos\varphi}\right) \tag{6-14}$$

式中：P——变压器功率，kVA；

K——功率损失系数，取 1.05；

P_{max}——各施工区的最大计算负荷，kW；

$\cos\varphi$——功率因数。

③配电线路的布置。线路应尽量架设在道路一侧，尽可能选择平坦线路，保持线路水平，使电杆受力平衡。线路与建筑物的水平距离应大于 1.5m，临时线路一般采用架空线，在水上施工时也采用沉底电缆，在架空交叉或沉底电缆布设中要符合有关输电规范要求。

工地配电箱要设置在便于操作的地方，开关容量应按最大负荷选用，同时应设置接地保护。

(3)工地临时供热。工地临时供热的对象是冬季施工供热、临时房屋内部的供热取暖、其他供热如钢筋混凝土的蒸汽养护等。

供热施工组织设计的内容，包括供热量计算、选择热源或配置锅炉、管网配置。

5)其他临时工程

为满足施工需要，可能还需要修建临时施工道路、施工临时码头、临时电讯设施、施工废物处理站场等。

6)工地运输组织

工地运输组织应解决的问题有：

(1)确定运输量。

(2)确定运输方案。合理的运输方案应满足的条件：运距最短，运量最小；减少运转次数，力求直达工地;装卸迅速运转方便;尽量利用原有的交通条件,充分使用价格低廉的水运;运输工具应与所运货物相应,充分发挥运输工具的运载能力;符合安全技术要求。

(3)计算运输工具的需要量。

(4)编制运输工具调度计划。

(5)设置运输工作的辅助设施,如临时道路、车库、加油站等。

6.施工总平面图

针对施工组织总设计的工程对象范围的建筑物、施工生产阶段的临时构筑物和临时设施在平面上的合理规划和布置,就是施工总平面图。

施工总平面图是具体指导现场施工部署的行动方案,对于指导现场有组织有计划的文明施工具有重大意义。

施工总平面图应用规范图例来表示以下主要内容:

(1)工程范围。

(2)地上地下现有和拟建的建筑物和设施的位置和尺寸。

(3)临时工程和设施的位置、尺寸和布设,如仓库堆场、办公用房、生产生活设施、临时道路码头、临时供水供电管线、测量控制网等。

施工总平面设计合理与否,对现场施工的效率和成本、安全与文明施工等多方面影响重大,应予充分重视。因此,在布置时,应贯彻平面布置的理念:布局紧凑合理,满足施工生产要求,节约施工用地;使用功能协调,生产安全方便;动静结合,既要适应施工过程变化后的及时调整,也要尽量减少施工过程中的搬迁与转移。

7.主要技术经济指标

为了考核施工组织设计的编制和执行效果,应计算下列技术经济指标。

(1)施工期:指建设项目从正式工程开工到全部投产使用为止的持续时间。应计算的相关指标有:

①施工准备期:从施工准备开始到主要项目开工为止的全部时间。

②部分投产期:从主要项目开工到第一批项目投产使用止的全部时间。

③单位工程工期:指建筑群中各单位工程从开工到竣工止的全部时间。

(2)劳动生产率:

①人均产值(元/人·年)

②单位用工(工日/每延米　竣工长度)

③劳动力不均衡系数 $= \dfrac{\text{施工期高峰人数}}{\text{施工期平均人数}}$　(6-15)

(3)工程质量合格率及获奖项。

(4)项目施工成本:

①降低成本额 = 承包成本额 − 计划成本额　(6-16)

②降低成本率 $= \dfrac{\text{降低成本额}}{\text{承包成本额}}$　(6-17)

(5)安全指标:以工伤事故频率控制数表示。

(6)机械化程度 $= \dfrac{\text{机械施工完成造价}}{\text{总造价}}$　(6-18)

(7)临时工程：

$$①临时工程投资比例 = \frac{全部临时工程投资}{建安工程造价} \tag{6-19}$$

$$②临时工程费用比例 = \frac{临时工程投资 - 回收费 + 租用费}{建安工程造价} \tag{6-20}$$

(8)节约三大材料百分比：分别计算节约钢材、木材、水泥的百分比。

第三节　单位工程施工组织设计

工程项目施工承包合同很多是按单位工程为标段进行施工发包的，单位工程的施工组织设计是施工项目部进行施工项目组织实施及管理的重要依据，是用于指导具体施工作业技术活动和实现工程质量、工期、成本、安全、环境等施工目标的直接依据。因此，单位工程施工组织设计的编制必须结合项目的要求和企业生产的实际两方面来进行编制。其关键是要合理选择施工方案，科学地确定分部分项工程之间的组织关系，编制切实可行的进度计划和资源计划，完成施工平面图设计及施工方案配套的技术、组织保障措施。

一、单位工程施工组织设计的编制依据

单位工程施工组织设计的编制依据有：

(1)工程施工承包合同。

(2)施工组织总设计对单位工程的有关规定和安排。

(3)施工图纸及设计单位对施工的要求。

(4)施工企业年度生产计划对本项目的施工计划安排和规定的有关指标。

(5)建设单位可能提供的条件和水、电等的供应情况。

(6)各种资源的配备情况。

(7)项目现场的自然条件和技术经济条件资料。

(8)项目的预算或报价。

(9)有关现行规范、规程等资料。

二、工程概况

工程概况是对工程全貌进行的综合描述，主要有：工程特点、建设地点特征、施工条件、施工项目管理特点及总体要求、施工项目的工作目录清单等内容。

工程概况主要是对工程本身及背景进行描述，一般包括以下内容：

(1)工程名称与建设地点，工程性质、用途、规模、投资额、施工平面布置和工程结构特点。

(2)工程所处地区自然特征：工程的位置、地形、地物、地质、气象、水文、地震等特征。

(3)工程施工条件及影响分析：业主提供的“七通一平”施工条件；当地劳动力供应情况；水、电来源及交通状况；建筑材料的生产供应；施工单位的机械、运输、劳动力和企业管理情况等。

(4)施工项目管理特点及总体要求：参与建设施工的相关单位、本项目管理的特点与合同

目标要求。

(5)工程施工的主要内容及采用的关键技术和措施。

三、施工方案

施工方案是对工程施工所作的总体设计和安排,它是单位工程施工组织设计的核心内容。施工方案确定了工程施工的进程,资源的需求与组织,施工的质量、进度、成本、安全及现场管理内容等,因此施工方案的优劣,在很大程度上决定了施工组织设计的质量。施工方案主要解决施工计划中的技术方案和组织方案。技术方案主要解决分项工程的施工工艺、方法和手段;组织方案主要解决提高技术方案实施的效率和效果而进行的施工区段划分、作业流程和流向设计、劳动组织安排及其作业组织方式确定等。

施工方案内容一般应包括:主要分部分项工程的施工方法;安排施工顺序和流向;确定主导施工船机设备等。确定施工方案是一个综合的方案比选和决策分析过程,其基本要求是:方案切实可行,能满足合同的进度质量要求;方案技术先进、施工安全、经济合理。

1. 确定施工方法

随着施工技术的发展,工程项目施工可以采用不同的施工方法,每一种方法都有其各自的优点和不足,确定施工方法,必须考虑工程特点、工期要求和现场施工条件等多方面因素,通过方案比选确定适合于本工程的先进、可靠、合理、经济的施工方法。

如某堆场工程的现浇混凝土施工,关于混凝土制备,可以采用购买商品混凝土方法;可以采用自拌混凝土方法如人工拌和或机械拌和方法;机械拌和进一步分析采用简易搅拌机或复杂的搅拌站楼等。不同的施工方法,将对现场施工方案产生重大影响,所以施工方法的选择一定要从现场特点及施工要求等多方面进行方案比选确定。

确定施工方法主要是针对项目施工中的主要分部分项工程的施工过程,因此在施工方案确定时,要注意突出重点,特别是采用新技术、新材料、新工艺和对工程施工质量起关键作用的项目,或技术较复杂、工人操作不熟练的施工过程,在施工方案中都应详细说明施工方法和技术措施。在大型工程和施工技术复杂的工程中,应对重要的施工技术方案进行系统性的分析论证,确定并形成施工的关键技术路线。在确定施工方法的同时,还应明确指出施工控制的质量标准及确保质量与施工安全的措施。

2. 确定施工顺序

在项目施工中,一般施工顺序的安排有一定的规律、也有多种方案选择,因此也必须对可能的施工顺序从前提条件和实施效果等方面作全面分析,确定最合理的施工顺序。确定施工顺序一般考虑的因素主要有:

(1)满足结构施工工艺流程要求,工艺流程是施工技术和自然规律决定的。

(2)与施工方法、施工船机设备相协调。

(3)考虑施工工期与施工时间资源组织的要求。

(4)考虑施工质量及安全施工的要求。

(5)考虑现场不利施工条件的影响等。

安排施工顺序的一般思路:先地下、后地上;先主体、后附属;地下由深到浅;地下、地上尽量平行、交叉进行;在保证施工连续的前提下,充分、合理利用工作面;在组织流水作业时,合理确定流水施工段，实现流水工期最短。

3. 确定施工机械

施工机械化程度高、施工船机设备多是水运工程施工特点。施工方案中选择确定施工船机设备，不仅关系施工质量安全和现代化施工水平，也关系施工效率、施工成本和效益。因此，确定施工船机设备，一般要研究和分析并满足以下相关因素和要求：

(1)施工方法的要求。

(2)施工船机设备资源的获取。

(3)考虑施工顺序展开及现场船机作业要求。

(4)考虑现场环境及水文地质条件。

(5)充分发挥主导船机设备的效用，加强船机设备的配套，提高设备的利用率。

4. 确定施工流向

确定施工流向就是确定施工过程在平面或空间上的组织展开顺序。确定单位工程的施工流向，一般考虑以下相关因素：

(1)施工现场条件和施工船机的布设。

(2)施工方法的工艺流程及其相互关系。

(3)结构特点及施工工程量的分布、施工段划分。

(4)施工工期、作业组织方式。

(5)业主对工程的节点工期要求或使用要求等。

5. 施工方案的制订步骤

(1)熟悉工程文件和资料，制定施工方案前应广泛收集和研究工程施工的有关文件和资料。

(2)划分施工过程，对项目组成进行结构分解(WBS)，对各施工过程的技术方法进行初步拟定和分析。

(3)计算工程量，工程量计算应与施工方案相适应。

(4)确定施工顺序和流向，施工顺序和流向的安排应符合项目施工的客观规律，并要处理好施工过程的技术和组织的相互关系。

(5)选择施工方法和施工机械。

(6)确定关键技术路线。

【例 6-1】 某重力式码头基床爆破夯实(俗称爆夯)施工方案。

(1)爆破夯实工程概况。基床由 2 个标准段和过渡段组成，标准段长度为 350m，过渡段为 91.63m。爆破夯实长度为 791.63m，爆破夯实断面方量 414 100m^3，爆夯面积 34 714m^2。码头基床由 10 ~ 100kg 块石水上抛填而成，基床港侧坡比 1:1.5，内侧坡比 1:1，基床的顶宽 22m，顶标高 -17.0m，底标高 -37.0 ~ -22.0m，厚度 5.0 ~ 20.0m。

(2)爆破夯实工程的特点与要求：

①爆夯布药施工准确度高，水上作业时必须充分考虑不利条件，尽量选择抗风、浪、流能力强的大型专业施工作业船舶施工，以保证安全，并确保满足施工质量。

②爆破施工需办理相关的许可证，需提早安排，以保证爆夯的顺利进行。

③基床爆夯影响因素较多，基床作业范围的挖泥、抛石、爆夯、整平和构件安放等工序流水

施工,人、机、物、水下及岸上等安全保护对象多,为此需要较高的爆破技术和丰富的施工经验,科学安排爆夯作业与其他作业的时空顺序,合理地设防安全距离,在确保安全的前提下,避免相互间的干扰,提高工作效率。

④施工中需要采取简单有效的防护和爆破技术,能提高施工速度又缩短保护对象与爆区的安全距离。

(3)爆破夯实作业的分层分段。本工程施工水深大于19m,根据爆破夯实施工规程和施工经验,单药包的能量能满足12m分层厚度的要求。本工程爆夯分层以12m厚度(含12%预留夯沉量)进行划分,即大于12m分为2层或更多,小于12m的不分层。码头基床设计厚度范围为5.0~20.0m。采用一次或分2层抛填,沿轴线以不大于60m作为一个爆夯施工分段,分段实施爆夯作业。

(4)爆破夯实总体计划和工艺流程:

①施工顺序安排。爆破施工总体安排以挖泥和抛石为依据,保持一定的超前距离,分段施工,施工完一段验收一段,交工一段的原则,见图6-2。

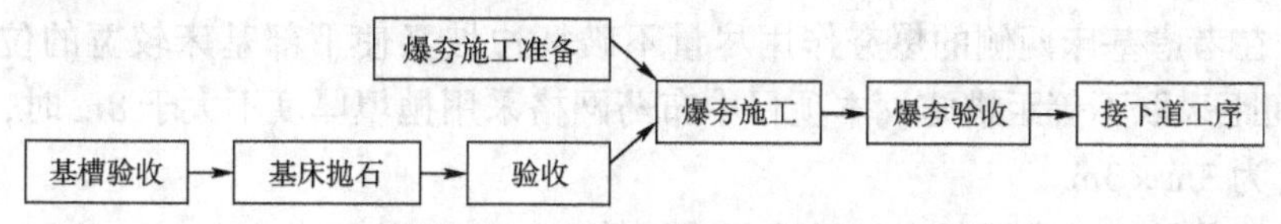

图6-2　爆破夯实施工工艺顺序

②施工工艺流程图。本工程的爆夯采用船上同步投放压迫包的施工工艺,详见图6-3。

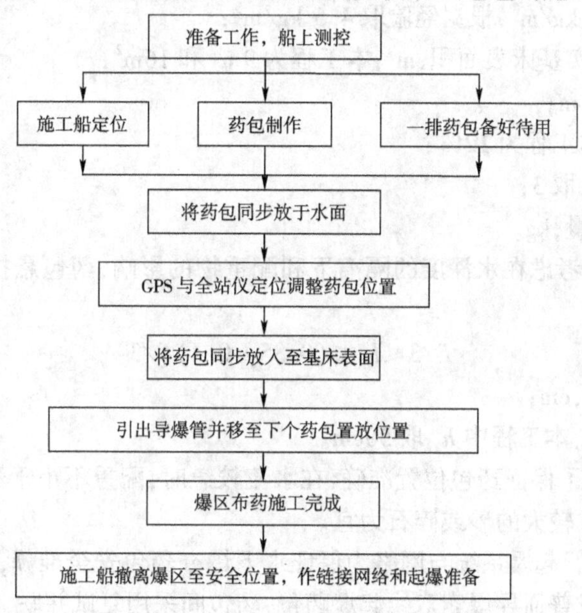

图6-3　船上爆夯同步投药工艺流程图

(5)试验段的安排与要求:

①爆夯试验段的选取。试验段在基床的北端,计划长度60.0m,设计基床厚度为17.0m,分2层爆破夯实。

②爆夯试验要求。通过试验爆夯区的施工结果及相互对比分析，验证和优化设计，从而指导施工；确定合理的单药包重量、布药网格、爆夯遍数、爆夯夯沉率等参数，以便指导后续施工。

(6)爆夯施工作业布置及参数设计：

①爆夯施工作业布置。爆夯施工现场作业布置图(略)

②爆夯参数设计。爆夯分区段与分层。爆夯分区段设计主要以沿轴线自上游至下游相同的设计基床厚度来划分区段的原则，目的是使设计参数统一、清晰、有利于实施。本工程沿轴线划分为15个区进行爆夯参数设计(具体区段划分略)。

根据《爆炸法处理水下地基和基础技术规程》，结合类似于工程施工经验，本工程施工水深大于19m，可满足单药包重100kg的水压要求。当设计基床最大厚度为11m时，即抛填厚度为12.5m，需要的单点有效爆炸能大于3500kN·m，施工水深条件能满足以上要求，当基床厚度小于12m时，按1层进行抛填实施爆夯，每层的爆夯遍数以3遍为宜。

A.布药网格。原则是为使爆夯作用均匀，爆后基床平整，同时单药包重量一般以不超过30kg为宜。在考虑基床两侧的爆夯作用尽量不破坏边坡又使下部基床较宽的位置同样得到密室，药包间距采取不等距措施。本项目中布药网格采用抛填厚度不大于8m时，为4m×4m；大于8m时，为3m×3m。

B.单药包重量Q。按规程中的经验公式计算：

$$Q = q \times S \times H \times \eta / n \tag{6-21}$$

式中：q——爆夯单耗，kg/m^3，根据经验取4.5 kg/m^3；

S——单药包夯实基床表面积，m^2，本工程为$9m^2$和$16m^2$；

H——爆夯高度，m；

η——夯实率，本工程为12%；

n——爆夯遍数，取3；

Q——单药包药量，kg。

C.悬挂高度h_2。考虑在水深度的隔离下和配重物的影响，药包悬挂高度不宜过大，按式(6-21)计算确定

$$D/3 \leqslant h_2 \leqslant (0.35 \sim 0.4) Q/3 \tag{6-22}$$

式中：D——药包直径，cm；

h_2——悬挂高度，本工程中h_2取50cm。

D.药包配重。为了保证药包位置准确，在水流较急时，配重不小于药包的重量，且重量均等，配重材料选用容重较大的砂或碎石为宜。

③爆夯网络设计。起爆系统与网络为保证水下爆夯药包安全准爆，起爆系统与网络设计为：选用高能导爆索或普通导爆索双线起爆药包，药包间采用复试并联，电雷管引爆主导爆索，主导爆索传至爆头，由爆头引爆药包；电雷管脚线与起爆线连接，起爆线引致起爆器组成的起爆网络。为减少爆夯对保护对象的影响，在实际施工时，根据爆区不同的位置采用排间毫秒微差爆破。

(7)安全距离下的药量核定。本工程所作药量的核定内容有以下几点：

①爆炸震动距离的核定。计算结果表明：当最大齐发药量为294kg时，距爆源60m以外，

爆夯正东不会对被保护对象产生不利影响。

②水中冲击波安全距离核定。

③爆破飞散物的安全距离核定。本工程由于覆盖水较深,爆破飞散物主要为落水,根据类似工程的施工经验,爆破飞散物的安全距离不大于30m。

④空气冲击波安全距离。为了确保生命财产的安全,加快基床工程的顺利进展,本工程重点考虑到水下爆炸效应比较复杂的地质、水文和爆炸方式等条件的影响和传播的复杂性,在施工安全管理上规定警戒范围如下:

A.陆域上爆炸震动安全警戒线为距爆源以外100m;

B.水中冲击波安全警戒线:对水中人员距爆源以外2000m;对船舶距爆源以外500m。

(8)主要船机设备。爆破夯实布药船1艘;警戒交通船2或3艘。

四、施工进度计划

施工进度计划是施工组织设计的重要组成部分,也是对工程建设实施计划管理的重要手段。单位工程施工进度计划是在施工方案基础上,根据规定工期和施工资源供应条件,按照施工过程的合理施工顺序及组织施工原则,对单位工程的全部施工过程在时间上的合理计划安排。施工进度计划是工程项目施工过程的时间规划,规定了施工过程的施工起讫时间、施工顺序和施工速度,是控制工期的有效工具。

水运工程的施工进度,由于受水文、气象等自然条件的影响,海洋波浪潮汐以及河道水流控制方面的约束,在施工过程中形成了一系列对施工进度起控制作用的环节,如海洋中风力强、波浪大、潮流急、高潮位、低潮位和河道中导流、截流、洪枯水等。由于这些影响因素和控制环节的存在,使水运工程项目的开竣工时间或进度要求比其他工程项目施工在时间安排上有更严格的限制。

1.施工进度计划的作用

施工进度计划是控制工程施工活动进程实现合同工期目标的重要依据。单位工程施工进度计划确定单位工程各施工过程的施工顺序、持续时间以及相互衔接配合关系;是指导编制各种资源需要量计划、供应计划、施工财务计划的依据;是编制施工班组施工作业计划的依据,是项目管理进行进度控制的基础,是评价施工组织是否合理的指标之一。

2.施工进度计划的编制依据和步骤

(1)进度计划编制依据:

①工程的施工图纸、施工条件和其他技术经济资料。

②施工工期及合同开竣工要求。

③施工组织总设计对单位工程施工要求(如果有)。

④主要分部分项工程的施工方案。

⑤施工采用的资源消耗时间、产量定额。

⑥施工资源的获取、供应及保障情况等。

(2)进度计划的编制步骤:

①研究施工图纸、有关资料和施工条件。

②划分施工过程,计算施工工程量。

③依据施工方案确定的施工顺序和施工方法,计算施工过程作业的劳动量、作业量。

④根据资源供应或工期要求确定施工过程的施工时间或需要的施工资源数量。

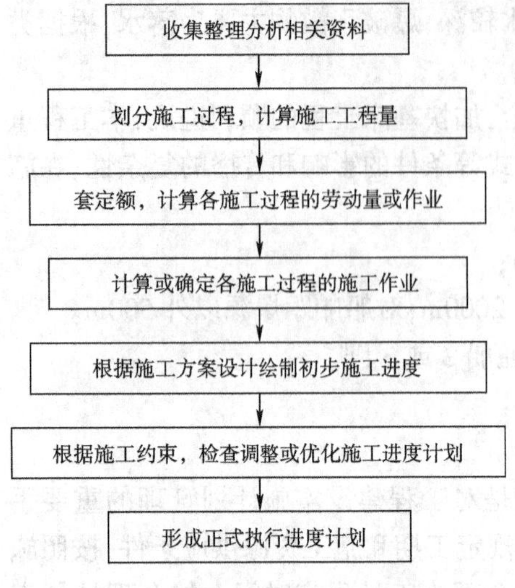

图6-4　单位工程施工进度的编制程序

⑤设计与绘制初步施工进度计划图。

⑥检查、调整或优化施工进度计划,形成合理可行的执行进度计划。

单位工程施工进度计划的编制步骤也可用程序表示,见图6-4。

3. 施工进度计划的表示方法

施工进度计划的表示方法有:文字说明、横道图、速度图、网络图及进度管理曲线等。在实际工作中一般以横道图表和网络图表图示进度计划为主。

(1)施工进度计划横道图。横道图表示某单位工程施工进度计划的格式,见表6-5。

从表6-5中可以看出,表的左边部分主要是单位工程中的分部分项工程的施工计划信息,一般包括分项工程名称、工程量、计划施工时间等,内容可增可减;右边是用线段和时间坐标形象表示分部分项工程施工进度的指示性图表,不同施工班组的施工可用线段类型相区别;图表的下半部分,可根据实际采用或不用。

施工进度计划表　　表6-5

序号	分部分项工程名称	工程量	计划工作时间	施工计划资源	施工进度(单位:天、周、旬、月)								
					1	2	3	4	5	6	7	8	9
附简要说明					资源消耗动态图								

横道图表示的进度计划,简单直观,容易编制,只能反映分项工程施工的分布时段和施工平均强度,不能反映分项工程之间的相互关系,也不能区别分项工程施工的重点与关键工作,不能反映施工组织计划中的约束与制约,不利于动态施工项目管理。某单位工程施工进度计划横道图见图6-5。

(2)施工进度计划的速度图。又叫垂直图,是用纵坐标表示施工进度、以横坐标表示施工位置,用不同的符号表示分项分部工程施工内容,见图6-6。

从图中可以看出,分项工程的施工时间、施工速度计划,分项工程之间的相互衔接程度,施工作业班组的平面或空间位置。对于施工组织计划，其反映的施工组织计划安排的思想更全面准确，但与横道图一样，不能区别分项工程施工的重点与关键工作，不利于动态施工项目管理。

序号	施工内容	工程量		2007年		2008年				
		单位	数量	11	12	1	2	3	4	5
1	施工准备	项	1							
2	基坑开挖	m^3	3260							
3	基础处理	m^3	480							
4	基础结构混凝土	m^3	867							
…	…		…							
n-1	附属设施安装	项	1							
n	施工扫尾与交工	项	1							

图 6-5　某工程进度计划横道图

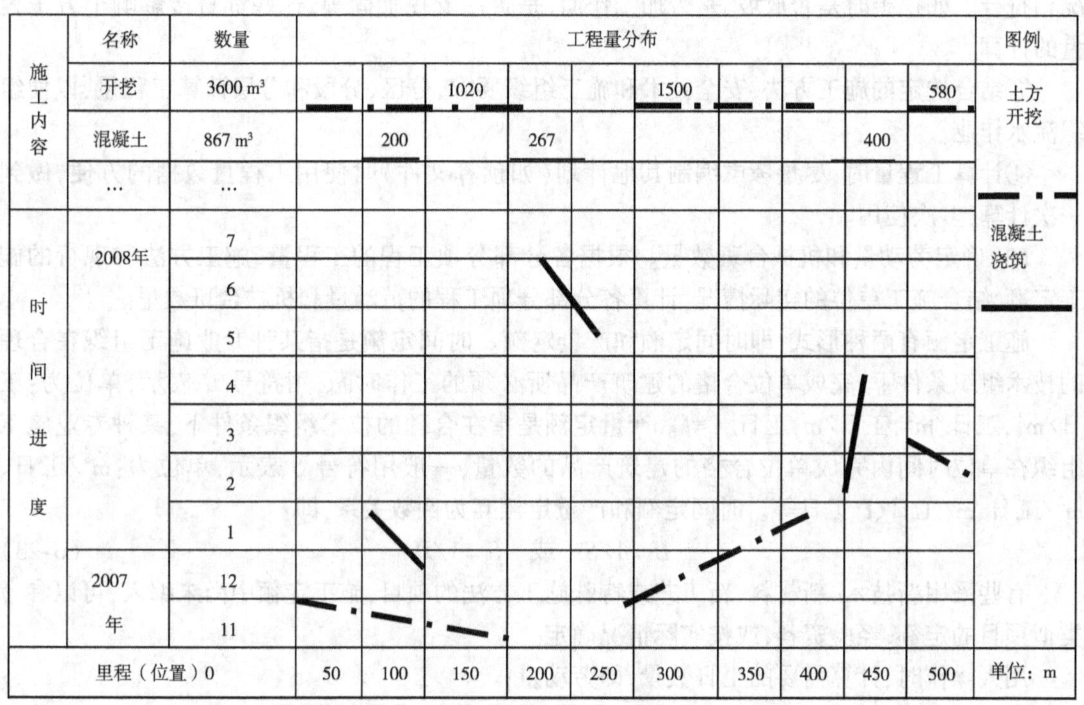

图 6-6　某工程项目施工进度计划速度图示例

（3）施工进度计划的网络图。它能清楚反映分部分项工程之间的组织关系，也能形象直观地反映施工进程（如时标网络图），更重要的是它能反映单位工程施工中的关键分部分项施工工作，反映计划的改变与目标控制的关系，对于项目管理者在施工进度的控制与协调方面能提供指示性的组织思路。

4. 施工进度计划的编制

(1)划分施工项目。编制施工进度计划时,首先应按照图纸和施工顺序,将拟建单位工程的各个施工过程列出,并结合施工方法、施工条件和劳动组织等因素,加以适当调整,确定填入施工进度计划表中的施工过程。在确定施工项目时,应注意以下几个问题:

①施工过程划分的粗细程度,主要根据单位工程施工进度计划的作用而定。

②施工过程的划分要结合所选择的施工方案。

③要适当简化施工进度计划的内容,突出重点,避免工程项目划分过细。

④水、电和设备安装等专业工程不必细分具体内容,由各专业施工队自己编制计划。

⑤所有施工过程应基本按施工顺序先后排列,所采用的施工项目名称可参考现行定额表上的项目名称。

(2)计算工程量。工程量计算是一项十分繁琐的工作,应与施工方案相结合,按照工程量计算规则进行准确计算。计算工程量时,应注意以下几个问题:

①各分部分项工程的工程量计算单位,应与现行施工定额中相应项目的单位一致,以便计算劳动量及材料用量时可直接套用定额。

②工程量计算要结合选定的施工方法和安全技术要求,使计算所得工程量与施工实际情况相符合。如挖土时是否放坡、是否加工作面、是否用支撑加固等,这些都直接影响土方工程量的计算。

③结合选定的施工方法、安全技术和施工组织要求,分区、分段和分层计算工程量,以便组织流水作业。

④计算工程量时,尽量考虑编制其他计划(如预算文件)时使用工程量数据的方便,做到一次计算,多次使用。

(3)确定劳动量和机械台班数量。根据各分部分项工程的工程量、施工方法和现行的施工定额,结合施工单位的实际情况,计算各分部分项工程的劳动量和机械台班数量。

施工定额有两种形式:即时间定额和产量定额。时间定额是指某种专业施工组织在合理的技术组织条件下,完成单位合格的建筑产品所必须的工作时间,用符号 H 表示,单位为:工日/m^3,工日/m^2,工日/m,工日/t 等。产量定额是指在合理的技术组织条件下,某种专业施工组织在单位时间内完成单位合格的建筑产品的数量,一般用符号 S 表示,单位为:m^3/工日、m^2/工日、m/工日、t/工日等。时间定额和产量定额互为倒数关系,即:

$$H = 1/S \quad \text{或} \quad S = 1/H \tag{6-23}$$

有些采用新技术、新材料、新工艺或特殊施工方法的项目,施工定额中尚未编入,可以参考类似项目的定额、经验资料,或按实际情况确定。

用人操作时,计算需要的工日数量,即劳动量;

用机械作业时,计算需要的台班数量,即作业量;一般可按下式计算:

$$P = Q/S \tag{6-24}$$

$$P = Q \times H \tag{6-25}$$

式中:P——完成某分部分项工程所需要的劳动量(工日)或机械台班数量(台班);

Q——某分部分项工程的工程量(m^3,m^2,m,t,…);

S——某分部分项工程人工或机械的产量定额(m^3,m^2,m,t,…/工日或台班);

H——某分部分项工程人工或机械的时间定额(工日或台班/m^3,m^2,m,t)。

(4)确定各施工过程的施工时间。计算各分部分项工程施工持续时间的方法有两种。

①定额计算法。根据在该分部分项工程施工的机械台套数或人数,以及施工项目需要的劳动量或机械台班量来确定施工持续天数。其计算公式如下:

$$T = Q/(R \times S \times N) = P/(R \times N) \tag{6-26}$$

式中:T——作业项目持续时间;

Q——作业项目的工程量,以实物量表示;

R——每班配备在该分部分项工程施工的机械台套数或人数;

N——每天工作班次;

P——劳动量(工日)或机械台班数(台班)。

在安排每班配备的机械台数和人数时,应该满足每台机械或每个人应有的工作面,以便充分发挥生产能力,保证施工安全;同时还应满足合理劳动组织人数的要求,以达到最高的劳动生产率。

②倒排计划法。首先根据总工期要求或施工经验,确定各分部分项工程的施工时间,然后再按各分部分项工程需要的劳动量或机械台班数,确定每一分部分项工程施工作业每班所需要机械台套数或工人数。其计算公式如下:

$$R = P/(T \times N) \tag{6-27}$$

式中:各符号的含义同前。

通常计算时先按一班制考虑,若算得的机械台数或工人数超过施工单位能提供的数量或超过工作面能容纳的数量时,可增加工作班次或采取其他措施,使每班投入的机械台数或人数减少到可能合理的范围内。

(5)编制施工进度计划的初步方案。编制施工进度计划时,应首先确定主导施工过程的施工进度,使主导施工过程尽可能连续施工,其余施工过程服从主导施工过程的进度要求,穿插配合进行。具体编制方法是:

①确定主要分部分项工程,安排其施工进度计划。首先确定主要分部工程,组织其中的分项工程流水施工,使主导的分项工程能够连续施工,其他次要的分项工程尽可能与主导分项工程相配合穿插、搭接或平行作业。

②安排其他分部分项工程施工进度计划。其他各分部工程的施工应与主要分部工程相配合,并用与主要分部工程相类似的方法,组织其内部的分项工程尽可能进行流水施工。

③按单位工程施工方案中的施工顺序,组合各分部分项工程的施工进度计划,形成初步进度计划。各分部工程之间按照施工工艺顺序或施工组织的要求,将相邻分部工程的相邻分项工程,按流水施工要求或配合关系搭接起来,组成单位工程进度计划的初步方案。

(6)检查与调整施工进度计划。检查、调整与优化的目的在于使初步进度计划方案满足规定的计划目标,确定合理可行符合计划要求的施工进度计划。一般检查的内容如下:

①检查施工过程的施工顺序以及平行、搭接组织和技术间歇等是否合理;

②初步方案的总工期是否满足规定工期;

③主要工种工人是否连续施工,劳动力消耗是否均衡;

④各种资源需要量是否均衡,施工机械是否充分发挥作用。

资源消耗的均衡性,一般用资源消耗不均衡系数 K 表示。资源消耗不均衡系数通常按式(6-28)计算。

$$K=\frac{R_{max}}{\overline{R}} \tag{6-28}$$

式中:R_{max}——施工进度计划中该资源高峰时段单位时间内的消耗最大值;

$\overline{R}$——施工进度计划期该资源消耗的平均值。

在编制进度计划时,应控制主要资源消耗不均衡系数值。

经过检查,对不符合要求的部分进行调整。调整的方法一般有:增加或缩短某些分项工程的施工时间;在符合工艺关系的情况下,将某些分项工程的施工时间前后移动;必要时还可以改变施工方法或施工组织措施。

五、施工准备工作计划

施工准备工作既是单位工程开工的条件,也是施工中的一项重要内容。开工前必须为开工创造条件,开工后必须为施工创造条件。因此,它贯穿于施工过程的始终。所以,在施工组织设计中必须进行规划,实行责任制,且宜在施工进度计划编制完成后进行。施工准备工作计划的内容包括:施工准备组织及时间安排,技术准备工作,施工现场准备,施工作业队伍和施工管理人员的组织准备,物资准备、资金准备等见表6-6。

单位工程施工准备工作计划 表6-6

编号	准备工作项目	简要内容	负责单位	负责人	起止日期		备注
					日/月	日/月	

六、资源供应计划

在施工进度计划确定后,即可计算编制施工资源供应计划,主要包括:劳动力供应计划、主要施工材料、周转材料和构配件供应计划、预制品订货和供应计划、主要施工船机、设备供应计划、施工成本计划等。

1. 劳动力计划

(1)从施工进度图中统计劳动力的工种名称、工作时间、施工人数。

(2)按序号、工种名称和不同时间所需人数填入劳动力计划表。

2. 材料、周转材料及构配件供应计划

(1)计算各项目所需各种主要材料用量。

(2)按进度计划统计各时间段内的材料种类、名称、规格。

(3)计算各时间段内的材料、周转材料及构配件用量之和。按序号、材料名称、规格、需要量、供应时间等要求分别填入材料、周转材料及构配件供应计划表。

3. 船机和施工机械供应计划

(1)计算各项目所需船机和各种施工机械用量。

(2)按进度计划统计各时间段内的机械名称、种类、规格。

(3)计算各时间段内的船机和施工机械用量之和。按要求分别填入船机和施工机械计划表。

七、施工平面图设计

施工平面布置的成果,需标示在一定比例尺的施工场区地形图上,构成施工平面图,它是施工组织设计的主要成果之一。利用施工平面图可以正确处理施工期间所需各项设施与永久建筑、拟建工程之间的空间关系,指导现场进行有组织、有计划的文明施工。

1. 施工平面图的设计原则

(1)在满足施工的前提下,尽量将占地范围减少到最低限度,不占或少占农田,不挤占道路。

(2)合理布置各种仓库、机械、加工厂位置,减少场内运输距离,尽可能避免二次搬运,减少运输费用,并保证运输方便、通畅。

(3)施工区域的划分和场地确定,应符合施工流程要求,尽量减少专业工种施工之间的干扰。

(4)充分利用已有的建筑物、构筑物和各种管线,凡拟建永久性工程能提前完工并为施工服务的,应尽量提前完工,并在施工中代替临时设施。

(5)各种临时设施的布置应有利于生产和生活。

2. 施工总平面图的设计依据

(1)工程设计资料和建设地区的自然、经济条件,包括施工地区的地形地貌、水文、地质、气象等资料;当地协作条件、建材、水电供应情况;对外交通运输设施;工程项目范围内有关的一切已有的和拟建的各种建筑物和设施位置。

(2)各种建筑材料、构件、加工品、施工机械和运输工具需要量,各构件加工厂规模、仓库以及其他临时设施的数量和轮廓尺寸。

(3)建设项目组成、施工部署和主要工程的施工方案、施工总平面布置图计划、施工进度计划。

3. 施工平面图的设计方法

施工平面图的设计步骤为:引入场外交通→布置仓库→布置加工厂和混凝土搅拌站→布置内部运输道路→布置临时房屋→布置临时水、电管网和其他动力设施→绘制正式施工平面图。

(1)场外交通的引入。设计工地施工平面图时,首先应从考虑大宗材料、成品、半成品、设备等进入工地的运输方式入手。

水运工程场外运输通常采用水路运输方式。场内主要仓库和加工厂应布置在码头附近。当场外运输采用公路运输方式时,一般先将仓库、加工厂等生产性临时设施布置在最经济合理的地方,后布置通向场外的公路。

(2)仓库的布置。通常考虑设置在运输方便、位置适中、运距较短并且安全防火的地方。

当采用水路运输时,一般应在码头附近设置转运仓库,以缩短船只在码头的停留时间。当采用公路运输时,仓库的布置较灵活。一般中心仓库布置在工地中央或靠近使用的地方,也可以布置在靠近外部交通连接处。砂、石、水泥、木材等仓库或堆场宜布置在搅拌站、预制场和木材加工厂附近;预制构件等直接使用的材料应该直接布置在施工对象附近,以免二次搬运。

(3)加工厂和搅拌站的布置。各种加工厂布置,应以方便使用、安全防火、运输费用最少、不影响建筑安装工程施工的正常进行为原则。一般应将加工厂与相应的仓库或材料堆场尽量集中布置。

工地混凝土搅拌站的布置有集中、分散、集中与分散相结合的3种方式。当运输条件较好时,以采用集中布置较好,或现场不设搅拌站而使用商品混凝土;当运输条件较差时,则以分散布置在使用地点或升降架等附近为宜。砂浆搅拌站多采用分散就近布置。

预制件加工厂尽量利用建设地区永久性加工厂。水运工程中大型预制构件一般依托企业的专业预制厂生产,小型构件生产在现场设置临时预制厂,其位置一般应就近布置。

钢筋加工厂可集中或分散布置,视工地具体情况而定。对于需冷加工、对焊、点焊钢筋骨架和大片钢筋网时,宜采用集中布置加工;对于小型加工、小批量生产和利用简单机具就能成型的钢筋加工,采用就近的钢筋加工棚进行。

(4)场内运输道路的布置。工地内运输道路的布置,应根据各加工厂、仓库及各施工对象的位置布置道路,并研究货物周转运行图,以明确各段道路上的运输负担,区别主要道路和次要道路。规划这些道路时要特别注意满足运输车辆的安全行驶,在任何情况下,不致形成交通断绝或阻塞。在规划临时道路时,还应考虑充分利用拟建的永久性道路系统,提前修建路基及简单路面,作为施工所需的临时道路。道路应有足够的宽度和转弯半径,现场内道路干线应采用环形布置,主要道路宜采用双车道,车道宽度不得小于3.5m。临时道路的路面结构,应根据运输情况、运输工具和使用条件来确定。

(5)行政与生活福利临时建筑的布置。行政与生活福利临时建筑可分为:行政管理和辅助生产用房、居住用房、生活福利用房等。

对于各种生活与行政管理用房应尽量利用业主的生活基地或现场附近的其他永久性建筑,不足部分另行修建临时建筑物。临时建筑物的设计,应遵循经济、适用、装拆方便的原则,并根据当地的气候条件、工期长短确定其建筑与结构形式。

福利设施应设置在工人较集中的地方或工人必经之路。生活基地应设在场外,距工地500~1000m为宜,并避免设在低洼潮湿、有烟尘和有害健康的地方。食堂宜设在生活区,也可布置在工地与生活区之间。

(6)临时水、电管网和其他动力设施的布置。尽量利用已有的和提前修建的永久线路。

临时变电站应设在高压线进入工地处,避免高压线穿过工地。临时自备发电设备应设置在现场中心或靠近主要用电区域。

临时水池、水塔应设在用水中心和地势较高处。管网一般沿道路布置,供电线路应避免与其他管道设在同一侧,主要供水、供电管线采用环状。

管线过路处均要套以铁管,一般电线用$\Phi51\sim\Phi76$管,电缆用$\Phi102$管,并埋入地下0.7m处。

过冬的临时水管须埋在冰冻线以下或采取保温措施。

排水沟沿道路布置,纵坡不小于0.2%,过路处须设涵管,在山地建设时应有防洪设施。

消火栓间距不大于120m,距拟建房屋不小于5m,不大于25m,距路边不大于2m。

各种管道布置的最小净距应符合相关规定。

4.施工平面图的绘制

施工平面图是归入档案的技术文件之一。因此,要求精心设计,认真绘制。一般绘制步骤如下。

(1)确定图幅大小和绘图比例。图幅大小和绘图比例应根据工地大小及布置内容多少来确定。图幅一般可选用1~2号图纸,比例一般采用1:1000、1:2000或根据实际情况选用。

(2)合理规划和设计图面。施工平面图,除了要反映现场的布置内容外,还要反映周围环境和面貌(如已有建筑物、场外道路等)。故绘图时,应合理规划和设计图面,并应留出一定的空余图面绘制指北针、图例及文字说明等。

(3)绘制施工平面图的有关内容。将现场测量的方格网、现场内外已建的房屋、构筑物、道路和拟建工程等,按正确的内容绘制在图面上。

(4)绘制工地需要的临时设施。根据布置要求及面积计算,将道路、仓库、加工厂和水、电管网等临时设施绘制到图面上去。

(5)形成施工平面图。在进行各项布置后,经分析比较、调整修改,形成施工平面图,并作必要的文字说明,标上图例、比例、指北针等。

完成后的施工平面图比例要正确,图例要规范,线条粗细分明,字迹端正,图面整洁美观。

八、施工技术组织措施计划

施工技术组织措施计划是指在施工技术、组织方面对工程的质量、安全、成本、季节施工、环境保护、职业健康与文明施工等方面所采取的各种保证措施形成的计划。其内容包括:

(1)建立技术质量安全管理体系。

(2)在工程施工中,对主体工程的重要部,施工难度大、技术复杂的工程项目,如桩基、大体积混凝土的浇筑、重大构件的起重、运输、安装等,采用新技术、新材料、新结构,易产生质量通病和施工经验不足的项目,必须提出质量保证措施。

(3)安全技术措施要从具体工程的结构特征、施工条件、技术要求和安全生产的需要出发,如水上作业、高空作业、起重作业、夜间作业、潜水作业、立体交叉作业等编写安全技术措施。水运工程是危险性较大的工程,通常应针对施工中危险性较大的工程施工编制安全专项施工方案,并按规定进行审批。

(4)冬期、夏期和雨期施工,应根据实际天气情况,按规范、设计要求制定技术措施。

(5)降低成本措施的制定应以施工企业或(项目经理部)年度、季度降低成本计划和技术组织措施为依据进行编制。要针对工程施工中降低成本潜力大的项目,提出降低措施,计算经济效果,通过评价决策。降低成本措施包括劳动力、材料、机械设备费用、工具费、间接费、临时设施费及资金等的节约措施。

(6)环境保护与职业健康措施,应按有关法规结合现场施工情况制定。为了保护环境,就要防止污染,尤其是要对城市施工中造成的废水污染、废气污染、垃圾粉尘污染、噪声污染等采取有效的预防措施。

水运工程施工中可能出现由于清淤、回填施工等产生环保问题。项目经理部在施工过程中,要严格执行国家有关环境保护的标准、规范,接受建设单位、设计单位和监理工程师的指导、监督,切实把施工环境保护与工程建设紧密结合,把环境保护措施落到实处。

要建立相应的组织机构、明确工作职责，如项目经理，对环境、职业健康安全运行、控制全面负责；项目部工程部门、安全部门，是环境与职业健康安全运行的主管部门，负责施工生产区域环境和职业健康安全管理方案的制订、实施和检查；项目部办公室，是办公区域、生活区域环境和职业安全健康运行的主管部门，负责办公区、生活区管理方案的制订、实施和检查。

(7)文明施工措施，是针对现场施工活动的管理措施，包括：

①设立文明施工管理常设机构。

②建立文明施工负责制，划分区域，明确管理负责人，实行挂牌制。

③项目部驻地范围应尽可能采用施工围蔽，围蔽范围外挂设施工标志。

④施工场地按施工总平面图设置生活垃圾桶等各项临时设施，施工现场应符合环境卫生、安全、保卫等各项要求，做到整齐、清洁、安全、美观。

⑤做好文明施工宣传工作，在现场张贴文明施工的具体要求和措施，增强施工人员的文明施工意识。

⑥工棚搭设整齐美观，生活污水经过沉淀池沉淀，垃圾收集起来放入垃圾筒，厨房和临时宿舍保持干净卫生，经常打扫，责任到人。

⑦现场材料的堆放，要按照施工组织设计指定的区域范围分类堆放；场内废料和余料及时清运，保持场内整洁。

⑧做好现场的治安、保卫工作，现场设置各种安全设施和配置劳动保护用品。

⑨施工现场设置保证施工安全的夜间照明和保证行人、车辆交通安全的路灯照明，夜间施工尽量减少噪声扰民。

⑩施工现场设置施工牌，标明工程项目名称、建设单位、监理单位、施工单位、设计单位、项目经理和施工现场管理代表人姓名、开竣工日期、施工许可证批号等。

⑪所有施工人员服装整齐，主要管理人员在施工现场佩带证明身份的证件。

⑫现场使用的机械设备，要按平面固定点存放，保持机身周围的环境清洁。

⑬按规定设立标准食堂、医疗急救站、浴室及厕所等。

⑭施工现场办公室或会议室必须布设下列图表：施工平面总布置图；施工工期控制总进度计划(横道图、网络图)；施工实际进度形象图；单位工程负责人、安全生产责任人、防火负责人等以及负责人的职责范围；管理机构及主管人员的分工图表；晴雨图表等。

九、主要技术经济指标

单位工程施工组织设计中，技术经济指标包括：工期指标、质量指标、安全指标、降低成本指标、劳动生产率指标、主要工程工种机械化程度、三大材料节约指标等。这些指标应在施工组织设计基本完成后进行计算，并反映在施工组织设计文件中，作为考核的依据。

1. 总工期指标

总工期指标是指自开工之日到竣工之日的全部日历天数。

2. 单位工程单方用工数

$$\text{单位工程单方用工数} = \frac{\text{总用工数(工日)}}{\text{单位工程的工程量}(m^3)} \tag{6-29}$$

3. 质量等级

质量等级是在施工组织设计中确定的控制目标。主要通过质量保证措施来实现，可分别对单位工程、分部分项工程确定。

4. 安全指标

安全指标以施工中工伤事故频率控制数表示。

5. 主要材料节约指标

主要材料节约指标以单位工程主要材料节约率为主。

$$\text{主要材料节约率} = \frac{\text{主要材料计划节约额}}{\text{主要材料预算金额}} \times 100\% \tag{6-30}$$

或

$$\text{主要材料节约率} = \frac{\text{主要材料节约量}}{\text{主要材料预算用量}} \times 100\% \tag{6-31}$$

$$\text{主要材料节约量} = \text{预算用量} - \text{施工组织设计计划用量} \tag{6-32}$$

或

$$\text{主要材料节约量} = \text{技术组织措施节约量} \tag{6-33}$$

6. 大型机械耗用台班用量及费用

$$\text{大型机械单方台班用量} = \frac{\text{大型机械台班用量(台班)}}{\text{单位工程的工程量}(m^3)} \tag{6-34}$$

$$\text{单方大型机械费} = \frac{\text{计划大型机械台班费(元)}}{\text{单位工程的工程量}(m^3)} \tag{6-35}$$

7. 降低成本指标

$$\text{降低成本额} = \text{承包成本} - \text{施工组织设计计划成本} \tag{6-36}$$

$$\text{降低成本率} = \frac{\text{降低成本额(元)}}{\text{承包成本(元)}} \times 100\% \tag{6-37}$$

第七章　水运工程施工项目管理及目标控制

第一节　水运工程施工项目进度控制

水运工程施工项目进度管理制度是水运工程施工企业管理体系的一部分，以工程管理部门为主管部门，物资管理部门、人力资源管理部门及其他相应业务部门为相关部门，通过任务分工表和职能分工表明确各自的职责。

项目进度管理目标应按项目实施过程、专业、阶段或实施周期进行分解。进度管理目标的制定应在项目分解的基础上确定。包括项目进度总目标、分阶段目标，也可根据需要确定年、季、月、旬(周)目标，里程碑事件目标等。里程碑事件目标指关键工作的开始时刻或完成时刻。

施工项目经理部应按下列程序进行进度管理：

(1)制订进度计划。

(2)进行计划交底，落实责任。

(3)实施进度计划，跟踪检查，对存在的问题分析原因并纠正偏差，必要时对进度计划进行调整。

(4)编制进度报告，报送施工企业工程管理部门以及施工项目监理单位。

其中实施进度计划是水运工程施工项目(以下简称施工项目)进度管理的核心，又称进度控制，是本节的主要内容。

一、施工项目进度控制概述

施工项目进度控制、投资控制和质量控制，是项目施工中的三大重点控制目标。其中，进度控制是保证施工项目按期完成，合理安排资源供应、节约工程成本的重要措施。

施工项目进度控制是指在既定的工期内，编制出最优的施工进度计划，在执行该计划的施工过程中，经常检查施工实际进度情况，并将其与计划进度相比较，若出现偏差，便分析产生的原因和对工期的影响程度，找出必要的调整措施，修改原计划，不断地如此循环，直至工程竣工验收。施工项目进度控制的总目标是确保施工项目的既定目标工期的实现，或者在保证施工质量和不因此而增加施工实际成本的条件下，适当缩短施工工期。

1.施工项目进度控制方法

施工项目进度控制方法主要是规划、控制和协调。规划是指确定施工项目总进度控制目标和分进度控制目标，并编制其进度计划。控制是指在施工项目实施的全过程中，进行施工实际进度与施工计划进度的比较，出现偏差及时采取措施调整。协调是指协调与施工进度有关的单位、部门和工作班组之间的进度关系。

2. 施工项目进度控制的措施

施工项目进度控制采取的主要措施有组织措施、技术措施、合同措施、经济措施和信息管理措施等。

组织措施主要是指落实各层次的进度控制人员，具体任务和工作责任；建立进度控制的组织系统；按着施工项目的结构、进展的阶段或合同结构等进行项目分解，确定其进度目标，建立控制目标体系；确定进度控制工作制度，如检查时间、方法、协调会议时间、参加人员等；对影响进度的因素分析和预测。技术措施主要是采取加快施工进度的技术方法。合同措施是指对分包单位签订施工合同的合同工期与有关进度计划目标相协调。经济措施是指实现进度计划的资金保证措施。信息管理措施是指不断地收集施工实际进度的有关资料进行整理统计与计划进度比较，定期地向建设单位或监理单位提供比较报告。

3. 施工项目进度控制的任务

施工项目进度控制的主要任务是编制施工总进度计划并控制其执行，按期完成整个施工项目的任务；编制单位工程施工进度计划并控制其执行，按期完成单位工程的施工任务；编制分部分项工程施工进度计划，并控制其执行，按期完成分部分项工程的施工任务；编制季度、月(旬)作业计划，并控制其执行，完成规定的目标等。

二、影响施工项目进度的因素

由于施工工程项目的特点，尤其是较大和复杂的水运工程施工项目，工期较长，影响进度因素较多。编制计划和执行控制施工进度计划时必须充分认识和估计这些因素，才能克服其影响，使施工进度尽可能按计划进行，当出现偏差时，应考虑有关影响因素，分析产生的原因。其主要影响因素有：

1. 有关单位的影响

施工项目的主要施工单位对施工进度起决定性作用，但是建设单位、监理单位、设计单位、银行信贷单位、材料设备供应部门、运输部门、水、电供应部门及政府的有关主管部门都可能给施工某些方面造成困难而影响施工进度。其中设计单位图纸不及时和有错误以及建设单位对设计方案的变动是经常发生和影响最大的因素。材料和设备不能按期供应，或质量、规格不符合要求，都将使施工停顿。资金不能保证也会使施工进度中断或速度减慢等。

2. 施工条件的变化

施工中工程地质条件和水文地质条件与勘查设计的不符，如地质断层、溶洞、地下障碍物、软弱地基以及恶劣的气候气象条件，包括暴雨、高温、大风、大浪、洪水和极端潮(水)位等都对施工进度产生影响、造成临时停工或破坏。

3. 技术失误

施工单位采用技术措施不当，施工中发生技术事故；应用新技术、新材料、新结构缺乏经验，不能保证质量等都要影响施工进度。

4. 施工组织管理不利

流水施工组织不合理、劳动力和施工机械调配不当、施工平面布置不合理等将影响施工进度计划的执行。

5. 意外事件的出现

施工中如果出现意外的事件,如战争、严重自然灾害、火灾、重大工程事故、工人罢工等都会影响施工进度计划。

三、施工项目进度控制原理

1. 动态控制原理

施工项目进度控制是一个不断进行的动态控制过程,也是一个循环进行的过程。它是从项目施工开始,实际进度出现了运动的轨迹,也就是计划进入执行的动态。实际进度按照计划进度进行时,两者相吻合;当实际进度与计划进度不一致时,便产生超前或落后的偏差。分析偏差的原因,采取相应的措施,调整原来计划,使两者在新的起点上重合,继续按计划进行施工活动,并且尽量发挥组织管理的作用,使实际工作按计划进行。但是在新的干扰因素作用下,又会产生新的偏差。施工进度计划控制就是采用这种动态循环的控制方法。

2. 系统原理

(1)施工项目计划系统。为了对施工项目实行进度计划控制,首先必须编制施工项目的各种进度计划。其中有施工项目总进度计划、单位工程进度计划、分部分项工程进度计划、季度和月(旬)作业计划,这些计划组成一个施工项目进度计划系统。计划的编制对象由大到小,计划的内容从粗到细。编制时从总体计划到局部计划,逐层进行控制目标分解,以保证计划控制目标落实。执行计划时,从月(旬)作业计划开始实施,逐级按目标控制,从而达到对施工项目整体进度目标控制。

(2)施工项目进度实施组织系统。施工项目实施全过程的各专业队伍都是遵照计划规定的目标去努力完成一个个任务的。施工项目经理和有关劳动调配、材料设备、采购运输等各职能部门都按照施工进度规定的要求进行严格管理、落实和完成各自的任务。施工组织各级负责人,从项目经理、施工队长、班组长及其所属全体成员组成了施工项目实施的完整组织系统。

(3)施工项目进度控制组织系统。为了保证施工项目进度实施还有一个项目进度的检查控制系统。自公司经理、项目经理,一直到作业班组都设有专门职能部门或人员负责检查汇报,统计整理实际施工进度的资料,并与计划进度比较分析和进行调整。当然不同层次人员负有不同进度控制职责,分工协作,形成一个纵横连接的施工项目控制组织系统。事实上有的领导可能是计划的实施者又是计划的控制者。实施是计划控制的落实,控制是保证计划按期实施。

3. 信息反馈原理

信息反馈是施工项目进度控制的主要环节,施工的实际进度通过信息反馈给基层施工项目进度控制的工作人员,在分工的职责范围内,经过对其加工,再将信息逐级向上反馈,直到主控部门,主控部门整理统计各方面的信息,经比较分析作出决策,调整进度计划,仍使其符合预定工期目标。若不应用信息反馈原理,不断地进行信息反馈,则无法进行计划控制。施工项目进度控制的过程就是信息反馈的过程。

4. 弹性原理

水运工程施工项目进度计划工期长、影响进度的因素多,其中有的已被人们掌握,根据统计经验估计出影响的程度和出现的可能性,并在确定进度目标时,进行实现目标的风险分析。

在计划编制者具备了这些知识和实践经验之后，编制施工项目进度计划时就会留有余地，即是使施工进度计划具有弹性。在进行施工项目进度控制时，便可以利用这些弹性，缩短有关工作的时间，或者改变它们之间的搭接关系，即使检查之前拖延了工期，通过缩短剩余计划工期的方法，仍然达到预期的计划目标。这就是施工项目进度控制中弹性原理的应用。

5. 封闭循环原理

施工项目的进度计划控制的全过程是计划、实施、检查、比较分析、确定调整措施、再计划。从编制项目施工进度计划开始，经过实施过程中的跟踪检查，收集有关实际进度的信息，比较和分析实际进度与施工计划进度之间的偏差，找出产生原因和解决办法，确定调整措施，再修改原进度计划，形成一个封闭的循环系统。

6. 网络计划技术原理

在施工项目进度的控制中利用网络计划技术原理编制进度计划，根据收集的实际进度信息，比较和分析进度计划，又利用网络计划的工期优化，工期与成本优化和资源优化的理论调整计划。网络计划技术原理是施工项目进度控制的完整的计划管理和分析计算理论基础。

四、施工项目进度计划的实施

施工项目进度计划的实施就是施工活动的进展，也就是用施工进度计划指导施工活动、落实和完成计划。施工项目进度计划逐步实施的进程就是施工项目建造的逐步完成过程。为了保证施工项目进度计划的实施，并且尽量按编制的计划时间逐步进行，保证各进度目标的实现，应做好如下工作：

1. 施工项目进度计划的贯彻

(1)检查各层次的计划，形成严密的计划保证系统。施工项目的所有施工进度计划：施工总进度计划、单位工程施工进度计划、分部分项工程施工进度计划，都是围绕一个总任务而编制的，它们之间关系是高层次的计划是低层次计划的依据，低层次计划是高层次计划的具体化。在其贯彻执行时应当首先检查是否协调一致，计划目标是否层层分解，互相衔接，组成一个计划实施的保证体系，以施工任务书的方式下达施工队以保证实施。

(2)层层签订承包合同或下达施工任务书。施工项目经理、施工队和作业班组之间分别签订承包合同，按计划目标明确规定合同工期、相互承担的经济责任、权限和利益，或者采用下达施工任务书，将作业下达到施工班组，明确具体施工任务，技术措施，质量要求等内容，使施工班组必须保证按作业计划时间完成规定的任务。

(3)计划全面交底，发动群众实施计划。施工进度计划的实施是全体工作人员的共同的行动，要使有关人员都明确各项计划的目标、任务、实施方案和措施，使管理层和作业层协调一致，将计划变成群众的自觉行动，充分发动群众，发挥群众的干劲和创造精神。在计划实施前要进行计划交底工作，可以根据计划的范围召开全体职工大会或各级生产会议进行交底落实。

2. 施工项目进度计划的实施

(1)编制月(旬)作业计划。为了实施施工进度计划，将规定的任务结合现场施工条件，如施工场地的情况、劳动力机械等资源条件和施工的实际进度，在施工开始前和过程中不断地编制月(旬)作业计划，使施工计划更具体、切实可行。在月(旬)计划中要明确：本月(旬)应完成的任务，所需要的各种资源量，提高劳动生产率和节约措施。

(2)签发施工任务书。编制好月(旬)作业计划以后,将每项具体任务通过签发施工任务书的方式使其进一步落实。施工任务书是向班组下达任务实行责任承包、全面管理和原始记录的综合性文件。施工班组必须保证指令任务的完成。它是计划和实施的纽带。

(3)做好施工进度记录,填好施工进度统计表。在计划任务完成的过程中,各级施工进度计划的执行者都要跟踪做好施工记录,记载计划中的每项工作开始日期、工作进度和完成日期。为施工项目进度检查分析提供信息,因此要求实事求是记载,并填好有关图表。

(4)做好施工中的调度工作。施工中的调度是组织施工中各阶段、环节、专业和工种的互相配合、进度协调的指挥核心。调度工作是使施工进度计划实施顺利进行的重要手段。其主要任务是掌握计划实施情况,协调各方面关系,采取措施,排除各种矛盾,加强各薄弱环节,实现动态平衡,保证完成作业计划和实现进度目标。

调度工作内容主要有:监督作业计划的实施、调整协调各方面的进度关系;监督检查施工准备工作;督促资源供应单位按计划供应劳动力、施工机具、运输车辆、材料构配件等,并对临时出现问题采取调配措施;按施工平面图管理施工现场,结合实际情况进行必要调整,保证文明施工;了解气候、水、电、气的情况,采取相应的防范和保证措施;及时发现和处理施工中各种事故和意外事件;调节各薄弱环节;定期召开现场调度会议,贯彻施工项目主管人员的决策,发布调度令。

五、施工项目进度计划的检查

在施工项目的实施进程中,为了进行进度控制,进度控制人员应经常地、定期地跟踪检查施工实际进度情况,主要是收集施工项目进度资料,进行统计整理和对比分析,确定实际进度与计划进度之间的关系。其主要工作包括:

1.跟踪检查施工实际进度

跟踪检查施工实际进度是项目施工进度控制的关键措施。其目的是收集实际施工进度的有关数据。跟踪检查的时间和收集数据的质量,直接影响控制工作的质量和效果。

一般检查的时间间隔与施工项目的类型、规模、施工条件和对进度执行要求程度有关。通常可以确定每月、半月、旬或周进行一次。若在施工中遇到天气、资源供应等不利因素的严重影响,检查的时间间隔可临时缩短,次数应频繁,甚至可以每日进行检查,或派人员驻现场督阵。检查和收集资料的方式一般采用进度报表方式或定期召开进度工作汇报会。为了保证汇报资料的准确性,进度控制的工作人员,要经常到现场察看施工项目的实际进度情况,从而保证经常地、定期地准确掌握施工项目的实际进度。

2.整理统计检查数据

收集到的施工项目实际进度数据,要进行必要的整理,按计划控制的工作项目进行统计,形成与计划进度具有可比性的数据,有相同的量纲和形象进度。一般可以按实物工程量、工作量和劳动消耗量以及累计百分比整理和统计实际检查的数据,以便与相应的计划完成量相对比。

3.对比实际进度与计划进度

将收集的资料整理和统计成具有与计划进度可比性的数据后,用施工项目实际进度与计划进度的比较方法进行比较。通常用的比较方法有:横道图比较法、S形曲线比较法和“香蕉”

形曲线比较法、前锋线比较法和列表比较法等。通过比较得出实际进度与计划进度相一致、超前、拖后三种情况。

4. 施工项目进度检查结果的处理

施工项目进度检查的结果，按照检查报告制度的规定，形成进度控制报告向有关主管人员和部门汇报。

进度控制报告是把检查比较的结果，有关施工进度现状和发展趋势，提供给项目经理及各级业务职能负责人的最简单的书面形式报告。

进度控制报告是根据报告的对象不同，确定不同的编制范围和内容而分别编写的。一般分为项目概要级进度控制报告、项目管理级进度控制报告和业务管理级进度控制报告。

(1)项目概要级的进度报告是报给项目经理、企业经理或业务部门以及建设单位的。它是以整个施工项目为对象说明进度计划执行情况的报告；

(2)项目管理级的进度报告是报给项目经理及企业的业务部门的。它是以单位工程或项目分区为对象说明进度计划执行情况的报告；

(3)业务管理级的进度报告是就某个重点部位或重点问题为对象编写的报告，供项目管理者及各业务部门为其采取应急措施而使用的。

进度报告由计划负责人或进度管理人员与其他项目管理人员协作编写。报告时间一般与进度检查时间相协调，也可按月、旬、周等间隔时间进行编写上报。

进度控制报告的内容主要包括：项目实施概况、管理概况、进度概要；项目施工进度、形象进度及简要说明；施工图纸提供进度；材料、物资、构配件供应进度；劳务记录及预测；日历计划；变更指令等。

六、施工项目进度比较方法

施工项目进度比较分析与计划调整是施工项目进度控制的主要环节。其中施工项目进度比较是调整的基础。常用的比较方法有以下几种。

1. 横道图比较法

用横道图（“甘特图”）编制施工进度计划，指导施工的实施是人们常用的、很熟悉的方法。它简明形象和直观，编制方法简单，使用方便。

横道图比较法，是把在项目施工中检查实际进度收集的信息，经整理后直接用横道线并列与原计划的横道线标于一起，进行直观比较的方法。完成任务量可以用实物工程量、劳动消耗量和工作量三种物理量表示，为了比较方便，一般用它们实际完成量的累计百分比与计划应完成量的累计百分比，进行比较。

例如某重力式码头施工进度计划中，码头“基础”包括“基槽开挖”、“基床抛石”、“基床夯实”和“基床整平”四个分项工程，假如开工日期是2010年1月12日，根据每项工程的作业时间和工序间的逻辑关系，得到如下进度计划，见图7-1。从图上可以看出，“基础”工程的结束时间是2010年2月6日，总工期是26d，这些信息就是任务的计划数据，其中“抛石基床验收”是里程碑任务。

当项目进行到第15天，如果“基槽开挖”按计划完成，“基床抛石”由于石料运输环节出现问题而使作业时间延长，只完成任务量的50%，将以上进度信息输入到进度计划中，得到以下结果，见图 7-2。其中实际进度信息在“甘特图”的条形图中心显示进度线，从图中可以看出，实际进度落后于当前日期(2010 年 1 月 26 日，“甘特图”上的垂直虚线标志着当日在时间标尺上的位置)，使用日期线可以看到任务进程与日程安排还差多少。

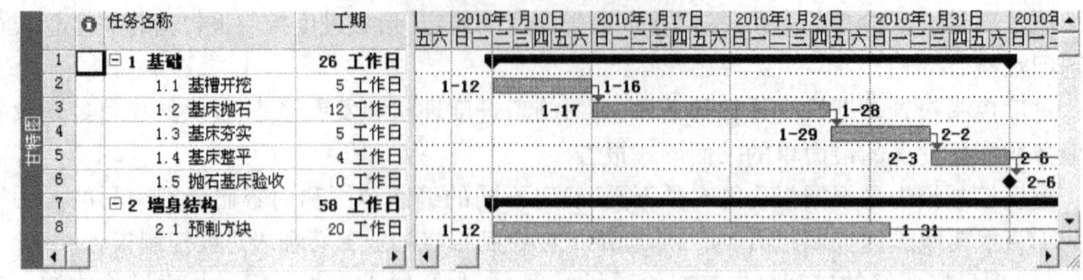

图 7-1　某重力式码头施工进度计划

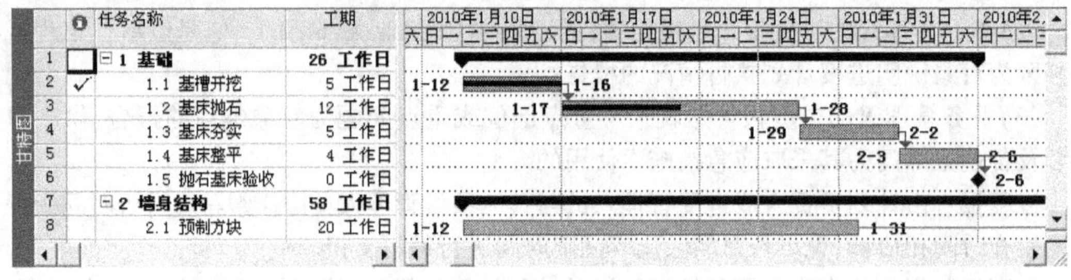

图 7-2　输入实际进度信息的甘特图

通过进度前锋线可以较好地反映已经开始，但尚未结束工作的进度是拖延或提前。对于落后于日程的工作有指向左方的峰线，对于提前于日程的工作有指向右方的峰线。峰线到垂直线的距离指示在进度日期上，任务提前或者落后于日程的程度，见图 7-3。图中对于“基床抛石”有指向左方的锋线，而“预制方块”工作的施工实际进度与计划进度一致。

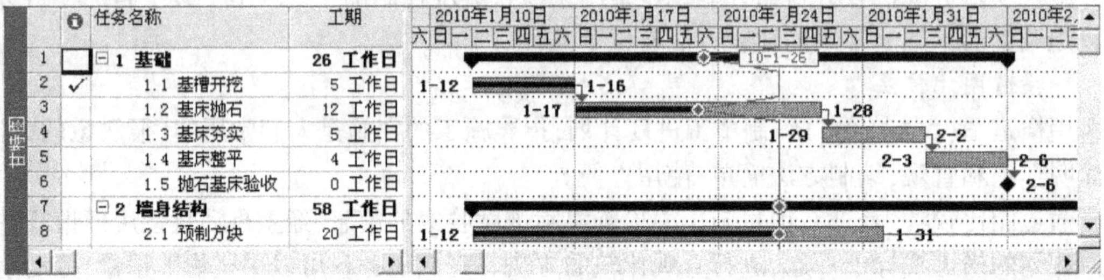

图 7-3　进度前锋线

使用“跟踪甘特图”也可以在计划和实际进度之间进行比较。对于每项任务，“跟踪甘特图”显示两种任务条形图，一个在另一个的上方。下方的条形图显示计划开始日期和完成日期，上方的条形图显示实际的开始日期与完成日期。如果任务已经开始或完成，这意味着完成百分比大于零，见图 7-4。图中显示项目进行到第 20 天的情况，表示“基床抛石”工作最终作业时间延长 2d，而使后续工作“基床夯实”延误 2d 开始，所以到检查日期该工作只完成 20% 的工作量(或工期)。如果“基床夯实”和“基床整平”均按原计划工作时间进行，则“基础”工程施工最终会于 2 月 8 日完成，比原计划推迟了 2d。

通过上述记录与比较，为进度控制者提供了实际施工进度与计划进度之间的偏差，为采取调整措施提供了明确的任务。这是人们施工中进行施工项目进度控制经常用的一种最简单、熟悉的方法。横道图比较法具有以下优点:记录比较方法简单,形象直观,容易掌握,应用方便,被广泛地应用于简单地进度监测工作中。

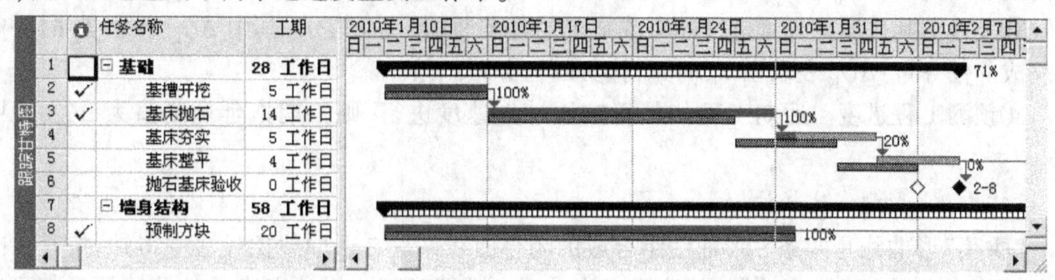

图 7-4　跟踪甘特图

2. S 形曲线比较法

S 形曲线比较法与横道图比较法不同,它不是在编制的横道图进度计划上进行实际进度与计划进度比较。它是以横坐标表示进度时间,纵坐标表示累计完成任务量,而绘制出一条按计划时间累计完成任务量的 S 形曲线,将施工项目的各检查时间实际完成的任务量与 S 形曲线进行实际进度与计划进度相比较的一种方法。

从整个施工项目的施工全过程而言,一般是开始和结尾阶段,单位时间投入的资源量较少(主要是由于工作面的限制和任务间约束关系的限制),中间阶段单位时间投入的资源量较多,与其相关,单位时间完成的任务量也是呈同样变化的,而随时间进展累计完成的任务量,则应该呈 S 形变化。而对每项具体的工作,也有同样的特点,所以 S 形曲线应用广泛。

(1)S 形曲线的绘制。S 形曲线的绘制步骤如下:

①确定工程进展速度曲线。根据每单位时间内完成的实物工程量或投入的劳动力与费用,计算出计划单位时间内的工作量。

②计算规定时间内计划累计完成的任务量。其计算方法是各单位时间完成的任务量累加求和。

③将不同时间累计完成的工作量用曲线连接起来,形成 S 形曲线,如图 7-5 中的计划线。

(2)S 形曲线比较。S 形曲线比较法,同横道图一样,是在图上直观地进行施工项目实际进度与计划进度相比较。一般情况,计划进度控制人员在计划实施前绘制出 S 形曲线,在项目施工过程中,按规定时间将检查的实际完成情况,绘制在计划 S 形曲线图上,可得出实际进度 S 形曲线,比较两条 S 形曲线可以得到如下信息:

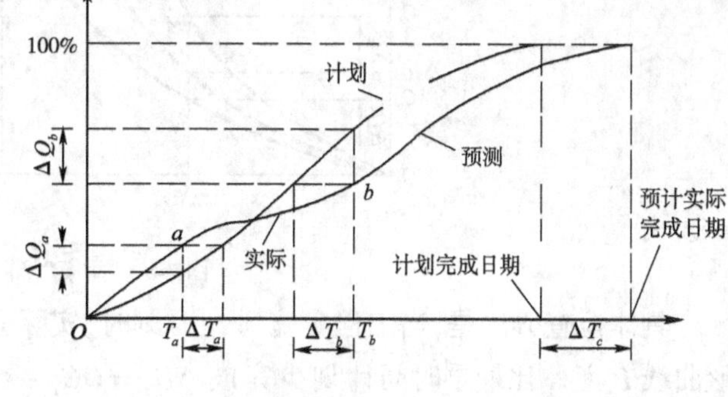

图 7-5　S 形曲线

①项目实际进度与计划进度比较。当实际工程进展 S 形曲线点落在计划 S 形曲线左侧,则表示此时实际进度比计划进度超前;若

落在其右侧，则表示拖后；若刚好落在其上，则表示两者一致。

②项目实际进度比计划进度超前或拖后的时间，用 ΔT 表示，其中 ΔT_a 表示 T_a 时刻实际进度超前的时间；ΔT_b 表示 T_b 时刻实际进度拖后的时间。

③项目实际进度比计划进度超额或拖欠的任务量，用 ΔQ 表示，其中 ΔQ_a 表示 T_a 时刻超额完成的任务量；ΔQ_b 表示在 T_b 时刻，拖欠的任务量。

④预测工程进度。后期工程如果仍按原计划速度进行，则工期拖延预测值为 ΔT_c，见图7-5。

3.“香蕉”形曲线比较法

“香蕉”形曲线是两条S形曲线组合成的闭合曲线。从S形曲线比较法中得知，按某一时间开始的施工项目的进度计划，其计划实施过程中进行时间与累计完成任务量的关系都可以用一条S形曲线表示。对于一个施工项目的网络计划，在理论上总是分为最早和最迟两种开始与完成时间的。因此，一般情况，任何一个施工项目的网络计划，都可以绘制出两条曲线。其一是计划以各项工作的最早开始时间安排进度而绘制的S形曲线，称为 *ES* 曲线。其二是计划以各项工作的最迟开始时间安排进度，而绘制的S形曲线，称为 *LS* 曲线。两条S形曲线都是从计划的开始时刻开始和完成时刻结束，因此两条曲线是闭合的。一般情况，其余时刻 *ES* 曲线上的各点均落在 *LS* 曲线相应点的左侧，形成一个形如“香蕉”的曲线，故称为“香蕉”形曲线。

在项目的实施中进度控制的理想状况是任一时刻按实际进度描绘的点，应落在该“香蕉”形曲线的区域内。在项目实施过程中，将每次检查的各项工作实际完成的任务量，绘制在“香蕉”形曲线的平面内给出实际进度曲线，便可以进行实际进度与计划进度的比较，见图7-6。

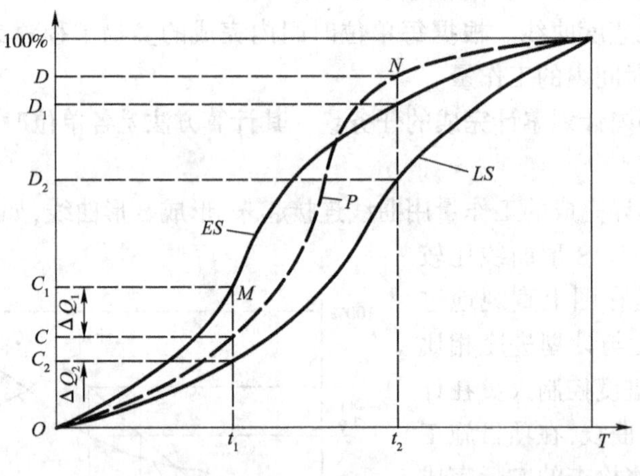

图7-6 “香蕉”形曲线

具体检查方法是，当工程实施到 t_1 时刻时，实际完成的工作量记录在 M 点，M 点在实际S形曲线 P 上。比最早时间计划少完成 $\Delta Q_1 = OC_1 - OC$，比最迟时间计划多完成 $\Delta Q_2 = OC - OC_2$。在 t_1 时刻，实际进度 M 点比最迟时间要求完成的工作量时间提前，所以不会影响总工期。同理可以对 t_2 时刻进行分析。

七、施工项目进度计划的调整

1.分析进度偏差的影响

通过前述的进度比较方法,当判断出现进度偏差时,应当分析该偏差对后续工作和对总工期的影响。

(1)分析进度偏差的工作是否为关键工作。若出现偏差的工作为关键工作,则无论偏差大小,都对后续工作及总工期产生影响,必须采取相应的调整措施,若出现偏差的工作不为关键工作,需要根据偏差值与总时差和自由时差的大小关系,确定对后续工作和总工期的影响程度。

(2)分析进度偏差是否大于总时差。若工作的进度偏差大于该工作的总时差,说明此偏差必将影响后续工作和总工期,必须采取相应的调整措施。若工作的进度偏差小于或等于该工作的总时差,说明此偏差对总工期无影响,但它对后续工作的影响程度,需要根据比较偏差与自由时差的情况来确定。

(3)分析进度偏差是否大于自由时差。若工作的进度偏差大于该工作的自由时差,说明此偏差对后续工作产生影响,应该如何调整,应根据后续工作允许影响的程度而定;若工作的进度偏差小于或等于该工作的自由时差,则说明此偏差对后续工作无影响,因此,原进度计划可以不做调整。

经过如此分析,进度控制人员可以确认应该调整产生进度偏差的工作和调整偏差值的大小,以便确定采取调整措施,获得新的符合实际进度情况和计划目标的新进度计划。

2.施工项目进度计划的调整方法

在对实施的进度计划分析的基础上,应确定调整原计划的方法,主要有以下两种:

(1)改变某些工作间的逻辑关系。若检查的实际施工进度产生的偏差影响了总工期,在工作之间的逻辑关系允许改变的条件下,改变关键线路和超过计划工期的非关键线路上的有关工作之间的逻辑关系,达到缩短工期的目的。用这种方法调整的效果是很显著的,例如可以把依次进行施工的有关工作改变为平行施工的,或互相搭接的以及分成几个施工段进行流水施工的等,都可以达到缩短工期的目的。

(2)缩短某些工作的持续时间。这种方法是不改变工作之间的逻辑关系,而是缩短某些工作的持续时间,而使施工进度加快,并保证实现计划工期的方法。这些被压缩持续时间的工作是位于由于实际施工进度的拖延而引起总工期增长的关键线路和某些非关键线路上的工作。同时,这些工作又是可压缩持续时间的工作。这种方法实际上就是网络计划优化中的工期优化方法和工期与成本优化的方法,此不赘述。但前提条件是这些压缩工作时间的任务是资源驱动型的任务,即增加工时资源可以缩短任务工期,并且这些增加的工时资源可以保证得到。这种为抢工期而增加工时资源的方法在我国水运工程建设中较为常见,在这种情况下,投入资源量与完成任务的工期不是最优的,而原计划往往是经过优化的,所以,在进度控制过程中,由于特殊原因为达到某一工期要求而压缩某些工作的持续时间时,一般会增加施工成本。

第二节　水运工程施工项目质量控制

施工承包企业应遵照《建设工程质量管理条例》和《质量管理体系 GB/T 19000》族标准的要求，建立持续改进质量管理体系，设立专职质量管理部门或专职人员。建立质量管理体系应与目前国际质量管理标准趋势相一致，但并不排斥规范所指以外的其他优秀模式或质量管理方式。施工组织设计与质量计划是互为补充、相辅相成的。实施时也可以两者合二为一。

工程质量管理应坚持预防为主的原则，按照策划、实施、检查、处置的循环方式进行系统运作，即质量管理应按照 PDCA 的循环过程原理，持续改进，并需要从增值的角度考虑过程管理。

工程质量管理应满足明示的、通常隐含的或必须履行的需求或期望。包括达到建设单位及其他相关方满意以及技术标准和产品的质量要求。承包企业应通过对人员、机具、设备、材料、方法、环境等要素的过程管理，实现过程、产品和服务的质量目标。

施工是形成工程项目实体的过程，也是形成最终产品质量的重要阶段。所以，施工阶段的质量控制是工程项目质量控制的重点。

一、施工项目质量控制的特点

由于水运工程施工涉及面广，是一个极其复杂的综合过程，再加上项目位置固定、生产流动、结构类型不一、质量要求不一、施工方法不一、体型大、整体性强、建设周期长、受自然条件影响大等特点，因此，施工项目的质量比一般工业产品的质量更难以控制，主要表现在以下方面：

1. 影响质量的因素多

如设计、材料、机械、地形、地质、水文、气象、施工工艺、操作方法、技术措施、管理制度等，均直接影响施工项目的质量。

2. 容易产生质量变异

因项目施工不像工业产品生产，有固定的自动性和流水线，有规范化的生产工艺和完善的检测技术，有成套的生产设备和稳定的生产环境，有相同系列规格和相同功能的产品；同时，由于影响施工项目质量的偶然性因素和系统性因素都较多，因此，很容易产生质量变异。如材料性能微小的差异、机械设备正常的磨损、操作微小的变化、环境微小的波动等，均会引起偶然性因素的质量变异；当使用材料的规格、品种有误，施工方法不妥，操作不按规范，机械故障，仪表失灵，设计计算错误等，则会引起系统性因素的质量变异，造成工程质量事故。为此，在施工中要严防出现系统性因素的质量变异，要把质量变异控制在偶然性因素范围内。

3. 容易产生第一、二判断错误

施工项目由于工序交接多，中间产品多，隐蔽工程多，若不及时检查实质，事后再看表面，就容易产生第二判断错误，也就是说，容易将不合格的产品，认为是合格的产品；反之，若检查不认真，检测仪器不准，读数有误，则就会产生第一判断错误，也就是说容易将合格产品，认为是不合格的产品。这点，在进行质量检查验收时，应特别注意。

4. 质量检查不能解体、拆卸

工程项目建成后，不可能像某些工业产品那样，再拆卸或解体检查内在的质量，或重新更

换零件;即使发现质量有问题,也不可能像工业产品那样实行"包换"或"退款",有时必须返工重建。

5. 质量要受投资、进度的制约

施工项目的质量,受投资、进度的制约较大,如一般情况下,投资大、进度慢,质量就好;反之,质量则差。因此,项目在施工中,还必须正确处理质量、投资、进度三者之间的关系,使其达到对立的统一。

二、施工项目质量控制的原则

对施工项目而言,质量控制,就是为了确保合同、规范所规定的质量标准,所采取的一系列检测、监控措施、手段和方法。在进行施工项目质量控制过程中,应遵循以下几点原则:

1. 坚持"质量第一,用户至上"

我国社会主义商品经营的原则是"质量第一,用户至上"。建筑产品作为一种特殊的商品,使用年限较长,是"百年大计",直接关系到人民生命财产的安全。所以,工程项目在施工中应自始至终地把"质量第一,用户至上"作为质量控制的基本原则。

2. "以人为核心"

人是质量的创造者,质量控制必须"以人为核心",把人作为控制的动力,调动人的积极性、创造性;增强人的责任感,树立"质量第一"观念;提高人的素质,避免人的失误;以人的工作质量保工序质量、促工程质量。

3. "预防为主"

"预防为主",就是要从对质量的事后检查把关,转向对质量的事前控制、事中控制;从对产品质量的检查,转向对工作质量的检查、对工序质量的检查、对中间产品的质量检查,这是确保施工项目质量的有效措施。

4. 坚持质量标准、严格检查,一切用数据说话

质量标准是评价产品质量的尺度,数据是质量控制的基础和依据。产品质量是否符合质量标准,必须通过严格检查,用数据说话。

5. 贯彻科学、公正、守法的职业规范

建筑施工企业的项目经理,在处理质量问题过程中,应尊重客观事实,尊重科学,正直、公正,不持偏见;遵纪、守法,杜绝不正之风;既要坚持原则、严格要求、秉公办事,又要谦虚谨慎、实事求是、以理服人、热情帮助。

三、施工项目质量控制的过程

任何工程项目都是由分项工程、分部工程和单位工程所组成,而工程项目的建设,则是通过一道道工序来完成。所以,施工项目的质量控制是从工序质量到分项工程质量、分部工程质量、单位工程质量的系统控制过程;也是一个由对投入原材料的质量控制开始,直到完成工程质量检验为止的全过程的系统工程。

四、施工项目质量因素的控制

影响施工项目质量的因素主要有五大方面,即4M1E,指:人(Man)、材料(Material)、机械

(Machine)、方法(Method)和环境(Environment)。事前对这五方面的因素严加控制,是保证施工项目质量的关键。

1. 人的控制

人,是指直接参与施工的组织者、指挥者和操作者。人,作为控制的对象,是要避免产生失误;作为控制的动力,是要充分调动人的积极性,发挥人的主导作用。为此,除了加强政治思想教育、劳动纪律教育、职业道德教育、专业技术培训,健全岗位责任制,改善劳动条件,公平合理地激励劳动热情以外,还需根据工程特点,从确保质量出发,在人的技术水平、人的生理缺陷、人的心理行为、人的错误行为等方面来控制人的使用。如对技术复杂、难度大、精度高的工序或操作,应由技术熟练、经验丰富的工人来完成;反应迟钝、应变能力差的人,不能操作快速运行、动作复杂的机械设备;对某些要求万无一失的工序和操作,一定要分析人的心理行为,控制人的思想活动,稳定人的情绪;对具有危险源的现场作业,应控制人的错误行为,严禁吸烟、打赌、嬉戏、误判断、误动作等。

此外,应严格禁止无技术资质的人员上岗操作;对不懂装懂、图省事、碰运气、有意违章的行为,必须及时制止。总之,在使用人的问题上,应从政治素质、思想素质、业务素质和身体素质等方面综合考虑,全面控制。

2. 材料的控制

材料控制包括原材料、成品、半成品、构配件等的控制,主要是严格检查验收,正确合理地使用,建立管理台账,进行收、发、储、运等各环节的技术管理,避免混料和将不合格的原材料使用到工程上。

3. 机械控制

机械控制包括施工机械设备、工具等的控制。要根据不同工艺特点和技术要求,选用合适的机械设备;正确使用、管理和保养好机械设备。为此要健全"人机固定"制度、"操作证"制度、岗位责任制度、交接班制度、"技术保养"制度、"安全使用"制度、机械设备检查制度等,确保机械设备处于最佳使用状态。

4. 方法控制

这里所指的方法控制,包含施工方案、施工工艺、施工组织设计、施工技术措施等的控制,主要应切合工程实际、能解决施工难题、技术可行、经济合理,有利于保证质量、加快进度、降低成本。

5. 环境控制

影响工程质量的环境因素较多,有工程技术环境,如工程地质、水文、气象等;工程管理环境,如质量保证体系、质量管理制度等;劳动环境,如劳动组合、作业场所、工作面等。环境因素对工程质量的影响,具有复杂而多变的特点,如气象条件就变化万千,温度、湿度、大风、暴雨、酷暑、严寒都直接影响工程质量。又如前一工序往往就是后一工序的环境,前一分项、分部工程也就是后一分项、分部工程的环境。因此,根据工程特点和具体条件,应对影响质量的环境因素,采取有效的措施严加控制。尤其是施工现场,应建立文明施工和文明生产的环境,保持材料工件堆放有序,道路畅通,工作场所清洁整齐,施工程序井井有条,为确保质量、安全创造良好条件。

五、施工项目质量控制阶段

为了加强对施工项目的质量控制，明确各施工阶段质量控制的重点，可把施工项目质量控制分为事前控制、事中控制和事后控制三个阶段。

1. 事前质量控制

指在正式施工前进行的质量控制，其控制重点是做好施工准备工作，且施工准备工作要贯穿于施工全过程中。

(1)施工准备的范围：

①全场性施工准备，是以整个项目施工现场为对象而进行的各项施工准备。

②单位工程施工准备，是以一个建筑物或构筑物为对象而进行的施工准备。

③分项(部)工程施工准备，是以单位工程中的一个分项(部)工程或冬、雨期施工为对象而进行的施工准备。

④项目开工前的施工准备，是在拟建项目正式开工前所进行的一切施工准备。

⑤项目开工后的施工准备，是在拟建项目开工后，每个施工阶段正式开工前所进行的施工准备，如根据重力式码头分部、分项工程划分原则，把重力式码头工程分成“基础”、“墙身结构”、“上部结构”、“回填及面层”、“码头设施”五个主要分部工程。其中“基础”可以分为“基槽开挖”、“基床抛石”、“基床夯实”、“基床整平”四个分项工程；在方块重力式码头中，“墙身结构”包含“预制方块”、“方块安装”两个分项工程；“上部结构”可分为“现浇胸墙”、“现浇管沟”、“盖板预制”、“盖板安装”四个分项工程；“回填及面层”可分为“抛石棱体”、“倒滤层”、“土方回填”、“面层混凝土”四个分项工程；“码头设施”可分为“轨道梁混凝土”、“轨道安装”、“系船柱安装”、“护舷安装”、“护轮坎施工”五个主要分项工程。可见，每个阶段的施工内容不同，其所需的物质技术条件、组织要求和现场布置也不同，因此，必须做好相应的施工准备。

(2)施工准备的内容：

①技术准备，包括熟悉和审查项目的施工图纸；项目建设地点的自然条件、技术经济条件调查分析；编制项目施工图预算；编制项目施工组织设计等。

②物质准备，包括建筑材料准备、构配件和制品加工准备、施工机具准备、生产工艺设备的准备等。

③组织准备，包括建立项目组织机构；集结施工队伍；对施工队伍进行入场教育等。

④施工现场准备，包括控制网、水准点、标桩的测量；“五通一平”，生产、生活临时设施等的准备；组织机具、材料进场；拟定有关试验、检验计划；编制季节性施工措施；制定施工现场管理制度等。

2. 事中质量控制

指在施工过程中进行的质量控制。事中质量控制的策略是，全面控制施工过程，重点控制工序质量。其具体措施是：工序交接有检查；质量预控有对策；施工项目有方案，技术措施有交底，图纸会审有记录；配制材料有试验；隐蔽工程有验收；计量器具校正有复核；设计变更有手续；钢筋代换有制度；质量处理有复查；成品保护有措施；行使质控有否决(如发现质量异常、隐蔽未经验收、质量问题未处理、擅自变更设计图纸、擅自代换或使用不合格材料、无证上岗未经资质审查的操作人员等，均应对质量予以否决)；质量文件有档案(凡是与质量有关的技术文件,如水准、坐标位置,测量、放线记录,沉降、变形观测记录,图纸会审记录,材料合格证明、试验报告,施工记录,隐蔽工程记录,设计变更记录,调试、试运行记录,试车运转记录,竣工图等都要编目建档)。

3. 事后质量控制

指在完成施工过程形成产品的质量控制,其具体工作内容有:

(1)组织联动试车。

(2)准备竣工验收资料,组织自检和初步验收。

(3)按规定的质量评定标准和办法,对完成的分项、分部工程,单位工程进行质量评定。

(4)组织竣工验收。

六、施工项目质量控制的方法

施工项目质量控制的方法,主要是审核有关技术文件、报告和直接进行现场检查或必要的试验等。

1. 审核有关技术文件、报告或报表

对技术文件、报告、报表的审核,是项目经理对工程质量进行全面控制的重要手段,其具体内容有:

(1)审核有关技术资质证明文件。

(2)审核开工报告,并经现场核实。

(3)审核施工方案、施工组织设计和技术措施。

(4)审核有关材料、半成品的质量检验报告。

(5)审核反映工序质量动态的统计资料或控制图表。

(6)审核设计变更、修改图纸和技术核定书。

(7)审核有关质量问题的处理报告。

(8)审核有关应用新工艺、新材料、新技术、新结构的技术鉴定书。

(9)审核有关工序交接检查,分项、分部工程质量检查报告。

(10)审核并签署现场有关技术签证、文件等。

2. 现场质量检查

(1)现场质量检查内容:

①开工前检查,目的是检查是否具备开工条件,开工后能否连续正常施工,能否保证工程质量。

②工序交接检查,对于重要的工序或对工程质量有重大影响的工序,在自检、互检的基础上,还要组织专职人员进行工序交接检查。

③隐蔽工程检查,凡是隐蔽工程均应检查认证后方能掩盖。

④停工后复工前的检查,因处理质量问题或某种原因停工后需复工时,亦应经检查认可后方能复工。

⑤分项、分部工程完工后,应经检查认可,签署验收记录后,才许进行下一分项(部)工程施工。

⑥成品保护检查,检查成品有无保护措施,或保护措施是否可靠。

此外,还应经常深入现场,对施工操作质量进行巡视检查;必要时,还应进行跟班或追踪检查。

(2)现场进行质量检查方法:

①实测法,就是通过实测数据与施工规范及质量标准所规定的允许偏差对照,来判别质量是否合格。

②试验检查,指必须通过试验手段,才能对质量进行判断的检查方法。如对桩或地基的静载试验,确定其承载力;对钢结构进行稳定性试验,确定是否产生失稳现象;对钢筋对焊接头进行拉力试验,检验焊接的质量等。

七、施工工序的质量控制

工程质量是在施工工序中形成的,而不是靠最后检验出来的。为了把工程质量从事后检查把关,转向事前控制,达到"以预防为主"的目的,必须加强施工工序的质量控制。

1. 工序质量控制的概念

工程项目的施工过程,是由一系列相互关联、相互制约的工序所构成,工序质量是基础,直接影响工程项目的整体质量。要控制工程项目施工质量,首先必须控制工序质量。

工序质量包含两方面的内容,一是工序活动条件的质量;二是工序活动效果的质量。从质量控制的角度来看,这两者是互为关联的:一方面要控制工序活动条件的质量,即每道工序投入的人、材料、机械、方法和环境的质量是否符合要求;另一方面又要控制工序活动效果的质量,即每道工序施工完成的工程产品是否达到有关质量标准。

工序质量的控制,就是对工序活动条件的质量控制和工序活动效果的质量控制,据此来达到整个施工过程的质量控制。

工序质量控制的原理是,采用数理统计方法,通过对工序一部分(样品)检验的数据,进行统计、分析,来判断整道工序的质量是否稳定,正常;若不稳定,产生异常情况须及时采取对策和措施予以改善,从而实现对工序质量的控制。其控制步骤如下:

(1)实测,采用必要的检测工具和手段,对抽出的工序样品进行质量检验。

(2)分析,对检验所得的数据通过直方图法、排列图法或控制图法等进行分析,了解这些数据所遵循的规律。

(3)判断,根据数据分布规律分析的结果,如数据是否符合正态分布曲线;是否在上下控制线之间;是否在公差(质量标准)规定的范围内;是属正常状态或异常状态;是偶然性因素引起的质量变异,还是系统性因素引起的质量变异等,对整个工序的质量予以判断,从而确定该道工序是否达到质量标准。若出现异常情况,通过因果图、相关图等分析工具,寻找质量问题产生的原因,采取对策和措施加以预防,这样便可达到控制工序质量的目的。

2. 工序质量控制的内容

进行工序质量控制时,应着重于以下四方面的工作:

(1)严格遵守工艺规程。施工工艺和操作规程,是进行施工操作的依据和法规,是确保工序质量的前提,任何人都必须严格执行。

(2)主动控制工序活动条件的质量。工序活动条件包括的内容较多,主要是指影响质量的五大因素:即施工操作者、材料、施工机械设备、施工方法和施工环境等。只要将这些因素切

实有效地控制起来,使它们处于被控制状态,避免系统性因素变异发生,就能保证每道工序质量正常、稳定。

(3)及时检验工序活动效果的质量。工序活动效果是评价工序质量是否符合标准的尺度。为此,必须加强质量检验工作,对质量状况进行综合统计与分析,及时掌握质量动态。一旦发现质量问题,随即研究处理,自始至终使工序活动效果的质量,满足规范和标准的要求。

(4)设置工序质量控制点。控制点是指为了保证工序质量而需要进行控制的重点、或关键部位、或薄弱环节,以便在一定时期内、一定条件下进行强化管理,使工序处于良好的控制状态。

3. *质量控制点的设置*

质量控制点设置的原则,是根据工程的重要程度,即质量特性值对整个工程质量的影响程度来确定。为此,在设置质量控制点时,首先要对施工的工程对象进行全面分析、比较,以明确质量控制点;尔后进一步分析所设置的质量控制点在施工中可能出现的质量问题,或造成质量隐患的原因,针对隐患的原因,相应地提出对策措施予以预防。由此可见,设置质量控制点,是对工程质量进行预控的有力措施。

质量控制点的涉及面较广,根据水运工程特点,视其重要性、复杂性、精确性、质量标准和要求,可能是结构复杂的某一工程项目,也可能是技术要求高、施工难度大的某一结构构件或分项、分部工程,也可能是影响质量关键的某一环节中的某一工序或若干工序。总之,无论是操作、材料、机械设备、施工顺序、技术参数、自然条件、工程环境等,均可作为质量控制点来设置,主要是视其对质量特征影响的大小及危害程度而定。兹列举如下:

(1)人的行为。某些工序或操作重点应控制人的行为,避免人的失误造成质量问题。如对海上作业、水下作业、高空作业、爆破作业,重型预制构件吊装,动作复杂而快速运转的机械操作,精密度和操作要求高的工序,技术难度大的工序等,都应从人的生理缺陷、心理活动、技术能力、思想素质等方面对操作者全面进行考核。事前还必须反复交底,提醒注意事项,以免产生错误行为和违章现象。

(2)物的状态。在某些工序或操作中,则应以物的状态作为控制的重点。如加工精度与施工机具有关;计量不准与计量设备、仪表有关;危险源与失稳、倾覆、腐蚀、毒气、振动、冲击、火花、爆炸等有关,也与立体交叉、多工种密集作业场所有关等。也就是说,根据不同工序的特点,有的应以控制机具设备为重点,有的应以防止失稳、倾覆、过热、腐蚀等危险源为重点、有的则应以作业场所作为控制的重点。

(3)材料的质量和性能。材料的质量和性能是直接影响工程质量的主要因素,尤其是某些工序,更应将材料质量和性能作为控制的重点。如预应力筋加工,就要求钢筋均质、弹性模量一致,含硫(S)量和含磷(P)量不能过大,以免产生热脆和冷脆。

(4)关键工序的操作。如预应力筋张拉,张拉程序中,要进行超张和持荷2min。超张拉的目的,是为了减少混凝土弹性压缩和徐变,减少钢筋的松弛、孔道摩阻力、锚具变形等原因所引起的应力损失;持荷2min的目的,是为了加速钢筋松弛的早发展,减少钢筋松弛的应力损失。在操作中,如果不进行超张拉和持荷2min,就不能可靠地建立预应力值;若张拉应力控制不准,过大或过小,亦不可能可靠地建立预应力值,这均会严重影响预应力构件的质量。

(5)施工顺序。有些工序或操作,必须严格控制相互之间的先后顺序。如冷拉钢筋,一定要先对焊后冷拉,否则,就会失去冷强。

(6)技术间隙。有些工序之间的技术间歇时间性很强,如不严格控制亦会影响质量。如分层浇筑混凝土,必须待下层混凝土未初凝时将上层混凝土浇完。

(7)技术参数。有些技术参数与质量密切相关,亦必须严格控制。如外加剂的掺量,混凝土的水灰比,回填土的最佳含水量,防水混凝土的抗渗标号等,都将直接影响强度、密实度、抗渗性和耐冻性,亦应作为工序质量控制点。

(8)常见的质量通病。如现浇钢筋混凝土结构出现蜂窝、麻面、露筋等,与混凝土振捣工作有关,均应事先研究对策,提出预防措施。

(9)新工艺、新技术、新材料应用。当新工艺、新技术、新材料虽已通过鉴定、试验,但施工操作人员缺乏经验,又是初次进行施工时,也必须对其工序操作作为重点严加控制。

(10)质量不稳定、质量问题较多的工序。通过质量数据统计,表明质量波动、不合格率较高的工序,也应作为质量控制点设置。

(11)特殊地基和特种结构。对于湿陷性黄土、膨胀土、淤泥层较厚等特殊土地基的处理,以及大跨度结构等技术难度较大的施工环节和重要部位,更应特别控制。

(12)施工工法。施工工法中对质量产生重大影响问题,如船闸施工中的大体积混凝土浇筑问题,重力式码头抛石基床水下抛石与整平,大型沉箱的制作与安装等,均是质量控制的重点。

综上所述,质量控制点的设置是保证施工过程质量的有力措施,也是进行质量控制的重要手段。

4. 工序质量的检验

工序质量的检验,就是利用一定的方法和手段,对工序操作及其完成产品的质量进行实际而及时的测定、查看和检查,并将所测得的结果同该工序的操作规程及形成质量特性的技术标准进行比较,从而判断是否合格或是否优良。

工序质量的检验,也是对工序活动的效果进行评价。工序活动的效果,归根结底就是指通过每道工序所完成的分项工程、分部工程、单位工程直至整个水运工程项目的质量如何,是否符合质量标准。

现行水运工程质量标准为:《水运工程质量检验标准》(JTS 275—2008)。

在质量检验评定标准中规定了各分项工程的质量要求和工程质量等级评定方法。对合格与优良的工程质量予以认证,对不合格者, 则要找原因,采取对策措施予以调整、纠偏或返工。

第三节　水运工程施工项目安全控制

一、施工项目安全管理概述

施工项目安全管理,就是施工项目在施工过程中,组织安全生产的全部管理活动。通过对生产因素具体的状态控制,使生产因素不安全的行为和状态减少或消除,不引发人为事故,尤其是不引发使人受到伤害的事故。使施工项目效益目标的实现,得到充分保证。

施工项目要实现以经济效益为中心的工期、成本、质量、安全等的综合目标管理。为此,则需对与实现效益相关的生产因素进行有效的控制。安全生产是施工项目重要的控制目标之一,也是衡量施工项目管理水平的重要标志。因此,施工项目必须把实现安全生产,当作组织施工活动时的重要任务。

1. 安全管理的范围

安全管理的中心问题,是保护生产活动中,人的安全与健康,保证生产顺利进行。

宏观的安全管理包括劳动保护、安全技术和工业卫生,相互联系又相互独立的三个方面:

(1)劳动保护侧重于以政策、规程、条例、制度等形式,规范操作或管理行为,从而使劳动者的劳动安全与身体健康,得到应有的法律保障。

(2)安全技术侧重对"劳动手段和劳动对象"的管理。包括预防伤亡事故的工程技术和安全技术规范、技术规定、标准、条例等,以规范物的状态,减轻或消除对人的威胁。

(3)工业卫生着重工业生产中高温、粉尘、振动、噪声、毒物的管理。通过防护、医疗、保健等措施,防止劳动者的安全与健康,受到有害因素的危害。

从生产管理的角度、安全管理应概括为:在进行生产管理的同时,通过采用计划、组织、技术等手段,依据并适应生产中人、物、环境因素的运动规律,使其积极方面充分发挥,而又利于控制事故不致发生的一切管理活动。如在生产管理过程实行作业标准化,安全、合理的进行作业现场布置,推行安全操作资格确认制度,建立与完善安全生产管理制度等。

针对生产中人、物或环境因素的状态,有侧重采取控制人的具体不安全行为或物和环境的具体不安全状态的措施,往往会收到较好的效果。这种具体的安全控制措施,是实现安全管理的有力保障。

2. 施工现场的安全管理

施工现场是施工生产因素的集中点,其动态特点是多工种立体作业,生产设施的临时性,作业环境多变性,人机的流动性。

施工现场中直接从事生产作业的人密集,机、料集中,存在着多种危险因素。因此,施工现场属于事故多发的作业现场。控制人的不安全行为和物的不安全状态,是施工现场安全管理的重点。也是预防与避免伤害事故,保证生产处于最佳安全状态的根本环节。

直接从事施工操作的人,随时随地活动于危险因素的包围之中,随时受到自身行为失误和危险状态的威胁或伤害。因此,对施工现场的人机环境系统的可靠性,必须进行经常性的检查、分析、判断、调整、强化动态中的安全管理活动。

二、安全管理基本原则

安全管理是施工企业生产管理的重要组成部分,是一门综合性的系统科学。安全管理的对象是施工中一切人、物、环境的状态管理与控制,安全管理是一种动态管理。

施工现场的安全管理,主要是组织实施企业安全管理规划、指导、检查和决策,同时,又是保证生产处于最佳安全状态的根本环节。施工现场安全管理的内容,大体可归纳为安全组织管理,场地与设施管理,行为控制和安全技术管理四个方面,分别对生产中的人、物、环境的行为与状态,进行具体的管理与控制。为有效地将生产因素的状态控制好,实施安全管理过程中,必须正确处理五种关系,坚持六项基本管理原则。

1. 正确处理五种关系

(1)安全与危险并存。安全与危险在同一事物的运动中是相互对立的,相互依赖而存在的。因为有危险,才要进行安全管理,以防止危险。安全与危险并非是等量并存、平静相处。随着事物的运动变化,安全与危险每时每刻都在变化着,进行着此消彼长的斗争。事物的状态将向斗争的胜方倾斜。可见,在事物的运动中,都不会存在绝对的安全或危险。

保持生产的安全状态,必须采取多种措施,以预防为主,危险因素是完全可以控制的。危险因素是客观地存在于事物运动之中的,自然是可知的,也是可控的。

(2)安全与生产的统一。生产是人类社会存在和发展的基础。如果生产中人、物、环境都处于危险状态,则生产无法顺利进行。因此,安全是生产的客观要求,自然,当生产完全停止,安全也就失去意义。就生产的目的性来说,组织好安全生产就是对国家、人民和社会最大的负责。

生产有了安全保障,才能持续、稳定发展。生产活动中事故层出不穷,生产势必陷于混乱、甚至瘫痪状态。当生产与安全发生矛盾、危及职工生命或国家财产时,生产活动停下来整治、消除危险因素以后,生产形势会变得更好。"安全第一"的提法,决非把安全摆到生产之上;忽视安全自然是一种错误。

(3)安全与质量的包涵。从广义上看,质量包涵安全工作质量,安全概念也包含着质量,交互作用,互为因果。安全第一,质量第一,两个第一并不矛盾。安全第一是从保护生产因素的角度提出的,而质量第一则是从关心产品成果的角度而强调的。安全为质量服务,质量需要安全保证。生产过程丢掉哪一头,都要陷于失控状态。

(4)安全与速度互保。生产的蛮干、乱干,在侥幸中求得的快,缺乏真实与可靠,一旦酿成不幸,非但无速度可言,反而会延误时间。速度应以安全作保障,安全就是速度。我们应追求安全加速度,竭力避免安全减速度。

安全与速度成反比例关系。一味强调速度,置安全于不顾的做法、是极其有害的。当速度与安全发生矛盾时,暂时减缓速度,保证安全才是正确的做法。

(5)安全与效益的兼顾。安全技术措施的实施,定会改善劳动条件,调动职工的积极性,焕发劳动热情,带来经济效益,足以使原来的投入得以补偿。从这个意义上说,安全与效益完全是一致的,安全促进了效益的增长。

在安全管理中,投入要适度、适当,精打细算,统筹安排。既要保证安全生产,又要经济合理,还要考虑力所能及。单纯为了省钱而忽视安全生产,或单纯追求不惜资金的盲目高标准,都不可取。

2. 坚持安全管理六项基本原则

(1)管生产同时管安全。安全寓于生产之中,并对生产发挥促进与保证作用。因此,安全与生产虽有时会出现矛盾,但从安全、生产管理的目标、目的,表现出高度的一致和完全的统一。

安全管理是生产管理的重要组成部分,安全与生产在实施过程,两者存在着密切的联系,存在着进行共同管理的基础。

管生产同时管安全,不仅是对各级领导人员明确安全管理责任,同时,也向一切与生产有关的机构、人员,明确了业务范围内的安全管理责任。由此可见,一切与生产有关的机构、人员,都必须参与安全管理并在管理中承担责任。认为安全管理只是安全部门的事,是一种片面的、错误的认识。

(2)坚持安全管理的目的性。安全管理的内容是对生产中的人、物、环境因素状态的管理,有效地控制人的不安全行为和物的不安全状态,消除或避免事故。达到保护劳动者的安全与健康的目的。

没有明确目的的安全管理是一种盲目行为。盲目的安全管理,充其量只能算作花架子,劳民伤财,危险因素依然存在。在一定意义上,盲目的安全管理,只能纵容威胁人的安全与健康的状态,向更为严重的方向发展或转化。

(3)必须贯彻预防为主的方针。安全生产的方针是"安全第一、预防为主"。安全第一是从保护生产力的角度和高度,表明在生产范围内,安全与生产的关系,肯定安全在生产活动中的位置和重要性。

进行安全管理不是处理事故,而是在生产活动中,针对生产的特点,对生产因素采取管理措施,有效地控制不安全因素的发展与扩大,把可能发生的事故,消灭在萌芽状态,以保证生产活动中,人的安全与健康。

贯彻预防为主,首先要端正对生产中不安全因素的认识,端正消除不安全因素的态度,选准消除不安全因素的时机。在安排与布置生产内容的时候,针对施工生产中可能出现的危险因素,采取措施予以消除是最佳选择。在生产活动过程中,经常检查、及时发现不安全因素,采取措施,明确责任,尽快地、坚决地予以消除,是安全管理应有的鲜明态度。

(4)坚持"四全"动态管理。安全管理不是少数人和安全机构的事,而是一切与生产有关的人共同的事。缺乏全员的参与,安全管理不会有生气、不会出现好的管理效果。当然,这并非否定安全管理第一责任人和安全机构的作用。生产组织者在安全管理中的作用固然重要,全员性参与管理也十分重要。

安全管理涉及生产活动的方方面面,涉及从开工到竣工交付的全部生产过程,涉及全部的生产时间,涉及一切变化着的生产因素。因此,生产活动中必须坚持全员、全过程、全方位、全天候的动态安全管理。

(5)安全管理重在控制。进行安全管理的目的是预防、消灭事故,防止或消除事故伤害,保护劳动者的安全与健康。在安全管理的四项主要内容中,虽然都是为了达到安全管理的目的,但是对生产因素状态的控制,与安全管理目的关系更直接,显得更为突出。因此,对生产中人的不安全行为和物的不安全状态的控制,必须看做是动态的安全管理的重点。事故的发生,是由于人的不安全行为运动轨迹与物的不安全状态运动轨迹的交叉。从事故发生的原理,也说明了对生产因素状态的控制,应该当作安全管理重点,而不能把约束当作安全管理的重点。

(6)在管理中发展提高。既然安全管理是在变化着的生产活动中的管理,是一种动态,其管理就意味着是不断发展的、不断变化的,以适应变化的生产活动,消除新的危险因素。然而更为需要的是不间断地摸索新的规律,总结管理、控制的办法与经验,指导新的变化后的管理,从而使安全管理不断地上升到新的高度。

三、安全技术措施

安全技术是改善生产工艺,改进生产设备,控制生产因素不安全状态,预防与消除危险因素对人产生的伤害的科学武器和有力的手段。安全技术包括为实现安全生产的一切技术方法与措施,以及避免损失扩大的技术手段。

针对生产过程中已知的或已出现的危险因素,采取的一切消除或控制的技术性措施,统称为安全技术措施。

1. 安全技术措施的标准

安全技术措施重点解决具体的生产活动中的危险因素的控制,预防与消除事故危害。发生事故后,安全技术措施应迅速将重点转移到防止事故扩大,尽量减少事故损失,避免引发其他事故方面。这就是安全技术措施在安全生产中,应该发挥的预防事故和减少损失两方面的作用。

安全技术与工程技术具有统一性,是不可割裂的。强行割裂则是一种严重错误,不符合"管生产同时管安全"的原则。

安全技术措施必须针对具体的危险因素或不安全状态,以控制危险因素的生成与发展为重点,以控制效果作为评价安全技术措施的唯一标准。其具体标准有如下几个方面:

(1)防止人失误的能力。是否能有效地防止工艺过程、操作过程中,导致产生严重后果的人失误。

(2)控制人失误后果的能力。出现人失误或险情,也不致发生危险。

(3)防止故障或失误的传递能力。发生故障、出现失误,能够防止引起其他故障和失误,避免故障或失误的扩大与恶化。

(4)故障、失误后导致事故的难易程度。至少有两次相互独立的失误、故障同时发生,才能引发事故的保证能力。

(5)承受能量释放的能力。对偶然、超常的能量释放,有足够的承受能力,或具有能量的再释放能力。

(6)防止能量蓄积的能力。采用限量蓄积和溢放,随时卸掉多余能量,防止能量释放造成伤害。

2. 安全技术措施的优选顺序

预防是消除事故最佳的途径。在采取安全技术措施时,应遵循预防性措施优先选择,根治性措施优先选择,紧急性措施优先选择的原则,依次排列。以保证采取措施与落实的速度,也就是要分出轻、重、缓、急。安全技术措施的优选顺序:

根除、限制危险因素→隔离、屏蔽→故障—安全设计→减少故障或失误→警告。

(1)根除、限制危险因素。选择合理的设计方案、工艺、选用理想的原材料、安全设备,并控制与强化长期使用中的状态,从根本上解决对人的伤害作用。

(2)隔离、屏蔽。以空间分离或物理屏蔽,把人与危险因素进行隔离,防止伤害事故或导致其他事故。

(3)故障—安全设计。发生故障、失误时,在一定时间内,系统仍能保证安全运行。系统中优先保证人的安全,依次是保护环境,保护设备和防止机械能力降低。故障—安全设计方案的选定，由系统故障后的状态决定。

(4)减少故障和失误。安全监控系统、安全系数、提高可靠性是经常采用的减少故障和失误的措施。

(5)警告。生产区域内的一切人员，需要经常的意识或注意：生产因素变化、警惕危险因素的存在。采用视、听、味、触警告，以校正危险的行动。警告是提醒人们"注意"的主要方法，是校正人们危险行动的措施。

3. 施工作业环境的人机系统要求

施工作业生产是一套人、机、环境系统。系统因素合理匹配并实现"机宜人、人适机、人机匹配"，可使机械、环境因素更适应人的生理、心理特征，人的操作行为就可能在轻松中准确进行，减少失误，提高效率，消除事故。

生产作业环境中，温度、湿度、照明、振动、噪声、粉尘、有毒有害物质等，不但会影响人在作业中轻松的工作情绪，不适度的、超过人的不能接受的环境条件，还会导致人的职业性伤害。对作业环境条件的概括要求：

(1)照明必须满足作业的需要。强光线也叫眩光，使人眼出现疲劳与目眩。昏暗或过暗光，不但使人眼出现疲劳，还可能导致操作失误，甚至发生事故。

(2)噪声、振动的强度必须低于人生理、心理的承受能力。噪声、振动损伤人的听觉、影响人的神经系统和心脏功能，有损人的健康，降低工作效率，发生各类事故。

(3)有毒、有害物质的浓度必须降到允许标准以下。有毒、有害物质对人直接产生危害，长期在有毒、有害物质的环境中，能发生人的慢性中毒、职业病。出现急性中毒时会迅速造成死亡。

四、安全管理措施

安全管理是为施工项目实现安全生产开展的管理活动。施工现场的安全管理，重点是进行人的不安全行为与物的不安全状态的控制，落实安全管理决策与目标。以消除一切事故，避免事故伤害，减少事故损失为管理目的。

安全管理措施是安全管理的方法与手段，管理的重点是对生产各因素状态的约束与控制。根据水运工程施工项目生产的特点，安全管理措施带有鲜明的行业特色。

1. 落实安全责任、实施责任管理

施工项目经理部承担控制、管理施工生产进度、成本、质量、安全等目标的责任。因此，必须同时承担进行安全管理、实现安全生产的责任。

(1)建立、完善以项目经理为首的安全生产领导组织，有组织、有领导地开展安全管理活动。承担组织、领导安全生产的责任。项目经理是施工项目安全管理第一责任人。

(2)建立各级人员安全生产责任制度，明确各级人员的安全责任。抓制度落实、抓责任落实，定期检查安全责任落实情况；各级职能部门、人员，在各自业务范围内，对实现安全生产的要求负责。全员承担安全生产责任，建立安全生产责任制，从经理到工人的生产系统做到纵向到底，一环不漏。各职能部门、人员的安全生产责任做到横向到边，人人负责。

(3)施工项目应通过监察部门的安全生产资质审查，并得到认可。一切从事生产管理与操作的人员、依照其从事的生产内容，分别通过企业、施工项目的安全审查，取得安全操作认可证,持证上岗。特种作业人员、除经企业的安全审查,还需按规定参加安全操作考核;取得监察部核发的《安全操作合格证》,坚持“持证上岗”。施工现场出现特种作业无证操作现象时,施工项目经理部必须承担管理责任。

(4)施工项目负责施工生产中物的状态审验与认可,承担物的状态漏验、失控的管理责任。接受由此而出现的经济损失。

(5)一切管理、操作人员均需与施工项目经理部签订安全协议,向施工项目作出安全保证。

(6)安全生产责任落实情况的检查,应认真、详细的记录,作为分配、补偿的原始资料之一。

2. 安全教育与训练

进行安全教育与训练,能增强人的安全生产意识,提高安全生产知识,有效地防止人的不安全行为,减少人失误。安全教育、训练是进行人的行为控制的重要方法和手段。因此,进行安全教育、训练要适时、宜人,内容合理、方式多样,形成制度。组织安全教育、训练做到严肃、严格、严密、严谨,讲求实效。

(1)一切管理、操作人员应具有基本条件与较高的素质:

①具有合法的劳动手续。临时性人员须正式签订劳动合同,接受入场教育后,才可进入施工现场和劳动岗位。

②具有有良好的接受、处理、反馈信息的能力。

③输入的劳务,必须具有基本的安全操作素质。经过正规训练、考核,输入手续完善。

(2)安全教育、训练的目的与方式。安全教育、训练包括知识、技能、意识三个阶段的教育。进行安全教育、训练,不仅要使操作者掌握安全生产知识,而且能正确、认真地在作业过程中,表现出安全的行为。

①安全知识教育,使操作者了解、掌握生产操作过程中,潜在的危险因素及防范措施。

②安全技能训练,使操作者逐渐掌握安全生产技能,获得完善化、自动化的行为方式,减少操作中的失误现象。

③安全意识教育,在于激励操作者自觉坚持实行安全技能。

(3)安全教育的内容随实际需要而确定。例如,外海施工,应以如何应对大风、大浪为教育重点,防止坠海事故发生;在水流湍急的河流上进行航道工程施工,应以防落水以及落水后如何营救为教育重点;雨季水运工程施工安全生产注重地质环境安全方面的教育,避免工程施工引发新的地质灾害,在切坡、开挖、爆破等工序实施前应查明作业面附近山体情况,必要时,做好预加固、防排水等辅助施工措施和施工过程监测预警等工作;采用新技术,使用新设备、新材料,推行新工艺之前,应对有关人员进行安全知识、技能、意识的全面安全教育,激励操作者实行安全技能的自觉性。

(4)加强教育管理,增强安全教育效果:

①教育内容全面,重点突出,系统性强,抓住关键反复教育。

②反复实践,养成自觉采用安全的操作方法的习惯。

③使每个受教育的人,了解自己的学习成果。鼓励受教育者树立坚持安全操作方法的信心,养成安全操作的良好习惯。

3. 安全检查

安全检查是发现不安全行为和不安全状态的重要途径,是消除事故隐患,落实整改措施,防止事故伤害,改善劳动条件的重要方法。

安全检查的形式有普遍检查,专业检查和季节性检查。

(1)安全检查的内容主要是查思想、查管理、查制度、查现场、查隐患、查事故处理:

①施工项目的安全检查以自检形式为主,是对项目经理至操作,生产全部过程、各个方位的全面安全状况的检查。检查的重点以劳动条件、生产设备、现场管理、安全卫生设施以及生产人员的行为为主。发现危及人的安全因素时,必须果断地消除。

②各级生产组织者,应在全面安全检查中,透过作业环境状态和隐患,对照安全生产方针、政策,检查对安全生产认识的差距。

③对安全管理的检查,主要是:

A. 安全生产是否提到议事日程上,各级安全责任人是否坚持"五同时"。

B. 业务职能部门、人员,是否在各自业务范围内,落实了安全生产责任。专职安全人员是否在位、在岗。

C. 安全教育是否落实,教育是否到位。

D. 工程技术、安全技术是否结合为统一体。

E. 作业标准化实施情况。

F. 安全控制措施是否有力,控制是否到位,有哪些消除管理差距的措施。

(2)安全检查的组织:

①建立安全检查制度,按制度要求的规模、时间、原则、处理、报偿全面落实。

②成立由第一责任人为首,业务部门、人员参加的安全检查组织。

③安全检查必须做到有计划、有目的、有准备、有整改、有总结、有处理。

(3)安全检查的准备:

①思想准备。发动全员开展自检,自检与制度检查结合,形成自检自改,边检边改的局面。使全员在发现危险因素方面得到提高,在消除危险因素中受到教育,从安全检查中受到锻炼;

②业务准备。确定安全检查目的、步骤、方法。成立检查组,安排检查日程。分析事故资料,确定检查重点,把精力侧重于事故多发部位和工种的检查。规范检查记录用表,使安全检查逐步纳入科学化、规范化轨道。

(4)安全检查方法。常用的有一般检查方法和安全检查表法。

①一般方法,常采用看、听、嗅、问、查、测、验、析等方法。

看:看现场环境和作业条件,看实物和实际操作,看记录和资料等。

听:听汇报,听介绍,听反映,听意见或批评,听机械设备的运转响声或承重物发出的微弱声等。

嗅:对挥发物、腐蚀物、有毒气体进行辨别。

问:对影响安全问题,详细询问,寻根究底。

查:查明问题、查对数据、查清原因,追查责任。

测:测量、测试、监测。

验:进行必要的试验或化验。

析:分析安全事故的隐患、原因。

②安全检查表法,是一种原始的、初步的定性分析方法,它通过事先拟定的安全检查明细表或清单,对安全生产进行初步的诊断和控制。

安全检查表通常包括检查项目、内容、回答问题、存在问题、改进措施、检查措施、检查人等内容。

(5)安全检查的形式:

①定期安全检查。指列入安全管理活动计划,有较一致时间间隔的安全检查。定期安全检查的周期,施工项目自检宜控制在10~15d。班组必须坚持日检。季节性、专业性安全检查,按规定要求确定日程。

②突击性安全检查。指无固定检查周期,对特别部门、特殊设备、小区域的安全检查,属于突击性安全检查。

③特殊检查。对预料中可能会带来新的危险因素的新安装的设备、新采用的工艺、新建或改建的工程项目,投入使用前,以"发现"危险因素为专题的安全检查,叫特殊安全检查。特殊安全检查还包括,对有特殊安全要求的手持电动工具,电气、照明设备,通风设备,有毒有害物的储运设备进行的安全检查。

(6)消除危险因素的关键。安全检查的目的是发现、处理、消除危险因素,避免事故伤害,实现安全生产。消除危险因素的关键环节,在于认真地整改,真正的、确确实实地把危险因素消除。对于一些由于种种原因而一时不能消除的危险因素,应逐项分析,寻求解决办法,安排整改计划,尽快予以消除。

安全检查后的整改,必须坚持"三定"和"不推不拖",不使危险因素长期存在而危及人的安全。

"三定"指的是对检查后发现的危险因素的消除态度。三定即定具体整改责任人;定解决与改正的具体措施,限定消除危险因素的整改时间。在解决具体的危险因素时,凡借用自己的力量能够解决的,不推脱、不等不靠,坚决地组织整改。自己解决有困难时,应积极主动寻找解决的办法,争取外界支援以尽快整改。不把整改的责任推给上级,也不拖延整改时间,以尽量快的速度,把危险因素消除。

4. 作业标准化

在操作者产生的不安全行为中,由于不知正确的操作方法,为了干得快些而省略了必要的操作步骤,坚持自己的操作习惯等原因所占比例很大。按科学的作业标准规范人的行为,有利于控制人的不安全行为,减少人失误。

(1)制定作业标准,是实施作业标准化的首要条件:

①采取技术人员、管理人员、操作者三结合的方式,根据操作的具体条件制定作业标准。坚持反复实践、反复修订后加以确定的原则。

②作业标准要明确规定操作程序、步骤。怎样操作、操作质量标准、操作的阶段目的、完成操作后物的状态等,都要作出具体规定。

③尽量使操作简单化、专业化,尽量减少使用工具、夹具次数,以降低操作者熟练技能或注意力的要求。使作业标准尽量减轻操作者的精神负担。

④作业标准必须符合生产和作业环境的实际情况,不能把作业标准通用化。不同作业条

件的作业标准应有所区别。

(2)作业标准必须符合人机学的要求。作业标准必须考虑到人的身体运动特点和规律、作业场地布置、使用工具设备、操作幅度等,应符合人机学的要求。

①人的身体运动时,尽量避开不自然的姿势和重心的经常移动,动作要有连贯性、自然节奏强。如,不出现运动方向的急剧变化;动作不受限制;尽量减少用手和眼的操作次数;肢体动作尽量小。

②作业场地布置必须考虑行进道路、照明、通风的合理分配,机、料具位置固定,作业方便。

③尽可能使用专用工具代替徒手操作。

(3)反复训练,达标报偿:

①训练要讲求方法和程序,宜以讲解示范为先,符合重点突出、交代透彻的要求。

②边训练边作业,巡检纠正偏向。

③先达标、先评价、先报偿,不强求一致。多次纠正偏向,仍不能克服习惯操作、操作不标准的,应得到负报偿。

第四节　水运工程施工项目成本控制

施工项目成本管理是为实现项目成本目标所进行的预测、计划、控制、核算、分析和考核等活动。项目成本管理应从两个方面进行:一方面是根据有关信息,进行成本预测,制订成本计划。另一方面是进行成本控制、成本核算、成本分析和成本考核。

施工项目的成本管理实质就是一种目标管理。项目管理的最终目标是低成本、高质量、短工期,而低成本是这三大目标的核心和基础。

一、项目成本管理概述

根据建筑产品成本运行规律,成本管理责任体系应包括施工企业管理层和项目经理部。企业管理层的成本管理除生产成本以外,还包括经营管理费用;项目管理层应对生产成本进行管理。企业管理层贯穿于项目投标、实施和结算过程,体现效益中心的管理职能;项目管理层则着眼于执行企业确定的项目成本管理目标,发挥现场生产成本控制中心的管理职能。

项目经理部的成本管理应包括成本计划、成本控制、成本核算、成本分析和成本考核。

项目成本管理应遵循下列程序:

(1)掌握生产要素的市场价格和变动状态。

(2)确定项目合同价。

(3)编制成本计划,确定成本实施目标。

(4)进行成本动态控制,实现成本实施目标。

(5)进行项目成本核算和工程价款结算,及时收回工程款。

(6)进行项目成本分析。

(7)进行项目成本考核,编制成本报告。

(8)积累项目成本资料。

项目成本管理应从工程投标报价开始,直至项目竣工结算完成为止,贯穿于项目实施的全过程。成本作为项目管理的一个关键性目标,包括责任成本目标和计划成本目标,它们的性质和作用不同。前者反映承包企业对项目成本目标的要求,后者是前者的具体化,把项目成本在施工企业管理层和项目经理部的运行有机地连接起来。

二、编制施工项目成本计划

施工项目的成本计划工作,是一项非常重要的工作,不应仅仅把它看做是几张计划表的编制,更重要的是项目成本管理的决策过程,即选定技术上可行、经济上合理的最优降低成本方案。同时,通过成本计划把目标成本层层分解,落实到施工过程的每个环节,以调动全体职工的积极性,有效地进行成本控制。

1. 施工项目成本计划的意义和必要性

成本计划是成本管理和成本会计的一项重要内容,是企业生产经营计划的重要组成部分。施工项目成本计划是在项目经理负责下,在成本预测的基础上进行的,它是以货币形式预先规定施工项目进行中的施工生产耗费的计划总水平,通过施工项目的成本计划可以确定对比项目总投资(或中标额)应实现的计划成本降低额与降低率,并且按成本管理层次、有关成本项目以及项目进展的逐阶段对成本计划加以分解,并制定各级成本实施方案。

施工项目成本计划是施工项目成本管理的一个重要环节,是实现降低施工项目成本任务的指导性文件。从某种意义上来说,施工项目成本计划也是施工项目成本预测的继续。如果对承包项目所编制的成本计划达不到目标成本要求时,就必须组织施工项目管理班子的有关人员重新研究寻找降低成本的途径,再进行重新编制,从第一次所编的成本计划到改变成第二次或第三次等的成本计划直至最终定案,实际上意味着进行了一次次的成本预测,同时编制成本计划的过程也是一次动员施工项目经理部全体职工,挖掘降低成本潜力的过程;也是检验施工技术质量管理、工期管理、物资消耗和劳动力消耗管理等效果的全过程。

各个施工项目成本计划汇总到企业,又是事先规划施工企业生产技术经营活动预期经济效果的综合性计划,是建立企业成本管理责任制、开展经济核算和控制生产费用的基础。

2. 施工项目成本计划的作用

正确编制施工项目成本计划的作用在于:

(1)是对生产耗费进行控制、分析和考核的重要依据。成本计划既体现了市场经济体制下对成本核算单位降低成本的客观要求,也反映了核算单位降低施工成本的目标。成本计划可作为对生产耗费进行事前预计、事中检查控制和事后考核评价的重要依据。许多施工单位仅单纯重视项目成本管理的事中控制及事后考核,却忽视甚至省略了至关重要的事前计划,使得成本管理从一开始就缺乏目标,对于控制考核,也无从对比,产生很大的盲目性。施工项目成本计划一经确定,就应层层落实到部门、班组,并应经常将实际生产耗费与成本计划指标进行对比分析,揭示执行过程中存在的问题,及时采取措施,改进和完善成本管理工作,以保证施工项目成本计划各项指标得以实现。

(2)是编制核算单位其他有关生产经营计划的基础。每一个施工项目都有着自己的项目计划,这是一个完整的体系。在这个体系中,成本计划与其他各方面的计划有着密切的联系。它们既相互独立,又起着相互依存和相互制约的作用。如编制项目流动资金计划、企业利润计划等都需要成本计划的资料,同时,成本计划也需要以施工方案、物资与价格计划等为基础。

因此,正确编制施工项目成本计划,是综合平衡项目的生产经营的重要保证。

(3)可以动员全体职工深入开展增产节约、降低施工成本的活动。成本计划是全体职工共同奋斗的目标。为了保证成本计划的实现,企业必须加强成本管理责任制,把成本计划的各项指标进行分解,落实到各部门、班组乃至个人,实行归口管理并做到责、权、利相结合,检查评比和奖励惩罚有根有据,使开展增产节约、降低成本、执行和完成各项成本计划指标成为上下一致、左右协调、人人自觉努力完成的共同行动。

3. 施工项目成本计划编制的原则

为了使成本计划能够发挥它的积极作用,在编制成本计划时应掌握以下一些原则。

(1)从实际情况出发的原则。编制成本计划必须根据国家的方针政策,从企业的实际情况出发,充分挖掘企业内部潜力,使降低成本指标既积极可靠,又切实可行。施工项目管理部门降低成本的潜力在于正确选择施工方案,合理组织施工;提高劳动生产率;改善材料供应,降低材料消耗;提高机械利用率;节约施工管理费用等。但要注意,不能为降低成本而偷工减料,忽视质量,不顾机械的维护修理而拼机械,片面增加劳动强度,加班加点,或减掉合理的劳保费用,忽视安全工作。

(2)与其他计划结合的原则。编制成本计划,必须与施工项目的其他各项计划如施工方案、生产进度、财务计划、材料供应及耗费计划等密切结合,保持平衡。即成本计划一方面要根据施工项目的生产、技术组织措施、劳动工资、材料供应等计划来编制,另一方面又影响着其他各种计划指标。

(3)采用先进的技术经济定额的原则。编制成本计划,必须以各种先进的技术经济定额为依据,并针对工程的具体特点,采取切实可行的技术组织措施作保证。只有这样,才能使编出的成本计划具有科学根据,又有实现的可能,也只有这样,才能使编出的成本计划起到促进和激励的作用。

(4)统一领导、分级管理的原则。编制成本计划,应实行统一领导、分级管理的原则,采取走群众路线的工作方法,应在项目经理的领导下,以财务和计划部门为中心,发动全体职工共同进行,总结降低成本的经验,找出降低成本的正确途径,使成本计划的制订和执行具有广泛的群众基础。

(5)弹性原则。编制成本计划,应留有充分余地,保持计划的一定弹性。在计划期内,项目经理部的内部或外部的技术经济状况和材料供应条件,很可能发生一些在编制计划时所未预料的变化,尤其是材料供应价格千变万化,给计划拟定带来很大困难。因而在编制计划时应充分考虑到这些情况,使计划保持一定的应变适应能力。

4. 成本计划与目标成本

所谓目标成本即是项目(或企业)对未来产品成本所规定的奋斗目标,它较已经达到的实际成本要低,但又是经过努力可以达到的。目标成本管理是现代化企业经营管理的重要组成部分,它是市场竞争的需要,是企业挖掘内部潜力,不断降低产品成本,提高企业整体工作质量的需要,是衡量企业实际成本节约或开支,考核企业在一定时期内成本管理水平高低的依据。

施工项目的成本管理实质就是一种目标管理。项目管理的最终目标是低成本、高质量、短工期,而低成本是这三大目标的核心和基础。目标成本有很多形式,在制定目标成本作为编制施工项目成本计划和预算的依据时,可能以计划成本、定额成本或标准成本作为目标成本,这将随成本计划编制方法的变化而变化。

一般而言，目标成本的计算公式如下：

项目目标成本＝预计结算收入－税金－项目目标利润　(7-1)

目标成本降低额＝项目的预算成本－项目的目标成本　(7-2)

目标成本降低率＝目标成本降低额/项目的预算成本　(7-3)

5. 施工项目成本计划的组成

施工项目的成本计划一般由施工项目降低直接成本计划和间接成本计划组成。

(1)施工项目降低直接成本计划。主要反映工程成本的预算价值、计划降低额和计划降低率。一般包括以下几方面的内容：

①总则：包括对施工项目的概述，项目管理机构及层次介绍，有关工程的进度计划、外部环境特点，对合同中有关经济问题的责任。

②目标及核算原则：包括施工项目降低成本计划及计划利润总额、投资和外汇总节约额(如有的话)、主要材料和能源节约额、货款和流动资金节约额等。核算原则系指参与项目的各单位在成本、利润结算中采用何种核算方式，如承包方式、费用分配方式等。

③降低成本计划总表或总控制方案：编写项目施工成本计划，按直接费、间接费、计划利润的合同中标数、计划支出数、计划降低额分别填入。

④对施工项目成本计划中计划支出数估算过程的说明：要对材料、人工、机械费、运费等主要支出项目加以分解。以材料费为例，应说明：钢材、木材、水泥、砂石等主要材料的计划用量、价格，模板摊销列入成本的幅度，脚手架等租赁用品计划付多少款，材料采购发生的成本差异是否列入成本等等，以便在实际施工中加以控制与考核。

⑤计划降低成本的来源分析：应反映项目管理过程计划采取的增产节约、增收节支和各项措施及预期效果。应反映技术组织措施的主要项目及预期经济效果。可依据技术、劳资、机械、材料、能源、运输等各部门提出的节约措施，加以整理、计算。

(2)间接成本计划。主要反映施工现场管理费用的计划数、预算收入数及降低额。间接成本计划应根据工程项目的核算期，以项目管理费为基础，制定各部门费用的收支计划，汇总后作为工程项目的管理费用的计划。各部门应按照节约开支、压缩费用的原则，制定"管理费用归口包干指标落实办法"，以保证该计划的实施。

三、施工项目成本计划的编制程序

编制成本计划的程序，因项目的规模大小、管理要求不同而不同，大中型项目一般采用分级编制的方式，即先由各部门提出部门成本计划，再由项目经理部汇总编制全项目工程的成本计划；小型项目一般采用集中编制方式，即由项目经理部先编制各部门成本计划，再汇总编制全项目的成本计划。无论采用哪种方式，其编制的基本程序如下：

1. 搜集和整理资料

广泛搜集资料并进行归纳整理是编制成本计划的必要步骤。所搜集的资料也即是编制成本计划的依据。这些资料主要包括：

(1)国家和上级部门有关编制成本计划的规定。

(2)项目经理部与企业签订的承包合同及企业下达的成本降低额、降低率和其他有关技术经济指标。

(3)有关成本预测决策的资料。

(4)施工项目的施工图预算、施工预算。

(5)施工组织设计。

(6)施工项目使用的机械设备生产能力及其利用情况。

(7)施工项目的材料消耗、物资供应、劳动工资及劳动效率等计划资料。

(8)计划期内的物资消耗定额、劳动工时定额、费用定额等资料。

(9)以往同类项目成本计划的实际执行情况及有关技术经济指标完成情况的分析资料。

(10)同行业同类项目的成本、定额、技术经济指标资料及增产节约的经验和有效措施。

(11)本企业的历史先进水平和当时的先进经验及采取的措施。

(12)国外同类项目的先进成本水平情况等资料。

此外,还应深入分析当前情况和未来的发展趋势,了解影响成本升降的各种有利和不利因素,研究如何克服不利因素和降低成本的具体措施,为编制成本计划提供丰富具体和可靠的成本资料。

2. 估算计划成本,即确定目标成本

财务部门在掌握了丰富的资料,并加以整理分析,特别是在对前期成本计划完成情况进行分析的基础上,根据有关的设计、施工等计划,按照工程项目应投入的物资、材料、劳动力、机械、能源及各种设施等,结合计划期内各种因素的变化和准备采取的各种增产节约措施,进行反复测算、修订、平衡后,估算生产费用支出的总水平,进而提出全项目的成本计划控制指标,最终确定目标成本。确定目标成本以及把总的目标分解落实到各相关部门、班组,大多采用工作分解法。

工作分解法又称工程分解结构,在国外被简称为WBS(Work Breakdown Structure),它的特点是以施工图设计为基础,以本企业作出的项目施工组织设计及技术方案为依据,以实际价格和计划的物资、材料、人工、机械等消耗量为基准,估算工程项目的实际成本费用,据以确定成本目标。具体步骤是:首先把整个工程项目逐级分解为内容单一,便于进行单位工料成本估算的分项工程或工序,然后按分项工程自下而上估算、汇总,从而得到整个工程项目的估算。估算汇总后还要考虑风险系数与物价指数,对估算结果加以修正。结构型式为:

1.0　总工作

1.1　分部工程A

1.1.1　分项工程1

1.1.1.1　工序a

1.1.1.2　工序b

1.1.1.3　工序c

1.1.2　分项工程2

1.1.2.1　工序a

1.1.2.2　工序b

……

1.2　分部工程 B

1.2.1　分项工程 1

1.2.1.1　工序 a

1.2.1.2　工序 b

....

1.2.2　分项工程 2

1.2.2.1　工序 a

1.2.2.2　工序 b

....

演绎成目标成本分解图。

利用上述 WBS 系统在进行成本估算时,工作划分得越细、越具体,价格的确定和工程量估计越容易,工作分解自上而下逐级展开,成本估算自下而上,将各级成本估算逐级累加,便得到整个工程项目的成本估算。在此基础上分级分类计算的工程项目的成本,既是投标报价的基础,又是成本控制的依据,也是和建设单位工程项目预算作比较和进行盈利水平估计的基础。成本估算的公式如下:

$$\text{估算成本} = \text{可确认单位的数量} \times \text{历史基础成本} \times \text{现在市场因素系数} \times \text{将来物价上涨系数} \tag{7-4}$$

式中"可确认单位的数量"是指钢材吨数,木材的立方米数,人工的工时数等;"历史基础成本"是指基准年的单位成本;"现在市场因素系数"是指从基准年到现在的物价上涨指数。

3. 编制成本计划草案

对大中型项目,经项目经理部批准下达成本计划指标后,各职能部门应充分发动群众进行认真的讨论,在总结上期成本计划完成情况的基础上,结合本期计划指标,找出完成本期计划的有利和不利因素,提出挖掘潜力、克服不利因素的具体措施,以保证计划任务的完成。为了使指标真正落实,各部门应尽可能将指标分解落实下达到各班组及个人,使得目标成本的降低额和降低率得到充分讨论、反馈、再修订,使成本计划既能够切合实际,又成为群众共同奋斗的目标。

各职能部门亦应认真讨论项目经理部下达的费用控制指标,拟定具体实施的技术经济措施方案,编制各部门的费用预算。

4. 综合平衡,编制正式的成本计划

在各职能部门上报了部门成本计划和费用预算后,项目经理部首先应结合各项技术经济措施,检查各计划和费用预算是否合理可行,并进行综合平衡,使各部门计划和费用预算之间相互协调、衔接;其次,要从全局出发,在保证企业下达的成本降低任务的情况下,以生产计划为中心,分析研究成本计划与生产计划、劳动工时计划、材料成本与物资供应计划、工资成本与工资基金计划、资金计划等的相互协调平衡。经反复讨论多次综合平衡,最后确定的成本计划指标,即可作为编制成本计划的依据,项目经理部正式编制的成本计划,上报施工企业有关部门后即可正式下达至各职能部门执行。

四、施工项目成本计划的编制方法

1. 定额估算法

在概、预算编制力量较强、定额比较完备的情况下，特别是施工图预算与施工预算编制经验比较丰富的施工企业，工程项目的成本目标可由定额估算法产生。所谓施工图预算，它是以施工图为依据，按照预算定额和规定的取费标准以及图纸工程量计算出项目成本，反映为完成施工项目建筑安装任务所需的直接成本和间接成本。它是招标投标中计算标底的依据，评标的尺度，是控制项目成本支出、衡量成本节约或超支的标准，也是施工项目考核经营成果的基础。施工预算是施工单位(各项目经理部)根据施工定额编制的，作为施工单位内部经济核算的依据。

过去，通常以两算对比差额与技术组织措施带来的节约来估算计划成本的降低额，公式为：

计划成本降低额 = 两算对比差额 + 技术组织措施计划节约额 (7-5)

随着社会主义市场经济体制的建立，一些施工单位对这种定额估算法又作了改进，其步骤及公式如下：

(1)根据已有的投标、预算资料，确定中标合同价与施工图预算的总价格、施工图预算与施工预算的总价格差。

(2)根据技术组织措施计划确定技术组织措施带来的项目节约数。

(3)对实际成本可能明显超出或低于定额的主要子项，按实际支出水平估算出其实际与定额水平之差。

(4)充分考虑不可预见因素、工期制约因素以及风险因素、市场价格波动因素，加以计算调整，得出一综合影响系数。

综合计算整个项目的目标成本降低额及降低率。

目标成本降低额 = [(1) + (2) ± (3)] × [1 + (4)] (7-6)

目标成本降低率 = 目标成本降低额/项目的预算成本 (7-7)

2. 计划成本法

施工项目成本计划中的计划成本的编制方法，通常有以下几种：

(1)施工预算法。指主要以施工图中的工程实物量，套以施工工料消耗定额，计算工料消耗量，并进行工料汇总，然后统一以货币形式反映其施工生产耗费水平。以施工工料消耗定额所计算施工生产耗费水平，基本是一个不变的常数。一个施工项目要实现较高的经济效益(即提高降低成本水平)，就必须在这个常数基础上采取技术节约措施，以降低消耗定额的单位消耗量和降低价格等措施，来达到成本计划的目标成本水平。因此，采用施工预算法编制成本计划时，必须考虑结合技术节约措施计划，以进一步降低施工生产耗费水平。用公式来表示：

施工预算法的计划成本(目标成本) = 施工预算施工生产耗费水平(工料消耗费用) - 技术节约措施计划节约额 (7-8)

(2)技术节约措施法。指以该施工项目计划采取的技术组织措施和节约措施所能取得的经济效果为施工项目成本降低额，然后求施工项目的计划成本的方法。用公式表示：

施工项目计划成本 = 施工项目预算成本 - 技术节约措施计划节约额(降低成本额) (7-9)

(3)成本习性法。是固定成本和变动成本在编制成本计划中的应用,主要按照成本习性,将成本分成固定成本和变动成本两类,以此作为计划成本。具体划分可采用费用分解法。

①材料费。与产量有直接联系,属于变动成本。

②人工费。在计时工资形式下,生产工人工资属于固定成本。因为不管生产任务完成与否,工资照发,与产量增减无直接联系。奖金、效益工资和浮动工资部分,亦应计入变动成本。

③机械使用费。其中有些费用随产量增减而变动,如燃料、动力费,属变动成本。有些费用不随产量变动,如机械折旧费、大修理费、机修工、操作工的工资等,属于固定成本。此外还有机械的场外运输费和机械组装拆卸、替换配件、润滑擦拭等经常修理费,由于不直接用于生产,也不随产量成正比例变动,而是在生产能力得到充分利用,产量增长时,所分摊的费用就少些,在产量下降时,所分摊的费用就要大一些,所以这部分费用为介于固定成本和变动成本之间的半变动成本;可按一定比例划归固定成本与变动成本。

④其他直接费。水、电、气等费用以及现场发生的材料二次搬运费,多数与产量发生联系,属于变动成本。

⑤施工管理费。其中大部分在一定产量范围内与产量的增减没有直接联系,如办公费、差旅交通费、固定资产使用费、职工教育经费、上级管理费等,基本上属于固定成本。检验试验费、外单位管理费等与产量增减有直接联系,则属于变动成本范围,此外,劳动保护费中的劳保服装费、防暑降温费、防寒用品费,劳动部门都有规定的领用标准和使用年限,基本上属于固定成本范围,工具用具使用费中,行政使用的家具费属固定成本,工人领用工具,随管理制度不同而不同。

在成本按习性划分为固定成本和变动成本后,可用下列公式计算:

$$\text{施工项目计划成本} = \text{施工项目变动成本总额} + \text{施工项目固定成本总额} \tag{7-10}$$

(4)按实计算法。是施工项目经理部有关职能部门(人员)以该项目施工图预算的工料分析资料作与控制计划成本的依据。根据施工项目经理部执行施工定额的实际水平和要求,由各职能部门归口计算各项计划成本。

①人工费的计划成本,由项目管理班子的劳资部门(人员)计算:

$$\text{人工费的计划成本} = \text{计划用工量} \times \text{实际水平的工资率} \tag{7-11}$$

式中,计划用工量 = 工程量 × 工日定额,工日定额可根据实际水平,考虑先进性,适当提高定额。

②材料费的计划成本,由项目管理班子的材料部门(人员)计算:

$$\begin{aligned}\text{材料费的计划成本} = {} & \text{主要材料的计划用量} \times \text{实际价格} + \text{周转材料的使用成本} + \\ & \text{主要构配件的购置成本}\end{aligned} \tag{7-12}$$

五、项目成本控制

1. 项目成本控制所依据的资料

项目经理部应依据下列资料进行成本控制:

(1)合同文件。

(2)成本计划。

(3)进度报告。

(4)工程变更与索赔资料。

合同文件和成本计划是成本控制的目标,进度报告和工程变更与索赔资料是成本控制过程中的动态资料。

2. 项目成本控制应遵循的程序

成本控制应遵循下列程序:

(1)收集实际成本数据。

(2)实际成本数据与成本计划目标进行比较。

(3)分析成本偏差及原因。

(4)采取措施纠正偏差。

(5)必要时修改成本计划。

(6)按照规定的时间间隔编制成本报告。

成本控制的程序体现了动态跟踪控制的原理。成本控制报告可单独编制,也可以根据需要与进度、质量、安全和其他进展报告结合,提出综合进展报告。

3. 项目成本控制应满足的要求

成本控制的方法很多,其中价值工程和赢得值法是较为有效的方法。用价值工程控制成本的核心目的是合理处理成本与功能的关系,应保证在确保功能的前提下的成本降低。成本控制应满足下列要求:

(1)要按照计划成本目标值来控制生产要素的采购价格,并认真做好材料、设备进场数量和质量的检查、验收与保管。

(2)要控制生产要素的利用效率和消耗定额,如任务单管理、限额领料、验工报告审核等。同时要做好不可预见成本风险的分析和预控,包括编制相应的应急措施等。

(3)控制影响效率和消耗量的其他因素(如工程变更等)所引起的成本增加。

(4)把项目成本管理责任制度与对项目管理者的激励机制结合起来,以增强管理人员的成本意识和控制能力。

(5)企业必须有一套健全的项目财务管理制度,按规定的权限和程序对项目资金的使用和费用的结算支付进行审核、审批,使其成为项目成本控制的一个重要手段。

六、项目成本核算

项目经理部应根据财务制度和会计制度的有关规定,建立项目成本核算制,明确项目成本核算的原则、范围、程序、方法、内容、责任及要求,并设置核算台账,记录原始数据。

项目管理必须实行项目成本核算制,和项目经理责任制等共同构成了项目管理的运行机制。施工企业管理层与项目管理层的经济关系、管理责任关系、管理权限关系,以及项目管理组织所承担的责任成本核算的范围、核算业务流程和要求等,都应以制度的形式作出明确的规定。

1. 项目经理部应按规定的时间间隔进行项目成本核算

项目经理部要建立一系列项目业务核算台账和施工成本会计账户,实施全过程的成本核算,具体可分为定期的成本核算和竣工工程成本核算,如:每天、每周、每月的成本核算。定期的成本核算是竣工工程全面成本核算的基础。

2. 项目成本核算应坚持形象进度、产值统计、成本归集三同步的原则

形象进度、产值统计、实际成本归集三同步，即三者的取值范围应是一致的。形象进度表达的工程量、统计施工产值的工程量和实际成本归集所依据的工程量均应是相同的数值。

3. 项目经理部应编制定期成本报告

建立以单位工程为对象的项目生产成本核算体系，是因为单位工程是施工企业的最终产品(成品)，可独立考核，单位工程是施工招投标的最小单位(标段)。

对竣工工程的成本核算，应区分为竣工工程现场成本和竣工工程完全成本，分别由项目经理部和企业财务部门进行核算分析，其目的在于分别考核项目管理绩效和企业经营效益。

七、项目成本分析与考核

施工企业应建立和健全项目成本考核制度，对考核的目的、时间、范围、对象、方式、依据、指标、组织领导、评价与奖惩原则等作出规定。

成本分析应依据会计核算、统计核算和业务核算的资料进行。成本分析应采用比较法、因素分析法、差额分析法和比率法等基本方法；也可采用分部分项成本分析、年季月(或周、旬等)度成本分析、竣工成本分析等综合成本分析方法。

施工单位应以项目成本降低额和项目成本降低率作为成本考核主要指标。项目经理部应设置成本降低额和成本降低率等考核指标。发现偏离目标时，应及时采取改进措施。施工企业应对项目经理部的成本和效益进行全面审核、审计、评价、考核与奖惩。

第五节　水运工程施工项目环境与现场管理

一、概述

承包人应遵照《环境管理体系要求及使用指南》(GB/T 24000)的要求，建立并持续改进环境管理体系。确定环境管理目标应进行环境因素识别，确定重要环境因素。根据法律法规和施工企业自行确定的要求设立目标和指标以实现环境方针的承诺，并达到企业的其他目的。目标和指标应当进行分解，落实到现场的各个参与单位，一般采用分区划块负责的方法。项目经理部应定期组织检查，及时解决发现的问题，做到环境绩效的持续改进。

项目的环境管理要与施工企业的环境管理体系一致，应制定适当的方案。该方案要与环境的影响程度相适应。当现场环境管理体系中的过程、活动、产品发生变化时，应当对目标、指标和相关的方案进行必要的调整。

项目的环境管理应遵循下列程序：

(1)确定环境管理目标。

(2)进行项目环境管理策划。

(3)实施项目环境管理策划。

(4)验证并持续改进。

项目经理负责现场环境管理工作的总体策划和部署,建立项目环境管理组织机构,制定相应制度和措施,组织培训,使各级人员明确环境保护的意义和责任。

项目经理部应按照分区划块原则,搞好现场的环境管理,进行定期检查,加强协调,及时解决发现的问题,实施纠正和预防措施,保持现场良好的作业环境、卫生条件和工作秩序,做到污染预防。

项目经理部应对环境因素进行控制,制定应急准备和相应措施,并保证信息通畅,预防可能出现非预期的损害。在出现环境事故时,应消除污染,并应制定相应措施,防止环境二次污染。

项目经理部应保存有关环境管理的工作记录。

二、项目文明施工

文明施工应包括下列工作:

(1)进行现场文化建设。

(2)规范场容,保持作业环境整洁卫生。

(3)创造有序生产的条件。

(4)减少对居民和环境的不利影响。

文明施工是环境管理的一部分,由于各地对施工现场文明施工的要求不尽一致,项目经理部在进行文明施工管理时应按照当地的要求进行。文明施工管理应与当地的社区文化、民族特点及风土人情有机结合,树立项目管理良好的社会影响。

项目经理部应通过对现场人员进行培训教育,提高其文明意识和素质,树立良好的形象。

项目经理部应按照文明施工标准,定期进行评定、考核和总结。

三、项目现场管理

项目经理部应在施工前了解经过施工现场的地下管线,标出位置,加以保护。施工时发现文物、古迹、爆炸物、电缆等,应当停止施工,保护现场,及时向有关部门报告,并按照规定处理。

项目经理部进行所负责区域的施工平面图的规划、设计、布置、使用和管理时,应与项目管理实施规划的结果相一致,并将实施与作业活动有机的协调运作,确保现场管理的目标得以实现。

施工中需要停水、停电、封路而影响环境时,应经有关部门批准,事先告示。在行人、车辆通过的地方施工,应当设置沟、井、坎、洞覆盖物和标志。

项目经理部应对施工现场的环境因素进行分析,对于可能产生的污水、废气、噪声、固体废弃物等污染源采取措施,进行控制。

建筑垃圾和渣土应堆放在指定地点,定期进行清理。装载建筑材料、垃圾或渣土的运输机械,应采取防止尘土飞扬、洒落或流溢的有效措施。施工现场应根据需要设置机动车辆冲洗设施,冲洗污水应进行处理。

除有符合规定的装置外,不得在施工现场熔化沥青和焚烧油毡、油漆,亦不得焚烧其他可产生有毒有害烟尘和恶臭气味的废弃物。项目经理部应按规定有效地处理有毒有害物质。禁止将有毒有害废弃物现场回填。

施工现场的场容管理应符合施工平面图设计的合理安排和物料器具定位管理标准化的要求。项目经理部应依据施工条件，按照施工总平面图、施工方案和施工进度计划的要求，认真进行所负责区域的施工平面图的规划、设计、布置、使用和管理。

现场的主要机械设备、脚手架、密封式安全网与围挡、模具、施工临时道路、各种管线、施工材料制品堆场及仓库、土方及建筑垃圾堆放区、变配电间、消火栓、警卫室、现场的办公、生产和生活临时设施等的布置，均应符合施工平面图的要求。

施工工地现场入口处的醒目位置，应公示下列内容：

(1)工程概况。

(2)安全纪律。

(3)防火须知。

(4)安全生产与文明施工。

(5)施工平面图。

(6)项目经理部承包人机构及主要管理人员名单图。

施工现场周边应按当地有关要求设置围挡和相关的安全预防设施。危险品仓库附近应有明显标志及围挡设施。

施工现场应设置畅通的排水沟渠系统，保持场地道路的干燥坚实。施工现场的泥浆和污水未经处理不得直接排放。地面宜做硬化处理。有条件时，可对施工现场进行绿化布置。

第六节　水运工程施工项目风险管理

项目风险管理是对项目的风险所进行的识别、评估、响应和控制等活动。项目风险管理是项目管理的一项重要管理过程，它包括对风险的预测、辨识、分析、判断、评估及采取相应的对策，如风险规避、控制、分隔、分散、转移、自留及利用等活动。这些活动对项目的目标至关重要，甚至会决定项目的成败。风险管理水平是衡量承包人素质的重要标准，风险控制能力则是判定项目管理者管理能力的重要依据。因此，项目管理者必须建立风险管理制度和方法体系，明确各层次管理人员的风险管理责任，减少项目实施过程中的不确定因素对项目的影响。

风险管理的任务一般包括确定和评估风险，识别潜在损失因素及估算损失大小，制定风险的财务对策，采取应对措施，制定保护方案，落实安全措施以及管理索赔等。

项目风险管理过程应包括项目实施全过程的风险识别、风险评估、风险响应和风险控制。

一、项目风险识别

承包人应识别项目实施过程中的各种风险。各种风险是指影响项目目标实现的不利因素，可分为技术的、经济的、环境的及政治的、行政的、国际的和社会的等因素。

承包人识别项目风险应遵循下列程序：

(1)收集与项目风险有关的信息。

(2)确定风险因素。

(3)编制项目风险识别报告。

风险识别程序中,收集与项目风险有关的信息是指调查、收集与上述各类风险有关的信息。对工程、工程环境、其他各类微观和宏观环境、已建类似工程等,通过调查、研究、座谈、查阅资料等手段进行分析,列出风险因素一览表。确定风险因素是在风险因素一览表草表的基础上,通过甄别、选择、确认,把重要的风险因素筛选出来加以确认,列出正式风险清单。编制项目风险识别报告是在风险清单的基础上,补充文字说明,作为风险管理的基础。

二、项目风险评估

承包人应按下列内容进行风险评估:

(1)风险因素发生的概率。

(2)风险损失量的估计。

(3)风险等级评估。

风险等级评估指通过对风险因素形成风险的概率的估计和对发生风险后可能造成的损失量的估计。已有数据资料包括历史资料和类似工程的资料;相关专业方法主要指概率论方法和数理统计方法。

风险损失量的估计应包括下列内容:

(1)工期损失的估计。

(2)费用损失的估计。

(3)对工程的质量、功能、使用效果等方面的影响。

风险损失量三方面的估计,主要通过分析已经得到的有关信息,结合管理人员的经验对损失量进行综合判断。通常采用专家预测方法、趋势外推法预测、敏感性分析和盈亏平衡分析、决策树等方法。

承包人应根据风险因素发生的概率和损失量,确定风险量,并进行分级。风险分级时可使用表7-1。

风险等级评估表　　表7-1

风险等级后果可能性	轻度损失	中度损失	重大损失
很大	Ⅲ	Ⅳ	Ⅴ
中等	Ⅱ	Ⅲ	Ⅳ
极小	Ⅰ	Ⅱ	Ⅲ

注:Ⅰ-可忽略风险;Ⅱ-可容许风险;Ⅲ-中度风险,Ⅳ-重大风险;Ⅴ-不容许风险。

风险评估后应提出风险评估报告。风险评估报告是在风险识别报告,风险概率分析、风险损失量分析和风险分级的基础上,加以系统整理和综合说明而形成的。

三、项目风险响应

承包人应确定针对项目风险的对策进行风险响应。确定针对项目风险的对策可利用表

7-2 的提示设计。

风险控制对策表 表 7-2

风险等级	控制对策
Ⅰ 可忽略的	不采取控制措施且不必保留文件记录
Ⅱ 可容许的	不需要另外的控制措施,但应考虑效果更佳的方案或不增加额外成本的改进措施,并监视该控制措施的兑现
Ⅲ 中度的	应努力降低风险,仔细测定并限定预防成本,在规定期限内实施降低风险的措施
Ⅳ 重大的	直至风险降低后才能开始工作。为降低风险,有时配给大量的资源。如果风险涉及正在进行的工作时,应采取应急措施
Ⅴ 不容许的	只有当风险已经降低时,才能开始或继续工作。如果无限的投入也不能降低风险,就必须禁止工作

常用的风险对策有风险规避、减轻、自留、转移及其组合等策略。

风险规避即采取措施避开风险。方法有主动放弃或拒绝实施可能导致风险损失的方案、制定制度禁止可能导致风险的行为或事件发生等。

风险减轻可采用损失预防和损失抑制方法。

风险自留即承担风险,需要投入财力才能承担得起。

风险转移指采用合同的方法确定由对方承担风险;采用保险的方法把风险转移给保险组织,采用担保的方法把风险转移给担保组织等。

风险组合策略是同时采用以上两种或两种以上策略。

项目风险对策应形成风险管理计划,其内容有:

(1)风险管理目标。

(2)风险管理范围。

(3)可使用的风险管理方法、工具以及数据来源。

(4)风险分类和风险排序要求。

(5)风险管理的职责与权限。

(6)风险跟踪的要求。

(7)相应的资源预算。

项目风险响应的结果应形成以项目风险管理计划为代表的书面文件,其中应详细说明风险管理目标、范围、职责、对策的措施、方法、定型和定量计算,可行性以及需要的条件和环境等。

四、项目风险控制

在整个项目进程中,承包人应收集和分析与项目风险相关的各种信息,获取风险信号,预测未来的风险并提出预警。这些工作的结果应反映在项目进展报告中,构成项目进展报告内容的一部分。

承包人应对可能出现的风险因素进行监控,根据需要制订应急计划。对可能出现的风险因素进行监控依靠风险管理体系，建立责任制和风险监控信息传输体系。

应急计划也可称为应急预案，其编制要求如下：

1. 应依据政府有关文件制定

(1)《特种设备安全监察条例》(中华人民共和国国务院第373号令)。

(2)《职业健康安全管理体系规范》(GB/T 18001—2001)。

(3)《环境管理体系系列标准》(GB/T 24000)。

(4)《施工企业安全生产评价标准》(JGJ/T 77—2003)。

2. 编制程序

(1)成立预案编制小组。

(2)制定编制计划。

(3)现场调查，收集资料。

(4)环境因素或危险源的辨识和风险评价。

(5)控制目标、能力与资源的评估。

(6)编制应急预案文件。

(7)应急预案评估。

(8)应急预案发布。

3. 应急预案的编写内容

(1)应急预案的目标。

(2)参考文献。

(3)适用范围。

(4)组织情况说明。

(5)风险定义及其控制目标。

(6)组织职能(职责)。

(7)应急工作流程及其控制。

(8)培训。

(9)演练计划。

(10)演练总结报告。

第七节　水运工程施工项目沟通管理与组织协调

一、概述

承包人应建立项目沟通管理体系，健全管理制度，采用适当的方法和手段与相关各方进行有效沟通与协调。

项目沟通与协调管理体系分为沟通计划编制、信息分发与沟通计划的实施、检查评价与调整和沟通管理计划结果四大部分。在项目实施过程中，信息沟通包括人际沟通和组织沟通与协调。项目相关单位应根据建立的项目沟通管理体系，建立健全各项管理制度，应当从整体利益出发，运用系统分析的思想和方法，全过程、全方位地进行有效管理。项目沟通与协调管理应贯穿于建设工程项目实施的全过程。

项目沟通与协调的对象应是项目所涉及的内部和外部有关组织及个人，包括建设单位和勘察设计、施工、监理、咨询服务等单位以及其他相关组织。

(1)项目内部组织是指项目内部各部门、项目经理部、企业和班组。项目内部个人是指项目组织成员、企业管理人员、职能部门成员和班组人员。

(2)项目外部组织和个人是指建设单位及有关人员、勘察设计单位及有关人员、监理单位及有关人员、咨询服务单位及有关人员、政府监督管理部门及有关人员等。

项目组织应通过与各相关方的有效沟通与协调，取得各方的认同、配合和支持，达到解决问题、排除障碍、形成合力、确保建设工程项目管理目标实现的目的。

二、项目沟通程序和内容

施工单位应根据项目的实际需要，预见可能出现的矛盾和问题，制定沟通与协调计划，明确原则、内容、对象、方式、途径、手段和所要达到的目标。

施工单位沟通的内容包括企业内部、外部的人际沟通和组织沟通。人际沟通就是个体人之间的信息传递，组织沟通是指组织之间的信息传递。

沟通方式分为正式沟通和非正式沟通；上行沟通、下行沟通和平行沟通；单向沟通与双向沟通；书面沟通和口头沟通；言语沟通和体语沟通等方式。

沟通渠道是指项目成员为解决某个问题和协调某一方面的矛盾而在明确规定的系统内部进行沟通协调工作时，所选择和组建的信息沟通网络。沟通渠道分为正式沟通渠道和非正式沟通渠道两种。每一种沟通渠道都包含多种沟通模式。

承包人应针对不同阶段出现的矛盾和问题，调整沟通计划。为了做好项目每个阶段的工作，以达到预期的标准和效果，应在项目部门内、部门与部门之间，以及项目与外界之间建立沟通渠道，快速、准确地传递信息和沟通信息，以使项目内务部门达到协调一致，并且使项目成员明确自己的职责，了解自己的工作对组织目标的贡献，找出项目实施的不同阶段出现的矛盾和管理问题，调整和修正沟通计划，控制评价结果。

项目组织机构应运用各种手段，特别是计算机、互联网平台等信息技术，对项目全过程所产生的各种项目信息进行收集、汇总、处理、传输和应用，进行沟通与协调并形成完整的档案资料。

沟通与协调的内容应涉及与项目实施有关的信息，包括项目各相关方共享的核心信息、项目内部和项目相关组织产生的有关信息。

(1)核心信息应包括单位工程施工图纸、设备的技术文件、施工规范、与项目有关的生产计划及统计资料、工程事故报告、法规和部门规章、材料价格和材料供应商、机械设备供应商和价格信息、新技术及自然条件等。

(2)取得政府主管部门对该项建设任务的批准文件、取得地质勘探资料及施工许可证、取得施工用地范围及施工用地许可证、取得施工现场附近区域内的其他许可证等。

(3)项目内部信息主要有工程概况信息、施工记录信息、施工技术资料信息、工程协调信息、工程进度及资源计划信息、成本信息、资源需要计划信息、商务信息、安全文明施工及行政管理信息、竣工验收信息等。

(4)监理方信息主要有项目的监理规划、监理大纲、监理实施细则等。

(5)相关方,包括社区居民、分承包方、媒体等提出的重要意见或观点等。

三、项目沟通计划

项目沟通计划应由项目经理部组织编制。

项目沟通计划是项目管理工作中各组织和人员之间关系能否顺利协调、管理目标能否顺利实现的关键,施工单位应重视沟通计划和编制工作。编制项目沟通管理计划应由项目经理组织编制。

1.编制项目沟通计划应依据的资料

编制项目沟通计划应依据下列资料:

(1)合同文件。

(2)项目各相关组织的信息需求。

(3)项目的实际情况。

(4)项目的组织结构。

(5)沟通方案的约束条件、假设,以及适用的沟通技术。

2.编制项目沟通管理计划所依据的资料

编制项目沟通管理计划包括确定项目关系人的信息和沟通需求。应主要依据下列资料进行:

(1)根据建设、设计、监理单位等组织的沟通要求和规定编制。

(2)根据已签订的合同文件编制。

(3)根据项目管理企业的相关制度编制。

(4)根据国家法律法规和当地政府的有关规定编制。

(5)根据工程的具体情况编制。

(6)根据项目采用的组织结构编制。

(7)根据与沟通方案相适用的沟通技术约束条件和假设前提编制。

3.项目沟通计划应与项目管理的其他各类计划相协调

项目沟通管理计划应与项目管理的组织计划相协调。如应与施工进度、质量、安全、成本、资金、环保、设计变更、索赔、材料供应、设备使用、人力资源、文明工地建设、思想政治工作等组织计划相协调。

项目沟通计划应包括信息沟通方式和途径,信息收集归档格式,信息的发布与使用权限,沟通管理计划的调整以及约束条件和假设等内容。

4.项目沟通计划所包括的内容

项目沟通计划主要指项目的沟通管理计划,应包括下列内容:

(1)信息沟通方式和途径。主要说明在项目的不同实施阶段,针对不同的项目相关组织及不同的沟通要求,拟采用的信息沟通方式和沟通途径。即说明信息(包括状态报告、数据、进度计划、技术文件等)流向何人、将采用什么方法(包括书面报告、文件、会议等)分发不同类别的信息。

(2)信息收集归档格式。用于详细说明收集和储存不同类别信息的方法。应包括对先前收集和分发材料、信息的更新和纠正。

(3)信息的发布和使用权限。

(4)发布信息说明。包括格式、内容、详细程度以及应采用的准则或定义。

(5)信息发布时间。即用于说明每一类沟通将发生的时间，确定提供信息更新依据或修改程序，以及确定在每一类沟通之前应提供的现时信息。

(6)更新和修改沟通管理计划的方法。

(7)约束条件和假设。

5. 项目沟通计划检查、评价和调整

承包人应根据项目沟通管理计划规定沟通的具体内容、对象、方式、目标、责任人、完成时间、奖罚措施等，采用定期或不定期的形式对沟通管理计划的执行情况进行检查、考核和评价，并结合实施结果进行调整，确保沟通管理计划的落实和实施。

四、项目沟通依据与方式

1. 项目内部沟通

项目内部沟通应包括项目经理部与企业管理层、项目经理部内部的各部门和相关成员之间的沟通与协调。内部沟通应依据项目沟通计划、规章制度、项目管理目标责任书、控制目标等进行。

项目内部沟通与协调可采用委派、授权、会议、文件、培训、检查、项目进展报告、思想工作、考核与激励及电子媒体等方式进行。

(1)项目经理部与企业管理层之间的沟通与协调，主要依据《项目管理目标责任书》，由企业管理层下达责任目标、指标，并实施考核、奖惩。

(2)项目经理部与内部作业层之间的沟通与协调，主要依据《劳务承包合同》和项目管理实施规划。

(3)项目经理部各职能部门之间的沟通与协调，重点解决业务环节之间的矛盾，应按照各自的职责和分工，顾全大局、统筹考虑、相互支持、协调工作。特别是对人力资源、技术、材料、设备、资金等重大问题，可通过工程例会的方式研究解决。

(4)项目经理部人员之间的沟通与协调，通过做好思想政治工作，召开党小组会和职工大会，加强教育培训，提高整体素质来实现。

2. 项目外部沟通

项目外部沟通应由承包人与项目相关方进行沟通。外部沟通应依据项目沟通计划、有关合同和合同变更资料、相关法律法规、伦理道德、社会责任和项目具体情况等进行。

外部沟通可采用电话、传真、交底会、协商会、协调会、例会、联合检查、项目进展报告等方式进行。

(1)施工准备阶段：项目经理部应要求建设单位按规定时间履行合同约定的责任，并配合做好征地拆迁等工作，为工程顺利开工创造条件；要求设计单位提供设计图纸、进行设计交底，并搞好图纸会审；引入竞争机制，采取招标的方式，选择施工分包和材料设备供应商，签订合同。

(2)施工阶段：项目经理部应按时向建设、设计、监理等单位报送施工计划、统计报表和工程事故报告等资料，接受其检查、监督和管理；对拨付工程款、设计变更、隐蔽工程签证等关键问题,应取得相关方的认同,并完善相应手续和资料。对施工单位应按月下达施工计划,定期进行检查、评比。对材料供应单位严格按合同办事,根据施工进度协商调整材料供应数量。

(3)竣工验收阶段:按照建设工程竣工验收的有关规范和要求,积极配合相关单位做好工程验收工作,及时提交有关资料,确保工程顺利移交。

各种内外部沟通形式和内容的变更,应按照项目沟通计划的要求进行管理,并协调相关事宜。

3. 项目进展报告

项目经理部应编写项目进展报告。项目进展报告应包括下列内容:

(1)项目的进展情况。应包括项目目前所处的位置、进度完成情况、投资完成情况等。

(2)项目实施过程中存在的主要问题以及解决情况,计划采取的措施。

(3)项目的变更。应包括项目变更申请、变更原因、变更范围及变更前后的情况、变更的批复等。

(4)项目进展预期目标。预期项目未来的状况和进度。

五、项目沟通障碍与冲突管理

项目沟通应减少干扰,消除障碍、解决冲突、保持沟通与协调途径畅通、信息真实。

信息沟通过程中主要存在语义理解、知识经验水平的限制、知觉的选择性、心理因素的影响、组织结构的影响、沟通渠道的选择、信息量过大等障碍。造成项目组织内部之间、项目组织与外部组织、人与人之间沟通障碍的因素很多,在项目的沟通与协调管理中,应采取一切可能的方法消除这些障碍,使项目组织能够准确、迅速、及时地交流信息,同时保证其真实性。

1. 消除沟通障碍的方法

消除沟通障碍可采用下列方法:

(1)选择适宜的沟通与协调途径:应重视双向沟通与协调方法,尽量保持多种沟通渠道的利用、正确运用文字语言等。

(2)充分利用反馈:信息沟通后必须同时设法取得反馈,以弄清沟通方是否已经了解,是否愿意遵循并采取了相应的行动等。

(3)组织沟通检查:项目经理部应自觉以法律、法规和社会公德约束自身行为,在出现矛盾和问题时,首先应取得政府部门的支持、社会各界的理解,按程序沟通解决;必要时借助社会中介组织的力量,调节矛盾、解决问题。

(4)灵活运用各种沟通方式:为了消除沟通障碍,应熟悉各种沟通方式的特点,确定统一的沟通语言或文字,以便在进行沟通时能够采用恰当的交流方式。常用的沟通方式有口头沟通、书面沟通和媒体沟通等。

2. 解决冲突的方法

对项目实施各阶段出现的冲突,项目经理部应根据沟通的进展情况和结果,按程序要求通过各种方式及时将信息反馈给相关各方,实现共享,提高沟通与协调效果,以便及早解决冲突。

解决冲突可采用下列方法:

(1)协商、让步、缓和、强制和退出。

(2)使项目的相关方了解项目计划,明确项目目标。

(3)搞好变更管理。

第八章　水运工程施工项目收尾管理

水运工程建设项目收尾工作包括竣工验收、交接、保修与回访及项目后评价等工作。收尾管理是对项目的施工收尾、试运行、竣工验收、竣工结算、竣工决算、考核评价、回访保修等进行的计划、组织、协调和控制等活动。工程项目后评价则是全面总结水运工程建设项目从决策、设计、实施到投产营运全过程的经验、教训，科学评价建设成果，使水运工程建设管理步入程序化、规范化、工作方法科学化的轨道，强化全行业宏观管理机制，提高水运工程建设的管理水平。

第一节　水运工程项目竣工验收

工程项目的竣工验收是施工全过程的最后一道程序，也是工程项目管理的最后一项工作。它是建设投资成果转入生产或使用的标志，也是全面考核投资效益、检验设计和施工质量的重要环节。

港口、航道工程竣工后，经验收合格方可投入使用。水运工程竣工验收，应当遵循公开、公正、真实、科学的原则。项目法人、设计、施工、监理等单位应当接受、配合竣工验收工作，提供的有关资料应当真实、有效。

一、竣工验收的准备工作

在项目竣工验收之前，施工单位应配合监理工程师作好下列竣工验收的准备工作。

1. 编制项目竣工收尾计划

项目经理部应全面负责项目竣工收尾工作，组织编制项目竣工计划，报上级主管部门批准后按期完成。

项目竣工收尾是项目结束阶段管理工作的关键环节，项目经理部应编制详细的竣工收尾工作计划，采取有效措施逐项落实，保证按期完成任务。

竣工计划应包括下列内容：

(1)竣工项目名称。

(2)竣工项目收尾具体内容。

(3)竣工项目质量要求。

(4)竣工项目进度计划安排。

(5)竣工项目文件档案资料整理要求。

2. 完成收尾工程

收尾工程的特点是零星、分散、工程量小，但分布面广，如果不及时完成，将会直接影响项目的竣工验收及投产使用。

做好收尾工程,必须摸清收尾工程项目,通过竣工前的预检,做一次彻底的清查,按设计图纸和合同要求,逐一对照,找出遗漏项目和修补工作,制定作业计划,相互穿插施工。

3.竣工验收资料的准备

竣工验收资料和文件是工程项目竣工验收的重要依据,从施工开始就应完整地积累和保管,竣工验收时应经编目建档。

4.竣工验收的预验收

承包人应按工程质量验收标准,组织专业人员进行质量检查评定,实行监理的应约请相关监理机构进行初步验收。初步验收合格后,承包人应向发包人提交工程竣工报告,约定有关项目竣工验收移交事宜。

竣工验收的预验收,是初步鉴定工程质量,避免竣工进程拖延,保证项目顺利投产使用不可缺少的工作。通过预验收,可及时发现遗留问题,事先予以返修、补修。

二、竣工验收的依据

1.港口工程竣工验收依据

港口工程竣工验收的主要依据是:

(1)按照国家有关规定应当具备的港口工程建设项目的审批、核准、备案文件。

(2)初步设计、施工图设计、变更设计及概算调整等文件。

(3)招标文件及合同文本。

(4)主要设备技术规格或说明书等。

(5)国家和交通运输部颁布的技术规范和标准及法律、法规、规章的相关规定。

2.航道工程竣工验收依据

航道工程竣工验收的主要依据是:

(1)国家和交通运输部颁布的相关法律、法规、规章。

(2)国家和交通运输部颁布的相关技术标准、规范。

(3)建设项目的批准、核准、备案文件。

(4)建设项目的初步设计文件、施工图设计文件、设计变更文件以及概算调整等文件。

(5)主要设备技术规格或者说明书。

(6)招标文件以及合同文本。

三、竣工验收的范围

凡列入固定资产计划的建设项目或单项工程,按照批准的设计文件(初步设计、技术设计或扩大初步设计)所规定的内容和施工图纸的要求全部建成,具备投产和使用条件,不论新建、改建、扩建和迁建性质,都要经建设单位及时组织验收,并办理固定资产交付使用的转账手续。

有的建设项目(工程)基本符合竣工验收标准,只是零星土建工程和少数非主要设备未按设计规定的内容全部建成,但不影响正常生产,亦应办理竣工验收手续。对剩余工程,应按设计留足投资,限期完成。有的项目投产初期一时不能达到设计能力所规定产量,不能因此而拖延办理验收和移交固定资产手续。

有些建设项目或单项工程，已形成部分生产能力或实际上生产方面已经使用，近期不能按原设计规模续建的，应从实际情况出发，可缩小规模，报主管部门（公司）批准后，对已完的工程和设备，尽快组织验收，移交固定资产。

四、竣工验收的条件

1. 港口工程竣工验收条件

港口工程进行竣工验收应当具备以下条件：

(1)港口工程有关合同约定的各项内容已基本完成，申请竣工验收的建设项目有尾留工程的，尾留工程不得影响建设项目的投产使用，尾留工程投资额可根据实际测算投资额或按照工程概算所列的投资额列入竣工决算报告，但不得超过工程总投资的5%，施工单位对工程质量自检合格，监理工程师对工程质量评定合格，项目法人组织设计、施工、监理、工程质量监督等单位进行的交工验收合格。

(2)主要工艺设备或设施通过调试具备生产条件。

(3)一般港口工程经过3个月试运行，设有系统装卸设备的矿石、煤炭、散粮、油气、集装箱码头等港口工程，经过6个月试运行，符合设计要求。

(4)环境保护设施、安全设施、消防设施已按照设计要求与主体工程同时建成，并通过有关部门的专项验收；航标设施以及其他辅助性设施已按照《港口法》的规定，与港口同时建设，并保证按期投入使用。

(5)竣工档案资料齐全，并通过专项验收。

(6)竣工决算报告编制完成，并通过审计。

(7)廉政建设合同已履行。

港口工程试运行前，项目法人应当向港口所在地港口行政管理部门办理港口工程试运行备案手续。试运行期满后应当及时办理港口工程竣工验收手续。

2. 航道工程竣工验收条件

航道工程竣工验收应当具备以下条件：

(1)已按批准的建设规模、标准和内容建成，满足生产使用要求；申请竣工验收的航道建设工程有尾留工程的，尾留工程不得是主体工程，不得影响工程效果和工程正常运行，投资额不能超过工程总概算的5%。

(2)各单位工程和项目经工程质量监督机构检验合格。

(3)各单位工程交工验收合格。

(4)主要工艺设备或者设施调试以及联动测试均已完成，主要技术参数达到设计要求。

(5)航运枢纽工程阶段验收合格。

(6)需要实船适航检验的，已选用设计船型进行了实船适航检验，各项检验指标满足设计要求。

(7)工程试运行期满一年，运行情况正常。

(8)竣工档案资料齐全，通过有关专项验收。

(9)竣工决算报告已编制完成，并取得国家审计机构或者具有审计资格的中介机构出具的审计报告，且审计报告无保留意见。

(10)工程运行管理部门已落实。

(11)竣工验收工作报告编制完成。

(12)航运枢纽工程以及技术复杂的其他航道工程,已经竣工验收部门委托的有关单位初步验收合格。

航道工程应当在工程试运行期满后一年内申请竣工验收。对不能按期申请竣工验收的,应当向竣工验收部门提出延期申请,延长期限一般不得超过两年。

五、竣工验收的程序

竣工验收应由监理工程师牵头,项目经理配合进行。

1. 施工单位作竣工预验

施工单位竣工预验是指工程项目完工后要求监理工程师验收前由施工单位自行组织的内部模拟验收,内部预验是顺利通过正式验收可靠保证,为了不致使验收工作遇到麻烦,最好邀请监理工程师参加。

预验工作一般可视工程重要程度及工程情况,分层次进行。通常有下述三个层次:

(1)基层施工单位自验。基层施工单位,由施工队长组织施工队的有关职能人员,对拟报竣工工程的情况和条件,根据施工图要求、合同规定和验收标准,进行检查验收。主要包括竣工项目是否符合有关规定,工程质量是否符合质量检验评定标准,工程资料是否齐全,工程完成情况是否符合施工图及使用要求等。若有不足之处,及时组织力量,限期修理完成。

(2)项目经理组织自验。项目经理部根据施工队的报告,由项目经理组织生产、技术、质量、预算等部门进行自检,自检内容及要求同前。经严格检验并确认符合施工图设计要求,达到竣工标准后,可填报竣工验收通知单。

(3)公司级预验。根据项目经理部的申请,竣工工程可视其重要程度和性质,由公司组织检查验收,也可分部门(生产、技术、质量)分别检查预验,并进行评价。对不符合要求的项目,提出修补措施,由施工队定期完成,再进行检查,以决定是否提请正式验收。

2. 施工单位提交验收申请报告

施工单位决定正式提请验收后应向监理单位送交验收申请报告,监理工程师收到验收申请报告后应参照工程合同的要求、验收标准等进行仔细的审查。

3. 根据申请报告作现场初验

监理工程师审查完验收申请报告后,若认为可以进行验收,则应由监理人员组成验收班子对竣工的工程项目进行初验,在初验中发现的质量问题,应及时以书面通知或以备忘录的形式告诉施工单位,并令其按有关的质量要求进行修理甚至返工。

4. 由监理工程师牵头,组织业主、设计单位、施工单位等参加正式验收

在监理工程师初验合格的基础上,便可由监理工程师牵头,组织业主、设计单位、施工单位等参加,在规定时间内进行正式验收。

5. 竣工验收的步骤及程序

竣工验收一般分为两个阶段进行。

(1)单项工程验收。指在一个总体建设项目中,一个单项工程或一个泊位已按设计要求建设完成,能满足生产要求或具备使用条件,且施工单位已预验,监理工程师已初验通过,在此

条件下进行的正式验收。

由几个施工单位负责施工的单项工程，当其中某一个企业所负责的部分已按设计完成，也可组织正式验收，办理交工手续，交工时应请总包施工单位参加，以免相互耽误时间。

(2)全部验收。指整个建设项目已按设计要求全部建设完成，并已符合竣工验收标准，施工单位预验通过，监理工程师初验认可，由监理工程师组织以建设单位为主，有设计、施工等单位参加的正式验收。在整个项目进行全部验收时，对已验收过的单项工程，可以不再进行正式验收和办理验收手续，但应将单项工程验收单作为全部工程验收的附件而加以说明。

施工项目竣工验收的具体程序为：

①项目经理介绍工程施工情况、自检情况以及竣工情况，出示竣工资料(竣工图和各项原始资料及记录)。

②监理工程师通报工程监理中的主要内容，发表竣工验收意见。

③业主根据在竣工项目目测中发现的问题，按照合同规定对施工单位提出限期处理的意见。

④暂时休会，由质检部门会同业主及监理工程师讨论工程正式验收是否合格。

⑤复会，由监理工程师宣布验收结果，质监站人员宣布工程项目质量等级。

(3)办理竣工验收签证书。竣工验收签证书必须有三方的签字方生效。

六、竣工验收的内容

1. 港口工程竣工验收内容

港口工程竣工验收的内容是：

(1)审查港口工程是否具备国家规定的审批文件及相关手续。

(2)检查港口工程实体质量。

(3)检查港口工程合同履约情况，审查有关竣工档案资料。

(4)检查国家和行业强制性标准执行情况。

(5)核定码头靠泊等级、吞吐能力以及进出港口的航道等级。

(6)检查环境保护、劳动安全卫生、消防、档案等专项验收情况。

(7)检查对港口工程竣工决算报告的审计情况。

(8)检查廉政建设合同执行情况。

(9)确定工程质量等级。

(10)对存在问题和尾留工程提出处理意见。

(11)形成、通过并签署《港口工程竣工验收鉴定书》。

2. 航道工程竣工验收内容

航道工程竣工验收主要内容是：

(1)检查工程的批准、核准、备案等文件是否齐全。

(2)检查工程是否按批准的规模、标准、内容全部建成。

(3)检查国家和行业强制性标准的执行情况。

(4)检查工程招投标以及合同履约情况。

(5)检查工程交工验收情况。

(6)检查工程实体质量以及工程效果。
(7)检查航运枢纽工程的阶段验收情况。
(8)检查工程试运行情况。
(9)检查专项验收情况。
(10)检查工程竣工决算报告的审计情况。
(11)对存在的问题和尾留工程提出处理意见。

第二节　水运工程项目资料验收

工程资料是工程项目竣工验收和质量保证的重要依据之一,施工单位应按合同要求提供全套竣工验收所必需的工程资料。经监理工程师审核,确认无误后,方能同意竣工验收。

一、工程项目竣工验收资料的内容

工程文件的归档整理应按国家发布的现行标准、规定执行,主要有《建设工程文件归档整理规范》(GB/T 50328)、《科学技术档案案卷构成的一般要求》(GB/T 11822)等。承包人向发包人移交工程文件档案应与编制的清单目录保持一致,须有交接签认手续,并符合移交规定。

工程项目竣工验收的资料主要有:

(1)工程项目开工报告。
(2)工程项目竣工报告。
(3)分项、分部工程和单位工程清单、工程技术人员名单。
(4)图纸会审和设计交底记录。
(5)设计变更通知单。
(6)技术变更核实单。
(7)工程质量事故发生后调查和处理资料。
(8)水准点位置、定位测量记录、沉降及位移观测记录。
(9)材料、设备、构件的质量合格证明资料。
(10)试验、检验报告。
(11)隐蔽验收记录及施工日志。
(12)竣工图。
(13)质量检验评定资料。
(14)工程竣工验收及资料。

二、工程项目竣工验收资料的审核

由监理工程师进行以下几方面的审核。

1. 材料、设备构件的质量合格证明材料

这些证明材料必须如实地反映实际情况,不得擅自修改、伪造和事后补作。对有些重要材料,应附有关资质证明材料、质量及性能的复印件。例如焊条,必须有经厂方检验合格的合格证。

2. 试验检验资料

各种材料的试验检验资料，必须根据规范要求制作试件或取样，进行规定数量的试验，若施工单位对某种材料的检验缺乏相应的设备，可送具有权威性、法定性的有关机构检验。试验检验的结论只有符合设计要求后才能用于工程施工。

3. 核查隐蔽工程记录及施工记录

隐蔽工程是水运工程施工项目的一个重要环节，如何把好隐蔽工程的质量关，在《水运工程施工监理规范》中，都做了明确的规定，必须严格执行隐蔽工程验收制度，填写好《隐蔽工程质量验收记录表》，并做好施工记录。

4. 审查竣工图

建设项目竣工图是真实地记录各种地下、地上建筑物等详细情况的技术文件，是对工程进行交工验收、维护、扩建、改建的依据，也是使用单位长期保存的技术资料。

(1)监理工程师必须根据国家有关规定对竣工图绘制基本要求进行审核，以考查施工单位提交竣工图是否符合要求，一般规定如下：

①凡按图施工没有变动的，则由施工单位（包括总包和分包施工单位）在原施工图上加盖“竣工图”标志后即作为竣工图。

②凡在施工中，虽有一般性设计变更，但能将原施工图加以修改补充作为竣工图的，可不重新绘制。由施工单位负责在原施工图（必须是新蓝图）上注明修改部分，并附以设计变更通知单和施工说明，加盖“竣工图”标志后，即作为竣工图。

③凡结构形式改变、工艺改变、平面布置改变、项目改变以及有其他重大改变，不宜再在原施工图上修改补充者，应重新绘制改变后的竣工图。由于设计原因造成，由设计单位负责重新绘图；由于施工原因造成的，由施工单位负责重新绘图；由于其他原因造成的，由建设单位自行绘图或委托设计单位绘图，施工单位负责在新图上加盖“竣工图”标志，并附以有关记录和说明，作为竣工图。

(2)审查施工单位提交的竣工图是否与实际情况相符。若有疑问，及时向施工单位提出质询。

(3)竣工图图面是否整洁，标注是否清楚。

(4)审查中发现竣工图不准确或缺项时，要及时让施工单位采取措施修改和补充。

三、工程项目竣工验收资料的签证

由监理工程师审查完承包单位提交的竣工资料之后，认为符合工程合同及有关规定，且准确、完整、真实，便可签证同意竣工验收的意见。

第三节　水运工程项目竣工结算与竣工决算

竣工结算与竣工决算是两个不同的概念。

首先，两者包含的范围不同。工程竣工结算是指按工程进度、施工合同、施工监理情况办理的工程价款结算，以及根据工程实施过程中发生的超出施工合同范围的工程变更情况，调整施工图预算价格，确定工程项目最终结算价格。它分为单位工程竣工结算、单项工程竣工结算和建设项目竣工总结算。竣工结算工程价款等于合同价款加上施工过程中合同价款调整数额减去预付及已结算的工程价款再减去保修金;竣工决算包括从筹集到竣工投产全过程的全部实际费用,即包括建筑工程费、安装工程费、设备工器具购置费用及预备费和投资方向调节税等费用。按照财政部、国家发改委和建设部的有关文件规定,竣工决算是由竣工财务决算说明书、竣工财务决算报表、工程竣工图和工程竣工造价对比分析四部分组成。前两部分又称建设项目竣工财务决算,是竣工决算的核心内容。

其次,竣工结算与竣工决算的性质不同。竣工结算是决定承发包双方之间的合同价款的文件,是由施工单位预算、造价人员编制,建设单位预算造价人员审核的,支付工程款的文件;竣工决算是建设单位财会人员编制的,由主管部门或者会计师事务所的权威人士审核的,决定进入固定资产份额的经济文件。

最后,竣工结算与竣工决算编制人不同。竣工结算是施工单位组织办理的;竣工决算是建设单位办理的。

一、项目竣工结算

项目竣工结算应由承包人编制,发包人审查,双方最终确定。

编制项目竣工结算可依据下列资料:

(1)合同文件。

(2)竣工图纸和工程变更文件。

(3)有关技术核准资料和材料代用核准资料。

(4)工程计价文件、工程量清单、取费标准及有关调价规定。

(5)现行水运工程预算定额。

(6)双方确认的有关签证和工程索赔资料。

项目竣工验收后,承包人应在约定的期限内向发包人递交项目竣工结算报告及完整的结算资料,经双方确认并按规定进行竣工结算。

项目竣工结算报告及完整的结算资料递交后,承发包双方应在规定的期限内进行竣工结算核实,若有修改意见,应及时协商沟通达成共识。对结算价款有争议的,应按约定方式处理。

二、项目竣工决算

水运工程建设项目竣工,建设单位应依据工程建设资料并按国家有关规定编制项目竣工决算,反映建设工程项目实际造价和投资效果。

1. 竣工决算编制依据

建设单位进行项目竣工决算编制的主要依据有:

(1)项目计划任务书和有关文件。

(2)项目总概算和单项工程综合概算书。

(3)项目设计图纸及说明书。

(4)设计交底、图纸会审资料。

(5)合同文件。

(6)项目竣工结算书。

(7)各种设计变更、经济签证。

(8)设备、材料调价文件及记录。

(9)竣工档案资料。

(10)相关的项目资料、财务决算及批复文件。

2. 竣工决算的内容

项目竣工决算应包括下列内容：

(1)项目竣工财务决算说明书。

(2)项目竣工财务决算报表。

(3)项目造价分析资料表等。

项目竣工决算的内容应符合国家财政部的规定。前两款为竣工财务决算，是项目竣工决算的核心内容和重要组成部分。

3. 编制竣工决算的程序

编制项目竣工决算应遵循下列程序：

(1)收集、整理有关项目竣工决算依据。

(2)清理项目账务、债务和结算物资。

(3)填写项目竣工决算报告。

(4)编写项目竣工决算说明书。

(5)报上级审查。

第四节　水运工程的项目保修与回访

一、工程项目的交接

工程项目竣工和交接是两个不同的概念。所谓竣工是针对承包单位而言，它有以下几层含义：第一，承包单位按合同要求完成了工作内容；第二，承包单位按质量要求进行了自检；第三，项目的工期、进度、质量均满足合同的要求。工程项目交接则是由监理工程师对工程的质量进行验收之后，协助承包单位与业主进行移交项目所有权的过程。能否交接取决于承包单位所承包的工程项目是否通过了竣工验收。因此，交接是建立在竣工验收基础上的时间过程。

在我国社会主义制度下，交通基础设施是国家控股，水运工程项目应通过国家的验收与交接。但改革开放30多年来，随着投资主体多元化的出现，破除了国家投资的单一模式，因而工程项目竣工验收与交接发生了变化。目前工程项目的竣工验收与交接主要有三类：

1. 个人投资的项目

例如，外商投资项目，监理工程师只需验收之后，协助承包单位与投资者进行交接便可。

2. 企业投资的项目

例如，企业利用自有资金进行的技改项目，验收与交接是对企业的法人代表的。

3. 国家投资项目

(1)中、小型项目。一般是地方政府的某个部门担任业主的角色，例如，可能是本地的交通厅(局)或其他单位作为业主，此时项目的验收与交接也是在承建单位与业主之间进行。

(2)大型项目。通常是委托地方政府的某个部门或行业主管部门担任建设单位(业主)的角色,但建成后的所有权属国家(中央政府),这时的项目验收与交接有以下两个层次:

①承包单位向建设单位的验收与交接:一般是项目竣工,并通过监理工程师的竣工验收之后,由监理工程师协助承包单位向建设单位进行项目所有权的交接;

②建设单位向国家的验收与交接:通常是在建设单位接受竣工的项目并投入使用一年之后,由国家有关部委组成验收工作小组进驻项目所在地,在全面检查项目的质量和使用情况之后进行验收,并履行项目移交的手续。因而验收与交接是在国家有关部委与当地的建设单位或行业主管部门之间进行。

工程项目经竣工验收合格后,便可办理工程交接手续,即将工程项目的所有权移交给建设单位(业主)。交接手续应及时办理,以便使项目早日投产使用,充分发挥投资效益。

二、工程项目的保修与回访

工程项目在竣工验收交付使用后,按照合同和有关的规定,在一定的期限,即保修回访期内(一般为一年)应由项目经理部组织原项目人员主动对交付使用的竣工工程进行回访,听取用户对工程的质量意见,填写质量回访表,报有关技术与生产部门备案处理。回访一般采用三种形式:一是例行回访,每月回访一次或每季回访一次;二是技术性回访,主要了解在工程施工过程中采用的新材料、新技术、新工艺、新设备等的技术性能和使用后的效果,发现问题及时加以补救和解决,同时也便于总结经验,获取科学依据,为改进、完善和推广创造条件;三是保修期满前的回访,这种回访一般是在保修期即将结束之前进行回访。

此外,施工单位在接到业主来访、来信的质量投诉后,应立即组织力量维修,发现影响安全的质量问题应紧急处理。项目经理对于回访中发现的质量问题,应组织有关人员进行分析,制定措施,作为进一步改进和提高质量的依据。

在保修期内,属于施工单位施工过程中造成的质量问题,要负责维修,不留隐患。一般施工项目竣工后,承包单位的工程款保留5%左右,作为保修金。按照合同在保修期满退回承包单位。如属于设计原因造成的质量问题,在征得建设单位和设计单位认可后,协助修补,其费用由设计单位承担。

对所有的回访和保修都必须予以记录,并提交书面报告,作为技术资料归档。项目经理部还应不定期听取业主对工程质量的意见。对于某些质量纠纷或问题应尽量协商解决,若无法达成统一意见,则由有关仲裁部门负责仲裁。

三、项目考核评价

承包人应在项目结束后对项目的总体和各专业进行考核评价,考核评价分定量指标和定性指标。

项目考核评价的定量指标,是指反映项目实施成果,可作量化比较分析的专业技术经济指标。定量指标的内容应按项目评价的要求确定。一般包括工期、质量、成本、职业健康安全、环境保护等。

项目考核评价的定性指标,是指综合评价或单项评价项目管理水平的非量化指标,且有可靠的论证依据和办法,对项目实施效果作出科学评价。一般包括经营管理理念,项目管理策划，管理制度及方法，新工艺、新技术推广，社会效益及其社会评价等。

考核评价后，按照下列内容编制项目管理总结报告：

(1)项目概况。

(2)组织机构、管理体系、管理控制程序。

(3)各项经济技术指标完成情况及考核评价。

(4)主要经验及问题处理。

(5)其他需要提供的资料。

项目管理总结报告应实事求是、概括性强、条理清晰，全面系统地反映工程项目管理的实施效果。由于项目考核评价及总结报告是施工企业内部组织的管理活动，只为企业提高项目管理水平服务。

第五节　水运工程项目后评价

一、项目后评价的定义

1. 项目后评价的概念

项目后评价是指对已经完成的项目(或规划)的目的、执行过程、效益、作用和影响所进行的系统的、客观的分析；通过项目活动实践的检查总结，确定项目预期的目标是否达到，项目或规划是否合理有效，项目的主要效益指标是否实现；通过分析评价找出成败的原因，总结经验教训；并通过及时有效的信息反馈，为未来新项目的决策和提高完善投资决策管理水平提出建议，同时也为后评价项目实施运营中出现的问题提出改进建议，从而达到提高投资效益的目的。

首先，后评价是一个学习过程。后评价是在项目投资完成以后，通过对项目目的、执行过程、效益、作用和影响所进行的全面系统的分析，总结正反两方面的经验教训，使项目的决策者、管理者和建设者学习到更加科学合理的方法和策略，提高决策、管理和建设水平。其次，后评价又是增强投资活动工作者责任心的重要手段。由于后评价的透明性和公开性特点，通过对投资活动成绩和失误的主客观原因分析，可以比较公正客观地确定投资决策者、管理者和建设者工作中实际存在的问题，从而进一步提高他们的责任心和工作水平。第三，后评价主要是为投资决策服务的。虽然后评价对完善已建项目、改进在建项目和指导待建项目有重要的意义，但更重要的是为提高投资决策服务的，即通过后评价建议的反馈，完善和调整相关方针、政策和管理程序；提高决策者的能力和水平，进而达到提高和改善投资效益的目的。总之，后评价要从投资开发项目实践中吸取经验教训，再运用到未来的开发实践中去。

2. 项目后评价的时点和种类

项目后评价应在所建设施能力和投资的直接经济效益发挥出来的时候进行。也就是在项目完工以后，贷款项目在账户关闭之后、生产运营达到设计能力之际进行项目正式的后评价(如图 8-1 所示)。因为，在此时点进行评价，可以全面系统地总结分析项目的实施过程，比较准确地预测项目的可持续性，比较容易为决策提出宏观的建议。然而，在实际工作中由于种种原因，项目后评价的时点是可以变化的。一般来讲，从项目开工之后，即项目投资开始发生以

后，由监督部门所进行的各种评价，都属于项目后评价的范围，这种评价可以延伸至项目的寿命期末。因此，根据评价时点，项目后评价也可细分为：跟踪评价、实施效果评价和影响评价，详见图8-1，本节重点讨论实施效果评价。

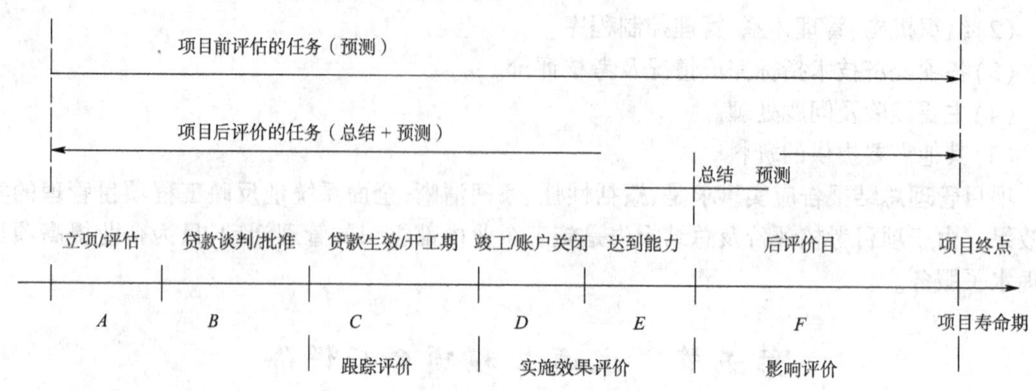

图8-1　项目后评价的时点

(1)项目跟踪评价（也有称为“中间评价”或“实施过程评价”）。指在项目开工以后到项目竣工验收之前任何一个时点所进行的评价。这种由独立机构所进行的评价通常的目的是，或检查评价项目评估和设计的质量；或评价项目在建设过程中的重大变更（如项目产出品市场发生变化、概算调整、重大方案变化、主要政策变化等）及其对项目效益的作用和影响；或诊断项目发生的重大困难和问题，寻求对策和出路等。这类评价往往侧重于项目层次上的问题。

(2)项目实施效果评价（也就是通常的项目后评价）。指在项目竣工以后一段时间之内所进行的评价（一般认为，生产性行业在竣工以后2年左右，基础设施行业在竣工以后5年左右，社会基础设施行业可能更长一些）。这种评价的主要目的是，检查确定投资项目或活动达到理想效果的程度；总结经验教训，为新项目的宏观导向、政策和管理反馈信息。评价要对项目层次和决策管理层次的问题加以分析和总结。同时，为完善已建项目、调整在建项目和指导待建项目服务。

(3)项目影响评价（或称为“项目效益监督评价”）。指在项目后评价报告完成一定时间之后所进行的评价。项目影响评价是以后评价报告为基础，通过调查项目的经营状况，分析项目发展趋势及其对社会、经济和环境的影响，总结决策等宏观方面的经验教训。行业或地区的总结都属于这类评价的范围。

3. 项目后评价与项目前评估的主要区别

项目后评价与项目前期准备阶段的评估，在评价原则和方法上没有太大的区别，采用定量与定性相结合的方法。但是，由于两者的评价时点不同，目的也不完全相同，因此也存在一些区别。前评估的目的是确定项目是否可以立项，它是站在项目的起点，主要应用预测技术来分析评价项目未来的效益，以确定项目投资是否值得并可行。后评价则是在项目建成之后，总结项目的准备、实施、完工和运营，并通过预测对项目的未来进行新的分析评价，其目的是为了总结经验教训，为改进决策和管理服务。所以，后评价要同时进行项目的回顾总结和前景预测。如图8-1所示，项目后评价是站在项目完工的时点上，一方面检查总结项目的实施过程，找出问题，分析原因；另一方面要以后评价时点为基点，预测项目未来的发展。前评估的重要判别标准是投资者要求获得的收益率或基准收益率（社会折现率），而后评价的判别标准则重点是前评估的结论，主要采用对比的方法，这就是后评价与前评估的主要区别。

4. 项目后评价的监督功能

(1)监督功能。如前所述，后评价是一个向实践学习的过程，同时又是一个对投资活动的监督过程。项目后评价的监督功能与项目的前评估、实施监督结合在一起，构成了对投资活动的监督机制。例如，世界银行对投资活动中的监督，主要依靠在项目准备阶段的评估（派评估团）、在项目实施过程中的监督检查（派检查团）和在项目完成后的后评价（派评价团）来实现的。项目的实施监督和后评价还具有向银行高层及时反馈问题和意见的责任。此外，世行的后评价还要对整个银行的业务执行情况进行监督和评价。

(2)与审计的区别。虽然项目后评价具有监督的功能，但由于它主要的服务对象是投资决策层，主要目的是总结经验教训，评价重点是项目的可持续性及项目的宏观影响和作用，这就确定了后评价与项目审计的根本区别。而审计是以法律和有关规定为准绳审查项目，重点是财务方面的审计，包括财务报表审计、符合性审计和绩效审计。在世界银行，审计和后评价是由两个不同的部门管理，分属两位不同的副行长领导。分管后评价的副行长直接对银行董事会负责。在实际工作中，后评价和审计的侧重点也完全不同。在我国，国家审计署和国家计委是国务院下属的职能部门。审计署负责国家投资的财务审计，国家计委负责国家投资活动的总结和评价。

5. 项目后评价的主要特点和要求

(1)独立性。后评价必须保证公正性和独立性，这是一条重要的原则。公正性标志着后评价及评价者的信誉，避免在发现问题、分析原因和做结论时避重就轻，作出不客观的评价。独立性标志着后评价的合法性，后评价应从项目投资者和受援者或项目业主以外的第三者的角度出发，独立地进行，特别要避免项目决策者和管理者自己评价自己的情况发生。公正性和独立性应贯穿后评价的全过程，即从后评价项目的选定、计划的编制、任务的委托、评价者的组成，到评价过程和报告。

(2)可信性。后评价的可信性取决于评价者的独立性和经验，取决于资料信息的可靠性和评价方法的适用性。可信性的一个重要标志是应同时反映出项目的成功经验和失败教训，这就要求评价者具有广泛的阅历和丰富的经验。同时，后评价也提出了“参与”的原则，要求项目执行者和管理者应参与后评价，以利于收集资料和查明情况。为增强评价者的责任感和可信度，评价报告要注明评价者的名称或姓名。评价报告要说明所用资料的来源或出处，报告的分析和结论应有充分可靠的依据。评价报告还应说明评价所采用的方法。

(3)实用性。为了使后评价成果对决策能产生作用，后评价报告必须具有可操作性，即实用性强。因此，后评价报告应针对性强，文字简练明确，避免引用过多的专业术语。报告应能满足多方面的要求。实用性的另一项要求是报告的时间性，报告不应面面俱到，应突出重点。报告所提的建议应与报告其他内容分开表述，建议应能提出具体的措施和要求。

(4)透明性。后评价的透明度要求是评价的另一项原则。从可信度来看，要求后评价的透明度越大越好，因为后评价往往需要引起公众的关注，对国家预算内资金和公众储蓄资金的投资决策活动及其效益和效果实施更有效的社会监督。从后评价成果的扩散和反馈的效果来看，成果及其扩散的透明度也是越大越好，使更多的人借鉴过去的经验教训。

(5)反馈特性。后评价的最主要的特点是后评价应具有反馈特性。项目后评价的结果需要反馈到决策部门,作为新项目的立项和评估的基础,以及调整投资规划和政策的依据,这是后评价的最终目标。因此,后评价结论的扩散和反馈机制、手段和方法成为后评价成败的关键环节之一。国外一些国家建立了“项目管理信息系统”,通过项目周期各个阶段的信息交流和反馈,系统地为后评价提供资料和向决策机构提供后评价的反馈信息。

二、项目后评价的沿革和发展

就世界范围而言,从20世纪30年代美国政府第一次有目的地开始对项目进行后评价以来已有近80年的历史,然而,直到20世纪70年代中期后评价才广泛地被许多国家和世行以及亚行等双边和多边援助组织在评价其世界范围的资助活动结果中使用。目前,各国的后评价机构各不相同,而且随着其社会和经济发展而变化。

在发达国家,后评价主要是对国家的预算、计划和项目进行评价。一般来说,这些国家有评价的法律和系统的规则、明确的管理机构、系统的方法和程序。目前后评价的发展趋势是将资金预算、监测、审计和评价结合在一起,形成一个有效的和完整的管理循环和评价体系。

我国的投资项目后评价始于20世纪80年代中后期,1988年国家计委正式委托中国国际工程咨询公司进行第一批国家重点建设项目的后评价。20多年来中国的后评价事业有了长足的进步,初步形成了自己的后评价体系。以下主要介绍我国项目后评价的发展情况。

1.项目后评价的基本情况

我国投资项目后评价的目的是:全面总结投资项目的决策、实施和运营情况,分析项目的技术、经济、社会和环境效益和影响,为投资决策和项目管理提供经验教训,改进并完善建成项目,提高其可持续性。

就项目投资渠道和管理体制而言,项目后评价可分为以下几类。

(1)国家重点建设项目。这类项目由国家计委制订评价规定,编制评价计划,委托独立的咨询机构来完成。目前国家计委主要委托中国国际工程咨询公司去实施项目后评价。国家重点建设项目后评价有多种类型,包括项目后评价、项目效益调查、项目跟踪评价、行业专题研究等。中国国际工程咨询公司完成的国家重点建设项目的各类后评价报告,为国家计委投资决策提供了有益的反馈信息。

(2)国际金融组织贷款项目。这类项目主要是指世行和亚行在华的贷款项目。国际金融组织贷款项目按其规定开展项目后评价。中方项目管理和执行机构主要做一些后评价的准备和资料收集工作。作为中国政府对外窗口,财政部和中国人民银行也积极参与了这些项目后评价的指导和管理工作。当然,多数国际金融组织的贷款项目也是中国国家的重点建设项目,其中部分项目国家计委也要安排进行国内的后评价。

(3)国家银行贷款项目。过去国家建设项目的投资执行机构是中国人民建设银行,该行从1987年起就开展了国家投资大中型项目的效益调查和评价工作,目前建行已形成了自己的评价体系。1994年国家开发银行的成立,对国家政策性投资实行统一管理。开行担负起对国家政策性投资业务的后评价工作,几年来在后评价机构建设、人员配备和业务开发上取得了重大的进展。

(4)国家审计项目。20世纪80年代末国家审计署的建立,开始了对国家投资和利用外资大中型项目的正规审计工作。对这些主要项目的审计由审计署自己来完成,主要进行项目开工、实施和竣工的财务方面的审计。目前国家审计署正在积极开拓绩效审计等与项目后评价相关的业务。

(5)行业部门和地方项目。由行业部门和地方政府安排投资的建设项目一般由部门和地方去安排后评价。各行业各地方的项目后评价发展还不平衡,交通运输部是开展得比较好的部门之一。部门和地方项目管理机构还参与了在本地区或本部门的国家一级和世行亚行项目的后评价工作。

2. 项目后评价的机构和管理

到1995年,国家开发银行、中国国际工程咨询公司和中国人民建设银行等相继成立了后评价机构。这些机构大多类似世行的模式,具有相对的独立性。

国家重点建设项目和政策性贷款项目的后评价已经走上正规。国家计委和国家开发银行选择后评价项目的原则包括以下几个方面:

(1)国家特大型项目,尤其是跨地区跨行业的项目。

(2)与国家产业政策密切相关的项目,特别是带有引导发展方向的项目。

(3)有特点的项目,如采用新技术、新融资渠道、新政策的项目。

(4)国家急需要了解情况的项目等。

3. 后评价编制程序

国内项目后评价一般分为四个阶段:

(1)项目自评阶段:由项目业主会同执行管理机构按照国家计委或国家开发银行的要求编写项目的自我评价报告,报行业主管部门和计委或开行。

(2)行业或地方初审阶段:由行业或省级主管部门对项目自评报告进行初步审查,提出意见,一并上报。

(3)正式后评价阶段:由相对独立的后评价机构组织专家对项目进行后评价,通过资料收集、现场调查和分析讨论,提出项目的后评价报告。

(4)成果反馈阶段:在项目后评价报告的编写过程中要广泛征求各方面意见,在报告完成之后要以召开座谈会等形式进行发布,同时散发成果报告。

国内项目后评价的方法主要参考项目前评估的评价方法和国际上通用的后评价方法,原国家计委和国家开发银行已经颁布了有关规定,并在不断地完善。

4. 后评价编制方法

交通运输部正式颁发《港口建设项目后评价报告编制办法》[(89)交计字701号](以下简称《编制办法》),使我国水运建设项目较早地开展了项目后评价工作。

《编制办法》规定港口建设项目后评价的主要方法是“对比”、“追踪”,对比方法又包括“前后对比”和“有无对比”法。一般情况下,“前后对比”是指将项目实施之前与完成之后的情况加以对比,以确定项目的作用与效益的一种对比方法。在项目后评价中,则是指将项目前期的可行性研究和评估的预测结论与项目的实际运行结果相比较,以发现变化和分析原因。这种对比用于揭示计划,决策和实施的质量,是项目实施效果评价应遵循的原则。

“有无对比”是指将项目实际发生的情况与若无项目可能发生的情况进行对比,以度量项目的真实效益,影响和作用。对比的重点是要分清项目作用的影响与项目以外作用的影响。这种对比用于项目的效益评价和影响评价,是项目后评价的一个重要方法论原则。这里说的

"有"与"无"指的是评价的对象,即计划,规划或项目。评价是通过对比实施项目所付出的资源代价与项目实施后产生的效果得出项目的好坏。项目投资的关键是要求投入的代价与产出的效果口径一致。也就是说,所度量的效果要真正归因于项目。

三、项目后评价的主要内容

1. 项目后评价的内容范围和项目分类

项目后评价是以项目前期所确定的目标和各方面指标与项目实际实施的结果之间的对比为基础的。因此,项目后评价的内容范围和项目分类大体上与前评估的范围和分类相同。

(1)项目后评价的内容范围。在20世纪60年代以前,国际上项目评估和评价的重点是财务分析,以财务分析的好坏作为评价项目成败的主要指标。到60年代,西方国家为本国的长远发展,对能源、交通、通讯等基础设施以及社会福利事业投入了大量资金,这些项目的直接财务效益远不如工业类生产项目。同时,世界银行等国际金融组织对不发达国家的投资也有类似情况。为此,经济评价(国内称国民经济评价)的概念引入了项目效益评价的范围。

70年代前后,世界经济发展带来的严重污染问题,引起人们广泛的重视。首先在发达国家,而后在全球各国几乎都颁布了环保法。根据立法的要求,项目评价增加了"环境评价"的内容。此后,随着经济的发展,项目的社会作用和影响日益受到投资者的关注,即谁是投资项目的真正受益者。特别是到80年代,世行等组织十分关心其援助项目对受援地区的贫困、妇女、社会文化和持续发展所产生的影响,因此,社会影响评价成为投资活动评估和评价的重要内容之一。此外,近几年国外援助组织通过多年实践的经验认识到,机构设置和管理机制是项目成败的重要条件,对项目的机构分析已经成为项目评价的重要组成部分。

综上所述,投资项目评价的分析内容包括经济、环境、社会和机构发展四个方面。项目后评价的内容范围也相同。

(2)评价项目的分类。国外评价项目的分类一般是按项目的效益评价方法和创造效益的资金来源划分的,通常可分为以下几类。

①生产类。如工业和农业。此类项目一般有直接的物质产品产出,通过投入产生并增加产出,其产出可提供更多的税收和财务收入,为社会提供直接的积累。当然,农业是与工业有所不同的生产行业,不少国家把农业另作一类,即包括农业、林业、牧业、渔业和水利灌溉等。

②基础设施类。如能源、交通、通讯等行业。此类项目为生产类行业提供生产所必需的服务和条件,一般没有直接的产品产出。这类项目主要依靠社会生产的积累来投入,项目评价的要点是项策和社会发展规划来确定。水运工程建设项目属于此类。

③社会基础设施和人力资源开发类。如公共教育、公共卫生、公共社会服务和福利事业、环境保护、人员培训和技能开发等。这类项目由社会的公共积累来开支,一般与生产行业无直接的服务关系,为社会税收的花费行业。一些国家认为,人力资源开发是社会最重要最根本的投入,这类项目的效益和影响最大最深远,也有单独作为一类项目进行评价的。

2. 项目后评价的基本内容

(1)项目目标评价。评定项目立项时原来预定的目的和目标的实现程度,是项目后评价所需要完成的主要任务之一。因此,项目后评价要对照原定目标完成的主要指标,检查项目实际实现的情况和变化,分析实际发生改变的原因,以判断目标的实现程度。判别项目目标的指标应在项目立项时就确定了,一般包括宏观目标,即对地区、行业或国家经济、社会发展的总体影响和作用。建设项目的直接目的可能是解决特定的供需平衡,向社会提供某种产品或服务,指标一般可以量化。目标评价的另一项任务是要对项目原定决策目标的正确性、合理性和实践性进行分析评价。有些项目原定的目标不明确,或不符合实际情况,项目实施过程中可能会发生重大变化,如政策性变化或市场变化等,项目后评价要给予重新分析和评价。

(2)项目实施过程评价。项目的过程评价应对照立项评估或可行性研究报告时所预计的情况和实际执行的过程进行比较和分析,找出差别,分析原因。

过程评价一般要分析以下几个方面:

①项目的立项、准备和评估。

②项目内容和建设规模。

③工程进度和实施情况。

④配套设施和服务条件。

⑤受益者范围及其反映。

⑥项目的管理和机制。

⑦财务执行情况。

(3)项目效益评价。项目的效益评价即财务评价和经济评价,其评价的主要内容与项目前评估无大的差别,主要分析指标还是内部收益率、净现值和贷款偿还期等项目盈利能力和清偿能力的指标。但项目后评价时有以下几点需加以说明。

①项目前评估采用的是预测值,项目后评价则对已发生的财务现金流量和经济流量采用实际值,并按统计学原理加以处理,对后评价时点以后的流量作出新的预测。

②当财务现金流量来自财务报表时,对应收而未实际收到的债权和非货币资金都不可计为现金流入,只有当实际收到时才作为现金流入;同理,应付而实际未付的债务资金不能计为现金流出,只有当实际支付时才作为现金流出。必要时,要对实际财务数据作出调整。

③实际发生的财务会计数据都含有物价通货膨胀的因素,而通常采用的盈利能力指标是不含通货膨胀水分的。因此对项目后评价采用的财务数据要剔除物价上涨的因素,以实现前后的一致性和可比性。

(4)项目影响评价。项目的影响评价内容包括经济影响、环境影响和社会影响,具体有以下几个方面。

①经济影响评价。主要分析评价项目对所在地区、所属行业和国家所产生的经济方面的影响。经济影响评价要注意把项目效益评价中的经济分析区别开来,避免重复计算。评价的内容主要包括分配、就业、国内资源成本(或换汇成本)、技术进步等。由于经济影响评价的部分因素难以量化,一般只能做定性分析,一些国家和组织把这部分内容并入社会影响评价的范畴。

②环境影响评价。由于各国的环保法的规定细则不尽相同,评价的内容也有所区别。项目的环境影响评价一般包括项目的污染控制、地区环境质量、自然资源利用和保护、区域生态平衡和环境管理等几个方面。

③社会影响评价。项目的社会影响评价是对项目在社会的经济、发展方面的有形和无形的效益和结果的一种分析,重点评价项目对所在地区和社区的影响。社会影响评价一般包括

贫困、平等、参与、妇女和持续性等内容。

(5)项目持续性评价。项目的持续性是指在项目的建设资金投入完成之后,项目的既定目标是否还能继续,项目是否可以持续地发展下去,接受投资的项目业主是否愿意并可能依靠自己的力量继续去实现既定目标,项目是否具有可重复性,即是否可在未来以同样的方式建设同类项目。持续性评价一般可作为项目影响评价的一部分,但是世界银行和亚洲开发银行等组织把项目的可持续性视为其援助项目成败的关键之一,因此要求援助项目在评估和评价中进行单独的持续性分析和评价。

项目持续性的影响因素一般包括:本国政府的政策;管理、组织和地方参与;财务因素;技术因素;社会文化因素;环境和生态因素;外部因素等。

四、港口建设项目后评价

港口建设项目后评价工作是建设项目科学管理的重要机制,是项目管理的最终环节,也是建设项目的全面总结。它是在建设项目建成投产后,经过二三年的实际生产活动考核,按系统工程的思想方法,全面对照、总结建设项目从立项决策、设计方案、工程施工直至投产营运的全过程各阶段工作的成功与失误、先进与落后,追踪各阶段工作成果变化的内在联系与促成因果,为不断地提高决策、设计、施工管理水平,合理利用建设资金,全面改进建设管理,制定相关政策等提供科学依据。

1. 总体要求

港口建设项目后评价必须以建设项目的实际情况和各阶段的正式文件为依据,以提高社会经济效益为中心,以科学数据为基础,通过科学分析、对比,检验项目决策、设计、施工管理及生产营运各阶段主要指标及方案、物价、利率、汇率等方面的重大变化及其因果关系;对比、分析建设规模、工程概算、经济效益、财务效益等各项技术经济指标的变化及其原因,判别其变化是否科学、合理。

后评价依据的主要文件包括:立项决策、设计阶段的主要工作成果及其审查意见、批复文件,施工阶段重大问题的请示及批复、工程竣工报告、验收报告和审计后的工程决算及主要图纸等。

2. 后评价的方法

港口建设项目后评价的主要方法是“对比”、“追踪”。科学的后评价工作,必须与完善的跟踪管理系统相结合,建立、健全“港口建设项目综合管理卡”和若干子系统管理卡,实行计算机统计跟踪管理,推行建设项目跟踪审计,建立决策、设计、施工、投产营运各阶段的技术、经济档案,为建设项目后评价工作积累完整的技术经济资料和科学的技术经济数据。

同时,要建立建设项目营运考核期制度。根据项目特点,建设项目自验收投产至后评价工作开始的二三年内,在企业内部经济核算的基础上实行单独的统计、会计、业务核算,检验设计能力、技术参数、经济效益等各项指标的实际水平,为项目最终总结提供营运方面的可靠数据。

港口建设项目后评价成果的主要文件为“后评价报告”、“项目综合管理卡”、“施工监理大事记”。“后评价报告”的主要内容包括:

(1)建设项目的概述。

(2)项目立项决策、设计阶段(“项目建议书”、“设计计划任务书”、“初步设计”)的变化分析。

(3)项目施工阶段与设计阶段的主要变化及原因分析。

(4)考核期营运情况及其与决策、设计的预期目标的差别和原因分析。

(5)对建设项目最终的综合评价。

(6)后评价的结论和建议。

利用国外贷款的项目的后评价报告还应包括国内、外咨询(评估)效果、贷款额及其使用情况和偿还能力等。

3.后评价的范围与组织

凡属港口建设的大中型及重点工程项目(沿海及内河港口的大中型和重点工程项目,包括利用国内资金和国外贷款的新建工程、改扩建工程和技术改造项目),均应按规定开展项目的后评价工作。各建设单位应于建设项目立项后(即项目建议书批准),开始填写港口建设项目综合管理卡,建立起建设项目跟踪管理系统和定期检查制度,并按规定逐步完善各阶段的各项管理机制。

港口建设项目后评价工作由港务局负责,组织设计、施工和其他有关部门参加,研究编制后评价报告,经本单位行政领导和主管技术、经济的负责人(总经济师、总工程师、总会计师)自审后上报主管部门;主管部门邀集国家有关部门、设计与施工单位和港口管理方面的有关专家及地方政府的有关人员共同审查;提出审查意见后,后评价报告的编制单位要根据主管部门的审查意见对后评价报告做进一步修改、补充,并报送主管部门作为建设项目管理的最终成果。

附　后评价报告的文本格式及内容要求

第一章　概述

概述后评价报告主要内容:建设项目地点,项目立项、开工、竣工、投产时间,项目的建设规模、功能、主要内容,立项、决策、设计、实施等各阶段主要指标的变化,后评价的主要结论。

第二章　项目立项、决策、设计、建设的情况

一、工程建设项目各阶段的依据

项目建设的必要性;预可行性研究报告和工程可行性研究报告编制工作的委托、完成情况,审查会议提出的主要修改意见;“项目建议书”、“计划任务书”、“初步设计”的批复文号及批复时间(附批复文件);施工图设计情况;项目开工、竣工、验收等文件的主要内容。

二、工程实施情况和评价

1.施工单位名称及其承担的工程内容和实施管理方式;

2.工程投资来源(含计划内、计划外、外资贷款);

3.工程实施中的主要质量事故或较大的改革及其对工程质量、进度的影响;

4.设备采购方式,招标采购结果给工程带来的利弊;

5.设备订货合同执行的管理机构、管理方式及合同执行情况;

6.设备质量检验、验收的效果及存在的主要问题,对工程进度和投产后营运的影响;

7.安装、调试、空载和重载试车时出现的问题;

8. 生产人员和生产管理人员的培训情况；

9. 施工期各年度投资完成情况(含内、外币的数额及其当年利率或汇率)；

10. 主要单项工程的计划安排与实际进度的比较分析,各部分进度协调程度,总工期；

11. 工程决算与批准的初步设计概算比较(按单项工程,分内币和外币等)；

12. 工程验收的主要结论。

第三章　建设项目各阶段主要指标的变化分析

分析建设项目各阶段主要指标的变化及其原因。工程的主要指标包括:工程规模(泊位数、泊位吨级、泊位能力、码头线长度、库场面积及堆存能力、铁路装卸线能力)、工程内容及主要工程量、工艺流程、主要装卸机械和其他大型配套设施的数量、工程投资等。

一、分析预可行性研究、项目建议书及其批复,工程可行性研究、设计计划任务书及其批复等立项、决策阶段成果的主要指标的变化及其原因；

二、初步设计与决策阶段相比,主要指标发生的变化及其原因；

三、项目实施结果与设计方案的差别及其原因分析；

四、工程投资节余或超支的原因、资金使用的合理性分析。

第四章　项目考核期营运情况和评价

一、项目考核期营运概况

1. 项目营运考核期的时间跨度；

2. 投产后装卸的货种、数量及船型统计；

3. 营运考核期是否达到设计能力,各主要作业环节能力发挥情况;各主要设备的运行是否达到设计或合同技术规格书的要求；

4. 考核期间发现总平面布置、工艺流程及主要生产设施存在的问题；

5. 全部设计、设备是否符合我国国情(包括技术发展方向、技术水平及管理水平)；

6. 配套工程及辅助设施的建设是否必要和适宜。

二、考核期的评价

1. 是否具备预期的功能；

2. 实际吞吐量与预测运量的差别及其原因；

3. 项目达到预计目标的可能性分析。

第五章　效益评价

一、经济效益评价

根据《水运建设项目经济评价方法与参数》(2009 年修订)[见《关于印发水运建设项目经济评价方法与参数的通知》(交规划发[2009]700 号)]和营运考核期的生产实际,重新评价项目的经济效益,并与决策、设计阶段预测的效益比较。

二、财务效益评价

1. 根据内、外币投资和考核期营运实际,计算实际成本,并与预计成本比较；

2. 分析因设计的改变、运量水平的降低或增加、货种结构改变、物价上涨、汇率或利率变化、费率或税率变化及不可预见因素等对成本的影响；

3. 根据项目建设的最终成果和营运考核期生产中发生的实际必要费率、资金利税率、单位能耗、劳动生产率,测算净现值、内部收益率、投资回收期、贷款偿还期；

4. 比较重新测算的财务指标与设计预测值的差别，并分析其主要原因；

说明物价上涨、汇率变化对企业财务效益、工程决算产生的实际影响。

项目成本和效益计算中，应将每年的当时价格按换算率折合成基准年的价格。

第六章　后评价的结论

一、结论

1. 根据项目营运考核期生产实践，从总体上评定项目决策和决策阶段确定的主要指标是否正确；

2. 工程建设方案和工艺流程存在的问题及解决的办法；

3. 工艺设计及主要设备的选型是否先进、合理、适用，是否符合国情；

4. 工程和设备招标、施工监理的经验、教训；

5. 投资（含内、外币）使用是否合理，有何经验与教训；

6. 项目效益及达到预期效益的措施。

二、建议

1. 对未达到设计能力的项目提出针对性的措施；

2. 对决策、设计、施工及设备招标、采购等方面存在的问题提出改进办法；

3. 对投资安排、资金配套、外资的引进提出具体建议。

参考文献

[1] 建设部发布. 建设工程项目管理规范(GB/T 50326—2006). 北京:中国建筑工业出版社,2006.

[2] 交通部水运司. 中国水运建设行业协会. 水运工程建设相关法律法规汇编. 北京:人民交通出版社,2007.

[3] 卞耀武. 中华人民共和国招标投标法释义. 北京:法律出版社,2000.

[4] 全国人大常委会办公厅研究室中华人民共和国合同法实用指南编写组. 中华人民共和国合同法实用指南. 北京:华文出版社,1999.

[5] 建设部发布. 工程网络计划技术规程(JGJ/T 121—99). 北京:中国建筑工业出版社,1999.

[6] 中国建筑学会建筑统筹管理分会. 工程网络计划技术规程教材. 北京:中国建筑工业出版社,2000.

[7] 全国勘察设计注册工程师(港口与航道工程)专业管理委员会. 注册土木工程师(港口与航道工程)执业资格考试复习辅导材料. 北京:人民交通出版社,2003.

[8] 交通专业人员资格评价中心. 公路工程造价管理相关知识. 北京:人民交通出版社,2010.

[9] 全国一级建造师执业资格考试用书编写委员会. 建设工程项目管理(第二版). 北京:中国建筑工业出版社,2010.

[10]《中国工程项目管理知识体系》编委会. 中国工程项目管理知识体系(上、下册). 北京:中国建筑工业出版社,2003.

[11] 李炎保,蒋学炼. 港口航道工程导论. 北京:人民交通出版社,2010.

[12] 全国建筑业企业项目经理培训教材编写委员会. 施工项目管理概论. 北京:中国建筑工业出版社,2001.

[13] 全国建筑业企业项目经理培训教材编写委员会. 工程招投标与合同管理. 北京:中国建筑工业出版社,2001.

[14] 丛培经. 工程项目管理(第三版). 北京:中国建筑工业出版社,2006.

[15] 周直. 工程项目管理. 北京:人民交通出版社,2000.

[16] 成虎. 工程项目管理. 北京:高等教育出版社,2004.

[17] 宋伟,刘岗. 工程项目管理. 北京:科学出版社,2006.

[18] 严薇. 土木工程项目管理与施工组织设计. 北京:人民交通出版社,1999.

[19] 周福田,张贤明. 水运工程施工. 北京:人民交通出版社,2004.

[20] 张三力. 项目后评价. 北京:清华大学出版社,1998.

[21] 交通运输部发布. 水运工程质量检验标准(JTS 257—2008). 北京:人民交通出版社,2008.

[22] 标准文件编制组. 中华人民共和国标准施工招标文件(2007 年版). 北京:中国计划出版社,2008.